신들의 본성에 관하여

나남
nanam

한국연구재단 학술명저번역총서
서양편 332

신들의 본성에 관하여

2012년 12월 15일 발행
2012년 12월 15일   1쇄

지은이_ 키케로
옮긴이_ 강대진
발행자_ 趙相浩
발행처_ (주) 나남
주소_ 413-120 경기도 파주시 회동길 193
전화_ (031) 955-4601 (代), FAX : (031) 955-4555
등록_ 제 1-71호(1979.5.12)
홈페이지_ http://www.nanam.net
전자우편_ post@nanam.net
인쇄인_ 유성근(삼화인쇄주식회사)

ISBN 978-89-300-8617-2
ISBN 978-89-300-8215-0 (세트)
책값은 뒤표지에 있습니다.

'한국연구재단 학술명저번역총서'는 우리 시대 기초학문의 부흥을 위해
한국연구재단과 (주)나남이 공동으로 펼치는 서양명저 번역간행사업입니다.

신들의 본성에 관하여

키케로 지음 | 강대진 옮김

나남
nanam

DE NATURA DEORUM

by

M. Tullius Cicero

45BCE

옮긴이
· · ·
머리말

《신들의 본성에 관하여》는 고대 로마의 연설가이자 문필가였던 키케로의 철학적 저작 중 하나이다. 이 작품에서 키케로는 자기 시대 이전 여러 학자와 학파들의 신에 대한 이론들을 대화형식으로 소개하고 있다.

그의 철학적 저작 중, 그동안 국내에 번역 소개된 것은 모두 윤리학과 관련된 것들뿐이었다. 《의무론》, 《최고선악론》, 《국가론》, 《법률론》 등이 그것이다(고대의 일반적 분류법에 따르면 철학은 자연학, 논리학, 윤리학의 세 분과로 나뉘는데, 정치학은 고대에 윤리학과 같은 부류로 생각되었다. 《국가론》, 《법률론》이 여기 함께 거명된 이유가 바로 그것이다). 《신들의 본성에 관하여》는 자연학적 저작의 하나로 꼽힌다. 고대인의 생각에 신은 자연질서의 일부이기 때문이다. 고대적 분류법에 따른 (인식론을 포함하는 넓은 의미의) 논리학 저작으로는 《아카데미카》를 꼽을 수 있는데, 이것은 아직 국내에 번역 소개되지 않았다. 윤리학적 저작인 《투스쿨룸의 논변》과 함께 어서 번역이 이루어져야 할 것이다.

《신들의 본성에 관하여》는 십수 년 전에, 나의 은사이신 이태수 선생님(인제대 석좌교수)을 모시고 함께 강독했던 작품이라서 개인적으로 추억이 없지 않다. 하지만 헬레니즘 철학 고유의 개념들이 곳곳에 포진한 이 저작을 번역하기에 내가 적격자라고 내세우는 것은 당치 않은 일이다. 사실 마음만 먹으면 나보다 훨씬 낫게 번역하고 더 좋은 주석을 달아줄 분이 여럿 계신다. 하지만 아무도 선뜻 나서지 않는 가운데, 우리나라 독자들께 어서 이 저작을 소개하고 싶은 마음에 내가 일을 떠맡고 말았다. 부족한 데가 있더라도 충정을 감안하여 너그러이 보아주시기 바란다.

번역에는 W. Ax가 편집한 Teubner판(1964)을 기본 텍스트로 삼았다. 하지만 Ax의 텍스트가 너무 오래된 것이고, 대체로 텍스트 전승상의 문제가 있는 부분들은 빈칸(**표시)으로 남겨 놓거나, 아니면 난문(難問) 표시(✝ 표시)를 하고 지나가는 경우가 많아서, 어떻게든 뜻이 통하게 하기 위해 다른 판본들을 많이 참고하고, Ax와 다르게 읽는 방식을 좇기도 했다. 특히 1권에서는 Dyck의 판본(Cambridge, 2003)을 많이 따랐으며, 1~3권 전반에 걸쳐 W. Gerlach와 K. Bayer의 판본(München und Zürich, 1990)과 A. S. Pease의 판본 (Cambridge MA, 1955~1958)도 많이 참고하였는데, 각주에는 Ax와 달리 읽은 것만 표시하였다. 특히 Pease가 방대한 주석을 썼기 때문에, 텍스트 결정과 관련하여 각주에 그의 주장을 많이 소개하였다.

번역은, 라틴어 원문에 있는 단어는 모두 어떻게든 역문에 표현되게 하려고 노력하였으나, 너무 원문대로 옮기면 오히려 독자의 이해를 방해할 것 같은 부분에서는 조금 돌려서 표현하였다. 종속문이 많이 나오는 긴 문장은 되도록 원문에 나온 순서대로 옮기기 위해 문장을 나누어 단문으로 만든 경우가 많다.

이 작품이 논변과 반박으로 구성되어 있으므로, 특히 반박 부분을 옮길 때 지금 반박되고 있는 원래의 논증이 앞부분 어디에 나왔었는지 각주에 적시하였고, 인용되는 학자들의 생애와 학설에 대해서도 각주로 설명하였다. 그 밖에도 각주로써 희랍과 로마의 역사적 인물들, 신화내용들을 설명하였으며, 고전적 저작들에 나오는 유사 학설들도 되도록 많이 소개하려 애썼다. 해제에서는 이 작품을 이해하기 위해 필요한 사전지식을 제공하는 데 큰 비중을 두었다.

고유명사를 표기할 때 라틴어 이름은 라틴어식으로, 희랍어 이름은 희랍어식으로 표기했다.

이미 다른 글에서도 여러 차례 언급했지만, 희랍어 고유명사 표기법에 대해서 다시 설명을 좀 하겠다. 우선 제일 큰 문제로, 희랍 글자 윕실론(ν, upsilon)은 보통 '이'로 적지만, 이 책에서는 '위'로 적었다. 그래서 보통 '디오니소스'라고 적는 신을 이 책에서는 '디오뉘소스'라고 표기한다. 이 신의 이름을 로마글자로 적는 방법은 두 가지로서, 하나는 Dionysos이고, 다른 하나는 Dionusos이다. 앞의 것은 희랍글자 윕실론을 y로 적은 것이고, 뒤의 것은 u로 적은 것이다. 하지만 어느 경우에나 발음은 /위/이고, 따라서 우리말로도 '위'로 적는 게 옳다(사실은 윕실론의 영문철자가 — ypsilon이 아니라 — upsilon인 것도 그래서이다).

윕실론을 u로 적는 것이 일반독자에게는 좀 낯설겠지만, 학자들 사이에서는 그리 이상한 일이 아니다. '신화'를 나타내는 단어(뮈토스)도 학자들 사이에 mythos, muthos 두 가지가 모두 쓰이고, 오히려 후자가 선호되는 경향이 있다. 희랍 사고를 설명하는 데 중요한 개념인 '휘브리스'(오만)도 hybris와 hubris, '뒤나미스'(능력)도 dynamis, dunamis 두 가지 형태가 모두 쓰인다. 그러니 윕실론이 y로 쓰인 것만 보고, 그것을 '이'로 적자는 주장은 아무 근거도 없는 억지이다.

다음으로 같은 자음이 2개 잇달아 나오는 경우, 이 책에서는 애초의 철자대로 2개의 자음을 모두 살려 적었다. 그래서 Odysseia는 《오뒷세이아》로 적는다. '텟살리아'(Thessalia), '힙포크라테스' (Hippokrates)도 마찬가지이고, 조금 어색하지만 로마 저자 중 보통 '바로'라고 적는 사람(Varro)은 '바르로'로 적는다. 외국어를 적을 때 잇달아 나오는 2개의 자음은 하나만 적는 것으로 규정되어 있으니, 그 규정을 따르는 게 옳지 않냐고 공격하는 분이 있다면, 나는 Hannibal이나 Hanna, gamma를 어떻게들 적고 있는지 되묻고 싶다. 규정에 따라 '하니발', '하나', '가마'라고들 적는지 말이다. 사실 '일반적 표기법'이라는 것이 그리 일관된 것이 아니다.

지명(地名)들도 원래의 형태를 찾아 적었다. 그래서 영어식 표기인 '트로이' 대신, '트로이아'를 썼다. 또 희랍의 중심도시는 '아테네' 가 아니라 '아테나이'로 적었다. 이 도시 이름은 거의 언제나 이렇게 복수형태로 쓰였다. 우리나라에서 '아테네'가 보편화된 건, 일본어의 표기법(アテネ)에 따른 결과이다. 자주 '테베'라고 적는 도시는 복수형태로 '테바이'로 적었다. 이 도시는 간혹 단수형으로 불리기도 했지만, 복수형태의 사용빈도가 훨씬 높고 통일한다면 복수 쪽을 취하는 것이 타당하다. 옥스퍼드 희랍어 사전도 복수형을 표제어로 올리고 있다.

마지막으로 나라 이름 문제이다. 이 책에서는 영어식 이름 '그리스' 대신 '희랍'이라고 적었다. '그리스'(Greece)라는 영어식 이름은 원래 라틴어 '그라이키아'(Graecia)가 바뀐 것이고, Graecia는 로마 사람들이 희랍 땅 중에서도 자기들 나라에 가까운 부분을 부르던 이름이었다. 희랍인들은 자기 나라를 '헬라스'(Hellas)라고 부르는데, 그것을 비슷한 발음의 한자로 적은 것이 '희랍'(希臘)이다. 따라서 우리가, 독일 사람들이 자기 나라를 부르는 이름인 '도이칠란트' 대신 편하게 '독일'이란 이름을 쓰는 것처럼, '헬라스' 대신 '희랍'을 쓰자는 것이 나의 주장이다.

누구나 자신이 처음 알았던 것이 옳다고 여기는 경향이 있기 때문에, 이런 표기법에 거부감을 가질 분도 있을 것이다. 하지만 이것이 제대로 된 표기법이고, 전공자들 사이에서 점차 자리 잡아가는 것이니 다른 분들도 이를 따르시길 권고한다.

번역 초고가 완성된 후에 정암학당에서 라틴어 원문강독 수업을 개설해 주셔서, 여러 훌륭한 연구자들과 함께 번역을 검토해 볼 수 있었다. 이 기회를 빌려 이정호 이사장님(방송대 문화교양학과 교수)과 김인곤 학당장님께 감사드린다. 또한 좋은 의견을 많이 내준 여러 참여자들께, 그리고 특히 원전강독을 맡아 진행해준 서양고전학협동과정의 두 후배 이세운, 홍민선 선생과, 조덕근 목사님께도 감사드린다.

고대의 지혜를 정리하여 전달해준 키케로의 이 작품이 여러 독자에게 널리 읽히고 큰 도움이 되기를 기원한다.

2012년 11월
강 대 진

신들의 본성에 관하여

차 례

• 옮긴이 머리말 5

제 1 권   에피쿠로스학파의 견해와 그것에 대한 비판 ················· 13
저술동기, 아카데메이아학파로서 자신의 일반적 입지 설명(1~
17장)/에피쿠로스학파의 견해(18~56장)/코타의 비판(57~124장)

제 2 권   스토아학파의 견해 ··· 101
신들은 존재한다(1~44장)/신적 존재의 본성(45~72장)/세계 운
용의 섭리(73~153장)/세계는 인간을 위해 질서 잡혔음(154~
168장)

제 3 권   스토아학파의 견해에 대한 비판 ······························· 197
신들의 존재를 받아들이나 스토아학파의 증명들은 거부함(1~
9장)/신들이 존재한다는 논증들의 불확실성(10~19장)/신들의
본성에 대한 스토아 이론을 공격함(20~64장)/우주를 관장하는
섭리가 있다는 주장에 대한 반박(65장)/섭리가 인간을 돌보아
준다는 생각에 대한 반박(66~93장)/논의의 종결과 평가(94~
95장)

▪ 옮긴이 해제   267
▪ 찾아보기   347

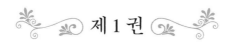

제 1 권

1. 〔1〕1) 철학에 아직까지 충분히 설명되지 않은 많은 주제들이 있지만, 브루투스여, 2) 신들의 본성3)에 관한 문제는, 그대도 완전히 모르진 않는 바대로, 지극히 어렵고 지극히 모호한 것입니다. 그것은 정신에 대한 탐구와 관련해서 가장 매력적인 문제이고, 4) 또 종교생활에 절도(節度)를 부여하는 데 긴요한 것5)인데 말입니다. 이 문제

---

1) 전통적으로 장(章) 구별은 두 가지가 병용되는데, 좀더 자세히 나눈 것은 Alexander Scot의 편집본(Lyon, 1588)의 것이고, 좀더 넓게 나눈 것은 Gruter의 편집본(Basle, 1618)에서 비롯된 것이다. 이 번역에서 괄호 없이 적어놓은 것은 Scot의 구분이고, 〔 〕에 넣은 것은 Gruter의 구분이다. 인용할 때는 두 가지를 함께 쓰거나, 아니면 좀더 자세한 구분인 Scot의 것으로 적는 것이 일반적 관행이다.

2) 카이사르 살해자로 유명한 그 브루투스(L. Iunius Brutus, 85~42)이다. 키케로는 그에게 《최고선악론》, 《스토아학파의 학설들》, 《투스쿨룸의 논변》, 《연설가》 등을 헌정하였다.

3) natura라는 단어는 이따금 어떤 명사의 소유격과 함께 써서, 부가적인 의미 없이 바로 그 사물을 나타내기도 한다. 따라서 De Natura Deorum이란 말은 그냥 '신들에 관하여'와 거의 같은 것이다. 이 제목은 희랍어 '신들에 관하여'(*Peri Theon*)를 라틴어식으로 표현한 것이다.

4) 인간의 영혼이 신들에게서 나왔다고 보면, 신들에 대한 탐구가 곧장 인간의 정신에 대한 탐구로 연결된다.

5) 로마인의 실천적 관심을 반영하는 발언이다. 115~124장에서 코타가 에피

에 대해서는, 가장 박식한 이들의 견해들이 너무나 다양하고, 너무나 서로 엇갈리고 있어서, 바로 이런 이유 때문에 무지가 철학의 시발점이라는6) 생각이 아주 제대로 된 논의일 수밖에 없을 정도입니다. 그리고 아카데메이아학파 사람들이7) 불확실한 이론에는 동의하기를 유보한 것8)도 현명했다고 해야만 할 것입니다. 왜냐하면, 대체 무엇이 경솔함보다 더 보기 흉한 것이겠으며, 잘못된 생각을 고수하거나, 충분히 확실하게 지각되어 알지 못하는 것을 조금도 주저함 없이 방어하는 것만큼이나 철학의 진중함과 확고함에 안 어울리는 일이 또 무엇이겠습니까?

2. 예를 들자면, 이 문제에서 많은 사람들이 신들이 존재한다고 말했고, 이것은 극히 진실해보이며, 자연을 인도자로 삼으면 우리 모두가9) 여기에 도달하게 됩니다만, 프로타고라스10)는 자기는 이걸 의

쿠로스학파의 신학이론을 비판하는 주된 논지도 에피쿠로스학파가 신들에 대한 숭배를 망친다는 점이다.

6) Ax는 ad h* scientiam으로 빈칸을 남겨 놓았으나, Pease와 Dyck를 좇아 esse inscientiam으로 읽었다. 이 구절은 '의아하게 여김(*thaumazein*)이 철학의 시작'이라는 소크라테스의 주장(《테아이테토스》155d)을 암시하는 것으로 여겨진다. 플라톤의 많은 대화편에서 소크라테스는 자신의 무지를 인정하고 있다. 《향연》177d, 《뤼시스》204b, 《테아게스》128b 등 참고.

7) Pease와 Dyck를 좇아 Academicos로 읽었다.

8) 아카데메이아학파의 '판단중지'(*epoche*) 개념이다.

9) '모두가'(*omnes*) 다음에 Ax는 사본들에 전해지는 대로 sese라고 적고 난문 표시를 해 놓았으나, 이 번역에서는 Pease와 Gerlach를 좇아 이 단어를 삭제하였다. Pease는 이 단어가 그 다음에 나오는 '프로타고라스는 자기는(*se*)'의 다른 형태로 여백에 쓰였다가 본문으로 섞여 들어갔다고 본다. 한편 Dyck는 이 부분을 '우리들 거의(*fere*) 모두가'로 수정하자고 제안한다.

10) 압데라 출신. 소크라테스의 동시대인이면서 나이는 약간 위였던 소피스테스. 인간이 모든 것의 척도라는 주장으로 유명하다. 보통 그는 신들의 존재를 의문시했을 뿐이지, 확정적으로 그 존재를 부인하지는 않았던 것으로 알려져 있다.

심한다 했고, 멜로스의 디아고라스11)와 퀴레네의 테오도로스12)는 신들은 전혀 존재하지 않는다고 생각했었습니다. 반면에 신들이 존재한다고 말했던 사람들은 그토록 의견이 다양하고 서로 불일치해서, 그 생각들을 다 헤아리려면 끝이 없을 정도입니다. 왜냐하면 신들의 형태에 대해서도, 그들이 있는 곳과 그 거처에 대해서도, 살아가는 방식에서도 많은 것들이 말해졌고, 이들에 대해 철학자들이 극단적 불일치로서 다투고 있기 때문입니다. 하지만 가장 크게 상황을 장악하고 쟁점이 되는 것으로, 신들이 아무 일도 하지 않고, 아무것에도 애쓰지 않으며, 일들에 대한 걱정과 관리에서 완전히 벗어나 있는지, 아니면 모든 일이 시초부터 그들에 의해 행해지고 확정되었으며, 무한한 시간에 이르기까지 지배되고 작동되는 것인지 하는 문제가 무엇보다도 큰 불일치의 대상입니다. 그리고 그것이 완전히 판명되지 않으면, 인간들은 크나큰 오류에 처하고, 가장 중대한 문제에 대한 무지 속에 머물 수밖에 없을 것입니다.

3. 〔2〕 왜냐하면 신들은 인간의 일을 전혀 돌보지 않는다고 주장하는 철학자들이 지금도 있고, 과거에도 있었기 때문입니다. 그들의 주장이 맞는 것이라면, 대체 어떤 경건함, 어떤 경외심, 어떤 종교생활이 있을 수 있겠습니까? 왜냐하면 인간은, 저 신들이 그들을 주목한다는, 그리고 불멸의 신들이 인간 종족에게 무언가를 준다는 전제가 있어야, 그 모든 것들을 신들의 권능을 향해 깨끗하고 순결하게 바칠 것이니 말입니다. 만일 반대로 신들이 우리를 도울 수 없거나, 그럴

---

11) 기원전 5세기 말에 아테나이에서 활동했던 서정시인. 그의 고향인 멜로스가 아테나이에 의해 침략 당했던 것에 대한 반발인지, 엘레우시스의 비의를 비웃었던 것으로 알려져 있다. 하지만 현재 전해지는 단편들에는 무신론적인 내용이 보이지 않는다.

12) 기원전 4세기 후반 아테나이에 살았던 퀴레네학파의 인물. 퀴레네의 아리스팁포스가 창시한 이 파는 쾌락을 인생의 목적으로 놓았다고 한다.

16

뜻이 없거나, 아니면 전혀 신경 쓰지 않고, 우리가 무엇을 하든 주목하지 않거나, 그들로부터 인간의 삶을 향해 뻗쳐올 수 있는 게 없다면, 대체 우리가 그 어떤 숭배의식이든, 명예든, 기원이든 불멸의 신들께 바칠 이유가 무엇이겠습니까? 하지만 다른 덕들이나 마찬가지로, 경건함도 그저 비슷하게 꾸며낸 외양 속에는 머물 수가 없습니다. 그리고 그것과 동시에 경외심과 종교생활 역시 소멸될 수밖에 없는데, 그것들이 없어지면 삶의 동요와 크나큰 혼란이 뒤따르게 될 것입니다.

4. 게다가 나로서는, 신들을 향한 경건함이 사라지고 나면, 인간 종족에 대한 신뢰와 연대감, 그리고 가장 탁월한 덕인 정의 역시 함께 사라지지 않으리라고 확신할 수가 없습니다. 하지만 다른 철학자들이 있습니다. 이들은 위대하고 이름이 높기까지 한 이들로서, 온 세상이 신들의 정신과 이성에 의해 관리되고 다스려진다고 생각하고, 그뿐 아니라, 이 신들에 의해 인간들의 삶도 예지되고 배려되는 것으로 생각하는 이들입니다. 왜냐하면 이들은, 곡식들과 땅이 낳는 다른 것들, 그리고 땅이 산출하는 모든 것이 거기 맞춰 성장하고 성숙되는 바, 날씨와 계절변화, 천기(天氣)의 변동이 불멸의 신들에 의해, 인간 종족을 위해 배정된 것이라고 생각하며, 이 책에서 언급되는 많은 것들, 바로 그것들을 불멸의 신들께서 거의 인간들의 편의를 위해 그렇게 조성한 듯 보일 것들을 끌어 모으니 말입니다. 그런데 이들에 대항해서 카르네아데스[13]가, 정신이 민활한 사람들에게 진리를 탐구하고 싶다는 욕망을 불러일으킬 정도로 많은 것을 논의한 바 있습니다.

5. 왜냐하면 학식 없는 사람들뿐 아니라, 박식한 이들까지도 그토록이나 이견을 갖는 문제는 달리 없기 때문입니다. 그들의 견해는 너

---

13) 214년경~128. 퀴레네 출신으로 아르케실라오스 다음에 아카데메이아의 지도자가 된 인물.

무나 다양하고, 서로 동떨어진 것이어서, 그것들 중 어느 것도 참이 아닐 경우는 전적으로 가능하지만, 그들 중 하나 이상이 참이기는 확실히 불가능할 것입니다.

〔3〕 이 쟁점에서 우리는 호의적인 비판자들을 기쁘게 하고, 또 질시하는 비방자들을 침묵시킬 수 있습니다. 한쪽은 질책했던 것을 후회하도록, 다른 쪽은 자신들이 배움을 얻은 걸 기뻐하도록 말입니다. 왜냐하면 우정으로써 충고하는 사람들에게는 가르침이 베풀어져야 하고, 적대적으로 비난하는 자들은 격퇴되어야만 하기 때문입니다.

6. 한데 나는, 내가 짧은 시간에 많이도 써냈던[14] 저 책들과 관련해서 여러 다양한 얘기들이 쏟아져 나왔다는 것을 알고 있습니다. 일부는 대체 어디서 철학에 대한 이 열정이 나에게 갑자기 생겨났는지 놀라는 사람들에게서, 일부는 내가 각각의 사안들에 대해 어떤 확정적인 의견을 갖고 있는지 알고 싶어하는 사람들에게서 나온 얘기들입니다. 또 나는, 많은 사람들이, 사물들에게서 빛을 빼앗는, 그리고 말하자면 밤의 어둠을 쏟아 붓는 그런 종류의 철학에 내가 특히 찬동한 것에 대해, 그리고 이미 예전에 버려지고 폐기된 학설을 예기치 않게 후원한다는 사실에 놀란다는 것을 알았습니다. 하지만 나는 철학공부를 갑작스레 시작한 것이 아니라, 인생의 초년부터 평범치 않은 노력과 주의를 거기 기울였으며, 가장 덜 그러한 것으로 보이던 때에, 가장 큰 정도로 철학을 연구해왔던 것입니다. 그것은, 철학자들의 발언으로 채워진 내 연설들과, 내 집을 항상 꽃피게 해준 가장 박식한 인물들과의 친교가, 그리고 내가 배운 디오도토스,[15] 필론,[16] 안티오코스,[17] 포세이도니오스[18] 같은 저 으뜸가는 인물들이

---

14) 키케로는 기원전 45년과 44년에 많은 철학적 저작들을 쏟아냈다.

15) 키케로의 스승인 스토아 철학자. 노년을 키케로의 집에서 보내다 기원전 60년경에 죽었다.

입증해주는 바입니다.

7. 그리고 만일 철학의 모든 권고가 삶과 연관된다고 한다면, 나는 공적인 일에서나 사적인 일에서나 이성과 학문이 처방해 준 것들을 실천했다고 판정할 것입니다. 〔4〕 하지만 만일 누군가가, 이렇게 늦게야 그것들에 대해 글을 쓰게끔 나를 충동한 원인은 무엇인지 묻는 다면, 내가 설명하기에 그만큼 쉬운 것도 달리 없습니다. 왜냐하면 내가 한가로움 때문에 맥이 풀릴 지경이고, 국가의 상황이, 단 한 사람19)의 계획과 돌봄에 의해 방향지어질 수밖에 없는 쪽으로 돌아갈 때, 나는 무엇보다도 국가 자체를 위해서 우리 동료 시민들에게 철학을 설명해주어야겠다고 생각했던 것입니다. 그토록 중요하고 감탄스러운 주제들을 라틴문자로 잡아두는 일이 나라를 영광스럽게 하고 칭찬받게 만드는 데 크게 유용하다고 여겨서입니다.

8. 그리고 나는, 나 자신이 얼마나 많은 사람들에게, 배우려는 의욕뿐 아니라, 글을 쓰려는 의욕까지 불러일으켰는지를 분명하게 느끼는 데 비례해서, 이 작업을 시작한 것을 덜 후회하였습니다. 왜냐하면 이전에는 희랍의 학문에 정통한 아주 많은 사람들이, 그들이 배운 바를 동료 시민들에게 전달할 수가 없었는데, 그것은 자기들이 희랍인들에게서 취한 지식이 라틴어로 표현될 수 있다고 믿지 않았기 때

---

16) 라릿사 출신의 필론. 아카데메이아학파의 학자로 미트라다테스 전쟁 때인 기원전 88년에 로마로 왔다. 키케로도 로마에서 그의 강의를 들었다.

17) 아스칼론 출신 안티오코스(120년경 출생). 라릿사 출신 필론의 제자로서, 아테나이 마지막 아카데메이아의 설립자. 회의주의를 버리고 플라톤, 아리스토텔레스, 스토아의 학설이 혼합된 체계를 세웠다. 79년에 아테나이에서 키케로를 가르쳤다.

18) 135~50년경. 시리아의 아파메이아 출신. 중기 스토아학파의 우두머리. 로도스 섬에 학교를 세웠고, 거기서 키케로도 강의를 들었다.

19) 카이사르를 가리킨다.

문이었습니다. 하지만 그 부분에서, 우리는 어휘의 풍성함에 관한 한 희랍인들에게 지지 않을 만큼의 진전을 이룬 것으로 보입니다.

9. 또한 내가 이 일에 진력하도록 재촉한 것으로, 운명의 크고 심중한 부당함[20]에서 촉발된 정신의 괴로움이 있습니다. 만일 내가, 그 괴로움을 가볍게 해줄 다른 더 큰 무엇을 찾을 수 있었더라면, 특별히 철학으로 도피하지는 않았을 것입니다. 더욱이 그냥 책을 읽기만 하는 것이 아니라, 철학 전체에 손대어 작업하는 데 자신을 맡기기까지 하는 게 그것을 가장 잘 이용하는 것이었고, 이보다 나은 방도는 없었습니다. 한데 철학의 모든 부분과 분야들은, 문제들 전체를 글로 써서 설명할 때 가장 쉽게 인식되는 법입니다. 왜냐하면 주제들의 어떤 놀랄 만한 연속성과 연관이 있어서, 하나가 다른 것과 얽혀 있고, 모든 것이 서로서로 맞춰져 있고 함께 묶인 것으로 보일 정도이기 때문입니다.

10. 〔5〕하지만 각각의 사안에 대해 내가 어떤 의견을 갖고 있는지 묻는 사람들은, 필요 이상으로 지나친 호기심을 갖고 그러는 것입니다. 왜냐하면 논의과정에서 추구해야 할 것은 논증의 중요성이지, 권위의 무게가 아니기 때문입니다. 오히려 배우려는 사람들에게 자주 방해가 되는 것은, 가르치겠노라고 공언하는 사람들의 권위입니다. 왜냐하면 사람들은 제 나름의 판단을 갖길 포기하고, 자신들이 찬동하는 저 사람이 그렇게 판단했다고 여기는 것을 확정된 것으로 받아 간직하기 때문입니다. 하지만 나는, 우리가 퓌타고라스학파 사람들이 그러하다고 들은 바에 동조하질 못해왔습니다. 사람들이 말하길, 그들은 논쟁 중에 무엇인가를 주장하고, 그게 왜 그런지 질문을 받으면 '그분 자신이 그렇게 말씀하셨다'라고 대답하곤 한답니다. 여기서

---

20) 키케로는 기원전 45년에, 딸 툴리아를 잃었다.

'그분'은 퓌타고라스이지요. 미리 정해진 의견은 그토록 권능이 있어서, 그 권위가 논증 없이도 힘을 발휘할 정도인 것입니다.

11. 하지만 내가 특히 지금 이 학설을 좇는 것에 놀라워하는 사람이 있다면, 이들에게는 《아카데미카》 네 권[21]으로써 충분히 답변된 것으로 보입니다. 그리고 나는 버려지고 폐기된 이론의 후원을 떠맡은 것이 아닙니다. 왜냐하면 사람이 죽는다고 해서 그의 의견들도 소멸되는 것은 아니기 때문입니다. 아마도 그 의견들이 주창자의 후광을 그리워하긴 하겠습니다만. 그래서 철학에서, 모든 것에 반대하여 논증하고 아무 사안도 공개적으로 판단하지 않는 이 방법은, 소크라테스에 의해 시작되어,[22] 아르케실라오스[23]에 의해 되풀이되고, 카르네아데스에 의해 강화되어 우리 시대까지 번성한 것입니다. 이 방법은 희랍 자체에서는 이제 거의 버림을 받았습니다. 하지만 나는 이것이 아카데메이아학파의 잘못이 아니라, 사람들의 우둔함 때문에 일어난 일이라고 생각합니다. 왜냐하면, 개별 학파들의 학설을 파악하는 것만 해도 큰일이라 한다면, 모든 학설을 다 아는 것은 얼마나 더 큰일이겠습니까? 그런데 바로 이 일을 행하는 게, 진리를 발견하기 위해 모든 철학자들에게 대항해서도 발언하고, 그들 모두를 위해서도 발언하는 걸 목표로 삼는 이들에겐 필수적입니다.

12. 내가 그렇게 크고 그렇게 어려운 일을 수행할 만한 능력에 도달했다고 공언할 수는 없고, 그저 그것을 추구했다고 내세우는 정도

---

21) 이 책은 원래 두 권으로 쓰인 것을 키케로가 다시 네 권으로 나눴는데, 현재는 원래 판본의 제 2권과, 나중 판본의 첫 권만 전해진다. 내용상으로는 중간의 1/4이 사라진 것이다.

22) '나는 내가 아무것도 모른다는 사실을 안다'던 소크라테스의 말(《소크라테스의 변명》 21d 등)에서 아카데메이아학파 회의주의의 싹을 보는 주장이다.

23) 316/5~241/40. 아이올리아의 피타네 출신. 아카데메이아학파에 회의주의를 도입한 사람이다.

이겠습니다. 하지만 그래도 이런 방법으로 철학하는 사람들이 따라
야 할 바 지침을 갖지 못하는 일은 없습니다. 사실 이 문제에 대해서
는 다른 곳에서[24] 좀더 상세하게 다뤄진 바 있습니다. 하지만 어떤
이들은 너무나 못 알아듣고 우둔하므로, 자주자주 일깨워져야 할 것
같습니다. 왜냐하면 우리는, 참된 것은 전혀 없다고 보는 사람들이
아니라, 모든 참된 것에는 어떤 거짓된 것이 묶여 있다고 하는 사람
들이기 때문입니다. 한데 그것들은 너무나 진리와 유사해서, 진리에
는 우리가 그것을 판정하고 동의할 만한 어떤 확정적 표지도 없게 된
다는 것이지요. 여기서 다음 결론도 따라 나왔습니다. 즉, 많은 것이
그럼직하다[25]는 것입니다. 이것들은 완전하게 지각[26]되는 건 아니
지만, 어떤 뚜렷하고 분명한 인상[27]을 갖고 있어서, 현자[28]의 삶은

---

24) 《아카데미카》를 가리킴.

25) probabilia, 희랍어 pithanon ('믿을 만함') 을 라틴어로 옮긴 것이다. 키케로
가 여기서 '그럼직함'을 앞세우는 것은, 스토아학파가, 참된 감각에는 우리
가 놓칠 수 없는 표지가 있어서 거짓된 것과 분명하게 구별된다고 믿었던 것
에 반대하는 입장이다. 사실 키케로의 저작에서 probabile라는 단어는 veri
simile와 번갈아 쓰이는 것으로, 희랍어 eikos ('그렇게 보임') 의 의미도 담고
있다. 다음 2개의 각주도 볼 것.

26) quamquam non perciperentur. 여기 쓰인 percipere란 단어는 희랍어
katalepsis와 연관된 것이다. 스토아학파 사람들은, 거짓된 관념과 구별되는
참된 관념이란, '손에 잡을 수 있는' (kataleptikos) 지각에서 비롯된 관념이라
고 보았다. 이것은 실제로 존재하는 어떤 것으로부터 생겨나는 인상이고,
진리의 기준이 되는 것이다 [디오게네스 라에르티오스, 《저명한 철학자들의
생애와 그들의 주장》(이하 DL) 7. 49~53]. 키케로가 제논에 대해 전하는
바에 따르면, "그는 모든 인상 (visum) 을 다 신뢰한 게 아니라, 단지 인상을
준 것 (감각대상) 에 대한 어떤 특유의 분명함 (declaratio) 을 지닌 것들만 신뢰
했다. 한데 그 인상을 준 것이 자체적으로 지각될 때, 그는 그것을 손에 잡
을 수 있는 것 (comprendibile) 이라고 불렀다"고 한다. comprendibile란 표현
은 희랍어 katalepton을 옮긴 것으로 《아카데미카》 1권 41장에 적시되어 있
다. 다음 각주와 해제 4장 4절도 볼 것.

27) visum. 희랍어 phantasia를 옮긴 것인데, 이 희랍어 단어는 '영혼에 찍힌 인

이것에 의해 인도받게 됩니다.

13. 〔6〕 하지만 이제 모든 질시로부터 나 자신을 자유롭게 하기 위해, 신들의 본성에 대한 철학자들의 의견을 대중 앞에 내놓겠습니다. 사실 이것은, 그 중 어느 것이 참인지 결정하기 위하여, 모든 사람이 거기로 소집될 만한 주제입니다. 거기서 만일 모두가 합의하거나, 아니면 무엇이 참인지 알아낸 사람이 발견된다면, 그때라면 나는 아카데메이아학파가 뻔뻔했던 것으로 생각하게 될 것입니다. 그래서 나는 마치 《젊은 친구들》(Synephebes) 29) 에서 그러하듯이, 외치고 싶습니다.

'나는, 신들과 온 대중과 온 청년들에게

외치노라, 요구하노라, 간청하노라, 부탁하노라, 탄원하노라, 눈물로 구하노라, 믿어달라고.'

하지만 저 등장인물이 그랬던 것처럼,

'사랑하는 애인으로부터 돈 받기를, 매춘부가 원치 않았다고'

라는 식으로, 지극히 하찮은 것에 대하여, 나라 안에서 사형을 선고받을 만한 범죄가 저질러졌다고 불평을 해대기 위해서가 아닙니다.

상'(typosis en psyche, DL 7.50) 을 의미한다. 아카데메이아학파의 인식론에 크게 기여한 것은 카르네아데스인데, 그는 스토아학파 사람들과 마찬가지로 인상(phantasia) 개념에서 출발하였다. 인상들은 그것의 대상과 일치하면 참이고, 그렇지 않으면 거짓이다. 그리고 인상이 그것을 지닌 사람에게 참인 것으로 보일 때, 이것은 그럼직한(pithanos, 개연적인) 것이다. 우리는 인상을 넘어서 그것의 대상까지 가서 닿을 수 없으므로, 그럼직한 것에 만족해야 하는데, 그런 것들 사이에도 정도 차이가 있어서, 한 인상과 함께 생겨난 여러 인상들의 전체적인 수준이라든지, 주체와 대상, 매체의 상태 등에 대한 몇 가지 조건을 붙여서 오류를 걸러내고 참에 가까운 것을 얻을 수 있다.

28) 원래 스토아학파의 개념이나 당시 거의 모든 사람들에게 받아들여졌다.

29) 메난드로스의 희극을 카이킬리우스 스타티우스(기원전 168년 사망) 가 라틴어로 옮긴 것이다.

14. 그보다는, 참석하여 알아보고 주목해달라는 것이지요. 종교와 경건, 경외심, 의식(儀式), 신앙, 맹세에 대해, 신전, 성역, 장엄한 제례에 대해, 또 바로 나 자신이 관장하는 조점(鳥占)에 대해서[30] 어떤 판정이 내려져야 하는지 말입니다. 왜냐하면 우리는 이 모든 것을, 지금 다뤄지는 불멸의 신들에 대한 문제에 비춰보아야 하기 때문입니다. 한데 극히 중요한 이 주제에 대해, 가장 박식한 이들이 보이는 그토록 큰 불일치는, 자신이 어떤 확실한 것을 갖고 있다고 생각하는 사람들까지도 완전히 의혹에 빠지도록 몰아갑니다.

15. 이런 상황에 대해서 나는, 다른 때에도 자주 그랬지만 특히, 나의 친우인 가이우스 코타의 집에서 아주 자세히, 열심을 가지고서 불멸의 신들에 대해 토론했을 때 주목하였습니다. 라틴 축제[31] 때 그가 부르고 청하여 그의 집에 갔을 때, 그가 정자에 앉아서 원로원 의원인 가이우스 벨레이우스와 토론하는 걸 마주쳤던 것입니다. 한데 이 사람은 그때 에피쿠로스학파 사람들이 우리나라 사람 가운데 으뜸으로 치던 사람이었습니다. 그리고 거기 퀸투스 루킬리우스 발부스[32]도 있었는데, 그는 스토아학파에서 그토록 앞으로 나아가,[33] 그 분야에서 탁월한 희랍인들과 비견될 정도였습니다.

그때 코타는 나를 보자 말했습니다. "딱 맞춤하게 오셨군요. 저와 벨레이우스 사이에 중요한 주제에 대한 논쟁이 시작되는 참이었으니까요. 거기에 당신도 참여하는 것이, 당신의 취향에 비춰볼 때 어색하지 않을 것입니다."

---

30) 키케로는 기원전 53년 조점술을 관장하는 위원회의 위원으로 선출되었다.
31) feriae Latinae. 라티움에 기원을 둔 국가적 축제일. 매년 알바 언덕(mons Albanus)에서 경축되었으며, 키케로 시대에는 사흘간 휴일이 계속되었다.
32) 달리는 알려진 바가 없는 인물이어서 그런지, 매우 격식을 갖춰 소개하고 있다.
33) progressus habere. 스토아의 용어로, '지혜에 다가갔다'는 뜻이다.

16. 〔7〕 나는 대답했지요. "제게도, 당신 말씀대로, 제가 맞춤하게 온 것으로 보입니다. 세 학파의 세 거두께서 모이셨으니 말입니다. 마르쿠스 피소[34]까지 여기 계셨다면, 존경받는 학파 중 어느 한 학파의 자리도 비지 않았겠군요."

그러자 코타가 말했습니다. "우리 안티오코스의 책, 근래에 그가 여기 계신 이 발부스께 보내온 그 책이 진실을 말하고 있다면, 그대의 친우인 피소를 아쉬워할 이유가 없습니다. 안티오코스가 보기에, 스토아학파는 소요(逍遙) 학파와 내용에서는 일치하고, 쓰는 단어에서만 차이가 나는 것이니까요.

17. 한데 그 책에 대해 당신이 어떻게 생각하시는지, 발부스여, 저는 알고 싶습니다."

"저 말씀이신가요?" 발부스가 말했습니다. "저로서는, 날카롭기 으뜸가는 인물인 안티오코스께서, 도덕적인 훌륭함(honestum)을 이로운 것(commodum)으로부터, 단지 이름에서가 아니라, 완전히 종적 차이가 나는 것으로 보는 스토아학파와, 도덕적 훌륭함을 이로운 것과 섞어서, 그것들이 크기나, 말하자면 등급에서만 다르고, 그 종류에서는 그렇지 않다고 놓는 소요학파 사이에, 큰 차이가 있다는 것을 보지 못했다는 사실에 놀랄 뿐입니다. 왜냐하면, 이것은 단어상의 작은 차이가 아니라, 내용상의 엄청나게 큰 차이이니까요. 하지만 이것은 다른 때에 논의하기로 하고, 지금은, 좋으시다면, 우리가 시작했던 것을 다루도록 하지요."

"사실 제게도 그러는 게 좋아 보입니다." 코타가 말했습니다. "한데, 중간에 들어온 이분이" — 그는 나를 쳐다보았습니다 — "어떤 주제가 논의되는지 모르지 않도록 얘기하자면, 우리는 신들의 본성에 관

---

34) M. Pupius Piso Calprunianus. 폼페이우스의 충실한 추종자. 기원전 61년 집정관 역임. 이 사람은 《최고선악론》 5권에서 소요학파의 대변자로 등장한다.

하여 논의하고 있었습니다. 그것이 내게, 언제나 그렇듯이, 아주 명확치 않게 보여서, 벨레이우스께 에피쿠로스의 견해를 묻고 있던 참입니다." 그리고 말하길, "벨레이우스여, 혹시 성가신 일이 아니라면, 그대가 시작했던 것을 다시 한 번 되풀이해 주시지요"라고 했습니다.

"예, 되풀이하지요. 이분이, 저 아닌, 그대를 도울 사람으로 오시긴 했지만요. 두 분 다, 같은 선생님, 필론에게서 아무것에도 확정된 지식을 갖지 않도록 배우셨으니 하는 말입니다."

그래서 내가 말했습니다. "우리가 무엇을 배웠는지는 코타께서 살펴보실 것입니다. 하지만 저는 그저 당신이, 제가 이분을 도와주러 왔다고 생각지 마시고, 그냥 들으러 온 것으로 생각해 주시길 바랄 뿐입니다. 자유로운 판단을 가진 공평한 자로서, 원하든 원치 않든 어떤 특정의 견해를 방어해야 한다는, 그런 식의 강제에 묶이지 않은 사람으로 말입니다."

18. 〔8〕 그러자 벨레이우스가, 그 학파 사람들이 늘 그러하듯이 아주 확신 있게, 어떤 주제에 대해서든 주저하는 듯 보이는 것만큼 두려운 건 없다는 듯이, 마치 막 신들의 회의로부터, 에피쿠로스가 말한 '세계들 사이'[35]에서 내려온 것처럼 말했습니다. "들으십시오, 공허하게 꾸며낸 것이 아닌 견해들을. 제가 말하는 것은, 플라톤의 《티마이오스》[36] 식의, 세계의 제작자, 건축자인 신도 아니고, 스토아학파의 섭리(Pronoia), 즉 라틴어로는 '앞서 내다봄'(Providentia)이라고 할 만한, 운명을 예언하는 노파도 아니며, 또 진정코 영혼과 감각을

---

35) 라틴어로 intermundia, 희랍어로 metakosmia. 에피쿠로스에 따르면 이 우주 안에는 세계들이 여럿 있는데, 신들은 그 세계들 사이의 어딘가에 자리 잡고 있다 한다. 《최고선악론》 2. 23. 75, 《점술에 관하여》 2. 17. 40 참고.

36) 퓌타고라스학파에 속하는, 소크라테스의 동시대인으로, 이탈리아 남부 로크리스 출신이다. 플라톤은 《티마이오스》라는 대화편에서 이 사람의 입을 통해 자기의 세계창조론을 펼쳤다.

부여받은 세계 자체로, 둥글고 불타며[37] 회전하는 신, — 이것은 탐구하는 철학자라기보다는 꿈을 꾸는 자들의 징조요, 경이인데요—, 이런 신도 아닙니다.

19. 왜 이런 말을 하느냐 하면, 사실 당신들의 플라톤은 정신의 어떠한 눈으로 그렇게 큰일의 과정을, 신에 의해 세계가 구성되고 건축된 저 작업과정을 볼 수 있었겠습니까? 그 큰 과업을 이루기 위해 어떤 노동, 어떤 무쇠도구, 어떤 지렛대, 어떤 기계장치, 어떤 조력자들이 있었겠습니까? 또 어떻게 공기, 불, 물, 흙이 건축자의 의지에 귀 기울이고 거기 복종할 수 있었겠습니까? 또 참으로, 그것으로부터 다른 것들이 형성되는바, 저 다섯 가지 형태들은[38] 어디서 생겨나서, 정신에 적절하게 자리 잡아, 거기 영향을 끼치고 감각을 낳겠습니까? 탐구로 발견되었다기보다는 오히려 그저 희망에 불과해 보이는, 그런 종류의 모든 것들에 대해 다 얘기하려면 말이 길어질 것입니다.

20. 하지만 이것이야말로 경탄할 만한 것인데, 바로, 생겨났을 뿐 아니라, 거의 손으로 만들어진 세계를 도입한 그 사람이 이 세계가 영원하리라고 말했다는 점입니다. 무엇이든 생겨난 것이 영원히 존재할 수 있다고 보는 이 사람이 과연 자연학(*physiologia*), 즉 자연에 대한 탐구를, 흔히 하는 말로 입술 끝으로라도 맛보았다고 당신은 생각하십니까?[39] 왜냐하면 모여 얽힌 것이 어떻게 분해가능하지 않을 것이며, 뭔가 시작을 가진 것이 어떻게 끝을 갖지 않을 수 있겠습니

---

37) 스토아학파의 주장에 대한 암시이다. 세계를 감싸고 있는, 불과 같은 성질의 살아있는 요소, 아이테르를 가리킨다. 2권 41장 참고.

38) 정사면체, 정육면체, 정팔면체, 정십이면체, 정이십면체를 가리킨다. 이들은 각각, 불, 흙, 공기, 아이테르, 물에 상응한다.

39) 이 비판은 루크레티우스, 《사물의 본성에 관하여》 5권 156~165행에서도 발견된다.

까?40) 루킬리우스여, 만일 그대들의 '섭리'가 진정 플라톤의 제작자와 같은 것이라면, 저는 조금 전에 물었던 것을 다시 물을 것입니다. 즉, 조력자들, 기계장치, 전체 과업의 모든 계획과 도구에 관해서 말입니다. 반면에 '섭리'가 그 제작자와 다르다고 한다면, 왜 그것은 플라톤의 신이 그랬듯이, 세계를 영원한 것으로 만들지 않고 사멸적인 것으로 만들었습니까?

21. 〔9〕 더 나아가, 저는 당신들 두 분41)께 묻습니다. 왜 세계의 건축자들이 갑자기 일어선 걸까요, 헤아릴 수 없는 세월 동안 잠을 자다가요? 이런 말을 하는 것은, 그때까지 세계가 없었다 해도 세월이 없지는 않았을 것이기 때문입니다. 여기서 제가 '세월'이라고 하는 것은, 낮과 밤의 숫자에 따라 한 해씩 걸리는 주행으로 이뤄지는 걸 말하는 게 아닙니다. 그런 '세월'이라면 세계의 회전 없이는 생겨날 수 없었으리라는 걸 인정해야만 할 테니까요. 하지만 어떤 무한한 시점에 시작된 영원이 있어왔습니다. 그것을 어떤 한정된 시간이 측정해 오지는 않았습니다만, 그것이 어떤 것인지는 연장(延長)성이라는 관점에서 이해될 수 있습니다.42) 왜냐하면 아무 시간43)도 없는 때

---

40) 루크레티우스, 《사물의 본성에 관하여》 5권 235~246행에 같은 내용의 비판이 나온다.

41) 플라톤과 루킬리우스.

42) 텍스트 확정과 해석에 큰 논란이 있는 구절이다. 몇몇 질이 떨어지는 사본들에는 non이란 단어가 들어가 있어서, 그쪽을 따르자면 '시간은 연장성이라는 관점에서는 이해될 수 없다(non intellegi potest)'가 되는데, 근래의 학자 중에는 Dyck가 이쪽을 지지한다. 한편 Ax와 Pease는 non이란 단어가 들어 있지 않은 사본들을 따라, '시간은 측정되지 않았어도 연장성이라는 관점에서 이해될 수 있다(intellegi potest)'라는 쪽으로 해석한다. Pease가 이런 주장을 하는 근거는 non이 있으면, '어떤 한정된 시간이 측정해 오지는 않았습니다만(tamen)'에서 tamen과, 22장 첫 단어 '그러니'(igitur)가 어색해진다는 점이다. 이 번역에서는 non이 없는 쪽을 따랐다. '연장성이라는 관점에서(spatio)'라는 표현을 Pease는 '지속성이라는 의미로' 또는 '잇따르는

28

에, 어떤 시간44)이 있었다는 것은 결코 생각 속으로 들어올 수 없기 때문입니다.

22. 그러니 발부스여, 저는 묻습니다, 그렇게 광대하게 지속된 시간 동안 당신들의 '섭리'는 왜 꾸물거렸는지 말입니다. 노역을 피하려고 그랬을까요? 하지만 그런 것은 신에게는 문제가 되지도 않고, 또 실제로 그 어떤 노역도 있지 않았습니다. 온 자연, 즉 하늘, 불, 흙, 바다들 모두가 신적인 뜻에 복종할 것이었으니까요. 그리고 신이 세계를 조형물들과 조명으로, 마치 조영관(造營官)45)이 하듯이 치장하기를 갈망할 이유는 무엇이었을까요? 신 자신이 좀더 쾌적하게 거주하기 위해서였다면, 그는 전에는 틀림없이 무한한 시간 동안 마치 헛간에 살듯이, 어둠 속에서 지냈을 것입니다. 또 나아가 우리는, 그 신이, 우리가 하늘과 땅이 그것으로 장식된 것을 보는바, 다양한 모습들에 즐거워한다고 생각해야 할까요? 어떻게 그런 유의 즐거움이 신에게 있을 수 있겠습니까? 혹시 그런 게 있었다면, 신은 그렇게 오랫동안 그것 없이 지내지 못했을 것입니다.

23. 아니면 이것들은, 당신들이 자주 말하듯이,46) 인간들을 위해 신에 의해 세워졌을까요? 현명한 사람들을 위해서인가요? 그렇다면 아주 소수의 인간 때문에, 사물들을 만드는 그렇게 큰 수고가 행해진 것입니다. 아니면 어리석은 자들을 위해서일까요? 하지만 우선 모자

순서라는 의미로' 해석한다.

43) 항상 있는 시간. '시간'이라는 개념.

44) 재어지는 시간.

45) aedilis. 로마의 하급 관직. 그 임무 중 하나가 거리를 아름답게 꾸미는 것이었다. 여기서 '조형물'(signum)이란 말은 하늘의 별자리를 가리키기도 하고, 조각상들을 가리키기도 한다. '조명'(lumen) 역시 한편으로는 '천체'를, 다른 편으로는 '인공조명'을 가리킨다.

46) 2권 133장, 154장 이하 참고.

라는 자들을 위해 잘 해줄 이유가 없습니다. 그리고 신이 무슨 좋은
일을 이루었습니까? 모든 어리석은 자들이, 의심할 바 없이, 특히 그
들이 어리석다는 사실로 해서 가장 비참한 상태라면[47] 말입니다.
(사실 어리석음보다 더 비참하다고 말할 수 있는 것이 무엇이겠습니까?)
게다가, 삶 속에는 그토록 많은 불리한 것들이 있어서, 현자들이라면
자신들의 이로운 것들을 보상으로 삼아[48] 그걸 눅이겠지만, 어리석
은 자들은 그것들이 다가오는 걸 피하지도 못하고, 닥쳐와 있을 때
견디지도 못할 정도이니 말입니다. 〔10〕한편 세계 자체가 살아있고
지혜를 가지고 있다고 했던 사람들은 결코 알지 못했습니다, 지성적
인 정신의 본성이 어떤 형태 속에 들어갈 수 있는지를 말입니다. 그
것에 대해서는 잠시 후에 확실히 언급할 것이고, 일단 지금은 이것만
얘기해 두겠습니다.

24. 즉, 저는, 살아있고 불멸하며 행복한 그 존재가 둥글다고 믿
고 싶어하는 사람들의 우둔함에 놀랄 뿐이라는 점입니다. 이것은 단
지 플라톤이 그 형태보다 더 아름다운 것은 없다고 했기[49] 때문이랍
니다. 하지만 제게는 원통이나 정육면체나 원뿔, 혹은 정사면체의 형
태가 더 아름다워 보입니다. 한편, 그런 둥근 모습의 신에게는 어떤
삶이 부여될까요? 아주 당연히, 그같이 빠른 속도는 전혀 생각도 될
수 없을 만한 그런 속도로 휘돌려질 것입니다. 저는, 그런 가운데 대
체 어디에 안정된 정신과 행복한 삶이 자리 잡을 수 있는지 모르겠습
니다. 또한 우리 몸에 속한 것은, 아주 작은 부분만 병증이 생기더라

---

47) 스토아학파의 인간관이 이러하다.
48) 스토아학파는 현자에게 많은 보상이 뒤따른다고 여겼다. 현자만이 고귀하
   고, 자유롭고, 용모가 뛰어나다는 것 등이다. SVF(Stoicorum Veterum
   Fragmenta) 4. 131 참고.
49) 《티마이오스》 33b.

도 고통스러운데, 왜 신에게서는 이런 게 고통스럽게 여겨지지 않겠습니까? 이런 말을 하는 것은, 땅도, 그것이 세계의 일부인 한, 전적으로 신의 일부이기 때문입니다. 그런데 그 땅의 아주 큰 영역이 거주불가능하고 경작되지 않는 것을 우리는 봅니다. 그 일부는 태양이 내리쬐어 바짝 달아올라 있고, 또 일부는 눈과 서리 때문에, 그리고 태양이 멀리 물러섬으로써 얼어 뻣뻣해져 있기 때문이지요. 한데 세계가 신이라면, 그것들도 세계의 일부이니, 신의 지체가 일부는 타오르고 있고, 일부는 얼어붙어 있다고 생각해야 할 것입니다.

25. 루킬리우스여, 바로 이런 것이 당신들의 주장입니다. 한데, 다른 사람들의 생각은 어떠한 것인지[50] 보이기 위해, 당신들의 선구자들을 맨 앞에서부터 살펴보겠습니다. 그러한 주제를 처음으로 탐구했던, 밀레토스 사람 탈레스[51]는 물이 사물의 원질이라고 했습니다만, 그는 또 물로부터 만물을 조성해낸 저 영혼이 신이라고도 했습니다. 만일 신들이 감각 없이 존재할 수 있다면 그럴 수도 있겠지요. 그런데 그는, 만일 영혼이 자체적으로 물질 없이도 존립할 수 있다면, 왜 영혼을 물에 결부시켰을까요? 한편 아낙시만드로스[52]의 견해

---

50) Ax와 Pease는 qualia vero * est라고 빈 칸을 남겨두었으나, 다른 사본들에 전해지는 대로(그리고 Dyck의 의견에 따라) qualia vero alia sint로 읽고 문맥을 맞췄다. Pease는 이 부분에 원래 (앞으로 소개할 학설들이 진실과는 매우 동떨어진 것이라는 비판을 포함해서) 상당히 긴 구절이 들어 있다가 사본 전승과정에 사라졌다고 보고 있으며, Dyck도 그럴 가능성을 인정한다.

51) 기원전 600년경에 활동했던 이오니아 자연철학의 창시자. 그는 여기 소개된 것과는 달리, 물이라는 원질(原質) 속에 그것을 움직이는 힘이 들어 있다고 주장했다. 아리스토텔레스의 《영혼에 관하여》 411a7에 따르면, 그는 모든 사물은 신으로 가득 차 있다고 말했다 한다.

52) 기원전 610년경~546. 밀레토스 출신. 만물의 원질은 '한정되지 않은 것' (apeiron)으로 놓았다. 그에 따르면 동시에 여러 개의 세계가 있을 수 있고, 그것들은 생성, 소멸되므로, 이들이 신이라면 신들도 생성, 소멸되는 것이다.

는, 신들은 (영원한 게 아니라) 태어나는 존재이고 긴 시간간격을 두고[53] 생겨났다가 스러지며, 또 이들은 세계들인데 그 숫자는 헤아릴 수 없이 많다는 것입니다. 하지만 우리 중 누가, 영원하지 않은 신이라는 개념을 이해할 수 있겠습니까?

26. 다음으로 아낙시메네스[54]는 공기를 신으로 놓고, 그것이 (영원한 게 아니라) 생겨나는 것이며, 광대하고 무한하고 항상 운동 중에 있다고 했습니다. 마치 아무 형태도 지니지 않은 공기가 신일 수 있다는 듯이 말입니다. 신이라면 뭔가 모습을 지닐 뿐만 아니라, 가장 아름다운 모습을 지니는 게 타당한데 말이죠. 혹은 이것은 마치, 생성된 존재라고 해서 모두가 언젠가는 소멸하는 건 아니라는 투입니다. 〔11〕 다음으로 아낙사고라스[55]는, 아낙시메네스의 학설을 받아들였는데요, 그는 모든 사람 가운데 맨 처음으로, 사물을 질서 짓고 규제하는 일이, 무한한 영혼의 강력한 능력에 의해 계획되고 이뤄진다고 믿었습니다. 하지만 그 와중에 그는, 감각과 연결되어 있으면서도 무한히 연속된 운동이라는 것은 결코 없다는 사실, 또 개개의 사물 자체가 외부에서 충격을 받아서 그걸 지각하지 않는 한, 감각이란 결코 있을 수 없다는 사실을 보지 못했습니다.[56] 다음으로, 만일 그

---

53) longis intervallis. 위의 번역문에는 시간적인 표현으로 보았으나, 공간적인 것으로 보아 '멀리 떨어진 채로'라고 옮길 수도 있다. 에피쿠로스학파에게 고유한 '세계들 사이의 공간(intermundia)'이라는 개념을 고려한다면 공간으로 보는 것이 나을지도 모르겠다.
54) 밀레토스 출신. 기원전 528~525 사이에 사망.
55) 소아시아 클라조메나이 출신. 기원전 428년 사망. 그는 모든 것은 '전체와 같은 부분(hoiomeria)'으로 되어 있으며, 그것으로부터 정신이 세계를 이뤄냈다고 가르쳤다.
56) 범위가 무한한 것은 자극을 가할 외부가 없다는 뜻이다. 하지만 아낙시메네스는 무한(apeiron)이란 말을 '무한분할가능성'이란 뜻으로 사용한 것이므로 이 비판은 잘못이다.

32

가 저 영혼이, 말하자면 어떤 생명체라고 본다면, 그것에게는 더 깊은 곳에 있는 무엇이 있을 테고, 이것 때문에 저것이 생명체라고 불리게 될 겁니다. 57) 하지만 영혼보다 더 깊은 데 있는 것이 무엇이겠습니까? 그러니 그것은 외부적인 육체로 둘려 있어야만 할 것입니다.

27. 하지만 그것은 그의 마음에 들지 않았으니, (그가 주창한바) 어떤 사물과도 묶이지 않은, 밖에 드러나 있고 단순한, 그리고 감각 능력을 갖춘 정신이란 것은 우리 지성의 강한 선(先)이해를 피해 달아나는 것으로 보입니다.

또 크로톤의 알크마이온58)은 해와 달과 다른 별들에게, 더 나아가 영혼59)에게도 신성을 부여하였는데요, 그는 자신이 필멸의 존재들에게 불멸성을 부여하고 있음을 몰랐습니다. 한편 퓌타고라스60)는, 영혼이 사물들로 이루어진 온 자연에 두루 퍼져있고 함께하며, 61) 거기서 우리의 영혼이 떨어져 나왔다고 생각하는데요, 62) 그는 인간들의 영혼을 끌어냄으로써 신이 뜯겨나가고 찢어진다는 사실을 깨닫지 못한 것입니다. 그리고 영혼들이, 많은 사람들에게 그런 일이 생기듯

---

57) 육체를 떠나서 단독적으로 존재하는 영혼이란 없다는 에피쿠로스학파의 믿음에 근거를 둔 비판이다. 무릇 생명체라면 그 육체 속에 영혼을 갖고 있어야 하니, 영혼이 독자적인 생명체라면 그 영혼 속에도 뭔가 자리 잡고 있어야 하는 것 아니냐는 말이다. 하지만 영혼의 내부란 없으므로, 영혼은 생명체가 아니라는 것이다.

58) 퓌타고라스의 동시대인이며 그의 추종자였던 의사.

59) animus를 이렇게 옮겼다. 루크레티우스에서 감정과 추론의 주체인 animus가, 감각의 주체인 anima와 늘 연결되어 있듯이 여기서도 이 animus는 anima와 묶인 것으로 보인다.

60) 기원전 582년 사모스 출생. 6세기 말에 이탈리아 크로톤에서 자기 학교를 세움.

61) 이 내용은 락탄티우스, 《신의 가르침》(Institutiones Divinae) 1. 5. 17에 나온다.

62) 이에 대해서는 《투스쿨룸의 담론》 5. 38, 《대(大) 카토》(《노년에 관하여》) 78장 참고.

이, 비참해지면, 그때는— 이건 사실 일어날 수 없는 일인데 —신의 일부가 비참해지는 것이란 점도 깨닫지 못했지요.

28. 또 인간의 영혼은, 만일 그것이 신이라면, 왜 어떤 것을 모르는 일이 생길까요? 나아가 저 신은, 만일 그것이 영혼 이외의 아무것도 아니라면, 어떻게 이 세계에 심기거나 거기 부어졌을까요? 그리고 크세노파네스[63]는 더 나아가, 정신과 묶인 무한한 우주를 신으로 보고자 했는데요, 그는 다른 사람들과 마찬가지로 정신 자체 때문에 비판의 대상이 되고,[64] 또 무한 때문에 더욱 심하게 비판을 받습니다. 무한 속에는, 감각을 지닌, 그리고 〈외부의 것과〉 연결된 어떤 것도 있을 수 없기 때문입니다.[65] 한편 파르메니데스[66]는 정말로 공상적인 어떤 것을 주창했는데요, 왕관과 비슷한—그래서 스테파네 (stephane)라고 불렀고요—, 하늘을 둘러 묶고 있는 불타는 빛의 연속된 고리로서, 그는 그것을 신이라 칭했습니다.[67] 하지만 그 안에는 신적 형태도, 그 어떤 감각도 있으리라고 생각해볼 수 없을 것입니다. 그리고 그는 많은 기괴한 것들, 즉 전쟁, 불화, 욕망, 그리고

---

63) 기원전 570~460. 에페소스 곁 콜로폰 출신으로 남이탈리아의 엘레아에 살았다. 당시의 다신교 체계에 반대하여, 정신의 힘으로 모든 것을 통제하는 유일신 개념을 내세웠다.

64) 영혼과 육체의 연결문제 때문에 비판을 받았다는 뜻이다.

65) 무한한 것은 외부가 없으므로 감각을 가질 수가 없고, 다른 것과 연결될 수도 없다.

66) 기원전 540년 출생. 크세노파네스의 제자. 세계는 여러 겹의 공으로 이루어져 있고, 그 한가운데에 신이 거주하는 것으로 보았다. 여기서는 그 공 자체가 신이라고 해서, 원래의 주장을 왜곡하고 있다. 세계가 여러 겹의 공으로 둘러싸였다는 믿음에 대해서는, 키케로의 《국가론》 6. 17, 플라톤의 《소피스테스》 244e 참고.

67) 파르메니데스가 보기에 존재는 변화하지 않는 일자(一者)이지만, 이런 진리를 얼른 받아들이지 못하는 일반인을 위해 '의견의 길'로서 자연학적 이론도 펼쳤다.

이런 종류의 다른 것들을 호명하여 신이 되게 했었는데요, 이 사람의 많은 징조들은 질병이나 잠이나 망각, 혹은 노령에 의해 파괴되는 것들입니다. 그는 별들에 대해서도 같은 일을 했는데, 이것은 벌써 다른 사람의 경우에 비판되었으니[68] 여기서는 생략하겠습니다.

29. 〔12〕 또 엠페도클레스[69]는 다른 많은 잘못을 저질렀지만, 신들에 대한 의견에서 가장 보기 안 좋게 미끄러지고 말았습니다. 왜냐하면 그는, 그것으로써 모든 것이 만들어져 있다고 믿었던 네 가지 원소를 신적인 것으로 놓았기 때문입니다. 그것들이 생겨나고 소멸된다는 것, 또 모든 감각을 결여하고 있다는 것이 아주 분명한데[70] 말입니다. 또한 프로타고라스는, 자신이 신들에 대해서, 그들이 존재하는지, 그렇지 않은지, 혹은 어떤 성질을 가졌는지, 분명한 지식을 전혀 갖고 있지 않다고 했는데요, 그 역시 신들의 본성에 대하여 그 어떤 견해도 갖지 않은 것으로 보입니다. [71] 데모크리토스[72]는 어떤가요? 그는 때로는 영상(影像)들과 그것이 떠돌아다니는 것을 신들의 숫자에 헤아려 넣다가, 때로는 그 영상들을 쏟아 보내는 저 본성을 신이라 하고, 때로는 우리의 판단과 지성을 신이라 하니, 정말 엄청난 오류 속에 방황하는 것이 아닌가요? 그 사람은, 아무것도 자신

---

68) 27장에서 비슷한 주장을 한 알크마이온을 비판했다.

69) 시칠리아의 아크라가스 출신. 기원전 483년경~423. 그는 만물이 물, 불, 흙, 공기라는 네 가지 '뿌리'들로 구성되어 있다고 믿었다. 루크레티우스는 《사물의 본성에 관하여》에서 그를 크게 찬양하였으나, 여기 등장하는 벨레이우스는 그를 그저 비판하고 있다.

70) 엠페도클레스의 4원소가 소멸한다는 것은 에피쿠로스학파의 입장에서 볼 때 그렇다는 것이지, 엠페도클레스 자신의 생각은 다르다.

71) 프로타고라스에게는 선이해(prolepsis)가 전혀 없으므로, 이 주제에 대해 논의를 시작하지도 못할 것이다.

72) 압데라 출신, 기원전 420년경에 활동, 이미 레우킵포스에 의해 주창되었던 원자론을 확장하여 펼쳤다. 레우킵포스의 견해는 여기 소개되지 않았다.

의 상태에 항상 머물러있지 않다고 해서 그 무엇도 영원한 것은 없다고 했는데요, 그는 그럼으로써 신에 대한 어떤 의견도 남지 않게 할 정도로 그것을 완전히 없애버린 것 아닌가요? 아폴로니아 출신 디오게네스[73]가 신으로 삼았던 저 공기는 어떤가요? 그것이 어떤 감각, 신의 어떤 모습을 지닐 수 있나요?

30. 자, 이제, 플라톤의 비일관성을 언급하자면 말이 길어집니다. 그는 《티마이오스》에서 이 세계의 아버지는 누구라고 지적할 수 없다고 했습니다.[74] 그리고 《법률》에서는 신이 대체 어떤 존재인지 탐구하는 것은 적절치 않다고 했습니다.[75] 또 그는 신이 아무 몸도 없이 존재한다고 주장했습니다. 희랍인들이 '비물체적인 것'(asomaton)이라고 하듯이 말이죠. 하지만 그것이 어떤 것인지 이해될 길이 없습니다. 그것은 감각을 결여한 것이어야 하고, 지혜도, 즐거움도 가지지 않아야 하니까요. 이들 모두는 우리가 신이라는 개념 하나에 포괄하는 것들입니다. 그는 또 《티마이오스》에서도,[76] 《법률》에서도,[77] 세계와, 하늘과 별들과 땅과 영혼들과, 우리 조상들의 가르침에 의해 우리가 받아들인 저 존재들이 신이라고 말합니다. 하지만 이 말들은 자체로 명백히 오류이며, 또 서로 격렬하게 맞싸우는 것들입니다.

31. 한편 크세노폰도 더 적은 단어들로써 거의 같은 잘못을 저지르고 있습니다. 그는, 소크라테스가 했던 말이라면서 전해주는 것들 속에서, 소크라테스로 하여금 신의 모습에 대해 탐구하는 것은 적절치

---

73) 프뤼기아, 또는 크레테에 있는 아폴로니아 출신. 아낙사고라스보다 약간 젊은 동시대인. 아낙시메네스처럼 공기를 만물의 근원으로 보고, 거기에 신성을 부여하였다. 아우구스티누스, 《신의 도시》8. 2 참고.

74) 《티마이오스》 28c.

75) 《법률》 7권 821a.

76) 《티마이오스》 34b, 40d-e, 41a-c.

77) 《법률》 821b-c, 896e, 897b.

못하다고 논하게 했으면서도, 바로 그 소크라테스가 해와 영혼을 신이라고 말했다고,[78] 그리고 때로는 신이 하나라고, 때로는 여럿이라고 했다고 전하기[79] 때문입니다. 이 말들은, 우리가 플라톤으로부터 나왔다고 하는 주장들이 그러한 것과 거의 같은 오류에 빠진 것들입니다.

32. 〔13〕 또 안티스테네스[80]도 '자연철학자'라는 제목이 붙은 저 책에서, 대중적인 많은 신이 있지만, 자연적인 신은 하나뿐이라고 해서, 신들의 힘과 본성을 제거하고 있습니다. 스페우십포스[81] 역시 이와 크게 차이 나지 않아서, 자기 아저씨인 플라톤을 계승하여 모든 것을 지배하는 어떤 하나의 힘[82]이 있다고 말하고 그것이 생명체라고 하여, 우리 마음으로부터 '다수의 신들'이란 개념을 뽑아내버리길 시도합니다.

33. 그리고 아리스토텔레스는 《철학에 관하여》[83] 제 3권에서, 자신의 스승 플라톤에게 반대하면서[84] 많은 혼란을 일으키고 있습니

---

78) 사실은 이들이 '신적인 것을 나눠 갖고 있다'고 한 것을 약간 왜곡하고 있다.

79) 크세노폰, 《소크라테스 회상》 4. 3. 13 이하.

80) 기원전 455~360년경. 고르기아스와 소크라테스의 제자. 견유(犬儒) 학파의 창시자. 다신교 체계에 반대하여, 유일한 자연신을 내세웠다. 락탄티우스, 《신의 가르침》 1. 5. 18 참고.

81) 플라톤의 조카(플라톤의 누이인 포토네〔Potone〕의 아들)이자 후계자로서, 348~339년 사이 아카데메이아를 이끌었다. 이 세계를 다스리는 영적인 힘이 있으며 그것이 신이라고 보았다.

82) 최고의 형상을 가리키는 듯하다.

83) De Philosophia. 아리스토텔레스가 일반인을 상대로 썼다고 하나, 지금은 전해지지 않는 저서. 형상이론과 공식적으로 결별한 대화편이라 한다.

84) 이 대목에 부정어 non을 넣어서 '반대함 없이'(non dissentiens)로 고쳐야 한다는 학자들(Lambinus, Diels 등)이 상당히 많다. 앞에 말한 대로 안티오코스는 아리스토텔레스를 따르는 소요학파의 학설이 플라톤의 학설과 같다고 보고 있고, 이 부분에 나오는 내용도 둘이 크게 다르지 않으므로 non을

다. 때로는 정신에 온 신성을 부여하는가 하면, 때로는 세계 자체가 신이라고 했다가, 또 때로는 어떤 것을 세계보다 앞세워, 그것에게 어떤 역회전으로써[85] 세계의 운동을 규제하고 지키는 역할을 부여하기도 하고, 또 어떤 때는 하늘의 열기[86]가 신이라고 말합니다. 하늘은, 자신이 다른 곳에서 신이라고 지칭했던바, 세계의 일부라는 것을 생각지 않고 말입니다. 하지만 어떻게 하늘의 저 신적인 감각이 그토록 빠른 속도 속에서 유지될 수 있을까요? 그리고 우리가 하늘까지 신으로 꼽으면, 저 많은 신들은 대체 어디에 머물까요? 또 그가, 신이 육체를 갖지 않는다고 주장할 때, 그는 신에게서 모든 감각을 빼앗고, 지혜까지 빼앗는 것입니다. 나아가, 육체가 결여된 세계가[87] 어떻게 운동할 수 있으며, 어떻게 항상 움직이면서도 고요하고 행복하게 있을 수 있겠습니까?

34. 한편 그와 동문수학한 크세노크라테스[88]도 이런 종류의 문제

넣는 것이 나을 듯도 하다. 한편, 지금 이 부분은 에피쿠로스학파 사람의 발언으로 되어 있으니, 반드시 아카데메이아학파의 입장을 따를 필요는 없다는(즉, non을 넣을 필요가 없다는) 주장이 거기 맞선다. 여기서는 일단 Ax를 따라, non 없이 옮겼다.

85) 대개는 천구상에서 날마다 서쪽으로 조금씩 자리를 옮겨가는 행성들이 이따금 동쪽으로 옮겨가는 것을 설명하기 위해, 특정의 구(球)들이 다른 것과는 반대방향으로 움직인다고 설명하는 것이다.

86) '아이테르'를 가리킨다. 2권 41장 참고.

87) 신에 대해 얘기하다가 갑자기 '세계'라는 단어가 나와서 문맥이 이상하기 때문에 이 단어(mundus)를 빼려는 학자도 있고, '신'(deus)으로 고치려는 학자도 있다. 하지만 여기서는, 아리스토텔레스에 따르면 세계는 운동하며, 또 세계는 신이고, 동시에 신은 비물질적인 존재이므로, 그것들을 연결해서 육체가 결여된(즉, 비물질적인) 세계(즉, 신)가 어떻게 운동할 수 있는지 의문을 제기한 것이다.

88) 비튀니아의 칼케돈 출신. 스페우십포스에 뒤이어 아테나이의 아카데메이아를 이끌었다(기원전 339~314).

에서 더 현명하지는 않습니다. 《신들의 본성에 관하여》라는 그의 책
에는 신의 어떤 외형도 제대로 묘사되지 않는 것입니다. 왜냐하면 그
는 신이 여덟이라고 말하는데, 다섯은 행성들 가운데 꼽아지는 것들
을, 하나는 마치 흩어진 지체들인 양, 하늘에 붙박인 모든 별들로 이
루어진, 그렇지만 단일체로 여겨지는 신을, 그리고 일곱 번째로 태양
을, 여덟 번째로는 달을 덧붙이기 때문입니다. 하지만 그들이 어떤
감각을 통해 행복할 수 있는지는 이해할 수 없습니다. 그리고 같은
플라톤 학교 출신이자 폰토스 태생인 헤라클레이데스[89]는 어린애 같
은 얘기들로 책들을 채웠습니다. 하지만 그래도 어떤 때는 세계를,
어떤 때는 정신을 신적인 것이라 생각했지요. 그도 떠돌이별(행성)들
에게 신성을 부여하고, 신에게서 감각을 박탈하였으며, 신의 형태가
변화될 수 있다고 믿었고, 같은 책[90]에서 땅과 하늘[91]을 다시 신들
가운데로 불러들였습니다.

　35. 또 테오프라스토스[92]의 비일관성도 참아줄 수 없습니다. 그는
때로는 정신에 신적인 주도권[93]을 부여하다가, 때로는 하늘에, 때로
는 성좌들과 천상의 별들에게 그러기 때문입니다. 그리고 그의 강의
를 들었던 스트라톤,[94] '자연철학자'라고 불리는 그 사람도 들어줄

---

89) 흑해 남쪽 폰토스 출신. 기원전 390~310년경. 플라톤의 제자이나, 헤라클
　　레이토스의 태양중심적 세계관을 따랐다.
90) 어떤 책인지 앞에 나온 적이 없다. 키케로가 급히 쓰고는 고치지 못한 구절
　　로 보인다.
91) 헤시오도스(《신들의 계보》 126~133행)의 가이아와 우라노스이다.
92) 레스보스 출신. 기원전 370~287년경. 아리스토텔레스의 제자로, 기원전
　　322년부터 그의 뒤를 이어 소요학파를 이끌었다.
93) theion hegemonikon. 그는 나중에 스토아학파에서 중요하게 쓰이는
　　hegemonikon 개념을 벌써 사용하고 있다.
94) 람사코스 출신. 테오프라스토스의 뒤를 이어 기원전 288년부터 소요학파의
　　수장 노릇을 했다. 아리스토텔레스의 학문을 경험적이고 자연과학적인 것으

수 없습니다. 그는 신적인 힘은 모두가 자연 안에 놓여 있다고[95] 생각했는데요, 그 자연은 태어나고, 자라고, 쇠하는 것의 원인[96]들을 갖고 있지만, 감각도 모습도 전혀 결하고 있는, 그런 것입니다.

36. 〔14〕 이제, 발부스여, 당신들의 학파로 가보자면, 제논[97]은 자연의 법칙[98]이 신적인 것이며, 그것이 올바른 것을 명하고, 그 반대 것을 금하는 힘을 지니고 있다고 생각했습니다. 한데 그가 어떻게 그 법칙을 생명 있는 것이 되게끔 만들지, 우리는 이해할 수 없습니다. 우리는 신이 생명 있는 존재이기를 기대하니 말입니다. 한데 이 사람이 다른 곳에서는 아이테르를 신이라고 말합니다.[99] 만일 '아무 것도 느끼지 못하는 신'이란 개념이 이해될 수 있다면, 그럴 수도 있겠죠. 그런데 그것은 기도에서건, 소망에서건, 맹세에서건 우리에게 결코 다가올 수 없을 것입니다.[100] 한편 그는 다른 책들에서,[101] 온 사물의 본성[102]에 퍼져 있는 어떤 이성이 신적인 힘을 부여받았다고

로 만들었다.

95) 인간 모습의 신을 거부했음.
96) 아리스토텔레스의 자연학을 수용한 것임.
97) 퀴프로스의 키티온 출신. 기원전 325~262. 스토아학파의 창시자. 스토아학파 전반에 대해서는 해제를 참고할 것.
98) lex. 희랍어 logos의 번역어이다. 이 구절과 관련해서는 락탄티우스, 《신의 가르침》 1. 5. 20-21 참고. 스토아학파의 자연법 개념을 가리킨 것이다. 명하고 금하는 것이 법의 기본성격으로 되어 있다. 《법률론》 1. 18 참고.
99) 《아카데미카》 2. 126 참고.
100) 벨레이우스는 신의 영상이 기도하는 사람에게 들어와야 한다는 걸 전제하고 있다.
101) 여기서도 책 이름은 언급하지 않았다. 급하게 발췌하여 썼다는 증거로 볼 수 있다. 여기 소개된 내용에 대해서는 락탄티우스, 《신의 가르침》 4. 9. 2. 참고.
102) omnium naturam rerum. 여기 쓰인 natura는 큰 의미가 없어서, 이 구절은 omnes res(모든 사물들)이나 마찬가지이다. 각주 3 참고. 한편 몇몇

40

생각하고 있습니다. 그리고 그는 또 별들에게 같은 힘을 부여하고, 때로는 해〔年〕들과 달들과 계절의 변화에 부여합니다. 또 헤시오도스[103]의 《테오고니아》, 즉 《신들의 계보》를 해석할 때, 그는 관행적인, 이전부터 받아들여져 온 신들의 개념을 완전히 제거합니다. [104] 읍피테르(제우스), 유노(헤라), 베스타, 그리고 그런 식의 이름을 가진 그 누구도 신들로 여기지 않고, 이 이름들이 생명 없고 말 못하는 것들에게 어떤 의미를 부여함으로써 주어진 거라고 가르칩니다. [105]

37. 그의 제자인 아리스톤[106]의 견해도 못지않게 큰 오류 속에 있습니다. 그는 신의 모습은 우리가 알 수 없다고 생각하고, 신들에게는 감각이 없다고 말하며, 신이 생명을 갖고 있는지 아닌지에 대해 아주 불분명했던, 그런 사람입니다. 또 클레안테스[107]는, 제가 방금 거명했던 그 사람과 함께 제논의 강의를 들었던 사람인데요, 그는 때로는 세계 자체가 신이라고 말하고, 때로는 전 자연의 정신과 영혼에 이 이름을 부여하기도 하고, 또 때로는 맨 끄트머리, 제일 높은 것으로서 사방으로 두루 퍼져 맨 바깥에서 온 세상을 묶어주고 껴안아주

사본들에는 omnem naturam rerum으로 되어 있어서, 이 경우에는 mundus(세계)라는 의미가 된다. 여기서는 Pease와 Ax를 좇아 omnium을 취했다.

103) 기원전 700년경에 살았던 시인. 《신들의 계보》와 《일들과 날들》의 저자. 이 구절은 라틴 문헌에 헤시오도스가 명확하게 언급된 최초의 사례이다.

104) 뒤에 코타는 에피쿠로스학파가 전통종교를 무시한다고 공격(115-24장)하지만, 벨레이우스는 자기들의 선이해는 전통적인 신들을 인정한다고 주장한다.

105) 그래서 스토아학파는 어원연구에서 신화의 의미를 밝히려 했다. 2권 63-9장에서 자세히 다뤄진다.

106) 키오스 출신. 기원전 250년경 활동. 소요학파인 케오스 출신 아리스톤과 자주 혼동된다.

107) 트로이아 지역의 앗소스 출신. 제논의 뒤를 이어 스토아학파를 이끌었다.

는, 아이테르라고 이름 붙여진 열기를 가장 확실한 신으로 판정하기도 하는108) 그런 사람입니다. 그런데 바로 이 사람이 마치 정신이 나간 것처럼, 쾌락에 반대하여 쓴 저 책들109)에서, 때로는 신들의 어떤 모습과 외양을 상상해봤다가, 때로는 온전한 신성을 별들에게 부여하고, 때로는 이성보다 더 신적인 것은 없다고 생각합니다. 그렇게 해서, 우리가 지성으로써 알고, 마음 속 개념110)에다가, 마치 발자국에 발을 대보듯이111) 대어서 비교해보길 원하는 저 신은 결코 앞에 나타날 수가 없었습니다.

38. 〔15〕 한편 같은 제논에게 강의를 들었던 페르사이오스112)는, 삶을 일구어가는 데 크게 유용한 것을 발견한 사람들이 신으로 여겨졌으며,113) 그 유용하고 안녕에 도움 되는 일들도 신이라는 명칭으로 불렸다고 말합니다.114) 한데 그는 저것들이 신의 발견물이라고도 하지 않고, 그 자체로 신적인 것이라고까지 할 정도입니다. 하지만 지저분하고 추한 것에 신들의 명예를 부여하거나,115) 죽어 없어진 인간

---

108) 《아카데미카》 2. 126 참고.

109) 《쾌락에 관하여》(*Peri Hedones*)를 가리킨다.

110) animi notione. 여기 '개념'(*notio*)이라고 나온 것은 44장에서 벨레이우스가 prolepsis와 동일시하는 praenotio와 다르지 않다. 에피쿠로스는 감각이 되풀이되면 그것이 정신 속에 prolepsis를 남기고, 우리는 나중에 새로운 감각을 그것에 재어보게 된다고 생각했다.

111) 우리가 어떤 신을 신으로 받아들이려면, 우리는 그를, 우리가 신에 대해 미리 갖고 있는 선이해의 틀(발자국)에 맞춰보아야 한다.

112) 퀴프로스의 키티온 출신. 제논의 제자. 기원전 270년경 마케도니아 궁정에 머물렀다.

113) 이런 주장은 대체로 페르사이오스와 동시대인인 에우헤메로스의 것으로 알려져 있다.

114) 빵, 포도주, 물, 불 등이 신격화되었다는 것은 케오스 출신 프로디코스의 입장이다. 118장 참고. 이것은 일반 종교를 설명한 것이므로, 반드시 스토아학파의 신(세계정신)과 상충하는 것은 아니다.

42

들, 그들에 대한 숭배라면 온전히 애곡 속에나 놓일 그런 자들116)을
신들 가운데 놓는 것보다 더 어리석은 일이 무엇이겠습니까?

39. 이제 크뤼십포스117) 차례입니다. 그는 스토아학파 사람들의
몽상의 가장 교묘한 해석자로 여겨지는 사람으로, 알려지지 않은 신
들의 엄청난 무리를 불러 모았는데요, 그 신들은 우리가 상상력을 발
휘하여 형태를 그려보려 해도 그럴 수 없을 정도로 알려지지 않은 신
들입니다. 우리의 정신은 그 사고로써 무엇이든지 그려낼 수 있는 것
으로 보이는데도 말입니다. 왜냐하면 그는, 신적인 힘이 이성 가운
데, 그리고 두루 퍼진 전체 자연의 영혼과 정신 속에 자리 잡고 있다
고 말하며, 세계 자체가, 또 그 세계의 영혼118)이 보편적으로 퍼진
것이 신이라고 하고, 때로는 정신과 이성 속에 머무는, 이 영혼의 지
도원리, 119) 즉 사물들에 공통되고 모든 것을 포괄하는 보편적 본성
을 신이라 하기도 하고, 때로는 앞으로 있을 일들의 운명적인 몫120)
과 필연을, 또 나아가 불121)과, 앞에서 언급했던 아이테르를, 때로

---

115) 로마 하수도(*Cloaca maxima*)의 여신인 Cloacina나, 원래 '똥'(*stercus*)에서
유래한 농부들의 신 Sterculus, 남성의 성기를 관장하는 Mutunus Tutunus
등이 그러한 예이다.
116) 근동의 Tammuz에서 변형된 Adonis 등.
117) 킬리키아의 솔로이(또는 타소스) 출신. 기원전 281/78~208/5. 클레안테
스의 제자이자 후계자. 스토아학파의 제2창시자. 그가 없었더라면 스토아
학파도 없었으리라는 평가를 받는 사람이다. 여기 세 장에 걸쳐 소개되고
있다. 기원전 1세기 스토아학파의 핵심으로 여겨진 듯하다.
118) animus. 희랍어 pneuma를 옮긴 것으로 보인다.
119) principatus. 희랍어 hegemonikon의 번역이다.
120) Ax는 사본들에 전해지는 대로 fatalem umbram으로 그냥 두고 umbram에
난문(難問) 표시를 해 놓았지만, Pease는 난문표시를 할 것 없이 그대로도
이해될 수 있다고 본다. 그것을 어떻게(예를 들어 vim으로) 바꾸든, 그 의
미는 (Dyck의 주장대로) 희랍어 heimarmenen(정해진 몫)으로 보아야 할
것이다.

는 본성상 흐르고 흩어지는 것들, 즉 물과 흙과 공기122) 같은 것들을, 해, 달, 별을, 또 모든 것을 포괄하는 사물들의 보편성을, 게다가 불멸을 얻은 인간들까지 신이라고 하니 말입니다.

40. 그리고 그는 또 사람들이 윱피테르라고 부르는 것은 아이테르이며, 바다에 두루 흐르는 공기가 넵투누스(포세이돈)이고, 케레스(데메테르)라고 불리는 것은 땅이라 주장하며, 비슷한 방식으로 나머지 신들의 명칭을 추적합니다. 그러면서도 그는 법의 항구적이고 영원한 힘, 말하자면 삶의 지도자요 의무의 명령자123)인 그것을 윱피테르라 하고, 또 그것을 운명의 필연성이자, 앞으로 있을 일들의 항구적 진리라고 부릅니다. 한데 이들 중 어느 것도, 그 안에 신적인 힘이 들어있을 것 같지 않은 그런 것입니다.

41. 그런데 이것들은《신들의 본성에 관하여》의 첫 권에 있는 내용이고요, 둘째 권에서 그는 오르페우스,124) 무사이오스,125) 헤시오도스, 호메로스126)의 이야기들을 자신이 불멸의 신들에 관한 책 첫권에서 말했던 것에 맞춰 조정해서는, 이런 것은 전혀 생각지도 않았던 오래고 오랜 옛 시인들이 마치 스토아학파 사람이었던 것처럼 보이게 만듭니다. 그런데 바빌로니아 출신 디오게네스127)는 그를 계승

121) 클레안테스의 '기술을 지닌 불'(*pyr technikon*) 개념을 받아들인 것이다.
122) 필로데모스에 따르면 이들은 각각 크로노스, 레아, 제우스이다. 여기에는 스토아학파의 어원분석이 바탕에 깔려 있다.
123) 법의 능동적 기능이다.
124) 아폴론과, 무사 여신 중 하나인 칼리오페 사이에 난 아들이라고 전해지는 전설적 가객.
125) 오르페우스의 제자.
126) 기원전 8세기.《일리아스》,《오뒷세이아》를 지었다고 전해지는 시인.
127) 티그리스 강 곁의 셀레우키아 출신. 타르소스 출신 제논의 뒤를 이어 아테나이에서 스토아학파를 이끌었다. 기원전 155년 사절로서 로마를 방문, 거기서 강연을 했다.

하여, 《미네르바(아테네)에 관하여》[128]라는 제목의 책에서 읍피테르가 출산하여 처녀신이 탄생한 이야기를 신화에서 떼어내어 자연학으로 옮겨갔습니다. [129]

42. 〔16〕 저는 거의, 철학자들의 판단이 아니라 미친 사람들의 꿈이라 할 만한 것을 펼쳐보였습니다. 왜냐하면 시인들의 목소리를 통해 쏟아져 나와, 바로 그 달콤함으로 해를 끼친 그 얘기들이 이것들보다 한결 더 어리석은 건 아니니 말입니다. 한데 시인들은, 분노로 불타며, 욕정으로 광기에 빠진 신들을 도입하고, 우리로 하여금 그들의 전쟁, 전투, 싸움, 부상[130]을 보게 만들었지요. 게다가 미움, 분열, 불화, 탄생, 죽음, 불평, 탄식, 극도의 무절제 속에 분출된 욕정, 간통, 결박,[131] 인간 종족과의 동침, 불멸의 존재들에게서 태어난 필멸의 인간들까지 말입니다.

43. 그런데 시인들의 오류에, 마기(magi)들[132]이 내세우는 괴이한 이야기들과, 이집트인들의, 같은 부류에 속하는 정신 나간 소리[133]를 함께 묶어도 되겠습니다. 그리고 진리에 대한 무지로 크나큰 비일관성 속에서 방황하는 대중의 의견도 함께 말입니다.

이런 것들이 얼마나 생각 없이, 경솔하게 얘기되는지를 눈여겨보는 사람이라면, 에피쿠로스를 존숭하고, 그를, 이 논의가 주제로 삼

---

128) 키케로가 기원전 45년 8월 11일자 편지에서 앗티쿠스에게 요청한 책이다. 《앗티쿠스에게 보낸 편지》 13. 39. 2.

129) 제우스는 임신한 메티스를 삼킨 후, 머리로 아테네를 낳았다고 한다. 이에 대한 디오게네스의 저술내용은, '아테네'는 아이테르의 영역이고, '제우스'는 이 세계라는 것이다. 필로데모스, 《경건에 관하여》 15 참고.

130) 《일리아스》 5권과 20~21권의 내용이다.

131) 《오뒷세이아》 8권 내용이다.

132) 메디아와 페르시아 종교의 사제들. 여기 언급된 괴이한 이야기(portenta)는 점성술일 수 있다.

133) 이집트인들의 동물형상 신 숭배에 대해서는 1권 82장과 101장 참고.

는바, 저 신들의 부류에 넣기까지134) 하지 않을 수 없을 것입니다. 왜냐하면 그분만이, 무엇보다도 자연 자체가 모든 이의 마음에 신들에 대한 개념을 각인해 놓았다는 사실에 근거하여, 신들이 존재한다고 보았기 때문입니다.135) 왜냐하면 사실 우리는 특별한 가르침을 받지 않고도 신들에 대한 어떤 선(先)이해를 가지는데, 그렇지 않은 그 어떤 종족, 혹은 인간의 족속이 있습니까? 그런 이해를 에피쿠로스는 '앞질러 취한 것'(prolepsis)이라고 불렀습니다. 즉, 마음에서 먼저 파악된, 사물에 대한 어떤 윤곽으로서, 그것 없이는 아무것도 이해되거나, 탐구되거나, 논의될 수 없는 그런 것입니다.136) 한데 이러한 생각의 힘과 유용성을, 우리는 에피쿠로스의 저 천상적인 책, 《척도, 또는 기준에 대하여》137)에서 받아들이고 있습니다.

44. 〔17〕 따라서 그대들은, 이 논의의 기초가 되는 것이 분명하게 놓여있음을 보고 계십니다. 왜냐하면 어떤 제도나 관습, 법에 상관없이 모든 사람의 동의가 일치하여 굳건하게 서 있고, 또 유지되고 있으므로, 신들은 존재한다고 생각되어야만 하기 때문입니다. 그들에 대해, 안에 자리 잡은 관념, 혹은 더 나은 표현을 쓰자면, 타고난 관념을 우리가 가지고 있으니 말입니다. 한데 어떤 것에 대하여 모든

---

134) 루크레티우스, 《사물의 본성에 관하여》 5.8 참고.

135) 하지만 2권 12~15장을 보면 스토아학파 사람들도 비슷한 근거에서 신들에 대한 개념이 형성된다고 했다.

136) 디오게네스 라에르티오스 10.33에는, 사람들이 prolepsis라는 말을 '자주 인상을 받은(지각된) 외적 대상들에 대한 기억'이란 뜻으로 쓴다고 되어 있다(하지만 키케로는 지금 이 부분에서 같은 용어를 '경험을 가능하게 하는 타고난 관념'의 뜻으로 사용하고 있다). 같은 책 10.31에는 참의 세 가지 기준이 제시되는데, 거기에 감각(aisthesis), 감정(pathe)과 더불어 prolepsis가 끼어 있다.

137) 디오게네스 라에르티오스 10.27에 소개된 'Peri kriteriou e kanon'을 가리킨다.

사람의 본성이 동의한다면, 그것은 참된 것일 수밖에 없습니다. 따라서 신들은 존재한다고 인정되어야만 합니다. 그런데 이것이 거의 모든 철학자들 사이에뿐 아니라, 배우지 못한 사람들 사이에서도 확립되어 있으므로, 다음 사실 또한 확립되어 있음을 우리는 인정합니다. 즉, 우리는 신들에 대한 어떤, 앞에 말했던바, 선이해, 혹은 — 에피쿠로스 자신이, 이전에 아무도 그렇게 부르지 않았던 단어로, '앞질러 취한 것'이라는 용어를 썼듯이, 새로운 주제에는 새로운 이름이 적용되어야 하므로, 새로운 용어를 써보자면 — 선개념(praenotio) 을 가지고 있다는 것인데요.

45. 그 내용인즉, 우리는 신들이 행복하며 불멸적이라고 생각한다는 것입니다.

왜냐하면 우리에게 신들 자신에 대한 그림을 제공한 바로 그 자연이 우리의 마음속에, 우리로 하여금 저들이 영원하며 행복하다고 생각하도록 새겨 넣었기 때문입니다. 사정이 이와 같다면, 에피쿠로스의 저 중요한 가르침은 진정 참된 것입니다. 즉, 행복하고 영원한 존재는 스스로 그 어떤 수고도 갖지 않고, 남에게 부과하지도 않으며, 따라서 분노에도 호의에도 사로잡히지 않는다는 것입니다. 이런 것들은 모두 연약한 것에 속한 것이기에 그렇습니다. 138)

만일 우리가 신들을 경건하게 섬기고, 미신으로부터 자유로운 것 이외의 다른 어떤 일도 추구하지 않는다면, 위에서 말한 것으로 충분할 것입니다. 왜냐하면 신들의 본성은, 영원하고도 극히 행복한 것으로서, — 무엇이건 뛰어난 것은 정당한 존경을 받아 누리므로 — 경건함에 의해 섬겨질 것이고, 또 신들의 힘과 분노에서 비롯되는 모든 두려움은 추방될 것이기 때문입니다. 분노나 호의는, 행복하고 불멸

---

138) '중요한 가르침들'(Kyriai Doxai)의 첫 번째 명제를 번역한 것이다. 신은 영원하므로 강하다.

적인 본성과는 동떨어진 것으로 여겨지며, 이것들이 제거되면 위에 있는 존재들[139]에 대한 그 어떤 두려움도 드리우지 않을 것으로 생각되니 말입니다. 하지만 이런 견해를[140] 확증하기 위해, 우리의 정신은 신에게 있는 형태와 그 삶, 정신의 활동과 작용을 탐색합니다. [141]

46. 〔18〕 한데 그 형태에 대하여 부분적으로는 자연이 우리에게 충고하고, 부분적으로는 추론이 가르쳐줍니다. 온갖 족속에 속한 우리들 모두는, 신들의 모습이 인간 모습 이외의 그 어떤 다른 것도 아님을 자연적으로 알고 있으니까요. 왜냐하면 대체 다른 어떤 형태가 깨어있는 자에게든, 잠자는 자에게든 다가온단 말입니까? 하지만 모든 것을 원초적인 개념들[142]을 향해 소환하지 않도록, 추론 자체가 같은 사실을 밝혀줍니다.

47. 탁월한 본성을 지닌 것은, 그것이 행복해서건, 아니면 영원해서건, 또한 극히 아름다운 게 합당해보이니 말입니다. 그런데 지체들의 어떤 구성, 외곽선의 어떤 짜임, 어떤 모습, 어떤 외양이 인간의 것보다 더 아름다울 수 있겠습니까?[143] 사실, 루킬리우스여, — 우리 코타께서는 때로는 이것을, 때로는 저것을 말씀하시니 잠시 젖혀두고요 —, 당신들도, 신의 재주와 제작술을 그려 보일 때면, 인간의 모습 속에 있는 모든 것이 유용성뿐 아니라, 매력과 관련해서도 얼마나 적절한지를 자주 묘사하곤 하지요.

48. 한데 만일 인간의 모습이 모든 생명체의 형태를 능가한다면, 그리고 신이 생명을 가진 존재라면, 그 신은 전적으로 모든 것 가운

---

139) superi. 미신(*superstitio*)이라는 말의 어원일 수 있다.
140) 신들이 행복하고 영원하다는 것.
141) 논증을 위해 주제를 구분한 것이다. 신의 모습은 46~50장에서, 신의 삶은 51~56장에서 다뤄진다.
142) 선개념.
143) 신이 행복하다는 것에 의지한 논변이다. 아름다움은 즐거움을 주기 때문이다.

데 가장 아름다운 저 모습을 갖추고 있을 것입니다. 그리고 신들은 지극히 행복하다는 것이 확증되어 있는데, 덕 없이는 누구도 행복할 수 없으며, 덕은 이성 없이는 존립할 수 없고, 또 이성은 인간의 모습 속에가 아니라면 결코 있을 수 없으므로, 신들은 인간의 모습을 하고 있다는 사실이 인정되어야만 합니다.

49. 하지만 그 모습은 물체적인 게 아니라, 마치 물체 같은 것이고, 그것은 피가 아니라, 마치 피 같은 것을 가지고 있습니다.

〔19〕 이런 사실들은 에피쿠로스에 의해, 누구나 그걸 이해할 수 있는 정도를 넘어서는, 좀더 세밀한 내용을 가진 것으로 발견되었고, 또 좀더 미묘하게 언급되었습니다만, 저는 당신들의 지성을 믿고서 사안이 요구하는 것보다 짧게 논의하고 있습니다. 144) 한데 에피쿠로스께서는, 숨겨지고 깊이 감춰진 사실들을 마음의 눈으로 볼 뿐 아니라, 마치 손으로 그러하듯이 다루기까지 하시는 분으로서, 신들의 본질과 본성이 이러하다고 가르치십니다. 즉, 우선 그것은 감각에 의해서가 아니라 정신에 의해 인식되며, 그 단단함으로 해서 그분께서 '견고한 것'(*steremnia*) 145) 이라고 칭하시는 것들처럼 어떤 견고함에 의해서나 숫자로 헤아려져서가146) 아니라, 유사성과 전환에 의해 영상이 지각되는데, 147) ― 왜냐하면 헤아릴 수 없는 원자들148) 에 의해 극

---

144) 여기서 왜 에피쿠로스학파의 이론이 이렇게 짧게 논의되는지에 대해서는, 키케로가 참고하는 것이 요약본이어서 그렇다는 설명과, 키케로가 에피쿠로스학파의 입장에 반대하기 때문에 이렇게 되었다는 두 가지 설명이 있다.

145) ta leptomere(섬세한 것)와 대비되는 개념이다. 신들은 섬세한 것에 속한다.

146) 아리스토텔레스가 사용한 낱개로 세어지는 것(*kata arithmon*)이란 개념이다. 그와 대비되는 개념은 ta kata eidos(물방울처럼, 그것이 소속된 부류의 다른 것과 구별되지 않는 것)이다. 사물에서 날아오는 영상들은 개별적으로 지각되지 않는다.

147) 여기 쓰인 두 단어는 학자들 사이에, 어떤 희랍어를 옮긴 것인지, 그것을 어떻게 해석해야 하는지 큰 쟁점이 되고 있다(Pease의 주석 317~319쪽

히 유사한 영상들의 무한한[149] 모습[150]이 이루어지고, 또 신들로부터[151] 흘러들기 때문에 ─, 우리의 정신과 지성이, 크나큰 즐거움을

참고). '유사성'(*similitudo*)에 대해서는 학자에 따라서, 원 희랍어 단어를 homoiotes(신들 자체와 유사함)나 analogia(유비)로 보기도 하고, 그 뒤에 나오는 transitio(이 번역에서는 '전환'으로 옮긴 단어)와 연결해서 이어 일상(*hendiadys*)으로 보아 metabasis kath'homoioteta(유사성에 따른 변환)으로 보기도 한다. transitio에 대해서도, 이것을 antanaplerosis(영상 유출로 상실된 원자를 보충함)라는 학자도 있고, phora(눈앞으로 옴)이라는 학자도 있다. 현재 transitio의 원 희랍어로 내세워지는 가장 유력한 후보 두 가지는 metabasis와 hyperbasis이다. 하지만 같은 단어를 내세우는 학자들 사이에도 해석이 분분한데, hyperbasis의 경우, 이것을 'intermundia (신들이 거주하는 세계들 사이의 공간)에서 인간 정신까지 오는 것'으로 보는 학자도 있고, '신에게서 인간에게로 신의 영상이 계속 이어 오는 것'으로 보는 학자도 있다. metabasis를 내세우는 학자들도 그것을 앞의 hyperbasis와 같이 '계속 이어져 다가옴'으로 보기도 하는데, 다른 해석으로는 metabasis를 일종의 '귀납적 추론'(알려진 것으로부터 알려지지 않은 것으로 넘어감)으로 보는 입장이 있다. 이 번역에서는 Pease의 해석을 따라서, '유비와 귀납적 추론에 의해'라는 뜻이 되게끔 옮겼다(하지만 최근에도 여전히 Dyck나 Purinton처럼 hyperbasis를 내세우고, 이를 '신들에게서 영상이 우리에게 오는 것'이라고 해석하는 학자들이 꽤 있다).

148) individuum. 나눌 수 없는 것이란 말로, 희랍어 atoma를 직역한 것이다. 원 뜻을 살리자면 '분할불가능한 것'이라고 해야 하지만, 너무 말이 길어서 그냥 관례대로 '원자'로 옮긴다.

149) 숫자로 헤아릴 수 없는.

150) '무한한 모습'(*infinita species*)이라는 말이 무슨 뜻인지 이해하기 어렵기 때문에 '무한한 계열(*series*)이 이루어지고'로 고치자는 제안도 있다. 이 번역에서는 전해지는 사본과 Ax의 텍스트를 그대로 따르면서, 이 구절을 '끝없이 전해져 오는 모습'이란 뜻으로 새겼다. 한편 Dyck는 이 말이, 영상 (*eidola*)이 정신에 남긴 인상을 가리키는 전문어라고 설명한다.

151) 전해지는 사본들과 Ax의 텍스트에는 ad deos(신들에게로)로 되어 있다. 신이 어떻게 인식되는지를 다루다가, 갑자기 신들에게로 원자들이 흘러든다는 말이 나와서 문맥이 잘 맞지 않기 때문에, 학자들 사이에는 여러 수정제안이 있었다. '신들로부터 우리에게로'(*a diis ad nos*)로 고치자는 제안, 같은 의도이지만 조금 더 단순하게 a deis로 고치자는 제안 등이 그것

가지고서 저 영상들에게 집중되고 고정될 때, 행복하고도 영원한 저 본성이 무엇인지 포착한다는 것입니다.

50. 한데 무한성의 지극히 큰 힘(무한한 공급량)은, 심도 깊고 꼼꼼한 탐구에 가장 걸맞은 것입니다. 우리는 그 무한 속에는, 모든 것이 모든 것과 대등하게 상응한다[152]는 성질이 있음을 알아야 합니다. 에피쿠로스는 이것을 '이소노미아'(*isonomia*), 즉 동등한 배분[153]이라고 칭합니다. 따라서 여기서 다음 결론이 나옵니다. 즉, 만일 필멸적인 것들의 숫자가 그렇게 많다면, 불멸적인 것들도 그보다 적지 않으며, 만일 사물을 소멸시키는 것들이 헤아릴 수 없이 많다면, 그것을 보존시켜 주는 것들도 무한해야 한다는 것입니다. [154]

그리고 발부스여, 당신들은 우리에게 묻곤 합니다, 신들의 삶은 어떤 것인지, 또 저들은 어떠한 세월을 보내는지.

51. 물론, 그보다 더 행복한 것은 결코 없을 그런 삶이지요. 그리고 온갖 좋은 것에서, 그보다 더 풍성한 경우는 생각될 수 없는 그런

이다. 여기서는 Dyck의 의견을 좇아 a deis로 읽었다. 물론 이 구절이 신들이 영상을 내보내고도 계속 존재할 수 있는 이유를 설명하는 것이라고 보면, ad deos로도 이해가 안 되는 건 아니다. 하지만 지금 논의의 핵심은 우리가 신의 모습을 지각하여, 그들이 행복하고 영원하다고 확신한다는 점이므로, 신 자체가 형성되는 과정(*ad deos*)보다는 거기서 영상이 우리에게 오는 것(*a deis*)이 문맥에 더 잘 맞는다.

152) 원자가 무한하므로 상실이 생겨도 곧 보충됨.

153) tributio. 희랍어로는 nemesis.

154) '동등한 배분', 또는 '법 앞의 평등'이라고 옮겨지는 isonomia는 사람에 따라 달리 쓰인 개념인데, 알크마이온이 신체의 건강과 관련해서, 대립되는 성질들 사이의 균형이란 뜻으로 사용한 것(DK B2)과 유사하게, 여기서는 '우주적 균형'이란 뜻으로 쓰인 것으로 보인다. 하지만 신이 어떤 과정을 통해 불멸하는지는 여기 설명되어 있지 않다. 루크레티우스, 《사물의 본성에 관하여》 3. 819-23행에 의거하여 신은 해를 피할 방법을 알고 있다고 추측할 수 있을 뿐이다.

삶 말입니다. 왜냐하면 신은 아무것도 행하지 않으며, 어떤 업무에도 얽혀들지 않고, 아무 일에도 애쓰지 않고, 자신의 지식과 덕에 즐거워하며, 자신이 항상 크고도 영원한 즐거움 속에 있으리라는 것을 확실하게 알고 있기 때문입니다.

52. 〔20〕 우리는 이러한 신이 제대로 행복한 거라고 할 것이며, 당신들의 신은 정말로 심한 노역 속에 있다고 할 것입니다. 왜냐하면 세계 자체가 신155) 이라면, 한순간도 쉼 없이 하늘의 축 주위를 놀랄 만한 속도로 도는 것보다 덜 고요한 그 무엇이 있을 수 있겠습니까? 하지만 고요하지 않은 것이라면 무엇이든 결코 행복하지 않습니다.156) 혹은 어떤 신이 이 세계 가운데 있어서, 그가 지배하고, 조종하며, 별들의 행로와, 계절의 변화와, 사물들의 번갈음157)과 질서를 보존하며, 인간들의 편익과 삶을 돌보며 땅과 바다를 지킨다면, 확실히 그는 번거롭고 힘든 과업에 얽혀있는 것입니다.

53. 하지만 우리는 행복한 삶을, 정신의 안정과 모든 의무로부터 면제되는 것에 놓습니다. 왜냐하면 다른 것들을 가르치신 저분께서 또한 가르치시길, 세계는 자연에 의해 이루어졌기에, 제작술은 전혀 필요하지 않았으며, 그 일은 당신들이 신적인 기교 없이는 만들어질 수 없었다고 부인하는 만큼이나 쉬워서, 자연은 셀 수 없이 많은 세계들을 앞으로도 만들어낼 것이고, 만들고 있으며, 만들었다고 하셨기 때문입니다. 한데 당신들은 자연이 어떻게, 그 어떤 정신 없이도 그것을 이뤄냈는지 알지 못하기 때문에, 마치 비극 시인들이 그러하듯이,158) 논중 구성의 결말을 풀어낼 수 없을 때, 신에게로 도망쳐

---

155) 위에서 클레안테스를 소개하는 대목에서 처음 나왔던 주장이다. 37장 참고.
156) 에피쿠로스학파에서 보이는 '신들의 평화'라는 개념에 대해서는, 루크레티우스, 《사물의 본성에 관하여》 2. 646-651(=1.44 이하) 참고.
157) 번갈아 태어나는 것.

가는 것입니다.

54. 확실히 당신들은 그 신의 수고를 요구하지 않게 될 것입니다. 만일 모든 방향으로 광대하게 끝없이 펼쳐진 공간의 크기를 당신들이 안다면 말입니다. 그것은, 그 속으로 정신이 자신을 던져 넣고[159] 뻗혀서 아무리 넓게 멀리 떠돌더라도, 거기 자신이 멈춰 설 그 어떤 끄트머리 해안도 발견하지 못할 정도입니다. 그러므로 그러한 너비, 길이, 높이의 광대함 속을 헤아릴 수 없는 원자들의 무한한 힘(공급량)이 날아다니고 있으며,[160] 그것들은 빈 곳이 중간에 끼어들더라도 서로 결합하고, 하나가 다른 것을 붙잡아 연결됩니다. 이것으로부터 사물들의 저 형태와 모습들이 생겨나는데, 당신들은 그것들이 풀무와 모루 없이는 만들어질 수 없다고 생각하지요. 그래서 당신들은 우리의 목덜미에 영원한 주인을 올려놓습니다. 우리가 그를 낮이나 밤이나 두려워하도록 말이죠. 왜냐하면 사실 누가 두려워하지 않겠습니까, 모든 것을 미리 알고, 생각하며, 주목하고, 모든 것이 자신과 관련되어 있다고 여기는 호기심 많고, 업무일정이 꽉 찬 신이라면 말입니다.

55. 여기에서부터 당신들에게 우선, 당신들이 '몫으로 주어진 것' (heimarmene)이라고 부르는, 저 운명적 필연이 성립하게 됩니다. 그래서 당신들은 무엇이건 일어나는 일은 영원한 진리와, 원인들의 연쇄에서 흘러나왔다고 말하는 것이지요. 하지만 노파, 그것도 배우지 못한 노파만큼이나 모든 일이 운명에 의해 이뤄진다고 보는 이 철학

---

158) '기계장치에 의한 신'(deus ex machina)에 빗대어 말한 것이다. 비극작가들의 서툰 솜씨에 대한 이러한 비판은 플라톤, 《크라튈로스》 425d에서도 볼 수 있다.

159) 에피쿠로스의 전문어인 주의집중(epibole)을 연상시키는 표현이다.

160) 공간과 원자의 수는 무한함.

이, 어느 정도나 가치가 있다고 평가되어야 할까요? 거기서 당신들의
'만티케'(mantike), 라틴어로는 예언술(divinatio)이라고 불리는 것이
따라 나옵니다. 그것은, 우리가 만일 그대들의 말을 듣자고 한다면,
그토록 큰 미신으로 우리를 물들여서, 우리는 내장 점술사, 조(鳥) 점
술사, 점쟁이, 예언자, 해몽가들을 섬겨야 할 것입니다.

56. 에피쿠로스에 의해 이러한 공포로부터 해방되고, 자유를 선언
받은[161] 우리는, 저 신이 자신들을 위해 어떤 성가신 일도 만들어내
지 않고, 다른 자들을 향해 그런 것을 구하지도 않는다[162]는 것을 알
고 있어서, 그들을 두려워하지 않으며, 경건하고 신성하게 그들의 뛰
어나고 탁월한 본성을 높입니다.

하지만 제가 열정에 휩쓸리어 너무 멀리 나가지나 않았는지 두렵군
요. 하지만 그토록 크고, 그토록 찬란한 주제를 시작만 해놓고 그냥
떠나는 것은 어려운 일이었습니다. 사실 저는, 말하기보다는 듣는 쪽
을 취하는 게 옳았지만 말입니다.

57. 〔21〕 그러자 코타가, 늘 그래왔듯이, 호의적으로 말했습니다.
"하지만, 벨레이우스여, 그대가 뭔가를 말하지 않았더라면, 확실히
아무것도 제게서 들을 수 없었을 것입니다. 왜냐하면 제 마음 속에
는, 어떤 것이 왜 참인지가, 왜 그것이 거짓인지만큼 쉽게 떠오르지
않곤 해서입니다. 그런 일은 자주 있었는데, 조금 전 당신의 말씀을
들을 때도 일어났습니다. 당신께서 제게 신들의 본성이 어떤 것인지
물으신다면, 저는 아마도 아무것도 대답하지 않을 것입니다. 방금 당
신이 제시한 것과 같다고 생각하는지 물으신다면, 저는 그것보다 더
사실이 아닌 듯 보이는 건 없다고 대답할 것입니다.

---

161) 스토아학파가 신을 주인(dominus)으로 보는 것(54장)을 은근히 암시하는
    말이다.
162) '중요한 가르침들'(kyriai doxai) 중 첫째 것의 설명임.

54

하지만 당신이 논증하신 것들에 접근하기 전에, 당신 자신에 대해
제가 어떤 느낌을 갖고 있는지 언급하겠습니다.

58. 왜냐하면 저는 당신과 친밀한 루키우스 크랏수스163)에게서,
그가 의심의 여지없이 당신을 토가를 걸친 모든 자들 앞에 놓고, 희
랍 땅에서 온 에피쿠로스학파 사람들 중 소수만을 당신과 비교하는
걸 자주 들었던 듯합니다만, 그에 의해 당신이 놀랍게 칭송된다는 것
을 이해했으면서도, 그가 호의 때문에 좀 부풀려서 말하는 것으로 여
겼었기 때문입니다. 한데 저는 지금, ― 앞에 있는 사람을 칭찬한다
는 것이 좀 걸리기는 하지만요―, 컴컴하고 어려운 주제가 당신에
의해 명확하게 언급되었으며, 내용적으로 풍성할164) 뿐만 아니라,
용어상으로도 당신들이 흔히 그래왔던 것보다 훨씬 아름답게 얘기되
었다고 생각합니다.

59. 저는 아테나이에 있을 때,165) 우리의 필론166)께서 에피쿠로스
학파의 합창단장이라고 부르곤 했던 저 제논167)의 강의를 자주 듣곤
했었는데요, 그것은 사실 필론 자신의 권고에 의한 것이었습니다. 제

<hr>

163) 루키우스 리키니우스 크랏수스, 기원전 95년 집정관을 지냈다(공화정기 선
출직 최고 통치자인 consul직은 학자에 따라서 그냥 '콘술'로 적기도 하고,
어떤 학자는 '통령'이란 용어를 쓰자고 제안하는데, 아직 학계의 다수의견
이 정해지지 않았으므로 이전에 널리 쓰이던 대로 '집정관'으로 적겠다).
하지만 이 크랏수스는 《연설가에 관하여》3. 77 이하에서 자신이 철학을 전
혀 모른다고 선언하고 있어서, 이 자리에, 벨레이우스의 집에 기거했던 다
른 철학자의 이름이 있던 것이 유실되고 대신 이 이름이 들어간 것으로 보
는 학자도 있다.
164) 사실은 내용이 별로 풍성하지 못한데, 의례적 칭찬으로 이렇게 말한 듯하다.
165) 기원전 91년 망명하여, 82년 술라 승리 후에 귀국할 때까지.
166) 라릿사 출신의 필론. 신아카데메이아학파의 학자. 위의 6장과 16장에 나왔
다. 코타도 그의 강의를 들었으므로, '우리의'라고 했다.
167) 시돈 출신의 제논. 에피쿠로스학파의 학자. 기원전 150년경 출생. 키케로
와 앗티쿠스는 79/78년에 아테나이에서 그의 강의를 들었다.

생각에, 그분의 의도는 아마도, 제가 그 이론들이 어떤 식으로 전해지는지 에피쿠로스학파의 우두머리에게서 직접 들어서, 그것들이 얼마나 잘 논박될 수 있는지를 더 쉽게 판단할 수 있도록 하려는 것이었던 듯합니다. 한데 제논은 대다수 사람들처럼 하지 않고, 당신과 같은 방식으로 명확하고 장중하며 아름답게 말씀하셨습니다. 하지만 그런 경우에 내게 자주 닥치는 바로 그 일이, 방금 당신의 말을 들을 때도 내게 일어났습니다. 즉, 그렇게 큰 재능이 ― 부디 호의로써 제 말을 들어주시기 바랍니다 ―, 그렇게 하찮은 ('그렇게 어리석은'이란 표현을 피해 말하자면) 학설에 빠지고 말았다는 사실을 괴롭게 여겼던 것입니다. 하지만 저 자신이 지금 더 나은 무엇인가를 제시하겠다는 것은 아닙니다.

60. 저는, 방금도 얘기했던 것처럼, 거의 모든 일에서, 하지만 특히 자연학에서, 무엇이 맞는지보다는 무엇이 맞지 않는지를 더 빨리 말할 것이기 때문입니다. 〔22〕만일 당신께서 제게, 신이 무엇인지, 혹은 어떠한지 물으신다면, 저는 시모니데스[168]를 권위로 삼을 것입니다. 그에게 참주인 히에론이 바로 이것을 물었을 때, 그는 자기에게 생각할 시간을 하루만 달라고 청했었습니다. 하지만 다음날 그에게 같은 것을 묻자, 그는 이틀을 요구했습니다. 그가 자꾸 날 수를 배로 불려가자, 히에론이 이상히 여겨 왜 그러는지 물었지요. 그러자 그는, "제가 더 오래 생각하면 할수록, 제게는 그만큼 더 (대답할) 희망이 어두워지는 듯 보여서 그렇습니다"라고 했답니다. 하지만 제가 보기에 시모니데스는, ― 그는 매혹적인 시인일 뿐 아니라, 다른 분

---

168) 케오스 출신의 서정시인(기원전 556~468). 2차 페르시아 전쟁 때, 테르모퓔라이에서 전사한 스파르타군에게 바쳐진 묘비명이 그의 작품이라고 알려져 있다. 시칠리아의 쉬라쿠사이 참주인 히에론 1세(478~476)의 궁정에 머물렀었다.

야에서도 박식하고 현명한 사람으로 전해지니 말입니다만—, 많은 날카롭고 섬세한 생각들이 그의 마음속으로 닥쳐와서, 그 중 어떤 것이 가장 참된 것인지 의혹을 가지다가, 진리 전반에 대해 포기한 것 같습니다.

61. 한데 당신들의 에피쿠로스께서는, —저는 당신보다는 그와 논변하기를 더 원하니 말입니다만—, 무엇을 말씀하시나요? 철학은 차치하고, 평범한 정도의 숙고에라도 어울리는 무언가를 말입니다.

우선, 신들의 본성이라는 이 문제에서, 신들이 존재하는지, 존재하지 않는지가 첫 번째 질문거리입니다. '그들의 존재는 부정하기 어렵다'라고 하시겠지요. 만일 공식석상에서 질문을 받는다면, 저도 그걸 받아들입니다. 하지만 이런 식의 대화와 친밀한 모임에서라면, 그 존재를 부인하기란 아주 쉽습니다. 따라서 저는, 의례와 공적인 종교 행사가 극히 신성하게 지켜져야 한다고 생각하는 사제(pontifex)로서, 신들이 존재한다는 이 첫 번째 명제가, 단지 의견으로서가 아니라,169) 명백히 진리에 합치되는 것으로서, 나를 설득해주었으면 하고 바랄 것입니다. 왜냐하면 이따금 신들이 전혀 존재하지 않는 것으로 보이게끔, 혼란을 주는 많은 생각들이 일어나기 때문입니다.

62. 하지만 보십시오, 제가 당신을 얼마나 아량 있게 대하는지 말입니다. 저는, 당신들과 다른 철학자들에게 공통된 것은 공격하지 않으려 합니다. 예를 들면, 지금 다뤄지는 바로 그런 것입니다. 신들이 존재한다는 것은 거의 모든 사람에 의해, 특히 저에 의해 동의되는 바이니까요. 그래서 저는 그것에 대해서는 맞서 다투지 않습니다. 하지만 당신이 제시하신 저 논리는 충분히 튼실하지 않다고 생각합니다. 〔23〕 왜냐하면 당신은, 모든 민족, 모든 인종의 사람들에게 그렇

---

169) 회의주의자가 '의견'의 지위를 깎아내리는 것이 좀 이상하지만, 적극적 주장이 있는 상대에게서 증명을 끌어내기 위해 전략적으로 이렇게 한 것이다.

게 보인다는 사실이, 신들이 존재한다고 확증하는 데 충분히 큰 논거
가 된다고 하셨기 때문입니다. 하지만 그것은 그 자체로 약하고, 또
잘못된 것입니다. 왜냐하면 우선, 여러 민족들의 의견은 어디서부터
와서 당신께 알려진 것입니까? 사실 저는, 많은 종족들이 너무나 거
친 야만상태에 있어서, 그들 가운데에는 신이 존재할지도 모른다는
그 어떤 의혹도 없을 정도라고 생각합니다. 170)

　63. 한편, '무신론자'(atheos) 라고 칭해지던 디아고라스171) 와, 그
다음으로 테오도로스172) 는 신들의 존재를 공개적으로 제거해버리지
않았던가요? 또 다 알다시피 압데라 출신의 프로타고라스는, 그에 대
해 당신도 방금 언급하셨습니다만, 어쩌면 그 당시 최고의 소피스테
스였는데요, 자기 책의 서두에 '신들에 대해서는, 그들이 어떻게
있는지도, 어떻게 없는지도173) 말할 수 없다'라고 썼다가, 아테나이
인들의 판결에 따라 그 도시와 시골에서 추방되었고, 그의 책은 공식
적으로 불태워졌지요. 174) 저는 확실히 이 일 때문에, 많은 사람들이
그와 같은 믿음을 고백하는 걸 꺼렸다고 생각합니다. 그런 의혹조차
도 벌을 피할 수 없는 상황이었으니 말입니다. 또 신전 약탈이나, 불
경죄, 거짓 맹세에 대해서는 무어라 말씀하실 건가요?

　루킬리우스의 시를 인용하자면,

---

170) 스트라본과 테오프라스토스는 신 개념이 없는 종족들에 대해 보고하고 있다.
171) 위의 2장에도 등장하는 멜로스 출신의 디아고라스. 그의, 무신론자라는 평
　　 판에 대해서는 락탄티우스, 《분노에 관하여》 9장 참고.
172) 퀴레네 출신. 위의 2장에 나온 인물이다.
173) 원래는 '신들이 존재하는지, 존재하지 않는지'인데, 아마도 키케로가 희랍
　　 어 hos를 잘못 해석해서 이렇게 된 듯하다. 원래의 희랍어 구절은 디오게
　　 네스 라에르티오스, 《저명한 철학자들의 생애와 그들의 주장》 9. 51에 전
　　 해진다.
174) 에피쿠로스학파도 무신론자나 불가지론자가 존재한다는 사실을 부인하지는
　　 않는다. 다만 잘못된 추론 때문에 선이해가 가려졌다고 설명한다.

'만일 루키우스 투불루스[175]가,

만일 루푸스[176]나, 카르보[177]나, 넵투누스의 아들[178]이,'

신들이 존재한다고 생각했더라면, 그렇게 거짓 맹세를 하고, 그렇게 부정하게 행동했을까요?

64. 따라서 저 논리[179]는, 당신들이 원하는 저것을 증명해주기에, 겉보기만큼 그렇게 확고한 게 아닙니다. 하지만 이런 사정은 다른 철학자들의 논증에도 공통된 것이므로, 지금은 그냥 지나가겠습니다. 저는 그보다는 당신들 특유의 논증으로 향하기를 더 원합니다.

65. 일단 저는 신들이 존재한다고 양보하겠습니다. 그러니 제게 가르쳐주십시오. 그들이 어디서 비롯되었는지, 어디에 있는지, 몸과 마음과 생활은 어떠한지를[180] 말입니다. 저는 이것들을 알기를 갈망하니까요. 당신은 모든 일과 관련해서, 원자들의 지배와 자의(恣意)

---

175) 루키우스 호스틸리우스 투불루스. 기원전 142년에 법무관(*praetor*)을 지냈다. 그가 뇌물을 받고 부당한 판결을 내린 사실은 3권 74장과, 《최고선악론》 2. 54에도 언급된다. 이 사람은 추방이 두려워서 음독자살했다.

176) 루키우스 코르넬리우스 렌툴루스 루푸스. 기원전 156년 집정관을 지냈다. 루킬리우스(Lucilius, 스키피오 그룹에 속했던 기원전 2세기 풍자시인)의 풍자대상이었다. 지금 인용된 문장은 루킬리우스의 단편이다.

177) 가이우스 파피리우스 카르보. 기원전 120년 집정관을 지냈다. 처음에는 가이우스 그락쿠스의 편이었으나, 나중에 귀족정파(*optimates*)에 가담하였고, 시민들을 재판 없이 살해한 죄로 탄핵을 받자 자결하였다. Scipio Aemilianus 살해자로 의심받은 인물이다.

178) 시인들은 덕 있고, 현명하며, 용기 있는 사람들은 윱피테르의 아들이라 칭하고, 사납고 거칠고 덕과는 담 쌓은 사람들을 넵투누스의 아들들이라고 했다 한다. 아울루스 겔리우스, 《앗티카의 밤》 15. 21 참고. 한편 이 구절이 외눈박이 괴물 폴뤼페모스를 지칭한다는 해석도 있다. 그는 오뒷세우스가 제우스를 두려워하라고 하자, 그를 비웃었다. 《오뒷세이아》 9권 참고.

179) '누구나 신의 존재를 인정하므로 신은 존재한다'라는 논리.

180) 앞으로의 논의진행 순서이다. 각각 65~68장, 69~102장, 103~114장에 해당된다.

를 남용하십니다. 당신은, 흔히들 말하는 대로 땅에 생겨나오는 것은
무엇이든, 181) 이것들로부터 지어내고 만들어냅니다. 한데 우선182)
그 원자들이 존재하질 않습니다. 왜냐하면 〈사물의 본성 가운데는
분할될 수 없는 최소의 것이란〉 존재하지 않기 때문입니다. 〈다음으
로, 설사 그런 것이 있다 하더라도, 그것들은 당신이〉 몸체 없는 〈빈
곳이라고 부르는바, 저 허공을 통과해 움직일 수가 없습니다〉. 183)
그보다는 모든 자리가 물체들로 점유되어 있는 것이지요. 그러니 어
떤 빈곳도, 분할불가능한 그 어떤 것도 있을 수가 없습니다.

66. 〔24〕 이것을184) 저는 지금 자연철학자들의 신탁으로서 쏟아놓
습니다. 참인지 거짓인지는 모르겠지만, 당신들의 것보다는 더 진실
과 유사해 보이는 것이지요. 왜냐하면 저 데모크리토스의, 혹은 벌써
그 이전 레우킵포스185)의 흉물스런 주장은, 어떤 작은 알갱이들이
있어서, 어떤 것은 매끈하고, 어떤 것은 거칠며, 다른 것은 둥글고,
일부는 또 각 지고, 가시가 있으며, 어떤 것은 구부러져서 갈고리 같
다는 것이며, 그것들로부터 하늘과 땅이 생겨났다는 것이기 때문입
니다. 자연의 어떤 강제도 없이, 186) 우연적인 마주침을 통해서 말입

---

181) '내게 닥치는 것은 무엇이든'으로 옮길 수도 있다.

182) primum. 이 말에 상응하는 다음 구절이 없는데다가, 공간만 부정되고 원
    자의 존재를 부정하는 논변이 없어서 문제가 되고 있다. 그러면서도 결론
    에서는 다시 원자의 존재를 부정하고 있다. 다음 각주를 볼 것.

183) 여기서 논리가 잘 연결되지 않기 때문에, 이 부분에 상당한 분량의 문장들
    이 사라졌다고 보는 학자들이 많고, Ax도 nihil est enim ** quod로 빈 칸
    을 남겨 두었다. 이 번역에서는 Schoemann의 제안에 따라, nihil est
    enim 다음에, 《아카데미카》 1. 27에서 in rerum natura minimum, quod
    dividi nequeat를 끌어다가 보충하고, 나머지는 논리상 필요한 내용을 채워
    넣었다(Ax의 텍스트 25쪽 25행 원문비평주〔apparatus criticus〕 참고).

184) 원자론에 반대하는 논증. 스토아학파의 주장인 듯하다.

185) 밀레토스 출신. 기원전 500년경 활동. 원자론의 창시자이자, 데모크리토
    스의 스승. 벨레이우스의 학설요약에는 빠져 있다.

60

니다. 이 의견을, 가이우스 벨레이우스여, 당신은 이 시대까지 견지
해왔고, 187) 누구든 당신을 이 권위로부터 분리해내기보다는, 오히려
현재 상태의 생활 전체로부터 떼어내기가 더 쉬울 것입니다. 188) 왜
냐하면 당신은 이미 그런 것을 배워 알기도 전에, 자신이 에피쿠로스
학파의 사람이 되는 게 마땅하다고 결정했기 때문입니다. 그러니 당
신은 이런 흉물스런 것을 마음속에 수용하거나, 아니면 이미 받아들
였던 철학의 이름을 떠나보내는 수밖에 없었지요.

67. 왜냐하면 사실 당신이 무엇을, 에피쿠로스학파의 일원이 되는
걸 포기할 만큼 가치 있다고 생각하겠습니까? 당신은 말씀하십니다,
'진정코, 내가 행복한 삶을 위한 원리와 진리를 버릴 정도로, 가치를
부여할 만한 것은 없다'라고요. 한데 그런 것이 진리입니까? 제가 진
리만 언급하는 것은, 행복한 삶에 대해서는 논박할 것도 없기 때문입
니다. 당신은 신에게는, 지나친 여가로 해서 완전히 맥이 풀려버리는
것 이외에는 어떤 행복도 없다고 믿으시니까요. 하지만 진리는 어디
에 있습니까? 저는, 헤아릴 수 없는 세계 속에, 극히 짧은 매 순간마
다, 혹은 생겨나고 혹은 소멸하는 그 세계들 속에 그 진리가 있다고
확신한답니다. 189) 아니면 통제하는 그 어떤 본성도 없이 이성도 없
이, 그렇게 놀랄 만한 일들을 이뤄가는, 분할불가능한 작은 알갱이들
속에 그 진리가 있다고 믿어야 할까요? 아, 제가 조금 전에 당신과
대화를 시작하면서 갖고 있었던 관용을 잊었군요. 저는 너무 많은 것
을 껴안고 있습니다. 그러니, 모든 것이 분할불가능한 것들로 이루어
졌다는 걸 용인하겠습니다. 하지만 그게 논의 진전에 무슨 득이 되겠

186) 에피쿠로스학파가 자연을 반쯤 신격화하는 것을 공격하고 있다.
187) 이미 세력이 약해진 학설에 집착하고 있다는 뜻이다.
188) 권위를 따르는 것에 대한 비판이 이미 10장에서 나온 바 있다.
189) 물론 반어적으로 이렇게 말하는 것이다.

습니까? 지금 논의되는 것은 신들의 본성이니 말입니다.

68. 자, 그럼, 신들이 원자로 이루어졌다고 해봅시다. 그러면 그들은 영원하지 않습니다. 왜냐하면190) 원자로 이루어진 것은 언젠가 태어난 것이기 때문입니다. 만일 태어난 것이라면, 그들이 나기 전에 어떤 신도 없었습니다. 그리고 만일 신들의 탄생이 있다면, 그들의 사멸도 있어야만 합니다, 조금 전 당신이 플라톤의 세계에 대해 논박했던 것191)처럼 말이죠. 그러면 당신들의 저 행복과 영원은 어디에 있습니까? 당신들은 이 두 단어로 신을 특징지었는데 말입니다. 당신들이 그걸 견지하고자 할 때, 당신들은 〈모호한 말의〉 가시덤불192) 속으로 기어들어가게 됩니다. 이런 말을 하는 것은, 당신들은 그런 식으로 모호하게 말하곤 했기 때문입니다. 신에게는 육체가 아니라, 육체 같은 것이, 피가 아니라, 마치 피와 같은 것이 있다는 식이죠. 193)

69. 〔25〕 이런 일을 당신들은 아주 자주 행하지요. 즉, 뭔가 진실과 유사하지 않은 것을 말하면서 책잡히지 않으려 할 때, 전혀 일어날 수 없을 어떤 것을 덧붙이는 것입니다. 그래서 그토록 뻔뻔하게 저항하느니, 차라리 논쟁의 대상이 되는 그것을 그냥 인정해버리는 게 더 나았겠다 싶을 정도입니다. 예를 들면 이런 것입니다. 에피쿠로스는, 만일 원자들이 자체 무게에 의해 아래쪽 장소로 이동하면, 그것들의 운동이 확정되고 필연적인 것이 되므로, 아무것도 우리의

---

190) 전해지는 사본들에 quia enim로 되어서, Ax는 난문표시를 하고 있지만, Pease의 제안에 따라 quia를 quod로 고쳐 읽었다. Pease는 8세기부터 quia와 quod의 약자(略字)가 비슷해져서 이런 혼란이 생겼으리라고 추정한다.
191) 20장의 내용을 가리킨다. 사실은 플라톤뿐 아니라, 모든 철학자들에게 그렇게 공박했다.
192) 곤경.
193) 위의 49장에 쓰인 표현이다.

62

능력 안에 있을 수 없게 된다는 걸 알고는, 결정론을 피할 방도를 찾아냈습니다(이것은 물론 데모크리토스도 찾아내지 못했던 것입니다[194]).
즉, 에피쿠로스는, 원자가 무게와 중력에 의해 아래로 똑바로 움직여 가다가, 아주 조금 비껴난다고 말했던 것이지요.[195]

70. 이런 말을 하는 건, 그가 방어하려는 저 주장을 방어해내지 못하는 것보다 더 수치스러운 일입니다. 그는 논리학자들[196]에 대항해 서도 같은 짓을 합니다. 그들이 가르치기를, '이러저러하거나, 그렇지 않거나 이다'라는 식의 선택지에서는 언제나, 둘 중 하나가 참이라고 하자, 그는, 만일 '에피쿠로스는 내일 살아있거나, 살아있지 않을 것이다' 같은 게 용인된다면, 혹시나 이 둘 중의 한 가지 사태가 필연적인 것이 될까봐 두려워했습니다. 그래서 그는 '이러저러하거나, 그렇지 않거나 이다'라는 명제 전체가 필연적이라는 사실을 부정했습니다. 어떤 발언이 이보다 더 어리석을 수 있었겠습니까? 아르케실라오스는 제논을 다그치곤 했는데요,[197] 그 이유는, 자기는 감각 기관에 드러나 보이는 모든 것이 거짓이라고 하는데, 제논은, 감각에 포착된 많은 것이 거짓되긴 하지만, 모두가 그런 것은 아니라고[198]

194) 이것 역시 반어적인 표현이다.
195) 원자의 비껴남에 대해서는 루크레티우스, 《사물의 본성에 관하여》 2. 216-224 참고. 이 비껴남이 자유의지를 위해서는 필수불가결이라는 점에 대해서는 같은 작품 2. 251-260 참고. 이 학설에 대한 논박은 《최고선악론》 1. 18-20, 《운명에 관하여》 18. 22-23 참고. 이 비껴남은 복합물이 생겨나기 위해서는 꼭 필요한 것이다.
196) dialectici. 《아카데미카》 2권 97장에서는 이 말로써 안티오코스와 스토아 학파 사람들을 가리키고 있다.
197) 여기서는 아카데메이아학파인 아르케실라오스가 스토아의 제논을 직접 비난한 것처럼 나와 있지만, 아르케실라오스는 제논보다 한 세대 이상 후대인 레우킵포스 시대 사람이다.
198) 참된 정보를 주는 현상(kataleptike phantasia)도 있다는 것이다. 이것만이 실재와 믿을 만한 관계를 맺고 있다. 이에 대해서는 1권 12장 각주들을 참

말한다는 것 때문이었습니다. 한편 에피쿠로스는, 혹시 감각에 어떠
한 상태로 보이는 것이 하나라도 거짓된 게 된다면, 참된 것은 전혀
없지나 않을까 두려워했습니다.[199] 그래서 그는 모든 감각은 진리의
전달자라고[200] 말했던 것입니다. 하지만 이 주장들[201] 가운데 있는
것이라곤 전혀 지각없는 말뿐입니다.[202] 왜냐하면 그는 비교적 가벼
운 타격을 물리치려다가 더 심한 걸 당한 셈이니까요.

71. 그는 신들의 본성에 대해서도 같은 일을 행합니다. 그는, 분
할불가능한 알갱이들이 뭉쳐 모인다는 개념을 피했는데요, 혹시나
그것들의 소멸과 분산이 뒤따를까봐 그랬던 것입니다. 한데 그러는
중에 그는 신들의 육체가 있다는 걸 부인하고, 마치 육체 같은 게 있
다 하고, 피가 아니라, 피 같은 게 있다고 하게 됩니다. 〔26〕 내장점
술사가 다른 내장 점치는 이를 보고 비웃지 않는 건 놀라운 일로 보
입니다. 하지만 이것이 당신들이 서로 간에 웃음을 참을 수 있다는
것보다 더 놀라운 일일까요?[203] '육체가 아니라, 육체 같은 것이다.'
이 말이 밀랍이나, 흙으로 빚어 만든 조상(彫像)에 대한 언급이라면,
그런 게 어떤 것인지 저도 이해할 수 있겠습니다. 하지만 신에 대한
말이라면, 육체 같은 것이 무엇인지, 피 같은 것이 무엇인지 저는 이
해할 수가 없습니다.[204] 당신조차도, 벨레이우스여, 그럴 것입니다.

고할 것.

199) 에피쿠로스학파에게 진위판단의 대상이 되는 것은 의견뿐이다. 감각은 항
   상 참되다.
200) 《최고선악론》 1. 22 참고.
201) 위에 거론된 두 가지, 즉 선언논리문제와 감각의 진실성에 대한 언급.
202) Ax의 텍스트에는 nihil horum nisi valde로 적고 마지막 단어에 난문표시
   를 해두었지만, 그 다음에 Plasberg의 주장(그리고 Dyck)에 따라
   inconsiderate를 넣어 번역했다.
203) 겉으로 내세우는 것과 속마음이 다르다는 암시가 들어 있다. 에피쿠로스학
   파의 이론은 사실상 무신론이라는 주장이다.

64

다만 그걸 자백하려 하지 않는 것뿐이지요.

72. 제가 이런 말을 하는 것은, 이런 것들은 에피쿠로스가 멍하니 입을 벌리고 있다가 되는 대로 지껄인 것인데, 마치 그가 구술해준 것인 양 당신들에 의해 되풀이되고 있기 때문입니다. 반면에 그는, 우리가 그의 글에서 보는 대로, 자신에게는 그 어떤 스승도 없었다고 자랑했습니다. 그것은 그가 내세우지 않더라도 쉽게 믿을 수 있습니다. 마치 형편없는 건물의 주인이 자기는 목수를 고용한 적이 없다고 자랑할 때 그러하듯이 말입니다. 왜냐하면 그에게서는 아카데메이아의 냄새도, 뤼케이온205)의 냄새도, 심지어 그 어떤 초등교육의 냄새도 나지 않기 때문입니다. 그는 크세노크라테스206)의 강의를 들었을 수 있습니다. — 그런데 그분은, 아, 불멸의 신들이시여, 얼마나 훌륭한 사람이었던가요! — 그리고 실제로 그가 그 강의를 들었다고 생각하는 사람들도 있습니다. 하지만 그 자신은 그것을 인정하지 않고, 저는 그 사람보다 다른 이의 말을 더 많이 믿진 않습니다. 그는 자신이 사모스에서 플라톤의 제자인 팜필로스라는 사람에게 강의를 들었다고 말하는데요, 이는 그가 청소년기에 아버지와 형제들과 함께 거기 살았었기 때문입니다. 그의 아버지 네오클레스가 땅을 얻고자 그 섬으로 이주했고, 207) 땅뙈기가 살림을 충분히 받쳐주지 못하자, 제가 보기에, 학교 선생 노릇을 했던 것입니다.

---

204) 무지를 벗어나는 것이 철학의 시작이므로, 의도적으로 자신의 무지를 인정하는 것이다.
205) 아리스토텔레스가 설립한 학교.
206) 기원전 339~314년 사이 아카데메이아의 우두머리. 341년생인 에피쿠로스가 아테나이에 온 것은 18세 때였으니, 크세노크라테스의 강의를 들었을 수도 있다.
207) 네오클레스는 352/1년에 토지를 배분받고 사모스로 송출된 2천 명 중 한 명이었다.

73. 하지만 에피쿠로스는 이 플라톤학파의 인물을 놀라울 정도로 경멸합니다. 그만큼이나 그는, 누군가에게 뭔가 교육받은 적이 있는 걸로 보이길 두려워했습니다. 그렇지만 그는 데모크리토스파에 속하는 나우시파네스[208]와 관련해서 꼬리가 잡힙니다. 그는 자신이 나우시파네스의 강의를 들었다는 걸 부인하지는 않지만, 온갖 비방으로 그를 공격합니다. 하지만 이 데모크리토스의 학설을 듣지 않았다면 그는 무엇을 들었을까요? 에피쿠로스의 자연학 가운데 데모크리토스에게서 비롯되지 않은 게 무엇입니까? 조금 전에 원자들의 비껴남에 대해 얘기했던 것처럼, 뭔가 바꾸고는 있지만, 대부분은 같은 걸 얘기하니 말입니다. 이를테면 원자, 빈곳, 영상(影像)들, 장소의 무한함과 세계들이 헤아릴 수 없이 많다는 것, 세계의 생겨남, 소멸 등, 자연에 대한 탐구가 연관된 거의 모든 것에서 그렇습니다.

이제 육체 같은 것과 피 같은 것으로 돌아가자면, 당신은 거기서 무엇을 이해하십니까?

74. 이렇게 묻는 것은, 저는 당신이 저보다 그걸 더 잘 이해한다고 인정할 뿐만 아니라, 또한 그런 이론을 아주 쉽게 참을 수 있기 때문입니다. 하지만 일단 말로 표현된 게 있다면, 벨레이우스는 이해할 수 있는데, 코타는 그럴 수 없는 것이란 대체 무엇일까요? 그러니, 저는 육체가 무엇인지, 피가 무엇인지 이해합니다. 하지만 육체 같은 것, 그리고 피 같은 것이 무엇인지는 도무지 바로 이해하질 못합니다. 당신은, 퓌타고라스가 외부인들에게 그랬던 것처럼, 제게 뭘 숨기는 것도 아니고, 헤라클레이토스처럼 일부러 모호하게[209] 말씀하

---

208) 테오스 출신의 나우시파네스. 회의주의자인 엘리스 출신 퓌르론(360~270년경)의 제자였으나, 후에는 데모크리토스를 따름.

209) 에페소스 출신. 기원전 500년경 활동. 헤라클레이토스의 이러한 평판에 대해서는, 《최고선악론》 2. 15, 루크레티우스, 《사물의 본성에 관하여》

시는 것도 아닙니다. 그보다는 — 우리끼리 있으니까 이런 말을 해도 되겠지요? — 당신 자신도 전혀 이해를 못하시는 것입니다.

75. 〔27〕 저는 당신이 다음과 같은 주장을 강력히 내세우신다는 걸 압니다. 즉, 신들에게는 어떤 모습이 있다는 것, 이 모습은 그 어떤 단단하고 견고한 것도, 또렷하고 두드러진 것도 가지지 않으며,[210] 순수하고 가볍고 투명하다는 것입니다. 따라서 우리는, 코스 섬의 베누스(아프로디테)[211]에 대해 하는 말과 같은 말을 해야 할 것입니다. 저것은 육체가 아니라 육체와 유사한 것이며, 그녀의 얼굴에 퍼진, 흰 빛 섞인 발그레한 색은 피가 아니고, 피와 유사한 어떤 것이라 하듯이, 에피쿠로스의 신에게는 진짜인 것이 아니라, 진짜와의 유사성들이 있다고 말입니다.

자, 이제, 이해할 수 없는 저것에 제가 설득되었다고 가정해봅시다. 그러면 제게, 그림자 같은 저 신들의 외곽선과 모습들을 얘기해 주십시오.

76. 물론 이 주제에 대해, 당신들이 신들의 모습이 인간의 것과 같다고 가르치기 위해 사용하는 많은 논증들이 없지 않습니다.[212] 우선, 우리 정신의 선(先)이해는, 사람이 신에 대하여 생각할 때면 그에게 인간의 모습이 떠오르게끔 되어 있다는 점입니다. 그리고 신의 본성은 모든 것을 앞지르기 때문에, 모습에서도 최고로 아름다워야 하는데, 그 어떤 것도 인간의 모습보다는 아름답지 않다는 점입니다.

---

1. 635-644 참고.

210) 49장에서 벨레이우스가, 신의 숫자를 헤아릴 수 없다고 한 것을, 개별 신의 특징이 없다는 뜻으로 해석한 것이다.

211) 알렉산드로스 대왕과 동시대인이었던 아펠레스가 그린 베누스 상. 코스 섬의 아스클레피오스 신전에 있다가, 후에 아우구스투스에 의해 로마로 옮겨져, 카이사르(Divus Iulius) 신전에 모셔졌다.

212) 여기 나오는 내용은 46~48장의 요약이다.

세 번째 논증으로, 정신의 거처는 그 어떤 다른 모습 속에도 있을 수 없다는 점을 당신은 제시하십니다.

77. 그러니 우선 이 각각의 것들에 대해, 그게 어떤 것인지 생각해 보시지요. 왜냐하면 제가 보기에 당신들은 전혀 개연성도 없는 주장을,[213] 말하자면 독단적으로 취한 것 같기 때문입니다.

무엇보다도 먼저, 대체 문제들을 탐구함에서 그토록 눈 먼 사람이 어디 있었겠습니까? 인간의 저 외양이 신들에게 주어진 것은 현자들의 어떤 의도에 의해, 즉 무지한 사람들의 마음을 왜곡된 삶으로부터 신들에 대한 숭배로 더 쉽게 돌려세우기 위해서였거나,[214] 아니면 미신[215] 때문이라는 걸 모를 만큼 말입니다. 그래서 신상(神像)들이 생기고, 사람들은 그걸 섬기면서 자신들이 신들에게로 다가가고 있다고 믿게끔 되었던 것인데요. 한데 같은 이러한 것들을, 시인, 화가, 공예가들이 더해갔지요. 왜냐하면 뭔가 행하고, 경영하는 신이란 개념을, 다른 형태를 모방해서는 유지하기가 쉽지 않았기 때문입니다.

아마 여기에, '인간에게는 그 어떤 것도 인간보다 더 아름답게 보이지 않는다'라는 저 견해도 힘을 더했을 것입니다. 하지만 자연학자님, 당신은 이것을 보지 못하십니까? 자연이 얼마나 아양 떠는 중매쟁이고, 말하자면 제 나름의 뚜쟁이인지 말입니다. 당신은, 대체 땅과 바다 그 어디에라도, 자기가 속한 종의 짐승을 제일 좋아하지 않는 그런 짐승이 있다고 생각하십니까?[216] 만일 사태가 그렇지 않

---

213) 회의주의의 기준인 '그럴싸함'에도 미치지 못한다는 뜻이다.
214) 이런 주장은 크리티아스가 처음 내세웠던 것으로 알려져 있다.
215) 미신(superstitio)은 대체로 종교(religio)가 지나친 것을 가리킨다. 옛사람들은 신의 모습을 신성시하는 것은 특별히 미신적인 걸로 보지 않았다.
216) 크세노파네스가 처음 만들어낸 논변이다.

다면, 왜 황소는 암말과, 수말은 암소와 교접하기를 갈망하질 않겠습니까? 당신은 독수리나 사자나, 돌고래가 그 어떤 모습이든 자기 것보다 앞세우리라고 생각하십니까? 그러니 무슨 놀라운 일이겠습니까, 이와 같은 방식으로 자연이 인간에게, 아무것도 인간보다 더 아름답지 않다고 생각하게끔 처방했다고 한다면?[217] 그것이 우리가 신들이 인간과 비슷하다고 생각하는 원인이라는 게?

78. 당신은 어떻게 생각하십니까? 만일 짐승들에게도 이성이 있다면, 각 종류의 짐승이 자기 종족에게 가장 큰 가치를 부여하지 않았을까요? [28] 하지만, 헤르쿨레스께 맹세코, 저는—제가 생각하는 걸 말하자면—아무리 저 자신을 사랑한다 해도, 제가 에우로페를 싣고 갔던 저 황소[218]가 그랬던 것보다 더 아름답다고는 감히 말하지 않겠습니다. 왜냐하면 지금 이 자리에서는, 우리의 지성이나 언변에 대해서가 아니라, 외양과 모습에 대해 논의되는 중이니까요. 하지만 만일 우리가 우리 자신을 위해 어떤 모습을 꾸며 모으고자 한다면, 당신은, 저 바다 신 트리톤이 그려지는 것처럼, 인간의 몸에 붙은 헤엄치는 괴물들을 타고 있는 모습으로는 되기를 원치 않을 것입니다. 사실 저는 어려운 문제에 얽혀들었습니다. 자연의 힘은 그렇게 커서, 사람은 사람과 비슷한 것 이외의 어떤 것이기도 원치 않을 정도이니까요. 물론 개미는 개미 모습 외에는 원치 않겠지요.

79. 하지만, 어떤 사람과 비슷한 모습입니까? 왜 이런 말을 하느냐 하면, 사실 잘 생긴 사람이 얼마나 드문 비율로 있습니까? 제가

---

217) 많은 학자들이 이 부분에서 일부 문장이 소실되었다고 믿고 있으며 Ax도 빈칸을 남겨 놓았으나, 이 번역에서는 Pease와 Dyck의 견해를 좇아, 전해지는 대로도 별 문제가 없는 것으로 보았다.

218) 제우스는 황소의 모습을 취하여 페니키아 왕녀 에우로페를 납치한 후, 크레테로 데려갔다고 한다. 오비디우스, 《변신이야기》 2.833 이하 참고.

아테나이에 있을 적에 보니, 젊은이들 무리[219] 하나마다 채 한 명도 발견되지 않았었습니다. ─ 저는 당신이 왜 웃는지를 알겠는데요, [220] 그래도 어쨌든 사태가 그러합니다. ─ 다음으로, 옛 철학자들이 승인한 것을 좇아 젊은이들에게서 기쁨을 얻는 우리에게는[221] 그들의 흠조차도 마음에 듭니다. '소년의 손목에 나있는 사마귀가 기쁘게 하도다,' 알카이오스[222]를. 하지만 사마귀는 육체의 흠입니다. 그런데도 그것이 그에게는 빛나는 것으로 보였습니다. 퀸투스 카툴루스, [223] 그러니까 우리의 저 직책상 동료이자, 친밀한 이의 아버지께서는 그대의 동향 사람인 로스키우스[224]를 좋아하셨고, 그를 위해 다음과 같은 시까지 썼습니다.

'마침 나는 떠오르는 아우로라(새벽의 여신)를 경배하며 서있었노라.

거기 갑자기 왼쪽에서 로스키우스가 떠올랐노라.

천상의 존재들이시여, 그대들은 참으시고, 내 이렇게 말하는 걸 허용하시길,

---

219) 키케로 당시에는 18세 된 소년들을 조직하여 1년간 체육 등 여러 가지를 교육하는 것이 관례였다.

220) 벨레이우스는, 코타가 동성애적 관심을 시인한 것으로 여겨 웃었고, 코타는 거기에 약간 기분이 상한 것이다.

221) 이 주제에 대해서는 《투스쿨룸의 담론》 4. 70-73 참고.

222) 기원전 600년경 활동했던, 레스보스 섬 뮈틸레네 출신 시인. 여기 인용된 문장은 '장단단 6보격'(dactylic hexameter)으로 된 운문이다.

223) 퀸투스 루타티우스 카툴루스. 같은 이름의 아버지는 한때 자신의 동료 집정관이었던 마리우스에 의해 자살을 강요당하고, 87년에 죽었다. 아들 카툴루스는 78년에 집정관을 지냈으며, 여기서 코타가 '직책 동료'(collega)라고 한 것을 보아 이 무렵까지 사제직(pontifex)을 맡고 있었던 모양이다.

224) 퀸투스 로스키우스 갈루스 라누비누스. 라누비움 근처의 솔로니움 출신. 당시 매우 유명한 배우여서, 술라에 의해 기사계급으로 승격되기까지 했다. 이 구절과 82장에 나오는 구절이 벨레이우스의 출신지에 대한 단 둘뿐인 전거이다.

필멸의 존재가 신보다 더 아름답게 보였노라고!'

그분께는 로스키우스가 신보다 더 아름다웠습니다. 하지만 로스키우스는 지금도 그렇듯이, 그때도 아주 심한 사팔뜨기였습니다. 하지만 무슨 상관이겠습니까? 이것 자체가 그분께 자극적이고 매혹적으로 보였다면 말입니다.

80. 저는 이제 신들에게로 돌아가겠습니다. 〔29〕 우리는, 사팔뜨기까지는 아니라도 사시(斜視) 끼가 있는 신도 존재한다고 생각해야 할까요? 그리고 사마귀를 가진 신이나, 납작코, 처진 귀, 앞 대머리, 지나치게 머리 큰 이 등과 같이, 우리에게 있는 것이 그들에게도 있다고 말입니다. 아니면 이 모든 것이 그들에게는 교정되어 있다고 생각해야 할까요? 이 점에서 당신들께 양보했다고 합시다. 한데 그러면 그들 모두의 모습이 똑같지 않을까요? 왜냐하면 모습이 여럿이라면, 어떤 한 모습이 다른 모습보다 더 아름다울 수밖에 없고, 따라서 어떤 신은 가장 아름다운 게 아니니까요. 한데 만일 모두의 모습이 똑같다면, 하늘에서는 아카데메이아학파가 번성할 수밖에 없습니다. 왜냐하면 한 신과 다른 신 사이에 아무 차이도 없다면, 신들 가운데는 그 누구를 알아보는 것도, 그 누가 어떤지 아는 것도 없을 터이니 말입니다.

81. 나아가, 벨레이우스여, 만일 저 생각, 그러니까 우리가 신의 모습을 생각할 때 인간의 모습 이외의 다른 것은 전혀 떠오르지 않는다는 게 완전히 틀린 것이라면, 어떻겠습니까? 그렇다 하더라도 그대는 저 어리석은 의견을 옹호하시겠습니까? 아마도 우리들에게 일어나는 일은 그대가 말씀하시는 대로인 것 같습니다. 왜냐하면 우리는 어려서부터 윱피테르, 유노, 미네르바, 넵투누스, 불카누스, 아폴로, 그리고 다른 신들이, 화가와 조각가들이 내키는 대로 그렸던 저 모습을 갖고 있는 걸로 알고 있으니까요. 모습뿐 아니라 장식과 나

이, 옷차림까지도 그렇습니다. 하지만 이집트인들과 쉬리아인들, 그리고 야만세계[225]는 거의가 다 그런 식으로 생각하지 않습니다. 왜냐하면 그들 사이에서는 어떤 동물들에 대한 평판이, 우리 사이에서 신들의 극히 신성한 신전과 신상들에 대한 견해가 그러한 것보다, 더 확고한 위치에 있다는 걸 그대는 보실 수 있을 터이니 말입니다.

82. 사실 우리는 우리나라 사람들에 의해, 신성하기 그지없는 장소들로부터 많은 성물들이 약탈되고 신상들이 탈취된 것을 보고 있습니다.[226] 반면에 악어나 따오기, 또는 고양이[227]가 이집트인에 의해 침해를 받았다는 말은 결코 도대체가 들어본 적도 없습니다. 그러니 어떻게 판단하시나요? 이집트인들의 저 신성한 소 아피스[228]가 이집트인들에게는 신으로 보인다고 해야 하지 않겠습니까? 헤르쿨레스께 맹세코, 당신 고향의 저 구원자 여신[229]이 그대에게 그렇게 보이는 만큼 그러할 것입니다. 그 여신을 그대는 꿈에서라도 결코, 염소가죽과 창과 작은 방패, 코가 뒤로 굽은 슬리퍼를 갖추지 않은 모습으로는 보질 않습니다.[230] 하지만 아르고스나 로마의 유노는 그런 모습이 아닙니다. 그래서 아르고스 유노의 모습과, 라누비움의 유노 모습이 서로 다릅니다. 또 사실 우리 카피톨리움 읍피테르의 모습과, 아

---

225) barbaria라는 단어는 플라우투스 이래로 '야만'이란 뜻으로 쓰였다.

226) 신전 약탈에 대해서는, 3권 83~84장과, 살루스티우스의 《카틸리나 전쟁》 11.6 참고.

227) 이 동물들이 신성시되었던 것에 대해서는, 헤로도토스, 《역사》 2권 66~69장 참고. 하지만 악어는 지역마다 다른 취급을 받았던 것으로 알려져 있다.

228) 이집트의 멤피스에서 숭배되었던 신성한 소 아피스에 대해서는, 헤로도토스, 《역사》 2권 28~29장 참고.

229) 라누비움의 '구원자 유노'. 기원전 338년에 라누비움이 로마에 복속된 이후, 이 여신은 로마의 국가 종교에 편입되었으나 여전히 옛 모습대로 그려졌다. 기원전 194년에는 이 여신의 신전이 로마 시내에 건립되었다.

230) 도시의 수호신으로서 미네르바와 유사한 모습을 하고 있다.

72

프리카 암몬 윱피테르의 모습도 다릅니다. 231)

83. 〔30〕 그러니 자연의 탐색자이자 사냥꾼인 자연학자가 관습에 물든 정신들에서 진리의 증거를 찾는 것은 부끄러운 일 아닐까요?232) 왜냐하면 그런 식으로 하자면 윱피테르는 항상 수염을 기르고 있으며, 아폴로는 항상 수염이 없다고, 미네르바의 눈은 청회색이고, 넵투누스의 눈은 파란색이라고 말해도 될 것이니 말입니다. 그리고 우리는 아테나이에 있는, 알카메네스233)가 조성한 저 불카누스를 칭찬합니다. 옷을 입고 서 있는 그것에는, 다리를 전다는 사실이 가볍게, 흉하지는 않게 드러나 있습니다. 따라서 우리는 절름발이 신을 갖게 될 것입니다, 불카누스에 대해 그런 것을 우리가 받아들였으니 말이지요. 자, 또, 신들이, 우리가 그들을 부르는 그 이름을 갖고 있다고 해야 할까요?

84. 하지만 우선, 인간의 언어 숫자만큼 신들의 이름이 그렇게 많이 있습니다. 왜냐하면 그대가 어디에 가더라도 '벨레이우스'인 것처럼, 불카누스가 이탈리아에서도, 아프리카에서도 같은 이름이고, 히스파니아에서도234) 같은 이름이지는 않으니 말입니다. 다음으로, 신들의 이름 숫자는 우리 사제문서에조차 그리 많지 않습니다. 235) 하지만 신들의 숫자는 헤아릴 수가 없지요. 그렇다면 그들은 이름도 없는 것일까요? 당신들은 그 문제에 대해 사실 그렇게 말해야만 합니다. 236) 왜 그러냐면, 모습이 다 같다고 할 때, 이름이 많아봤자 무슨

---

231) 로마의 윱피테르는 왕들의 옷을 입고 수염을 기른 것이 특징이다. 반면 암몬 제우스의 특징은 숫양의 뿔이다.

232) 실제로는, 에피쿠로스학파는 대중종교를 비판하고, 우리의 인상에서 개별 문화의 영향을 벗거내고 제대로 된 선이해에 도달하려 애썼다.

233) 5세기 후반에 활동한 조각가. 페이디아스의 제자.

234) 키케로 시대에 이베리아 반도는 대부분 갈리아인들이 차지하고 있었다.

235) 사제들의 문서에는 모든 제의를 위한 규정들이 다 기록되어 있었다.

의미가 있겠습니까? 벨레이우스여, 그대가 모르는 것을 모른다고 자
인하는 것이, 그따위 말들을 지껄이면서 멀미를 느끼고 스스로 자신
에게 불쾌감을 주는 것보다 얼마나 더 아름다웠겠습니까? 당신은 신
이 저와 유사하다고 생각하십니까, 아니면 당신과 유사하다고 생각
하십니까? 확실히 그렇게 생각지는 않겠지요.

  '그러니 어떤가, 내가, 해나 달이나 하늘이 신이라고237) 해야 할
까? 그러면 그것은 행복하기도 해야 한다. 238) 한데 그것이 어떤 쾌락
을 누리겠는가? 또 그것은 현명해야 한다. 239) 하지만 저런 덩어리 몸
속에 어떻게 지혜가 있을 수 있겠는가?' 이것이 그대들의 논변입니다.

  85. 따라서 만일 신들이, 제가 입증한 것처럼 인간의 모습을240)
한 것도 아니고, 당신이 확신하는 대로, 저 같은 다른 모습도 아니라
면, 왜 당신은 신들이 존재한다는 걸 부정하길 주저하시나요? 그대는
감히 그러질 못하는 것입니다. 241) 사실 그게 현명한 거지요, 당신이
이 문제에서 대중이 아니라 신들 자신을 두려워하는 것이긴 하지만
말입니다. 242) 저는 모든 꼬마 조각상(像)을 외경하는 에피쿠로스학

---

236) 에피쿠로스학파의 이론에서는 세계의 숫자가 무한한 것처럼 신들의 숫자도
   무한하다. 하지만 사람의 숫자가 많고 이름 숫자는 한정되어 있어도 별 문
   제가 없는 것처럼, 신들에게도 아무 문제가 없다.
237) 천체가 신이라는 것은 특히 스토아학파가 받아들이는 학설인데(36장 참
   고), 그것을 논파하려는 것이다. 작은따옴표 안의 말은 가상의 에피쿠로스
   학파 사람이 펼치는 논변이다.
238) 신이 행복하다는 에피쿠로스학파의 주장은 45장에 소개되었다.
239) 우주가 지혜를 가졌다는 스토아의 주장은 2권 22장, 32장에 소개된다.
240) Ax와 Pease는 여기서 명사 하나가 사라졌다고 보고 빈칸을 남겨 놓았지
   만, 이 번역에서는 Dyck를 좇아 visu를 보충하였다.
241) 에피쿠로스학파가 사실상 무신론을 주장하는 것이 아닌가 하는 의혹은 이
   미 71장에 나왔었고, 121~124장에서 다시 떠오른다. 필로데모스의《경건
   에 관하여》첫 부분은 이런 의혹을 씻어내려 공을 들이고 있다.
242) 에피쿠로스학파는 사람들을 신들에 대한 두려움에서 해방시키는 걸 목표로

파 사람들을243) 직접 알고 있습니다. 물론 저는, 몇몇 사람이 보기엔244) 에피쿠로스가, 아테나이인들의 적의를 만날까봐 말로는 신들을 없애지 않고 그냥 두었지만, 사실상 그들을 제거해버린 걸로 비쳤다는 사실을 알고 있지만요. 그래서 그의 가려 뽑은 짧은 경구들, 당신들이 '중요한 가르침들'(kyriai doxai)이라고 부르는 것들 가운데서, 제 생각에245) 첫 번째 경구는 이것입니다. 즉, '행복하고 불멸인 것, 그것은 과업을 지니지도 않고, 누구에게든 그것을 부과하지도 않는다'란 것이지요. 〔31〕한데 이렇게 표현된 경구 속에, 저 사람이 단지 명료하게 표현할 줄 몰라서 그렇게 말한 것을, 의도적으로 그렇게 말했다고 믿는 사람이 있습니다. 그러니 이들은 교활함과는 가장 거리가 먼 사람에 대해 부당한 평가를 내리는 것이지요.

86. 왜냐하면, 그가 어떤 행복하고도 불멸적인 것이 있다고 말하는 것인지, 아니면 만일 어떤 것이 있다면 그게 그렇다는 것인지 불분명한데요, 그들은, 여기서는 그가 모호하게 말했지만, 많은 다른 곳에서는 그도, 메트로도로스246)도, 조금 전에 그대가 했던 것처럼 그렇게 분명하게 말했다는 걸 주목하지 않았던 것입니다. 그는 정말로 신들이 존재한다고 생각하며,247) 저는, 그 자신이 말하길 두려워

삼고 있으므로(56장), 이 말은 아이러니하다.

243) 이 학파 사람들은 자기 학파 창시자인 에피쿠로스의 작은 상을 반지나 술잔에 새겨 지니는 관습이 있었다. 여기서 일부러 '꼬마 조각상'(sigilla)이라고 한 것은 비웃음의 뜻이 담긴 것으로 보인다.

244) 123장을 보면 이런 의혹을 갖고 있었던 사람은 스토아 철학자 포세이도니오스였다는 것이 드러난다.

245) 다른 학파의 주장을 너무 정확하게 아는 것으로 보이지 않기 위해 넣은 말로 보인다. 이 경구는 이미 45장에 벨레이우스에 의해 소개된 것이다.

246) 람사코스 출신, 에피쿠로스의 중요한 제자. 매월 20일에 스승과 함께 숭배 의식을 받았다.

247) 에피쿠로스가 사실상의 무신론자가 아닐까 하는 의혹에 대해, 일단 그가

할 필요 없다고 했던 것들 — 죽음과 신들 애깁니다만 — 을 그보다 더 두려워하는 사람을 결코 본 적이 없습니다. 보통 사람들은 그렇게까지 대단하게 동요되지 않는 것들에 대해서,[248] 그는 모든 필멸의 존재들의 마음이 그것 때문에 완전히 겁에 질려있다고 외치지요. 하지만 그토록 많은, 수천 명의 사람들이 사형이 예고되어 있는데도 강도질하고, 또 다른 사람들은 할 수 있는 대로 모든 성물을 훔쳐 내어갑니다. 저는 앞 사람들은 죽음의 공포에, 뒤의 사람들은 종교에 대한 공포에 떨고 있다고 확신합니다.[249]

87. '하지만 그대가 — 이제 저는 에피쿠로스 자신과 이야기를 나눌 참이라 이러는 것입니다만 — 신들이 존재한다는 것을 감히 부정하지 못하니 말인데요, 그대로 하여금 해나 세계나 어떤 영원한 정신을 신들의 숫자에 넣지 못하게 방해하는 것은 무엇입니까?' 그는 말합니다, '나는 그 어떤 영혼도, 인간의 모습 이외의 다른 그 어떤 모습 속에서 추론과 숙고에 참여하는 걸 본 적이 없소.'[250] '어떻습니까, 당신은 태양이나 달이나 다섯 행성과 비슷한 그 어떤 것을 본 적이 있습니까?[251] 태양은 한 원의 두 끝 부분으로[252] 운동을 한정지으면서 한 해의 달리기를 완결 짓습니다. 달은 그 태양의 빛살에 불붙은 채로,[253] 태양이 돌아간 같은 길을 한 달이란 시간에 완수합니다. 반

유신론자라고 해보자는 것이다.

248) 보통 사람이 오히려 에피쿠로스보다 더 현명하다는 주장이 깔려 있다.

249) 물론 아이러니로 하는 말이다.

250) 에피쿠로스의 인식론은 감각에 근거를 두고 있으므로 이렇게 논변을 구성한 것이다.

251) 그냥 감각만으로는 천체의 운행원리를 알 수 없다.

252) 보통, 황도가 천구 적도와 만나는 춘분점과 추분점을 가리키는 것으로들 보고 있다.

253) 달이 해의 빛을 반사한다는 사실은 아낙사고라스(B18 DK)가 처음 발견한 것으로 알려져 있다.

면에 다섯 별들은 같은 궤도를 차지하고서, 어떤 것들은 땅에 더 가까이서, 어떤 것들은 더 멀리서, 같은 출발점으로부터 같지 않은 시간에 같은 거리를 완결 짓습니다.

88. 에피쿠로스여, 그대는 그와 같은 어떤 것을 본 적은 없지요? 그러면, 우리가 손대거나 본 것들 외에는 어떤 것도 존재할 수가 없으니, 태양도 달도 별들도 없다고 합시다. 어떻습니까, 그대는 신 자체를 본 적이 없지요? 그러면 왜 그것이 존재한다고 믿습니까? 그러니 보고(탐구)나 추론[254]이 우리에게 가져다주는 모든 새로운 것들을 없애버립시다. 그런 식으로 하면 내륙에 사는 이들은 바다가 존재한다는 걸 믿지 않게끔 됩니다. 어떤 정신의 폭이 그렇게까지 좁은가요? 그러면, 만일 당신이 세리포스[255]에서 태어나서, 작은 산토끼와 작은 여우들만 자주 보았고, 그 섬에서 나간 적이 없다면, 당신은 사자와 표범이 어떠하다는 얘기를 들었을 때 그것들이 존재한다는 걸 믿지 않게 될 것입니다. 거기에다 누군가가 코끼리에 대해서 얘기한다면, 당신은 자기를 놀리는 거라고까지 생각하게 될 것입니다.

89. 사실 당신은, 벨레이우스여, 당신들의 방식에 따라서가 아니라 변증론자들의 방식에 따라 — 그것은 당신들의 종족은 근본적으로 모르는 것인데요[256] — 삼단논법을 전개하였습니다. [257] 당신은 신들

---

254) 감각에 기초해서 새로운 지식을 더하는 두 가지 방식이다.

255) 희랍 남부의 퀴클라데스 군도 가운데 서쪽에 위치한 작은 섬. 그 크기가 작고, 사람들이 편협하다고 해서 아리스토파네스 때부터 세네카 시대까지 농담의 소재로 자주 쓰였다.

256) 변증술은 대체로 아카데메이아학파와 연관되어 있었다. 《최고선악론》 1. 63 참고. 하지만 후대의 에피쿠로스학파 사람 중 몇몇은 변증술에 상당한 주의를 기울였다. 변증술의 전개방식은 《브루투스》 152~153장에 소개되어 있다.

257) 사본들에 argumenti sententiam conclusisti로 되어 있는 것을, Ax는 argumenti 앞에 angustia('치밀함으로')를 넣어 해결하였으나, 이 번역에

이 행복하다고 전제했지요. 저는 그걸 용인합니다. '하지만 덕 없이
는 누구도 행복할 수 없다.'〔32〕 이것도 허용합니다, 그것도 기꺼이
말이죠. '한데 덕은 이성 없이는 성립될 수 없다.' 이 역시 동의해야
합니다. 거기에 당신은, '인간의 모습 속에가 아니라면 이성이 존재
하기는 불가능하다'라고 덧붙입니다. 누가 이것을 그대에게 허용하리
라고 생각하십니까? 왜냐하면요, 만일 사정이 그렇다면, 당신이 거
기까지 점진적으로 나아갈 필요가 어디 있었겠습니까? 당신은 당연
한 권리로 그걸 전제했어도 괜찮았을 텐데요. 그런데도 거기로 점진
적으로 나아가는 건 대체 왜인가요? 저는 당신이 행복한 자들에서 덕
으로, 덕에서 이성으로 한 걸음씩 전진한 것을 보았으니 말입니다.
한데 이성에서 인간의 모습으로는 대체 어떻게 다가가는 건가요? 거
기로는 내려가는 게 아니라, 곤두박질치는 것입니다.

90. 그리고 정말로 저는 이해하지 못하겠습니다, 왜 에피쿠로스가
인간이 신들과 비슷하다고 하기보다 신들이 인간들과 비슷하다고 말
하는 쪽을 선호했는지 말입니다. 당신은 무슨 차이가 있느냐고 물으
시겠지요. 이것이 저것과 비슷하다면, 저것은 이것과 비슷할 터이니
말입니다. 저도 압니다. 하지만 저는 다음과 같은 것, 즉 그 모습의
형태가 인간들로부터 신들에게로 간 게 아니라는 걸 말하려는 겁니
다. 신들은 항상 있었고, 결코 태어나지 않았으니까요, 영원히 존재
하려면 말입니다. 하지만 인간들은 태어났습니다. 따라서 인간의 형
태가 인간들보다 먼저 있었고, 불멸의 신들이 그 형태를 갖고 있었던
것이지요. 그러니 저들의 형태가 인간들의 것이라고 할 게 아니라,

서는 Dyck의 의견에 따라 sententiam은 빼고 옮겼다. 그는 argumentum
concludere가 '삼단논법을 전개하다'라는 뜻의 키케로의 숙어라 보고,
sententiam은 argumentum이란 말의 설명으로 여백에 쓰인 것이 사본 전
승과정에 본문으로 끼어들어간 것이라 본다. 여기 인용된 논증은 48장에
나왔던 것이다.

우리의 형태가 신들의 것이라고 말해야 합니다.

하지만 이 문제와 관련해서는 당신들 원하실 대로 해도 됩니다. 제가 묻는 것은 이것, 즉 그렇게 큰 행운이 어떻게 있었을까 하는 것이지요(왜 이런 말을 하느냐 하면, 당신들은 사물들의 본성 중 그 어떤 것도 이성에 의해 만들어지는 걸 원치 않으니까요).

91. 하지만 어쨌든, 그렇게 큰 저 우연이란 어떤 것인가요? 거기서, 인간들이 갑자기 신들의 형태를 갖추고 태어날 수 있을 만큼, 그토록 운 좋게 원자들의 모임이 생긴 그 우연 말입니다. 신들의 씨앗들이 하늘로부터 땅으로 떨어졌다고 생각해야 할까요, 그래서 인간들이 조상들과 비슷한 모습으로 생겨났다고? 저는 당신들이 그렇게 말했더라면 하는 마음입니다. 그랬다면 저는 신들과의 동족관계를 싫어하지 않고 인정했을 것입니다. 그런데 당신들은 그렇게는 전혀 말하지 않고, 우리가 신들과 비슷하게끔 우연에 의해 이뤄졌다고 합니다.

한데 지금 이것을 논박할 논증을 찾아야만 하나요? 제가 잘못된 것을 공박하는 것만큼이나 쉽게, 참된 것을 찾아낼 수 있었으면 얼마나 좋을까요! 〔33〕 사실 당신은, 로마 사람 속에 그토록 큰 지식이 있다는 걸 저까지 감탄해도 좋을 만큼 훌륭한 기억력으로 풍성하게, 신들의 본성에 대한 철학자들의 의견들을 밀레토스의 탈레스에서부터 죽 꼽아주셨습니다.

92. 그대는, 손도 발도 없는 신이 존재할 수 있다고 생각하는 이들이 모두 정신이 혼란되었다고 보십니까? 당신들이, 인간에게서 사지의 유용성과 적합성이 어떤 것인지 생각할 때, 그것은 당신들로 하여금 신들은 인간의 사지를 필요로 하지 않는다고 판단하도록 전혀 자극하질 않습니까?258) 왜 이런 말을 하는가 하면, 걸어다니지 않는데 왜 발이 필요하며, 아무것도 잡을 필요가 없는데 왜 손이 필요하겠습

니까? 그리고 다른 신체 모든 부분의 목록이 왜 필요합니까? 거기서는 아무것도 쓸데없는 것은 없고, 이유 없는 것도 없고, 여분의 것도 없어서, 그 어떤 기술도 자연의 재주를 모방할 수 없을 정도이니 말입니다. 그러니 신은 혀를 가지되 말은 하지 않을 것이고, 치아, 입천장, 목구멍도 아무 쓸데가 없을 것입니다. 그리고 자연이 출산을 위해 몸에 덧붙인 저것도 신은 공연히 가지는 게 될 것입니다. 신체 외부의 것이 몸 안에 있는 것들보다 더 심한 것도 아닙니다. 심장, 허파, 간, 그리고 그 밖의 것들은, 유용성을 빼고 나면 무슨 매력을 갖고 있습니까? 당신들은 아름다움 때문에 이것들이 신에게도 있기를 원하니 하는 말입니다.

93. 그따위 몽상을 믿고서[259] 에피쿠로스와 메트로도로스와 헤르마르코스[260]가 퓌타고라스, 플라톤, 엠페도클레스에게 대항하여 발언하였을 뿐 아니라, 몸 파는 계집 레온티온[261]까지 테오프라스토스에 대항하여 감히 글을 썼던 것입니까? 그녀는 그것도 능숙한 앗티카 말로 그랬습니다. 하지만 어쨌든, 에피쿠로스의 '정원'은 그 정도의

---

258) 신들은 아무 해야 할 일이 없으므로 손발이 필요하지 않으리라는 것이다. 53장 참고. 하지만 47장에서 인간의 모습은 신들에게 유용성을 위해서뿐 아니라, 매력을 위해서도 필요하다고 했으므로 에피쿠로스학파도 대답할 말은 있다. 더구나 신들이 육체적 즐거움을 느끼기 위해서도 신체가 필요하다. 111장 참고.

259) 39장에서 벨레이우스가 스토아학파를 공격할 때 썼던 말을 그대로 사용하여 그를 공격하고 있다.

260) 뮈틸레네 출신. 에피쿠로스의 학생 중 최연장자이자 그의 후계자. 디오게네스 라에르티오스 10. 25에 플라톤을 반박하는 책을 쓴 것으로 소개되어 있다.

261) 에피쿠로스학파에는 여인들도 속해 있었는데, 고급 창녀(hetaira)였던 레온티온은 글도 쓴 것으로 알려져 있다. 디오게네스 라에르티오스 10권 5. 6. 23 참고. 하지만 그녀가 테오프라스토스에게 반박하는 논문을 썼는지는 의혹이 있다.

방자함을 지녔었습니다. 그리고 당신들은 불평하는 버릇이 있습니다. 사실 제논262)은 법정다툼까지 가곤 했지요. 제가 알부키우스263)를 언급할 필요가 어디 있겠습니까? 또한 파이드로스264)보다 더 우아하고 더 관대한 사람은 없지만, 어떤 것을 제가 너무 심하게 말했다 하면 그 노인은 울컥하곤 했으니까요. 한편 에피쿠로스는 아리스토텔레스를 아주 모욕적으로 공격했고,265) 소크라테스의 제자인 파이돈266)에게는 아주 흉하게 악담을 퍼부었으며, 자기 동료인 메트로도로스 형제인 티모크라테스267)에 대해서는, 철학에서 뭔가 의견이 다르다고 해서 책 전체를 통해서 난도질을 했고,268) 자신이 추종했던 바로 그 데모크리토스에게는 고마워하지 않았고, 자기 선생님인 나우시파네스에 대해서는, 그에게서 적지 않은 것을 배웠는데도 그토록 못되게 대했습니다. 〔34〕 또한 제논은 당시에 살았던 사람들인,

---

262) 59장에 소개되었던 시돈의 제논. 그는 에피쿠로스의 편지를 조작한 사람을 벌주었다가 재판에 회부되었다.

263) 티투스 알부키우스, 121년에 아테나이에서 에피쿠로스 철학을 공부하였고 그것 때문에 로마에서는 놀림감이 되었다. 《브루투스》131과 《최고선악론》1.8 참고.

264) 키케로의 경력 초기에 그에게 철학을 가르쳤고, 나중에는 제논의 뒤를 이어 '정원'을 물려받았다. 이 사람의 저술이 《신들의 본성에 관하여》의 자료가 되지 않았나 하는 추측이 있다.

265) 아리스토텔레스가 유산을 날리고 군대에 투신하였으나, 매우 형편없는 군인이었다는 얘기가 있다. 아테나이오스, 《현자들의 만찬》8.354b, 디오게네스 라에르티오스 10.8. 참고.

266) 엘리스 출신. 그의 이름을 딴 플라톤의 작품이 전해진다. 그의 고향 엘리스가 함락될 때 노예로 팔려가서 매춘을 강요당하다가, 소크라테스의 요구에 따라 알키비아데스 등이 몸값을 지불하고 구해냈다는 이야기가 있다. 디오게네스 라에르티오스 2.31.와 105. 참고.

267) 람사코스 출신, 처음에는 에피쿠로스의 제자이었으나 나중에는 그의 격렬한 반대자가 되었다.

268) 《티모크라테스를 반박함》이라는 책이 있었다고 한다.

아폴로도로스와[269] 실리스, [270] 그리고 그 밖의 사람들을 악담으로 찔러댔을 뿐 아니라, 철학의 아버지인 소크라테스 자신까지도, 라틴어를 써가면서[271] 앗티카의 '광대'(*scurra*) 였다고 말하곤 했으며, 크뤼십포스를 부를 때는 언제나 '크뤼십페'[272] 라고 했지요.

94. 당신 자신은 조금 전 철학자들로 이루어진 원로원 의원들을 호명하듯 할 때, 최고의 인물들에 대해 바보짓 한다, 정신 나갔다, 미쳤다라고 말했습니다. 한데 그들 중 누구도 신들의 본성에 대하여 진실을 보지 못했다면, 혹시 그 본성이란 것이 전혀 존재하지 않는 건 아닐까 하고 의혹을 가져야만 합니다.

왜냐하면 당신들이 말하는 저것들은 완전히 꾸며낸 것이고, 노파들이[273] 등불 아래 하는 얘기에도 거의 걸맞지 않은 것이기 때문입니다. 당신들은, 우리로 하여금 인간들과 신들의 모습이 같다고 양보하게끔 관철할 경우, 자기들이 얼마나 많은 것들을 떠안아야 하는지를 눈치 채지 못하고 있으니 말입니다. 그 경우 신체를 움직이고 돌보는 모든 일이 인간에게 적용되는 것과 똑같이 신에게도 적용되어야 할 것입니다. 걷기, 달리기, 비스듬히 눕기, 구부리기, 앉기, 움켜잡기, 극단적으로는 대화와 연설까지 말이죠.

95. 또한 당신들이 신들이 남성, 또는 여성이라고 말하는 것과 관련해서는, 어떤 결과가 생기는지 당신들도 분명히 보고 있습니다. 사실 저로서는, 당신들의 저 수장께서 어디서부터 저러한 의견들에 도

---

269) 아테나이 출신의 스토아 철학자. 에피쿠로스의 제논과 동시대 사람.
270) '사팔뜨기'라는 뜻이라서, 아폴로도로스의 별명이거나, 아니면 기원전 2세기나 1세기 초에 활동했던 다른 스토아 철학자인 것으로들 보고 있다.
271) 에피쿠로스의 제논은 로마 출신 학생들을 위해, 희랍어 gelotopoios라는 말보다 더 강한 라틴어 표현을 사용한 모양이다.
272) '크뤼십포스'의 여성형.
273) 55장에서 벨레이우스가 썼던 표현을 끌어다 쓰고 있다.

달하였는지 아무리 놀라도 충분하지가 않습니다. 그러나 당신들은, 신은 행복하고 불멸이라는 이 주장이 유지되어야 한다고 외치기를 중단하지 않습니다. 하지만 신을 방해해서, 그가 두 발을 갖지 않으면[274] 행복할 수 없게끔 하는 것은 무엇입니까? 아니면, 저 상태는 '복됨'(beatitas), 혹은 '행복'(beatitudo)이라고[275] 불러야 할 텐데요, (어느 쪽이든 아주 뻣뻣하군요, 하지만 용어들은 우리가 계속 사용해서 부드럽게 해야 하겠지요), 어쨌든 어느 쪽이든 간에, 왜 그것이 저 태양에나 이 세계에나, 다른 어떤, 몸의 모습과 지체를 갖지 않는 영원한 정신에게 떨어지면 안 됩니까?

96. 당신은 다음과 같은 말만 합니다. '나는 결코 태양이나 세계가 행복한 것을 본 적이 없다.' 그러면 어떻습니까, 당신은 이 세계 이외의 다른 어떤 세계를 본 적이 있습니까? 당신은 아니라 하겠지요. 그러면 왜 당신은, 천 개의 6백 배[276] 만큼의 세계가 있다고 하는 것도 아니고, 감히 무한한 숫자의 세계가 있다고 하십니까? '추론이 그렇게 가르칩니다.'[277] 그러면 이것은 추론이 당신께 가르쳐주지 않을까요? 즉, 우리가 탁월하고 행복하며 불멸인 본성 — 이것만이 신적인 본성인데 — 을 찾아다닐 때, 우리가 저 본성에 비해 불멸성에서 열등하듯이 정신의 탁월성에서도 열등하고, 또 정신에서 그런 것만큼 육체에서도 마찬가지로 그렇다는 것을 말입니다. 그러니, 다른 면들에서는 우리가 신보다 더 못한데, 왜 모습에서는 같겠습니까? 왜 이런 말을 하느냐 하면, 인간의 모습보다는 덕이 신들과 비슷한 데까

---

274) 아리스토텔레스, 《동물운동론》 704a17-18에서 인간은 두 발 동물로 규정되어 있다.

275) 두 단어 모두 여기 처음 등장하는 것이다. 나중에는 후자가, 기독교 저술가들이 더 많이 사용한 덕에 살아남았다.

276) 6백은 아주 큰 수를 대표한다.

277) 원자 숫자도, 공간도 무한하므로.

지 더 가까이 다가가곤 해왔기 때문입니다.

97. 〔35〕같은 논리를[278] 계속 더 밀어가자면, 우리가 홍해나 인디아에서 생겨나는 저 거대한 짐승들의 종류가 전혀 존재하지 않는다고 말할 때만큼, 그 정도만큼 어린애 같은 얘기도 가능할까요? 사실 아무리 호기심 강한 사람이 탐구한다 해도, 땅과 바다, 늪지와 강들에 존재하는 만큼의 많은 것들에 대해서는 다 들을 수가 없습니다.[279] 한데 우리는, 우리가 그것을 본 적이 없다고 해서 그런 게 있다는 걸 부정하는 셈입니다!

당신들을 즐겁게 해주는 저 유사성은 사실 진실에 부합하는 점이 얼마나 적습니까! 어떤가요, 개는 늑대와 비슷하지 않습니까? 그리고, 엔니우스[280]가 말했듯이,

추하기 그지없는 짐승, 원숭이는 우리들과 얼마나 닮았던가!

하지만 양자의 습성은 다르지요. 거대한 짐승들 중에 코끼리보다 더 현명한 것은 없습니다. 하지만 모습에서는 어떤 것이 이보다 더 둔중하겠습니까?

98. 저는 짐승들에 대해 이야기하는 중입니다만, 어떻습니까, 인간 자신들 가운데에는 모습은 아주 비슷하지만 습성은 다른 경우도 있고, 습성은 같지만 모습은 다른 경우도 있지 않습니까? 사실, 벨레이우스여, 만일 우리가 일단 이런 종류의 논증을 받아들인다면, 그게 슬그머니 어디로 가버리는지 주목하십시오. 왜냐하면 당신은 인간의 모습 속에가 아니라면 이성은 있을 수가 없다고 주장해 오셨기 때문

---

278) 88장에서 했던 논변의 확장이라서, 이 부분을 거기로 옮기려는 학자도 있다.

279) 헬레니즘시대에 생물학적 지식이 폭발적으로 증가했다.

280) Quintus Ennius(기원전 239~169), 칼라브리아의 루디아이 출신. 장단단 6보격으로 된 로마 역사《연대기》와, 짧은 시들인《사투라이》를 썼다. 인용된 문장은《사투라이》69V.

입니다. 하지만 다른 사람은, 지상적인 것에가 아니라면 안 된다, 태어난 것 속에가 아니라면, 성숙한 것 속에가 아니라면, 교육받은 것 속에가 아니라면, 연약하고 소멸될 육체와 정신으로 구성된 것이 아니라면, 극단적으로는 필멸의 인간 속에가 아니라면 안 된다고 주장할 것입니다. 그렇지만 만일 당신이 이 모든 것들 가운데서 맞서고 계시다면, 단지 형태만이 당신에게 걱정을 일으키는 건 대체 왜입니까? 제가 꼽은 이 모든 것이 다 합쳐져야 사람 속에 이성과 지성이 있게 된다는 걸 당신도 보아오셨으니 말입니다. 하지만 당신은 이 모든 것이 다 제거돼도, 외곽선만 남아있다면 신을 구별해내리라고 말씀하십니다. 281) 이것은 당신이 무엇을 발언할지 숙고하는 게 아니라, 말하자면 제비뽑기하는 것과 같습니다.

99. 아마도 당신은 다음과 같은 것에 전혀 주목하지 않으신 것 같군요. 즉, 사람에게서뿐 아니라 나무에서라도, 무엇이든 공연히 더 있는 것이고, 아무 쓰임이 없는 것이라면 방해가 된다는 사실이지요. 282) 손가락 하나라도 더 갖는다는 건 얼마나 성가신 일인가요! 왜 그럴까요? 다섯 개의 손가락은 다른 모습도 다른 유용성도 원치 않기 때문입니다. 한데 당신의 신은 단지 손가락 하나 정도가 아니라, 머리, 목, 등덜미, 양 옆구리, 배, 등, 두 무릎, 두 손, 두 발, 두 넓적다리, 두 정강이를 여분으로 가졌습니다. 만일 이것이 불멸이기 위해서라면, 이 부분들은 생명과 무슨 연관이 있을까요? 얼굴 자체는 무슨 연관이 있나요? 그것보다는 오히려, 뇌와 심장, 두 허파,

---

281) '외곽선'(*lineamenta*)이라는 말은 75장에서 코타가 쓴 말이고, 벨레이우스는 직접 이런 주장을 한 적이 없다. 학자들은 키케로가 좀더 자세한 다른 저서에서 이 주장을 끌어왔거나, 48장에서 유추해서 이런 공격을 하는 것으로 보고 있다.

282) 당시 농업서에 가지치기가 많이 소개되어 있었다.

간이 더 연관이 있을 것입니다. 왜냐하면 이것들이 생명의 거처들이 니까요. 얼굴 모습은 생명의 안전과는 전혀 아무 관련이 없습니다.

100. 〔36〕 그리고 당신은, 장엄하고 눈부신 창조물들로부터, 그러 니까 어떤 경우엔 세계 자체를, 어떤 경우엔 그것의 지체들인 하늘과 땅과 바다를, 또 어떤 경우엔 이들을 장식해주는 것인 해와 달과 별 들을 보고서, 어떤 경우엔 계절의 성숙과 변화와 교차를 인지하고서, 이것들을 이뤄내고 움직이며 다스리고 조종하는 어떤 탁월하고 특출 한 본성이 존재한다고 짐작하는 사람들을 비난해왔습니다. [283] 하지 만 이들이 제대로 된 짐작에서 떠나 멀리 방황하는 것이라 해도, 저 는 그들이 좇는 바가 무엇인지 알고 있습니다. 반면에 당신은 결국, 신적인 정신에 의해 이뤄진 것으로 보이는 어떤 크고 출중한 작업을, 그것으로부터 신들이 존재한다고 짐작하게 될 무엇을 가지고 있습니 까? '나는 신에 대한, 정신 속에 자리 잡은 어떤 그림[284]을 계속 지 녀왔다'라고 당신은 말씀하십니다. 물론 수염 난 윱피테르와 투구를 쓴 미네르바라는 그림이지요. 그렇다고 그들이 그런 식으로 존재한 다고 생각하시는 건 아니겠지요?

101. 이 문제에서는 배우지 못한 대중이 얼마나 더 나은가요! 그 들은 신에게 단지 인간의 지체만이 아니라 그 지체들의 사용까지 부 여하니 말입니다. 그들은 활과 화살, 창과 방패, 삼지창, 벼락을 주 었기 때문입니다. 그리고 그들은, 어떤 행동이 신들에게 속하는지는 보지 못하지만, 그래도 아무 일도 하지 않는 신이란 개념은 생각조차 못합니다. 비웃음을 사는 이집트인들조차도, 그 어떤 동물도, 그것 으로부터 끌어낼 수 있는 어떤 유용성 때문이 아니라면 신성시하지 않았습니다. [285] 예를 들면, 따오기는 튼튼한 다리와 뿔 같은 긴 부

---

283) 52장의 내용을 가리킨다.

284) 라틴어로는 informatio. 희랍어 prolepsis를 라틴어로 표현한 것이다.

리를 지닌 흰칠한 새로서, 뱀들의 아주 큰 힘[286]을 파괴하지요. 이들은 이집트인들을 위해 재앙을 막아줍니다. 리뷔아의 사막으로부터 남서풍에 실려 오는 날개 달린 뱀들을[287] 죽이고 먹어치워서, 그것들이 살아서는 사람을 물고, 죽어서는 냄새로 해를 끼치는 걸[288] 못하게 함으로써 말입니다. 저는 몽구스와 악어와 고양이의 유용성[289]에 대해서도 말할 수 있습니다만, 더 길어지길 원치 않습니다. 저는 이렇게 결론짓겠습니다. 즉, 짐승들은 그 유익함 때문에 야만인들에 의해 신성시되는 반면에, 당신의 신들에게는 유익함이 없을 뿐 아니라[290] 행위조차도 전혀 없다는 것입니다.

102. '신은 아무 과업도 갖지 않는다'라고 이분은 말합니다. 확실히 에피쿠로스는 마치 유약하게 키워진 아이들처럼, 빈둥거리는 것보다 더 좋은 건 없다고 생각하는 겁니다. 〔37〕 하지만 아이들조차도, 빈둥거릴 때, 놀이가 되는 어떤 활동에서 즐거움을 얻습니다. 우리는 신이 휴가 중이어서 그토록 빈둥거리고 무기력하기를 바라는 것일까요? 그가 움직이기라도 하면 행복할 수가 없을까봐 걱정이 될 만큼요? 이런 발언은 신들에게서 움직임과 신적 활동을 빼앗을 뿐 아니라, 인간들을 게으르게 만듭니다. 신조차도 어떤 일을 행하면서는 결

---

285) 81~82장에서 했던 논의의 계속이다.
286) '많은 뱀들을'이란 뜻이다. '힘'(*vis*)의 이런 쓰임은 희랍어에서, 예를 들면 '헤라클레스'라고 할 것을 '헤라클레스의 힘'(*bia*)이라고 하는 식의 표현에서 영향을 받은 것이다.
287) 날개 달린 뱀들에 대해서는 헤로도토스 《역사》 2권 75~76장 참고. 하지만 헤로도토스에는 그 뱀들이 아라비아에서 오는 것으로 되어 있다.
288) 사람이 죽기 직전에 죽은 뱀의 냄새를 맡으면 그 사람의 해골에서 뱀이 생겨난다는 민간의 믿음이 있었다.
289) 몽구스는 뱀을 잡고, 악어는 특정 부분이 약제로 쓰이며, 고양이는 쥐를 잘 잡는다는 특성이 알려져 있었다.
290) 보답을 바라고 섬기는 것(*do ut des*)이 고대의 종교적 관행이었다.

코 행복할 수가 없다면 말입니다.

103. 하지만 당신들이 원하는 대로 신이 확실히 인간과 닮은꼴이고 그런 모습이라고 해봅시다. 그렇다면 그의 거처는 어떤 것인가요? 그의 자리는, 장소는, 그리고 살아가면서 하는 활동은 어떤 것인가요? 당신들이 주장하는 행복이란 것은 어떤 상황에서 있는 건가요? 왜 이런 말을 하느냐 하면, 행복하고자 하는 존재라면 자신의 복들을 이용하고 즐기는 게 마땅하기 때문입니다. 왜냐하면 영혼을 갖지 않는 저 본성들에게까지도 각자에게 고유한 자신의 자리가 있으니까요.[291] 땅은 낮은 곳을 차지하고, 물은 이것을 덮고, 공기에게는 그 윗자리가, 창공의 불들에게는 가장 높은 영역이 부여되는 식으로 말입니다. 또 짐승들 가운데서도 어떤 것들은 땅에 속하고, 일부는 물에 살며, 다른 것들은 말하자면 이쪽저쪽 다 될 수 있어서 양쪽 영역 모두에 삽니다.[292] 심지어 불에서 태어나고 자주 타오르는 도가니 속에서 날아다니는 모습을 보이는 것들도 있지요.[293]

104. 그래서 저는 묻습니다, 당신들의 신이 우선 어디에 거주하는지,[294] 그리고 — 혹시 언제고 그가 움직인다면 — 그를 장소 이동시키는 것은 어떤 원인인지, 또 — 그의 본성에 맞는 어떤 것을 욕구하는 게 생명체에게 고유한 특성이라서[295] 하는 말입니다만 — 신은 무

---

291) 스토아학파의 이른바 '자연의 사다리'(*scala naturae*)이다. 밑에서부터 무생물-동물-신의 순서로 소개되었다.

292) 4원소 각각에게 고유한 형태의 생명체가 부여되어 있으나, 공기와 새는 빠져 있다.

293) 아리스토텔레스의 《동물지》 552b10-13에 퀴프로스에서 동광(銅鑛)을 제련할 때 나비보다 조금 큰 생물이 생겨나 불 속을 돌아다닌다는 보고가 있다. 세네카, 《자연학적 문제들》 5. 6도 참고할 것.

294) 키케로는 세계 사이의 공간(*intermundia*)에 대해 알고 있으나, 벨레이우스에게도, 코타에게도 그것을 언급하게 하지 않았다.

295) 아리스토텔레스, 《동물운동론》 6장 참고.

88

엇을 욕구하는지, 그 다음으로, 어떤 주제와 관련하여 그의 지성과
이성의 움직임을 사용하는지, 끝으로 그는 어떤 방식으로 행복하며,
어떤 방식으로 영원한지를. 왜 이런 말을 하느냐 하면, 당신이 이들
중 어느 것을 건드리든, 그것은 아픈 곳이기 때문입니다. 그렇게 부
실하게 세워진 이론은 탈출구를 발견할 수가 없습니다.

105. 왜냐하면 당신은 이렇게 말해왔기 때문입니다. 즉, 신의 모
습은 감각에 의해서가 아니라 사고에 의해 포착되며, 그것에게는 견
고함도 없고 같은 숫자로 지속되지도 않으며, 그것의 상은 유사성과
이동성에 의해 파악되는 것이며, 무한한 원자들로 이루어진 그 유사
한 모습들의 다가옴은 결코 그치지 않고, 그래서 우리가 여기로 정신
을 집중하면 저 본성이 행복하고 영원하다는 걸 인지하게 된다고 말
입니다. 296) 〔38〕 우리가 논의하는 저 신들께 걸고 묻건대, 대체 이것
은 어떠한 것입니까? 왜 이런 말을 하느냐 하면, 그들이 단지 생각과
관련해서만 유효하고, 그 어떤 견고함도 요철(凹凸)도 가지지 않는다
면, 우리가 힙포켄타우로스297)에 대해서 생각하건 신에 대해 생각하
건 무슨 차이가 있겠습니까? 왜냐하면 그러한 모든 상상들을 다른 철
학자들은 정신의 공허한 움직임이라고 부르는데, 당신들은 영상이
정신 속으로 도착하여 들어온 것이라고 일컬으니 말입니다.

106. 그래서 마치, 제가 티베리우스 그락쿠스가 카피톨리움298)에
서 민회에 참석하여 마르쿠스 옥타비우스에 대한 투표299)의 단지를
내놓는 걸 보는 것처럼 느낀다면, 저는 그걸 공허한 정신의 움직임이

---

296) 49장에 나온 내용을 정리한 것이다.
297) 반인반마, '켄타우로스'와 동의어이다.
298) 로마의 일곱 언덕 중 하나.
299) 기원전 133년에 티베리우스 그락쿠스는 자신의 곡물법령에 반대한 동료 호
민관 마르쿠스 옥타비우스를 민회의 투표를 통해 쫓아냈다. 단지는 투표순
서를 정하기 위해 제비를 뽑는 데 사용되었다.

라고 부르는 반면에, 당신은 그락쿠스와 옥타비우스의 영상들이 머
물러 있다가, 그것들이300) 카피톨리움을 가로질러 지나갈 때면 저의
정신으로 옮겨진다고301) 말하시는 것과 같습니다. 당신은 말씀하십
니다, 마찬가지의 일이 신과 관련해서도 일어난다고, 그래서 신의 영
상이 정신을 자주 두드리고, 그로 해서 신들이 행복하고 영원하다는
게 수긍된다고 말입니다.

107. 정신들을 두드리는 영상들이 존재한다고 해봅시다. 하지만
그래봐야 어떤 모습이 투사되는 것뿐입니다. 사실 그것이 행복하고
영원할 이유까지 되는 건 아니지요?

한데 당신들의 저 영상들은 대체 무엇이며, 어디서 왔습니까? 전
적으로 데모크리토스에게서지요,302) 이런 방자함이 비롯된 것은. 하
지만 저 사람도 많은 이들에 의해 비난받은 바 있고, 당신들도 탈출
구를 찾지 못하며, 이론 전체가 비틀대고 다리를 절지요. 왜 이런 말
을 하냐 하면요, 제게 모든 사람의 영상이, 그러니까 호메로스와 아
르킬로코스,303) 로물루스304)와 누마,305) 퓌타고라스와 플라톤의 영
상들이 몰려들어온다는 것만큼이나 찬성 받지 못할 주장이 달리 뭐가
있겠습니까? 그게 저들이 가졌던 그 형태대로라는 주장도 마찬가지

---

300) 우수한 사본들에는 pervenerint로 되어 있고 Ax도 그것을 따랐지만, Pease
   등은 다소 질이 떨어지는 사본들에 전하는 대로 pervenerim ('제가 … 지나
   갈 때면')으로 읽기도 한다.
301) 에피쿠로스파의 이러한 주장에 대해서는 루크레티우스, 《사물의 본성에 관
   하여》6. 76-7, 5. 62-3 참고.
302) 벨레이우스는 데모크리토스에 대해 안 좋게 말했지만(29장), 코타는 에피
   쿠로스학파가 데모크리토스에게 크게 빚지고 있다는 사실을 거듭 강조한다
   (73, 93, 120장).
303) 파로스 출신의 서정시인, 기원전 650년경에 활동.
304) 로마의 첫 번째 왕.
305) 누마 폼필리우스, 로마의 두 번째 왕.

고요. 그러면 이들은 어떻게 온 것이며, 누구의 영상들입니까? 아리
스토텔레스는[306] 시인 오르페우스란 전혀 있은 적이 없다고 가르칩
니다. 그리고 퓌타고라스학파 사람들은 이 오르페우스의 노래란 것
이 어떤 케르콥스라는 이의 것이라고 말합니다.[307] 하지만 오르페우
스는, 그러니까 당신들이 내세우는 그의 영상은 저의 정신에 자주 달
려들어 옵니다.

108. 같은 인물의 영상이 저의 정신과 당신의 정신에 서로 다르게
들어오는 것은 또 어떻습니까? 전혀 있은 적도 없고 있을 수도 없었
던 것들, 가령 스퀼라[308]나 키마이라[309] 같은 것들의 영상들이 들어
오는 것은 또 어떻고요? 제가 결코 본 적도 없는 사람들, 장소들, 도
시들의 영상은 또 어떻습니까? 내가 그러려고 하자마자 곧장 영상이
떠오르는 것은 또 어떻습니까? 심지어 내가 자고 있을 때에, 청하지
도 않은 영상들이 다가오는 것은 어떻습니까? 이 모든 것들이 다 허
튼 것들입니다, 벨레이우스여. 한데도 당신들은 영상들을 단지 눈에
뿐 아니라 정신에까지 밟아넣습니다. 당신들의 헛소리의 경솔함은
그 정도입니다.

---

306) 단편 7b R = 27 G. 《철학에 관하여》의 일부임.
307) '사람들은 이 오르페우스의 노래란 것이 퓌타고라스학파에 속하는 어떤 케
르콥스라는 이의 것이라고 말한다'로 옮길 수도 있다. 《수다사전》에 따르
면, '신성한 말씀들'(*Hieroi Logoi*)이라는 제목하에 전하는 24편의 노래가
케르콥스, 또는 텟살리아 출신의 테오그네토스의 것이라 한다. Ax는
Cercops 대신 Cerco로 읽었는데, Pease와 Dyck, Gerlach 모두 전자로
읽고 있어서 이 번역에서는 그것을 따랐다.
308) 오뒷세우스가 만났던 괴물, 바닷가 절벽의 동굴 속에 살며 6개의 긴 목에,
머리도 6개여서 동시에 여섯 사람을 물어간다고 한다. 《오뒷세이아》
12.85 이하 참고.
309) 앞은 사자, 뒤는 뱀, 가운데는 염소이며 염소 입에서 불을 내뿜는다는 괴
물. 벨레로폰테스에게 죽는다. 《일리아스》 6.178행 이하 참고.

109. 〔39〕 그리고 당신들은 얼마나 자의적인가요! '흘러가는 상들의 전환310)이 자꾸 일어나서, 많은 것으로부터 하나의 상이 이뤄져 보이게끔 된다'라니요? 그런 것을 옹호하는 당신들 자신이 그것을 이해한다라면, 제가 이해하지 못한다고 말하는 게 부끄럽겠지요. 왜 이런 말을 하느냐 하면, 사실 영상들이 연속적으로 전해진다는 걸 당신은 어떻게 입증하시겠습니까? 또 설사 연속적이라 해도, 그것이 영원하다는 건 어떻게 입증합니까? 그는, 311) '헤아릴 수 없는 원자들이 있다'라고 말합니다. 그러면 그 무수하다는 게 모든 것을 영원하게 만들어줄 건가요? 당신은 '균형'(aequilibritas) — 그러는 게 마음에 든다면 '이소노미아'(isonomia)를 우리가 그렇게 불러도 될 테니까요312) — 으로 도망칩니다. 그러면서 필멸의 본성이 있으니까 불멸의 것도 있어야 마땅하다고 말합니다. 그런 방식에 따르면, 필멸의 인간이 있으니 어떤 불멸하는 인간들도 있을 것입니다. 또 인간들이 땅에서 생겨나니, 물에서도 생겨날 것입니다. '그리고 소멸시키는 것들이 있으니 보존하는 것들도 있다.' 그런 게 있다고 해봅시다. 하지만 그것들313)은 존재하는 것들만 보존할 것입니다. 한데 저는 저 신들이 존재한다는 걸 느끼지 못합니다.

110. 그런 그렇고, 사물들의 저런 모든 모양들은 개별적인 몸들로

---

310) transitio. 49장에서는 이 단어가, 귀납적 추론을 가리키는 것으로 보았고, 여기서도 거기 맞춰 옮겼다. 하지만 여기 이 문맥에서는, 이어지는 영상들 사이의 간격을 넘어서는 것, 즉 영상들이 자연스럽게 이어지는 걸 가리키는 것으로 보는 학자도 있다.

311) 에피쿠로스.

312) 사실 벨레이우스는 50장에서 '동등한 배분'(aequabilis tributio)이라는 용어를 사용했다. 그리고 지금 여기서 펼쳐지는 논변에는 isonomia 개념에 대한 오해가 들어있다. 이 개념은 이미 있는 것들끼리 균형이 잡혀있다는 뜻이지, 모든 것의 반대되는 게 있어야 한다는 의미는 아니다.

313) 사물의 소멸된 부분을 채워주는 원자들.

92

부터 어떻게 생겨나는 것인가요? 실제로는 그런 게 없지만 설사 있다
하더라도, 그것들은 아마 자신을 밀어가거나 서로 간에 마주쳐 밀치
는 것은 어쩌면 가능할 것입니다만, 형태를 만들고 모습을 이루며 색
깔을 띠고 살아 움직이는 건 불가능할 것입니다. 따라서 당신들은 어
떤 식으로도 불멸의 신을 만들어낼 수 없습니다.

〔40〕 이제 행복에 대해 알아봅시다. 확실히 행복은 덕 없이는 어떤
식으로도 있을 수 없습니다. 하지만 덕은 아주 능동적인 것인데,314)
당신들의 신은 아무 일도 하지 않습니다. 따라서 그에게는 덕이 없습
니다. 그래서 전혀 행복하지 않습니다.

111. 그러니 그의 삶은 어떤 것일까요? '나쁜 것이 전혀 끼어들지
않는 좋은 것들의 풍요함'이라고 당신은 말합니다.315) 한데 그 좋은
것이란 무엇입니까? 제가 믿기로는 확실히, 육체와 관련된 쾌락들입
니다. 왜냐하면 당신들은 육체에서 근원하여 육체로 돌아가는 것 외
에는 정신의 그 어떤 쾌락도 알지 못하니 말입니다. 벨레이우스여, 저
는 당신이 다른 에피쿠로스학파 사람들과 비슷하다고 생각하지 않습
니다. 그들은 에피쿠로스의 어떤 발언들을 부끄럽게 여기지요. 그가,
자신은 사치스럽고 색정적인 쾌락들과 동떨어진 그 어떤 좋은 것도 이
해하지 못하겠노라고 선언했던, 바로 그 발언들 말입니다. 그는 전혀
낯붉히지 않고 그 모든 쾌락들을 하나씩 이름을 대며 꼽아가지요.

112. 그러니 당신은 신들에게 어떤 음식, 어떤 음료를, 혹은 소리
와 꽃의 어떤 다양함을, 어떤 촉감과 향기들을 제공할 건가요, 그들
에게 쾌락을 쏟아 붓기 위해서? 사실 시인들은 넥타르와 암브로시
아316)와 잔치를 준비하고, 유벤타스317)나 가뉘메데스318)에게 잔을

---

314) 키케로, 《연설가》 125, 아리스토텔레스, 《니코마코스 윤리학》 1103a14-
    18, 1103b26-30 참고.
315) 51장의 내용이다.

관장하도록 했지요. 하지만 당신은, 에피쿠로스여, 무엇을 할 것입니까? 왜냐하면, 저는 당신의 신이 어디서 그런 것을 가질 수 있는지, 또 어떤 식으로 그걸 이용할지, 알지 못하기 때문입니다. 그래서 행복하게 살기 위해서는 인간들의 본성이 신들의 본성보다 더 풍요롭습니다. 더 많은 종류의 쾌락을 즐기니까 말입니다.

113. 물론 당신은 이런 쾌락들은 하찮은 부류로 여기십니다. 이것들로 해서 감각에 간지러움 — 이 단어는 에피쿠로스의 것319) 입니다만 — 만 주어진다는 것이지요. 언제까지 장난을 치시려는지요? 왜냐하면, 우리의 필론320) 조차도 에피쿠로스학파 사람들이 부드럽고 사치스러운 쾌락을 경멸한다고 하는 걸 참고 보지 못하셨으니 말입니다. 그분은 탁월한 기억력으로써 에피쿠로스의 아주 많은 명제들을, 적혀 있는 단어들 그대로 인용하곤 했으니까요. 사실 그는 에피쿠로스의 학문적 동지인 메트로도로스의, 더 뻔뻔한 많은 말들을 읊곤 했습니다. 왜냐하면 메트로도로스는 자기 형제인 티모크라테스를, 행복한 삶과 관련된 모든 것을 먹는 것을 기준으로 측정하기 주저한다는 이유로 공격했으니까요. 321) 그것도 한 번이 아니라, 아주 자주 말하고 있지요. 저는 당신이 고개를 끄덕이는 걸 봅니다. 당신들도 잘 아는 얘기니까요. 만일 당신이 부인했다면 저는 책들을 들이밀었

316) 신들의 식량과 음료.
317) 젊음의 여신. 로마에서 실제로 숭배를 받았으나, 여기서는 희랍신화의 헤베와 같은 역할을 하는 것으로 그려졌다.
318) 트로이아 왕인 트로스의 아들. 제우스가 데려다가 술 따르는 시동(侍童)으로 삼았다. 《일리아스》 20. 230 이하 참고.
319) titillatio. 에피쿠로스 자신이 썼던 용어는 gargalismos이다. 아테나이오스, 《현자들의 만찬》 12. 546 참고.
320) 6장에 언급되었던, 키케로의 스승.
321) 에피쿠로스파와 티모크라테스 사이의 반목에 대해서는 93장에서도 언급된 바 있다.

을 것입니다. 지금 저는 모든 것이 쾌락을 기준으로 판단된다는 사실
을 비판하는 게 아닙니다. 그건 다른 문제지요. 저는 그저 당신들의
신들이 쾌락을 결여하고 있으며, 그래서 당신들 기준에 따르자면 전
혀 행복하지 않다는 걸 가르치는 중입니다.

114. 〔41〕'하지만 그들에게는 고통이 없다.' 그것이, 좋은 것들로
넘치는 저 지복의 삶을 위해 충분하단 말입니까? 그들은 말합니다,
'신은 자신이 행복하다는 것에 대해 끊임없이 생각한다. 왜냐하면 그
의 이성 속에 생각을 불러일으키는 다른 어떤 것도 없기 때문이다'라
고. 그러면 온 영원 동안, '참 잘 지내고 있구나, 나는 행복하도다'
하는 것 이외에 아무것도 생각하지 않는 신을, 정신으로써 상상하고
눈앞에 떠올려보십시오. 하지만 저는 어떻게 그 행복한 신이, 자신이
소멸될까봐 두려워하지 않을 수 있는지 모르겠습니다. 조금도 중단
됨 없이 원자들의 영원한 침공에 떠밀리고 혼란되는데,[322] 또 자신
으로부터는 항상 영상들을 흘려보내는데 말이죠. 그러니 당신들의
신은 행복하지도 않고 영원하지도 않은 것입니다.

115. '하지만 에피쿠로스는 거룩함에 관하여, 그리고 신들을 향한
경건에 관하여 책들을 썼다.'[323] 한데 이 책들 속에서 그는 어떤 식
으로 말하고 있습니까? 당신이 대제관(大祭官)인 티베리우스 코룬카
니우스[324]나 푸블리우스 스카이볼라[325]의 말을 듣고 있다고나 할 방

---

322) 일반적으로는 원자들이 흘러드는 것은 유실된 부분을 보충해주는 것으로들
보는데, 코타는 이것도 신을 위협하는 요소라고 보고 있다.

323) 《거룩함에 관하여》(*Peri hosiotetos*)는 디오게네스 라에르티오스 10. 27에
보고되어 있으나, 《경건에 관하여》(*Peri eusebeias*)는 달리 알려진 바 없다.

324) 기원전 280년에 집정관, 254년에 평민출신으로는 처음으로 대제관(*pontifex
maximus*)을 맡았다.

325) P. M. Scaevola. 기원전 133년에 집정관, 130년에 대제관 맡음. 코룬카
니우스와 스카이볼라는 3권 5장에서 종교적 견해에 대한 권위자로 소개된다.

식이지요, 모든 종교를 바닥부터 파괴하는 사람, 크세륵세스326) 처럼 손으로가 아니라 이론으로써 불멸하는 신들의 신전과 제단들을 뒤엎은 사람의 말이 아니고 말이죠. 그런데 당신이 인간들이 신들을 섬겨야 한다고 말하는 이유는 무엇인가요? 신들은 인간들을 존중하지도 않고, 전혀 돌보지도 않으며 아무것도 행하지 않는데 말입니다.

116. '하지만 그들의 어떤 특별하고 탁월한 본성이 있어서, 바로 그것이 자체로서 현자로 하여금 그들을 숭배하도록 끌어들일 수밖에 없다.' 그런데 자신의 쾌락에 즐거워하면서 앞으로 아무것도 행하지 않을, 그리고 현재 아무것도 행하지 않는, 전에도 아무것도 행하지 않은 저 본성에게 그 어떤 탁월함이 존재할 수 있을까요? 더욱이, 당신이 그에게서 아무것도 받은 바 없는 존재에게 당신은 어떤 경건을 빚지고 있습니까? 혹은 그에게 전혀 아무 덕도 보지 못한 존재에게 갚아야 할 어떤 빚이 있을 수 있겠습니까? 제가 이런 말을 하는 것은, 경건이란 신들을 향한 정의이기 때문입니다. 하지만 신과 인간 사이에 아무 교류가 없다면 저들과 우리 사이에 무슨 권리문제가 있을 수 있습니까? 거룩함이란 신들을 섬기는 일과 관련된 앎입니다. 하지만 저는, 저들에게서 아무 좋은 것도 받은 바 없고 바랄 것도 없다면 왜 그들을 섬겨야 하는지 이해하지 못하겠습니다.

117. 〔42〕 한편 신들의 본성에 대한 경탄 때문에 우리가 그들을 경외한다는 건 대체 무엇입니까? 우리가 그 본성 안에서 아무 특출한 것도 보지 못하는데 말입니다.

이런 말을 하는 것은, 당신들이 자랑삼아온 것, 즉 미신들로부터 해방시키는 일327) 은 당신이 신들의 모든 힘을 제거했을 때 쉬워지기

---

326) 페르시아 왕. 기원전 480년, 2차 페르시아 전쟁 때 희랍에 침입하여 아테나이의 신전과 제단들을 불태웠다.
327) 45장과 55~56장에서 다뤄졌다. 루크레티우스, 《사물의 본성에 관하여》

때문입니다. 혹시 당신이, 신들이 존재한다는 걸 완전히 부인해온 디아고라스나 테오도로스[328])가 미신적인 사람이 될 수도 있었다고 생각하지 않는 한 말이죠. 저로서는 신들이 존재한다는 것도, 존재하지 않는다는 것도 모두 허용할 수 없었던 프로타고라스[329])도 결코 그렇게 되지 않았으리라고 생각합니다. [330]) 왜냐하면, 이들 모두의 가르침은, 단지 신들에 대한 헛된 공포가 깃들어 있는 미신뿐 아니라, 신들에 대한 경건한 숭배로 유지되는 종교까지도 제거하기 때문입니다.

118. 어떻습니까, 불멸의 신들에 대한 모든 의견이 국가를 위해서, 그러니까 의무를 행하도록 이성이 이끌어 갈 수 없는 사람들을 종교가 이끌어가게끔, 현자들이 지어낸 것이라고 말했던 사람들,[331]) 이 사람들은 모든 종교를 바닥부터 파괴한 것이 아닙니까? 또 어떻습니까, 케오스 출신의 프로디코스,[332]) 그는 인간의 생활에 도움이 된 것들이 신들의 숫자 안에 헤아려졌다고 말했는데요, 그는 결국 어떤 종교를 남겨두고 있습니까?

119. 어떻습니까, 용감하거나 유명하거나 권력 있던 사람들이 죽은 후에 신들의 지위에 도달했으며, 바로 이들이 우리가 섬기고 기원을 바치고 외경하곤 하는 이들이라고 가르치는 사람들은 모든 종교들을 완전히 벗어난 사람들 아닙니까? 이 이론은 에우헤메로스[333])에

---

1. 62-79도 볼 것.

328) 2장에서 언급된 인물들이다.

329) 프로타고라스에 대해서는 2장에 언급되었다.

330) 코타 자신의 짧은 학설사 정리이다. 에피쿠로스학파의 이론이 무신론 계열에 속한다고 주장하려는 것이다.

331) 소크라테스의 친구였던, 그리고 플라톤의 《크리티아스》에 주도적 화자로 등장하기도 한 정치가 크리티아스의 낭독용 비극 《크뤼십포스》에 나온 의견으로 알려져 있다.

332) 소크라테스와 동시대의 소피스트. 스토아학파의 페르사이오스(38장)와 같은 의견을 가진 셈이다.

의해 가장 크게 다뤄졌는데요, 이 사람은 다른 사람들에 앞서 우리의 엔니우스에 의해 번역되고 추종되었습니다. 한데 이 에우헤메로스에 의해 신들의 죽음과 장례가 묘사되었습니다. 그러니 그는 종교를 확립한 것으로 보아야 할까요, 아니면 종교 전체를 저 깊은 데까지 파괴한 것으로 보아야 할까요? 저 신성하고 존엄한, "땅의 끄트머리에 사는 종족들이 입문하는 곳"334) 엘레우시스는 생략합니다. 저는 사모트라케335)와, 렘노스 사람들이336) "밤중에 다가가 섬기는 숨겨진 것들, 숲의 울타리로 빽빽한 것들"337)도 그냥 지나칩니다. 그것들은 해설되고 따져보는 데로 불려나오면, 신들의 본성으로보다는 오히려 사물의 본성으로 인식될 것입니다. 338)

120. 〔43〕제가 보기에는 으뜸인 사람들 가운데서도 위대했던 인간 데모크리토스, — 바로 그의 샘으로부터 에피쿠로스가 자신의 작은 정원들에 물을 댔었는데요 —, 그분조차도 신들의 본성에 대해서는 이랬다저랬다 했던 것 같습니다. 왜냐하면 그는, 때로는 온 사물들의 통합체인 우주 가운데 신성이 부여된 영상들이 들어있다고 생각하고, 때로는 저 우주 속에 있는 정신을 구성하는 기본요소들이 바로 신들이라고 말하며, 또 때로는, 우리에게 도움이 되거나 해를 입히거나 해온 살아있는 영상들이 신이라고, 때로는 또는 신들은 바깥에서

---

333) 멧세네 출신(기원전 311~298).
334) 엔니우스의 《에렉테우스》에서 인용한 것으로 여겨지는 구절이다.
335) 사모트라케의 비의 종교에 대해서는 헤로도토스, 《역사》 2. 51 참고.
336) 렘노스의 비의 종교에서는 카베이로이(Kabeiroi)라는 신들을 섬겼는데, 이들은 렘노스의 헤파이스토스와, 레아 또는 아프로디테로 형상화된 지모신 카베이로(Kabeiro) 사이에 태어난 것으로 되어 있는 땅의 정령들로 보물을 지키고 금속으로 물건을 만드는 것으로 되어 있다.
337) 악키우스의 《필록테테스》에서 인용한 듯하다.
338) 신비의식을 일종의 알레고리로 보는 것에 대한 비판이다.

온 세계를 껴안을 정도로 거대한 어떤 영상들이라고 말하기 때문입니다. 339) 이 모든 말들은 사실 데모크리토스 자신에게보다는 데모크리토스의 조국에 더 걸맞습니다. 340)

121. 왜 그런가 하면, 대체 누가 그런 영상들을 정신으로써 파악할 수 있으며, 누가 그것에 경탄하고, 누가 그것들이 숭배나 종교의 례에 걸맞다고 판단할 수 있겠습니까?

하지만 에피쿠로스는, 불멸의 신들에게서 도움과 호의를 제거했을 때, 인간의 정신으로부터 종교를 뿌리 채 뽑아내버린 것입니다. 왜냐하면 그는 신의 본성이 가장 선하고 탁월하다고 말하면서, 341) 같은 입으로 그 신에게 호의가 있다는 걸 부인하기 때문입니다. 이것은, 가장 선하고 탁월한 본성에서 가장 고유한 것을 없애는 것입니다. 그런가 하면, 선의와 선행보다 더 선한 것이 무엇이며, 더 탁월한 것이 무엇이겠습니까? 당신들이, 신들에게 이 성질이 없다고 주장한다면, 당신들은, 신에게는 신이고 인간이고 누구도 소중하지 않기를, 누구도 그에게 사랑받지 않고, 누구도 소중히 여겨지지 않는다고 주장하는 것입니다. 그러면 인간들이 신들에게뿐 아니라, 신 자신들도 서로 일부가 일부에게 관심 없게 될 것입니다. 〔44〕 반면에 당신들에게서 비난받는 스토아학파 사람들은 얼마나 더 나은가요? 그들은 현명한 자들은 현명한 자들과, 설사 그들이 서로 모르는 사이라 해도, 친구라고 생각합니다. 왜냐하면 덕보다 더 존경스러운 것은 없으며, 그것을 얻어 지닌 사람은, 그가 어느 민족에 속하든지 간에, 우리에게 애정을 얻게 될 것이기 때문입니다.

---

339) 단편 A74 DK.
340) 데모크리토스의 고향인 트라키아의 압데라는 사람들이 어리석기로 유명한 도시이다.
341) 45, 56, 116장 참고.

122. 한데 당신들은 호의와 친절을 나약함 가운데 놓음으로써, 어떤 해악을 끼치는 것입니까? 왜 그런가 하면, 신들의 본성과 힘은 다 제쳐두고라도, 당신들은 사람들이 호의적이고 친절한 것은 그저 나약해서일 뿐이라고 생각하십니까? 좋은 존재들 사이의 본성적인 애정은 없는 것인가요? 사랑(amor)이라는 단어는 그 자체로 매력적입니다. 거기서 우정(amicitia)이란 명사도 파생되었지요. 만일 우리가 우정을, 우리가 사귈 사람에게 이로운 것에 비추어서가 아니라, 우리의 이득에 비추어 판단한다면, 그런 것은 우정이 아니라 우리 이익을 위한 어떤 거래가 될 것입니다. 목초지와 경작지와 가축 떼는 이런 식으로, 즉 거기서 이득이 얻어짐으로써 소중히 여겨집니다. 하지만 인간들 사이의 애정과 우정은 대가 없는 것입니다. 그러니 신들 사이에는 얼마나 더하겠습니까? 그들은 아무것도 부족함이 없으면서 서로 간에 사랑하고 인간들을 돌보니 말입니다. 만일 일이 그렇지 않다면, 우리가 신들을 경외할 이유가 무엇이며, 그들에게 기도할 이유가 무엇이겠습니까? 왜 제관들은 성스러운 의례를, 조점관들은 새점 치는 일을 관장합니까? 어째서 우리는 불멸의 신들께 기원하고, 어째서 봉헌을 맹세합니까? '하지만 거룩함에 대한 에피쿠로스의 책이 있다.'

123. 우리는 놀림을 당하는 것입니다, 재치 있는 사람에 의해서가 아니라, 책을 방자하게 쓰는 데 자유로운 사람에 의해서 말이죠. 왜 이런 말을 하느냐 하면, 만일 신들이 인간의 일들을 돌보지 않는다면, 무슨 거룩함이 있을 수 있겠습니까? 또 살아있는 본성치고 아무 일에도 신경 쓰지 않을 수 있는 게 어디 있겠습니까?

그러므로 확실히, 우리들 모두에게 친근한 포세이도니오스께서 신들의 본성에 관한 책 제5권에서 논했던 저것이 더 진실합니다. 즉, 에피쿠로스는 그 어떤 신도 존재하지 않는 것으로 여기며, 그가 불멸의 신들에 대해 말했던 모든 것은 사람들의 미움을 막기 위해 말했다는 것입니다. 342) 왜냐하면 그는, 신이 인형과 비슷하며, 겨우 맨 바깥 쪽 외곽선들로만 이루어져서 단단한 형태가 없고, 인간의 모든 지체를 부여받았지만 그 지체들의 사용능력은 전혀 부여받지 못했고, 어떤 얇고 투명한 존재이며, 343) 누구에게도 아무 기여도 하지 않고 아무 호의도 베풀지 않으며, 전혀 아무것에도 신경 쓰지 않고 아무 일도 행하지 않는다고 상상할 만큼 그렇게 어리석었을 리가 없었겠기 때문이라는 겁니다. 이런 본성은 우선 전혀 존재할 수가 없는데, 에피쿠로스는 이것을 알면서도 말에서만 신들을 남겨두고 사실에서는 없애버렸던 것입니다.

124. 또한, 설사 그 말을 인정한다 해도, 만일 신이 정말로 인간에 대한 그 어떤 호의, 그 어떤 애정에도 잡히지 않는, 그런 식으로 존재한다면, 그 신은 평안히 떠나시길! ― 왜 이런 인사를 하느냐 하면, 왜 제가 '자비로우시길!'344) 이라고 하겠습니까? 그는 누구에게도 자비로울 수가 없으니 말입니다. 당신이 말씀대로 하자면, 모든 호의와 애정은 나약함 속에 있는 것이니까요."

---

342) 단편 22a E-K. 디오게네스 라에르티오스 10. 4에 비슷한 내용이 나온다.
343) 75장의 내용이다.
344) 앞의 것(*valeat*)은 인간들 사이의 작별인사말(*vale*)의 변형이고, 뒤의 것 (*propitius sit*)은 제의가 끝날 때 신께 드리는 인사말이다.

제 2 권

1. 〔1〕 이러한 것들을 코타가 말하고 나자, 벨레이우스가 말했다. "제가 부주의하게, 아카데메이아학파이면서 또 훈련된 연설가이기도 한 사람과 논쟁을 감행하지 않았더라면 좋았을 걸 그랬습니다. 왜냐하면 저는 달변이 아닌 아카데메이아학파 사람은 아주 두려워하진 않으며, 또 저 철학을 갖추지 않은 연설가라면 아무리 달변이라 해도 두렵지 않기 때문입니다. 저는 공허한 단어들이 쏟아지는 것에는 혼란되지 않고, 또 언설이 메말랐으면 사상의 섬세함에도 혼란되지 않으니까요. 한데 코타, 당신께서는 양쪽 방면에 모두 강력했습니다. 당신께는 화환처럼 둘러선 청중과 판정자들이 없었을 뿐입니다. 하지만 그러한 말들에 대한 반박은 다른 기회로 미루지요. 이번에는 루킬리우스(발부스)의 말씀을, 본인이 좋으시다면, 들어보도록 합시다."

2. 그러자 발부스가 말했다. "저로서는 사실, 같은 분, 코타의 말씀을 듣는 걸 더 택하고 싶습니다. 저분이 거짓된 신들을 제거해버릴 때 사용한 것과 같은 달변으로써 참된 신들을 인도해 들이는 걸 말입니다. 왜냐하면 철학자이자 제관이며 코타인 분에게는, 아카데메이아학파 사람들에게 그렇듯이, 불멸의 신들에 대하여 길을 잃고 방황하는 의견이 아니라, 우리 학파에게 그러한 것처럼 확고하고 확실한

의견이 있겠기 때문입니다. 에피쿠로스에 대항해서는 충분하고도 넘치게 얘기가 되었으니 말입니다. 하지만 저는, 코타여, 당신 자신께서 어떤 생각을 갖고 계신지 듣고 싶습니다.

그러자 코타가 말했다. "제가 처음에 말씀드린 것을 잊으셨나요? 저는 특히 그러한 문제에 대해서는, 무엇을 그렇다라고 느끼는지보다는 무엇을 아니다라고 느끼는지 더 쉽게 말할 수 있다는 것 말입니다.

3. 그리고 혹시 제가 뭔가 뚜렷한 것을 갖고 있다 하더라도, 이번에는 당신의 얘기를 들었으면 합니다. 저 자신은 벌써 그렇게나 많은 걸 얘기했으니 말입니다."

그러자 발부스가 말했다. "당신의 말씀을 따르지요. 그리고 할 수 있는 한 짧게 말하겠습니다. 왜냐하면 사실 에피쿠로스의 오류들이 벌써 논박되었기 때문에, 저의 논증에서 길게 얘기할 것은 다 빠져나간 셈이니까요. 일반적으로 우리 학파 사람들은 불멸의 신들에 대한 저 문제 전체를 네 부분으로 나눕니다. 그들은 우선 신들이 존재한다는 것을 가르치고, 다음으로 그들이 어떠한지를, 그리고 이들에 의해 세계가 다스려진다는 것, 마지막으로 저들이 인간들의 일을 보살핀다는 것을 가르칩니다. 하지만 우리는 이번 대화에서 앞의 두 문제만 다루기로 하지요. 세 번째 것과 네 번째 것은 더 큰 문제인데, 제 생각으로는 다른 때로 미루는 게 마땅하겠습니다."

그러자 코타가 말했다. "결코 그렇지 않습니다. 우리는 지금 한가하기도 하거니와, 사업들보다도 앞세워야 하는 그런 문제들을 다루고 있으니 말입니다."

4. 〔2〕 그러자 루킬리우스가 말했다. "사실 첫 부분은 얘기가 필요치 않은 듯합니다. 왜냐하면, 사실 우리가 하늘을 올려다보고 천체들에 대해 숙고해볼 때, 이들을 통제하는 탁월한 지성을 지닌 어떤 신격(神格)이 존재한다는 것만큼 분명하고 뚜렷한 게 어디 있겠습니까?

만일 그게 그렇지 않다면, 엔니우스가 이렇게 말해서 모두의 공감을 받은 게 어떻게 가능했겠습니까?

'빛나는 저 높은 하늘을 보라, 모두가 그것을 윱피테르로 여겨 부르나니.'[1]

진정코 그를 윱피테르이자 사물들의 지배자이고, 또 모든 것을 고갯짓으로 다스리는 자라고, 그리고 같은 엔니우스가 그랬듯, '신들과 인간들의 아버지'[2]로 눈앞에 실재하면서 전능한 신이라고 하는 게 말입니다. 누군가가 그것을 의심한다면, 저로서는 진정 그 사람이 어떻게 태양이 존재하는지 안하는지 의심치 않을 수 있을지 알 수가 없습니다.

5. 왜 그러냐 하면, 사실 어떻게 후자가 전자보다 더 분명할 수가 있겠습니까? 만일 우리가 그것을 정신으로써 인식하고 파악하여 갖고 있지 않다면, 그 견해가 그토록 안정되어 유지되고, 시간이 감에 따라 확고해지며, 인간들의 세대와 세월이 가는 것과 함께 뿌리를 내려갈 수도 없었을 것입니다. 확실히 우리는 다른, 상상으로 이루어진 공허한 견해들이 세월에 따라 시들어버렸음을 알고 있습니다. 왜냐하면, 사실 누가 힙포켄타우로스나 키마이라가 존재한 적이 있다고 생각하겠습니까? 혹은 아무리 노파라도, 옛적에 저승 존재들 가운데 있다고 믿어졌던 괴물들을 두려워할 정도로 그렇게 정신없는 사람이 어떻게 발견될 수 있겠습니까? 이는, 지나가는 날들이 상상의 발명들은 제거해버리고, 자연의 판단들은 확고히 하기 때문입니다.

그래서 우리 민족 가운데서나 다른 종족들 가운데서 신들에 대한 경배와 종교에 대한 신성시가 날이 갈수록 더욱 커지고 더 나아지는 것입니다.

---

1) 《튀에스테스》 345 Vahlen.
2) 《연대기》 175.

104

6. 그리고 이는, 공연히 이유 없이 그렇게 된 게 아니라, 신들이 자주 눈앞에 있으면서 자신들의 힘을 보여주기 때문입니다. 예를 들면, 라티움 전쟁 당시, 레길루스 호수 전투[3]에서 독재관인 아울루스 포스투미우스가 투스쿨룸의 옥타비우스 마밀리우스[4]와 전투로서 맞붙었을 때, 우리 쪽 전열 가운데서 카스토르와 폴룩스가 말을 탄 채 싸우는 것이 목격된 것처럼, 그리고 최근의 기억으로는 바로 이들, 튄다레오스의 아들들[5]이, 페르세스[6]가 패했다는 소식을 알린 것처럼 말입니다. 왜냐하면, 지금 살아있는 같은 이름의 젊은이의 할아버지 푸블리우스 바티니우스가, 자신의 관장 지역인 레아테[7]로부터 로마로 오고 있을 때 밤중에 흰말을 탄 두 젊은이가 그날 페르세스가 사로잡혔다고 얘기해서, 그가 원로원에 그 사실을 알렸기 때문입니다. 그는 처음에는 국가 대사에 관해 무책임하게 지껄였다고 해서 투옥되었으나, 나중에 파울루스가 보낸 편지에 의해 동일한 날짜라는 게 확실해지자, 원로원으로부터 경작지와 병역면제를 상으로 받았지요. 그리고 사그라 강가에서 로크리스인들이 크로톤 사람들을 큰 전투로써 이겼을 때도,[8] 바로 그날로 그 싸움이 올륌피아 경기장에 알

3) 기원전 496년, 로마에서 쫓겨난 타르퀴니우스 왕을 옹호하는 라티움족들과 그를 쫓아낸 로마인들 사이의 전투. 로마군이 승리하였으며, 그 승리의 소식은 카스토르와 폴룩스에 의해 로마 시내로 전해졌다고 한다. 리비우스 2. 19. 3-2. 20. 13 참고.
4) Octavius Mamilius, '오만한 타르퀴니우스'의 사위.
5) 보통 '디오스쿠로이'(제우스의 젊은이들)로 알려진 카스토르와 폴룩스(희랍어로는, 폴뤼데우케스)는 스파르타 왕인 튄다레오스의 자식이라고도 하고, 제우스의 자식들이라고도 한다.
6) 마케도니아의 왕, 기원전 168년 마케도니아의 퓌드나에서 L. 아이밀리우스 파울루스에게 패하였다.
7) 사비니 지역의 옛 도시. 현재의 리에티(Rieti).
8) 사그라(Sagra, 또는 Sagras)는 이탈리아 남부의 카울로니아(Caulonia) 근

려졌다고 기억은 전합니다. 또 자주 파우누스[9]들의 목소리들이 들리고, 자주 신들의 모습이 보여서, 어리석지도 않고 불경스럽지도 않은 그 어떤 사람이든 신들이 실재한다는 것을 고백하게끔 몰아갔습니다.

7. 〔3〕 또한 예언들과, 미래의 일에 대한 예견들은 달리 무엇을 밝혀주는 것이겠습니까? 있을 일들이 인간들에게 예시되고, 경고되며, 전조로 주어지고, 예언될 수 있다는 게 아니라면 말입니다. 그것 때문에 저것들은 예시, 경고, 전조, 조짐이라고 일컬어집니다. 설사 우리가 몹소스,[10] 테이레시아스,[11] 암피아라오스,[12] 칼카스,[13] 헬레노스[14]를 단지 이야기의 자의성에 의해 지어진 거라고 믿는다 하

───────

처 투르볼로(Turbolo) 강을 가리키는 것으로 추정된다. '서쪽 로크리스인들' (*Locri Epizephyrii*)과 크로톤 사이의 경계가 되는 이곳에서 기원전 6세기에 두 세력 사이에 큰 전투가 있었다. 로크리스인들은 1만에서 1만 5천 정도의 병력으로 12만이나 되는 크로톤 사람들을 물리친 것으로 알려져 있다.

9) Faunus. 피쿠스, 또는 마르스의 아들이며, 라비니아, 또는 라티누스의 아버지(베르길리우스, 《아이네이스》 7.47). 여러 신들과 연결되어 복수가 되었다. 과거, 숲, 밤, 저승, 예언과 관련되어 있다.

10) 테이레시아스의 딸인 만토와 아폴론 사이에 태어난 예언자, 킬리키아 지방의 도시 몹수에스티아의 건립자.

11) 테바이의 예언자, 아이스퀼로스의 《테바이를 공격하는 일곱 영웅》, 소포클레스의 《오이디푸스 왕》, 《안티고네》, 에우리피데스의 《박코스의 여신도들》, 《포이니케 여인들》에 등장한다.

12) 원래는 희랍 원주민의 땅의 신이었던 듯하나, 신화상으로는 아르고스의 예언자로서 테바이를 공격한 일곱 영웅에 포함되어 있다. 테바이 공격 도중 땅이 갈라져서 전차와 함께 땅속으로 사라졌으며, 그가 사라진 자리는 신탁소가 되었다.

13) 트로이아 전쟁 때 희랍군의 예언자. 희랍군이 아울리스에 모였을 때 제우스가 보낸 독수리 전조를 보고 그 전쟁이 10년 만에 희랍 쪽의 승리로 끝날 것을 예언하였다.

14) 트로이아 전쟁 때 트로이아 군의 예언자. 베르길리우스, 《아이네이스》 3.294 이하에는, 전쟁 후에 에페이로스의 부트로톤에 정착하였다가 아이네아스를 만나는 것으로 되어 있다.

더라도(물론 사실이 이들을 완전히 논박한다면, 이야기 자체가 그들을 점술사로 받아들이지 않았겠지만요), 우리는 국내의 예들에 의해 가르침을 받아서라도 신들의 능력을 인정하지 않을까요? 1차 포에니 전쟁 때의, 푸블리우스 클라우디우스[15]의 생각 없음이 우리를 전혀 움직이지 않을까요? 그는 심지어 장난삼아 신들을 비웃으면서, 닭장에서 풀려나온 닭들이 모이를 먹지 않자 그들을 물속에 처넣으라고 명했습니다. 먹기를 원치 않으면 마시기라도 하라고 말입니다. 하지만 그 비웃음은, 함대가 패배함으로써, 그 자신에게는 많은 눈물을, 그리고 로마 인민들에게는 큰 재앙을 가져다주었습니다. 또 어떻습니까? 그의 동료인 루키우스 유니우스[16]는 같은 전쟁 때 새점에 복종하지 않음으로써, 그 경솔함 때문에 함대를 잃지 않았습니까? 그래서 클라우디우스는 인민에 의해 유죄판결을 받았고, 유니우스는 스스로 목숨을 끊었습니다.

8. 코일리우스[17]는 가이우스 플라미니우스[18]가 종교의례를 무시했다가 트란수멘 호수 근처에서 국가에 큰 피해를 입히고 자신도 쓰러졌다고 적고 있습니다. 이들의 파멸에 비추어볼 때, 우리는 이 나라가 종교에 복종한 지도자들에 의해 확장되었음을 알 수가 있습니다. 만일 우리가 우리 것을 외부의 것들과 비교하고자 한다면, 다른

---

15) P. Claudius Pulcher. 기원전 249년의 집정관. 시칠리아의 드레파눔 곶 앞에서 카르타고의 아드헤르발(Adherbal)과 해전을 벌였으나 패하였다.

16) L. Iunius Pullus. 기원전 249년에 시칠리아의 파퀴니움 곶 근처에서 폭풍을 만나 함대를 잃었다.

17) L. Coelius Antipater. 기원전 2세기 말에 제 2차 포에니 전쟁에 대한 역사서를 썼다.

18) C. Flaminius. 기원전 217년 한니발에게 트란수멘 호수 근처에서 궤멸적인 패배를 당했다. 그 호수의 이름은 Transumen, Trasumenus, Trasymenus, Trasimenus 등 여러 가지 표기로 전해진다.

일에서는 같거나, 심지어 열등하기까지 하겠습니다만, 종교, 즉 신들의 섬김에서는 훨씬 우월한 걸로 드러날 것입니다.

9. 그리고 앗투스 나비우스의 저 지팡이, 그것으로 그가 돼지를 찾기 위해 포도밭의 영역을 표시했던 지팡이는[19] 비웃음을 받아야 할까요? 만일 호스틸리우스 왕[20]이 그의 새점에 따라 굉장한 전쟁들을 치르지 않았더라면, 저는 그래야 한다고 믿었겠지요. 하지만 귀족들이 경시했기 때문에 새점의 기술은 사라졌고, 조점술의 진실은 경멸을 당하며, 단지 외양만 남았습니다. 그래서 국가의 일에서 가장 중요한 부문들, 특히 국가의 안녕을 유지해주는 전쟁들이, 아무 조점술도 없이 행해지고 있으며, 강 건널 때의 점술도 지켜지지 않고, 창끝에 빛이 번쩍이는 것에 대한 점술[21]도 없어졌습니다. 무장한 채 하는 유언들을 무력화할 만한 사람들이 호명되지도 않습니다.[22] 우리의 장군들은 새점 칠 권한을 내놓은 다음에야 전쟁을 이끌기 시작해서[23] 그런 것입니다.

---

19) '옛날의 타르퀴니우스'(Tarquinius Priscus, 로마의 다섯 번째 왕) 시대에 살았던 앗투스는 돼지 한 마리를 잃어버리고, 그것을 찾으면 자기 포도밭에서 가장 큰 포도송이를 바치겠다고 신께 서원하였다. 그는 곧 돼지를 찾았고, 뒤이어 포도밭을 넷으로 나눈 다음 새를 관찰하여 엄청난 크기의 포도송이가 있는 곳을 발견하였다. 이 기록은 《점술에 관하여》 1. 31에 나오는데, 키케로는 여기서 시대를 잘못 기억하는 듯하다.

20) Tullus Hostilius. 로마의 세 번째 왕.

21) 창끝에서 빛이 번쩍이는 것은 승리의 전조로 여겨졌었는데, M. Claudius Marcellus(기원전 50년에 집정관 역임) 때부터 쓰이지 않았다.

22) 전장에서 장군이 새점을 치는 동안 병사가 동료 서넛 앞에서 행하는 유언은 법적인 효력이 있었다. 하지만 이런 유언을 남기는 행위 자체가 불길한 전조가 될 수 있으므로, 장군들은 행운의 이름을 가진 사람들을 증인으로 호명하는 관습이 있었다. Pease의 주석 569-570 참고.

23) 새점을 치는 권한은 법무관(praetor)이나 집정관에게만 주어졌는데, 이즈음에는 전쟁을 이끄는 것이 주로 전직 법무관(propraetor)이나 전직 집정관

10. 하지만 진실로 우리 조상들 가운데서는 종교의 힘이 그토록 커서, 어떤 지휘관들은[24] 자기 자신들을 불멸의 신들께 바치겠노라고 머리를 토가로 감싸고서 정해진 문장들로써 서원했었습니다. 저는, 누구도 의심할 바 없는 것들을 확증해줄 많은 사례들을 시빌라의 신탁들로부터, 또 많은 것들을 내장점술사들의 답변들에서 인용할 수 있습니다. 〔4〕 그리고 우리 민족의 조점관들과 에트루리아인들의 내장점술사들의 기술을 푸블리우스 스키피오와 가이우스 피굴루스가 집정관이던 해에[25] 사태 자체가 입증하였습니다. 그때 두 번째로 집정관직을 맡고 있던 티베리우스 그락쿠스가[26] 그들이 선거로 뽑히는 걸 관장하고 있었는데, 그들이 선출되었음을 보고하던 첫 번째 선거 관리자가 그 자리에서 갑자기 죽었습니다. 그락쿠스는 그럼에도 계속 민회를 진행하였지만, 이 사태가 대중들에게 종교적인 거리낌을 일으킨 것을 느끼고는 원로원에 보고하였습니다. 원로원은 '늘 그래 왔던 사람들에게' 자문(諮問)해야 한다고 결정했지요. 불려온 내장점술사들은 민회의 선거관리자가 적법하지 않았다고 답변하였습니다.

11. 그러자 그락쿠스는, 제가 아버지께 늘 들어온 바에 따르면, 분노에 불이 붙어서 이랬답니다. "정말 그렇다고? 내가 적법하지 않다고? 집정관으로서, 조점관으로서, 새점을 친 다음에 투표를 진행했는데도? 당신들, 투스쿨룸 사람이자, 이방인인 자들이 로마 인민

(proconsul)들이었기 때문이다. 《점술에 관하여》 2. 76 참고.

24) 라티움인들과의 전쟁 때(기원전 340년) P. Decius Mus가, 같은 이름을 가진 그의 아들이 에트루리아와의 전쟁 때(기원전 295년), 그의 손자가 퓌르루스와의 전쟁 때(275년) 그랬다고 알려져 있다.

25) 기원전 162년.

26) Ti. Sempronius Gracchus. 177년에 집정관을 지냈고, 163년에 다시 집정관을 지냈다. 코르넬리아의 남편이고, 그의 두 아들이 유명한 호민관 그락쿠스 형제이다.

의 조점술의 법을 차지하고, 민회의 해석자가 될 수 있는가?"그러고
는 그들에게 떠나기를 명했습니다. 하지만 그는 나중에 속주에서[27]
조점관들의 단체에 편지를 보냈습니다. 자신이 책들을 읽다가, 스키
피오의 정원[28]에 새를 관찰하는 천막을 쳤을 때 문제가 있었다는 걸
기억해냈다고 말입니다. 왜냐하면 그는 후에 원로원 회의를 갖기 위
해 도시 경계를 건너갔다가, 돌아오느라고 같은 경계를 다시 지났는
데, 그때 새점 치는 걸 잊었던 것입니다.[29] 그래서 문제가 있는 채
로 집정관들을 선출했다는 거지요. 그래서 조점관들은 원로원에 그
사실을 알렸습니다. 원로원은 집정관들에게 사직하라고 했고, 그들
은 사직했습니다. 우리가 이보다 더 큰 예를 요구해야 할까요? 가장
현명하고, 어쩌면 모든 사람 가운데 가장 탁월한 인간이, 숨겨질 수
도 있었을 자신의 잘못을 고백하는 걸, 국가에 종교적 흠결이 들어붙
는 것보다 더 낫게 여겨 택했습니다. 집정관들은 최고 통치권을, 종
교에 맞서면서 그저 잠깐 동안 붙들고 있기보다는 즉시 내려놓는 쪽
을 택했습니다.

12. 조점관의 권위는 큽니다. 또 어떻습니까, 내장점술사들의 기
술은 신적인 것이 아닌가요? 이것들과 같은 종류의 헤아릴 수 없는
것들을 보는 사람이라면 신들이 존재한다고 인정하도록 압박받지 않
을까요? 어떤 것의 해석자가 있으면 그것 자체도 확실히 있어야만 합
니다. 한데 신들의 해석자들이 있습니다. 그러므로 신들이 존재한다
고 우리는 인정해야 할 것입니다. '하지만 아마도 예언된 것들이 모

---

27) 그락쿠스는 162년에 사르디니아 총독직을 맡았다.
28) 성곽 바깥쪽으로 마르스 벌판 방향인 것으로 보이나 정확한 위치는 알려져
   있지 않다. 《국가론》의 배경이기도 하다. 여기 나온 스키피오는 기원전 202
   년 자마에서 한니발에게 승리한 P. Cornelius Scipio Africanus이다.
29) 시내에 들어갔다가 나왔으므로, 이전에 쳤던 새점은 무효가 되었다.

두 일어나지는 않는다.' 모든 환자가 다 건강해지지 않는다고 해서
의술이 아무것도 아니지는 않습니다. 앞으로 있을 일들의 징조가 신
들에 의해 내보여집니다. 이 징조에서 어떤 사람이 실수를 저질렀다
면, 신들의 본성이 아니라 인간들의 예측이 잘못인 것입니다.

따라서 모든 민족 모든 사람들 가운데 핵심은 동의되어 있습니다.
신들이 존재한다는 사실은 타고난 것이며, 말하자면 정신 속에 새겨
진 것이기 때문입니다.

13. 〔5〕 신들이 어떠한지에 대해서는 생각이 다양합니다만, 그들
이 존재한다는 것은 누구도 부정하지 않습니다. 사실 우리의 클레안
테스께서는,[30] 인간들의 정신에 신들에 대한 개념이 형성되는 네 가
지 이유에 대해 말씀하셨습니다. 그는 제가 방금 말씀드린 그것을 첫
번째로 놓았습니다. 앞으로 있을 일들에 대한 예지에서 생겨나는 것
말이지요. 두 번째로는, 우리가 계절의 조화와 땅의 생산성, 그리고
다른 많은 유익한 것들의 풍요함으로부터 얻는 이익의 크기 때문에
갖게 된 생각입니다.

14. 세 번째로는, 정신을 두렵게 하는 것들입니다. 번개와 폭풍,
비, 눈, 우박, 기근, 역병, 지진, 그리고 이따금 땅이 우는 것, 돌이
비처럼 내리는 것, 피 같은 빗방울, 또 땅이 꺼지거나 갑작스레 갈라
지는 것, 그리고 사람과 가축들의 본성을 벗어난 징조들, 또 하늘에
보이는 횃불, 그리고 희랍인들은 '긴머리'(kometes)라고 부르고 우리
는 '곱슬머리'(cincinnata)라고 부르는 저 별들, ― 그것들은 최근에 옥
타비우스 전쟁[31] 때 대재앙을[32] 예고했었지요 ― , 그리고 태양이

---

30) 1권 37장에 나온 인물이다.
31) 기원전 87년의 집정관이었던 그나이우스 옥타비우스는 술라파였고, 동료 집
   정관인 킨나는 마리우스파였는데, 이 두 집정관이 전투를 벌였고 패배한 옥
   타비우스는 목이 베여 죽었다. 이 무렵 보였던 혜성은 핼리혜성이다.

둘이 되는 것, — 이 일은 제가 아버지께 듣기로 투디타누스와 아퀼리우스가 집정관이던 해[33]에 일어났고, 그해에 정말로 또 하나의 태양인 푸블리우스 아프리카누스[34]의 빛이 꺼졌습니다 —, 이런 것들로 해서 공포에 사로잡힌 사람들이 어떤 천상적이고 신적인 힘이 존재하는 게 아닐까 의심한 것이지요.

15. 그는, 네 번째 이유는 운동의 지극한 균일성과 하늘의 지극히 일관된 회전이라고 했습니다. 해, 달, 그리고 모든 별들의 독특함, 다양함, 아름다움, 질서 등인데, 이들이 보이는 모습 자체가 그것들이 우연적인 게 아님을 증명하기에 충분하다는 것입니다. 마치, 누군가가 어떤 집이나 운동장이나 광장에 갔는데, 거기서 모든 것이 합당하고 절도 있고 규율에 따르는 것을 본다면, 이것들이 이유 없이 그렇게 되었다고는 판단할 수 없고, 오히려 누군가가 그것을 관장하고 다스리고 있음을 알아채는 것처럼, 그토록 큰 운동들과 그토록 큰 변화들, 그리고 그렇게 크고 그렇게 많은 것들의 질서, — 거기서는 측정할 수 없는 무한한 과거가 결코 아무것도 속이지 않았으니 —, 이런 것들에서는 훨씬 더, 어떤 지성에 의해 그렇게 큰 자연의 운동이 조종된다고 결론을 내려야만 할 것입니다.

16. 〔6〕 사실 크뤼십포스는[35] 매우 날카로운 재능을 가진 사람이었습니다만, 그럼에도 그는, 스스로 찾아낸 게 아니라 자연 자체에게 배운 듯 보이게끔 말을 합니다. 그의 말은 이렇습니다. '만일 사물들의 본성 가운데 인간의 지성이, 추론이, 힘이, 인간의 능력이 이루어

---

32) 마리우스와 술라의 보복전을 가리킨다.
33) 기원전 129년. 두 집정관의 이름은 C. Sempronius Tuditanus와 Manius Aquilius이다.
34) P. Cornelius Scipio Aemilianus Africanus Minor. 카르타고(146년)와 누만티아(133년)의 정복자. 그는 잠자리에서 피살되었고 범인은 잡히지 않았다.
35) 1권 39장 참고.

낼 수 없는 어떤 것이 있다면, 그것을 이루어낸 것은 확실히 인간보다 더 우월한 존재이다. 한데 천체들과, 그 질서가 영원한 모든 것들은 인간에 의해 만들어질 수가 없다. 따라서 저것들을 조성한 것은 인간보다 우월한 존재이다. 그런데 그대가 이것을 신이라고 부르는 것보다 더 나은 호칭이 있겠는가? 진정코, 만일 신들이 없다면, 사물들의 본성 가운데 인간보다 우월한 무엇이 있을 수 있는가? 내 이런 말을 하는 것은, 인간에게만 이성이 있는데, 그것보다 더 뛰어난 그 무엇도 존재하지 않기 때문이다. 하지만 온 세계에 자신보다 우월한 게 아무것도 없다고 생각하는 사람이 있다면, 이는 어리석은 오만이다. 그러므로 무엇인가 더 우월한 것이 있다. 따라서 진실로 신은 존재한다.'

17. 정말로 그렇지 않습니까? 만일 당신이 크고 아름다운 저택을 보았다면, 당신은 설사 집주인을 보지 않더라도 그 집이 쥐나 족제비들을 위해 건축되었다고 생각이 이끌려 갈 수는 없을 것입니다. 따라서 세계의 그러한 준비와, 천체들의 그토록 큰 다양함과 아름다움과, 바다와 땅의 그토록 큰 힘과 광대함이 불멸의 신들의 거처라기보다는 당신의 거처라고 생각한다면, 당신은 명백하게 어리석은 자로 보이지 않겠습니까? 한편 우리는 이것도 이해하지 않습니까? 위에 있는 것이면 모두가 좀더 우월한데, 땅은 가장 낮은 데 있고 그것을 아주 빽빽한 공기가 감싸고 있다는 사실 말입니다. 그래서 이런 이유 때문에, 우리가 보기에 어떤 지역이나 도시에 영향을 끼치는 사실, 즉 대기의 농도가 너무 짙음으로써 사람들의 총기가 둔해진다는 것, 바로 이 일이 인간 종족에게도 일어나게 됩니다. 그들이 땅에, 즉 세계에서 가장 농도 짙은 부분에 배치되어 있기 때문입니다.

18. 그리고 그럼에도 인간이 총명하다는 사실로부터, 우리는 다른 지성이 있다는 것, 또 그것이 인간의 것보다 더 날카로우며 신적인

것이라는 사실을 이끌어낼 수밖에 없습니다. 왜냐하면, 그게 아니라면 인간이 대체 어디에서 이 총명함을 (크세노폰의 글36) 속에 나오는 소크라테스가 말했듯이) '낚아챘'겠습니까? 또 만일 누군가가, 습기와, 몸속에 흩어져 있는 열과, 땅의 속성을 지닌 살의 탄탄함과, 끝으로, 숨을 쉬게 해주는 정신을 우리가 어디에서부터 얻어 가지고 있는지 묻는다면, 어떤 것은 땅에서, 어떤 것은 물에서, 어떤 것은 불에서, 어떤 것은, 우리가 숨이라고 부르는 저 공기에서 취했다는 게 분명합니다.37) 〔7〕 하지만 이 모든 것들을 능가하는 저것, ── 이성을 뜻하는 겁니다만, 혹시 그러고 싶으시다면 지성, 숙고능력, 사고, 현명함이라고 해도 되겠지요 ──, 그것은 우리가 어디서 발견했습니까? 어디에서 건져 올렸습니까? 다른 것들은 다 세계가 가지는데, 가장 큰 가치가 있는 이것 하나만은 갖지 않을 것인가요? 하지만 확실히 모든 것 가운데 그 어떤 것도 세계보다 더 우월하고, 더 탁월하며, 더 아름다운 것은 없습니다. 그보다 더 우월한 것은 결코 존재하지 않을 뿐더러, 생각조차도 불가능합니다. 그리고 만일 이성과 지혜보다 더 우월한 것이 없다면, 이것들은 우리가 최상의 것이라고 인정한 그것 안에 존재해야만 합니다.

19. 또 어떻습니까? 사물들의, 함께 느끼고, 함께 숨쉬고, 함께 연결된 그토록 큰 연관이, 제가 말한 것들을 긍정하게끔 몰아가지 않을, 그런 사람이 대체 누구이겠습니까? 가능이나 하겠습니까? 땅이 정해진 시기에 꽃피고, 그런 다음엔 거칠어지는 것이, 혹은 그렇게

---

36) 희랍어로는 synharpasai. 《소크라테스 회상》 1. 4. 8.
37) Ax는 Plasberg의 수정을 받아들여, '명백합니다. 그들 중 일부는(apparet; quorum) … 한 것이지요'로 이 번역에서는 사본들에 전해지는 대로, 그리고 Pease가 선택한 대로 '일부는 … 하다는 것이 명백합니다(apparet quod)'라고 읽었다.

많은 사물들이 자신을 바꾸어서, 태양이 하지점과 동지점에 오고 가는 게 알려지는 것이, 혹은 바다와 해협 좁은 곳의 밀물 썰물이 달의 뜨고 짐과 함께 움직이는 것이, 혹은 전체 하늘의 한 회전에 의해서 별들의 서로 다른 행로들이 유지되는 것이 말입니다. 이 일들이, 세계의 모든 부분들이 서로 간에 조화를 이루는 가운데 이렇게 이뤄지는 것은, 이들이 하나의 신적이고 연속된 숨결에 의해 유지되지 않는다면, 절대로 가능하지 않을 것입니다.

20. 그런데 이것들은, 제가 마음속에 그리려고 하는 것처럼, 좀더 풍성하고 더 폭넓게 논의될 때는, 아카데미아학파 사람들의 무고를 좀더 쉽게 피합니다. 반면에 이것들이, 제논께서 늘 그렇게 하셨던 것처럼, 좀더 짧고 좁게 논증된다면, 그때는 비판에 더 크게 노출됩니다. 왜냐하면, 흘러가는 강물은 드물게, 또는 전혀 오염되지 않지만, 갇힌 물은 쉽게 오염되듯이, 비판자의 꾸짖음은 말의 흐름에 씻겨나가는 반면에, 폭 좁게 한정된 논의는 자신을 쉽게 방어하지 못하기 때문입니다. 제가 이런 말을 하는 것은, 우리가 펼쳐 보이는 이것들을 제논께서는 이렇게 압축하곤 했었기 때문입니다.

21. 〔8〕 '이성을 사용하는 그것은 이성을 사용하지 않는 것보다 더 우월하다. 한데 세계보다 더 우월한 것은 없다. 그러므로 세계는 이성을 사용한다.' 이와 비슷한 방식으로 세계는 현명한 것으로, 또 비슷하게 행복한 것으로, 또 비슷하게 영원한 것으로 입증될 수 있습니다. 왜냐하면 이 모든 것들은 이것들을 결여하는 것들보다 더 우월하며, 세계보다 더 우월한 것은 전혀 없기 때문입니다. 이로부터 세계는 신이라는 게 입증될 것입니다. 제논께서는 또 이런 식으로 말했습니다.

22. '감각을 결여하는 것의 어떤 부분이 감각을 가질 수는 없다. 그런데 세계의 부분들은 감각을 가지고 있다. 따라서 세계는 감각을

결여하고 있지 않다.' 그분은 더 나아가고 더 긴박하게 몰아갑니다. 그는 이렇게 말하지요. '정신과 이성을 갖지 않은 어떤 것도 자신으로부터, 살아있고 이성을 지닌 것을 낳을 수 없다. 그런데 세계는 살아있고 이성을 지닌 것들을 낳는다. 따라서 세계는 살아있고 이성을 지닌다.' 또 그분은 자주 그랬듯이 유사성으로부터 다음과 같은 식으로 논증을 전개했습니다. '만일 올리브 나무로부터 운율 있게 노래하는 피리들이 태어난다면, 그대는 올리브 나무 속에 피리와 관련된 어떤 지식이 들어있다는 걸 의심하겠는가? 만일 플라타너스들이, 선율 맞춰 소리 내는 작은 뤼라들을 맺는다면 어떻겠는가? 물론 당신은 음악이 플라타너스 안에 들어있다고 판단할 것이다. 그러니 왜 세계가 살아있고 현명한 것으로 판정되지 않겠는가, 자신으로부터 살아있고 현명한 것들을 생산해내는데?'

23. 〔9〕 하지만, 제가 처음에 말했던 것과는 다르게 진행하기 시작했으니 하는 말인데요(왜냐하면 저는 이 첫 부분은, 신들이 존재한다는 것은 모든 사람에게 아주 분명하기 때문에, 논의가 필요하지 않다고 했었으니까요), 그래도 이 사실 자체가 퓌시스(*physis*)에 대한 학문, 즉 자연학을 통해 확증되기를 바랍니다. 왜 이런 말을 하느냐 하면, 키워지고 성장하는 모든 것은 열의 힘을 자신 안에 유지하게끔, 사태가 그렇게 되어 있고, 그게 없으면 키워지고 성장할 수 없기 때문입니다. 왜냐하면 뜨겁고 불에 속한 것은 자신의 운동에 의해 요동하고 움직이기 때문입니다. 한데 키워지고 성장하는 것은 어떤 특정의 균일한 운동을 이용합니다. 그것은, 감각과 생명이 머무는 동안만 우리 안에 머물고, 한편 열이 식고 꺼지면 우리 자신도 소멸되고 꺼져버립니다.

24. 그것을 클레안테스[38]는 또 이러한 논증으로써, 모든 몸속에

---

38) 1권 37장 참고.

116

얼마나 큰 열의 힘이 들어있는지 알 수 있게끔, 가르칩니다. 왜냐하면 그는, 하루 밤낮 동안에 소화되지 않을 만큼 그렇게 굳은 음식은 없다고 하니 말입니다. 심지어 그것의 나머지들, 자연이 되 뱉어내는 저것들 가운데에도 열이 들어있습니다. 또한 사실 정맥과 동맥39)은 마치 불의 어떤 움직임처럼, 맥동하기를 그치지 않습니다. 그리고 어떤 동물들의 심장이 몸에서 떨어져 나왔을 때, 불의 빠른 움직임을 흉내 내듯 빠르게 뛰는 것이 자주 관찰됩니다. 그러므로 살아있는 모든 것은, 동물이든 땅에서 돋은 것이든, 그 안에 포함되어 있는 불 때문에 살아있는 것입니다. 이것으로부터 우리는 이해해야만 합니다. 열이라는 저 본성은 자기 속에, 온 세계에 두루 퍼진바, 생명력 있는 힘을 갖고 있다는 사실을 말입니다.

25. 한데 우리는 이 사실을, 모든 것을 가로지르는 이런 종류의 불이 좀더 자세하게 설명되면, 더 쉽게 알아 볼 수 있을 것입니다. 그러므로 세계의 모든 부분들(저는 가장 큰 것들만 건드리겠습니다만)은 열에 의해 버텨져 유지됩니다. 그것은 우선 땅에 속한 본성에서 지각될 수 있습니다. 왜냐하면 우리는, 돌들을 부딪치고 마찰하면 불이 이끌려 나오는 것을, 또 새로 판 구덩이에서 열나는 땅이 김을 내뿜는 것을 보기 때문입니다. 또 심지어 끊임없는 샘에서 뜨거운 물이 솟는 것을, 더구나 이 일이 특히 겨울철에 일어나는 것을 봅니다. 이것은 열의 힘이 땅속의 동혈(洞穴)에 갇혀있고, 겨울에는 땅이 더 치밀해져서, 이 때문에 땅속에 비축된 열을 더 꽉 잡아 누르기 때문입니다.

---

39) 이 둘을 처음 구별한 사람은 프락사고라스(Praxagoras)로 알려져 있다. 아래의 138장에는, 정맥을 통해서는 혈액이, 동맥을 통해서는 호흡이 온몸으로 퍼져나가는 것으로 나와 있다. 세네카, 《자연학적 문제들》 3. 15, 플리니우스, 《자연사》 11. 218 참고.

26. 〔10〕 땅이 품고 있는 씨앗들과, 그 땅이 자신으로부터 낳아서 뿌리들로 고정하여 잡고 있는 것들이 저 열의 온도에 의해 솟아나고 성장한다는 것을 가르칠 수 있으려면 긴 얘기와 많은 논증들이 필요할 것입니다. 한편 물에도 열이 섞여 있다는 것은 우선 물의 흐르는 성질 자체가40) 보여줍니다. 그것은 냉기에 의해 얼어붙지도 않고 눈이나 서리로 자라나지도 않을 것입니다. 만일 그것이, 열이 섞여들었을 때 액체화되어 흘러내리고 자신을 흩지 않는다면 말입니다. 그래서 북풍이나 다른 냉기들이 불어왔을 때 습기가 굳어지고, 또 다음으로 그것이 데워지면 부드러워지고 열에 녹는 것입니다. 심지어 바다도 바람에 의해 동요되면 따듯해집니다. 그렇게 큰 저 물 속에도 열이 포함되어 있다는 게 쉽게 이해될 정도로 말입니다. 왜냐하면 저 온기는 외부에서 도착한 걸로 생각될 것이 아니라, 바다의 맨 밑 부분에서 동요에 의해 일깨워진 것이기 때문입니다. 그런 일은 우리 몸이 움직임과 운동에 의해 다시 따듯해질 때도 일어나는 것입니다. 사실 공기 자체도, 가장 차가운 본성이지만, 결코 열이 결여된 것은 아닙니다.

27. 그것은 사실 정말로 많은 열과 섞여 있습니다. 왜냐하면 공기자체가, 물이 숨을 내쉬는 데서 생겨나기 때문입니다. 공기란 말하자면 물의 증기로 여겨져야 하니까요. 그런데 그 증기는, 물에 잡혀있는 저 열의 운동에 의해 발생하는 것입니다. 불을 밑에 갖다 댔을 때 끓어오르는 이 물에서 우리는 유사한 것을 볼 수 있습니다. 이제 세계의 네 번째 부분이 남았습니다. 이것은 그 자체로 온통 끓고 있는

---

40) 전해지는 사본들에 주어와 동격으로 볼 수 있는 effusio라는 단어가 덧붙어 있는데, Ax는 Gruter의 수정을 받아들여 et fusio로 읽었으나, 이 번역에서는 Pease를 좇아, effusio는 원래 주어 liquor의 설명으로 여백에 적혀 있다가 본문으로 섞여 들어간 것으로 보고, effusio를 삭제하는 쪽으로 따랐다.

118

본성이고, 다른 모든 본성들에게 안전과 생명의 열을 나눠주는 것입니다.

28. 세계의 모든 부분들은 열에 의해 유지되므로, 이것으로부터 다음과 같은 결론이 나옵니다. 즉, 세계 자체도 그렇게 긴 세월 속에서 유사한, 혹은 같은 본성에 의해 보존되고 있으며, 이는, 저 뜨겁고 불의 속성을 지닌 것이 모든 본성 속에 퍼져있어서, 그것 안에 태어나게 하는 힘과 낳는 원인41)이 들어 있다는 게 이해되어야만 하기 때문에, 더욱 그렇다는 것입니다. 그리고 이것에 의해서 모든 동물들과, 뿌리로써 땅에 고정된 것들이 나고 자라야만 한다는 거지요.

29. 〔11〕 따라서 온 세계를 붙들고 그것을 지키는 본성이 있으며, 이것에는 감각과 이성이 없지 않습니다. 왜냐하면 혼자만으로 단순하게 있지 않고 다른 것과 결합되고 연결되어 있는 모든 본성은 자신 안에 어떤 으뜸가는 것을 가져야만 하기 때문입니다. 마치 사람 속에 지성이, 짐승 속에 지성과 비슷한 어떤 것이 있어서, 거기서 사물들에 대한 욕구가 나오듯이 말입니다. 한편 나무와, 땅에서 생겨난 저 사물들의 경우, 그 뿌리에 으뜸가는 것이 들어있는 걸로 여겨집니다. 한데 저는 희랍인들이 '주도하는 것'(hegemonikon)이라고 부르는 것을 '으뜸가는 것'(principatum)이라 칭하고 있습니다. 각각의 종 속에서 그 어떤 것도 그것보다 더 뛰어난 것은 있을 수 없고, 있어서도 안 되는 그런 것이지요. 따라서 그 안에 온 자연의 으뜸가는 게 들어있는 것은 모든 것 가운데 가장 뛰어나고, 모든 것을 다스리고 지배할42) 자격이 가장 잘 갖춰진 것이어야만 합니다.

---

41) 전자(*procreandi vis*)는 남성의 생산능력, 후자(*causa gignendi*)는 여성의 생산능력이다.
42) 전자는 potestas로서 가부장(*pater familias*)은 자식들에 대해 갖는 권한이고, 후자는 dominium으로 노예들에 대해 갖는 권한이다.

30. 그런데 우리는 세계의 부분들 가운데, ―이렇게 말하는 이유
는, 온 세계 속에 전체의 부분이 아닌 것은 없기 때문입니다―, 감
각과 이성이 들어있는 것을 봅니다. 따라서 그 안에 세계의 으뜸가는
것이 들어있는 저 부분 속에, 이 감각과 이성이 들어있어야 하며, 그
것도 더 날카롭고 더 큰 것으로 들어있어야 합니다. 그래서 세계는
현명한 것이어야 하며, 모든 사물들을 껴안아 잡고 있는 저 본성은
이성의 완전성으로써 탁월해야 합니다. 따라서 세계는 신이고 세계
의 모든 힘은 신적 본성에 의해 묶여야 합니다.

또한 세계의 저 열기는, 우리에게 알려진 것들을 유지하고 그것들
에게 힘을 주는, 여기 있는 우리의 열보다 월등하게 더 순수하고 빛
나고 운동성이 크고, 그런 이유 때문에 감각을 자극하기에 더 적당합
니다.

31. 따라서 인간과 짐승들이 이 열에 의해 유지되고 그것으로 해서
움직이며 감각하는데, 세계가 감각이 없다고 말하는 것은 어리석습
니다. 이 감각은, 완전하고 자유롭고 순수하고 또 날카롭기 그지없고
아주 잘 움직이는, 그런 열기에 의해 유지되는 것인데 말입니다. 특
히나 세계의 이 열기는 어떤 다른 것이나 외적인 추동에 의해서 자극
되는 게 아니라, 자신이 스스로 자의에 의해 움직이는 그런 것인데
말이죠. 왜냐하면, 사실 세계보다 더 강한 것, 그것을 잡고 있는 저
열을 밀치고 움직이게 할, 그런 것이 어디 있겠습니까?

32. 〔12〕 왜 그러냐 하면, 말하자면 철학자들의 일종의 신이라고
할 수 있는 플라톤의 얘기를 들어봅시다. 그는 두 가지 운동이 있다
고 생각합니다. 하나는 자체적인 것이고, 다른 것은 외적인 것이지
요. 그리고 스스로 자기 뜻에 따라 움직이는 것이, 낯선 것에 떠밀려
움직여지는 것보다 더 신적인 거라고 생각합니다. 한데 그는 앞의 운
동은 정신들 속에만 있는 것으로 놓습니다. 그리고 이것들에 의해 운

동의 발단이 이끌려나온다고 생각합니다. 따라서 세계의 열기로부터 모든 운동이 생겨나는데, 이 열기는 낯선 밀침에 의해서가 아니라 자신의 뜻에 따라 움직이므로, 이것은 정신이어야만 합니다. 여기서 세계가 생명체라는 결론이 나옵니다.

또한 확실히 세계가 그 어떤 본성보다 더 우월하다는 사실로부터도, 그 안에 이해능력이 들어있다는 걸 이해할 수 있습니다. 왜냐하면, 마치 우리 몸의 그 어떤 부분도 우리 자신보다 가치가 더 큰 게 없듯이, 전체적 세계는 그 전체의 그 어떤 부분보다 더 가치가 커야만 하기 때문입니다. 만일 일이 그렇다면, 세계는 현명해야만 합니다. 왜냐하면 만일 그렇지 않다면, 세계의 부분인 인간이 이성에 참여함으로써 온 세계보다 가치가 더 커야 마땅하기 때문입니다.

33. 또한 만일 우리가 맨 처음의 출발하는 본성들에서부터 맨 끝의 완전한 것들에까지 나아가기를 원한다면, 신들의 본성에까지 당도하여야만 합니다. 왜냐하면 자연에 의해서 지탱되는 첫 번째 것들은 땅에서 생겨난 것들임을 우리가 보기 때문입니다. 한데 그것들에게 자연은 영양을 공급하고 성장시킴으로써 지켜주는 것 이상의 어떤 기여도 하지 않습니다.

34. 하지만 짐승들에게는 감각과 운동을 주었고, 어떤 욕구에 의해 안전을 주는 것들에게는 다가가고, 해를 가져오는 것으로부터는 피하게 해주었습니다. 자연은 인간에게는 정신의 욕구를 다스릴 이성을 더함으로써 더 풍성하게 주었습니다. 그래서 욕구는 때로는 풀어놓아지고, 때로는 통제됩니다. 〔13〕 하지만 네 번째이고 가장 높은 단계는, 본성적으로 선하고 현명하게 태어난 존재들의 것입니다. 이들은 처음부터 올곧고 늘 제대로 선 이성을 타고납니다. 이런 것은 인간 이상의 것으로 생각되어야 하고, 신, 즉 세계에 부여되어야 합니다. 그것에게는 저 완전하고 완벽한 이성이 들어있어야만 하니까요.

35. 한편 그 어떤 사물들의 체계에 대해서도 거기에 어떤 극한적이고 완전한 것이 없다고는 할 수 없습니다. 왜 이런 말을 하느냐 하면, 마치 우리가 포도나무나 가축 떼 속에서, 그 어떤 힘이 방해하지만 않으면, 자연이 자신의 어떤 여정을 따라 극한적인 것에까지 당도하는 것을 보듯이, 그리고 그림과 건축과 다른 기술들이 어떤 완결적인 작품의 성취를 가지듯이, 전체 자연 속에서도 그와 같이, 그리고 훨씬 더 크게 어떤 것이 완결되고 완전해져야만 하기 때문입니다. 사실 다른 본성들에게는 많은 외적인 것들이, 그들이 완성되지 못하게끔 방해할 수 있지만, 그 어떤 것도 전체적인 자연은 방해할 수 없습니다. 그것 자신이 모든 본성들을 떠안고 포괄하기 때문입니다. 그래서 저 네 번째이자 가장 높은 단계는 어떤 힘도 거기 다가갈 수 없는 것이어야만 합니다.

36. 그런데 이 단계는 거기에 모든 것의 본성이 놓이는 곳이어야 합니다. 그것이 모든 것을 능가하고, 그 무엇도 그것을 방해할 수 없는 그러한 것이므로, 세계는 이해능력을 가진 것이어야 하고, 또 나아가 현명한 것이어야 합니다.

한데 모든 것을 껴안고 있는 저 본성이 최고의 것이 아니라고 말하는 것보다 더 무지한 것이 무엇이겠습니까? 혹은 그것이 최고이긴 하지만, 우선 생명체가 아니라고, 다음으로 그것이 이성과 숙고능력을 가지지 않았다고, 끝으로 현명하지 않다고 말하는 것보다 더 무지한 것은요? 사실 달리 어떻게 이것이 최고일 수 있겠습니까? 혹시 이것이 나무 둥치들, 혹은 심지어 짐승들과 비슷하다면, 최하의 것이라기보다 최고의 것이라고 생각되어야 할 이유가 없을 터이니 말입니다. 또 진정 이성을 나눠 갖긴 했지만 처음부터 현명하지가 않다면, 인간의 조건보다는 오히려 세계의 조건이 더 못하지 않을 수 없을 것입니다. 왜냐하면 인간은 현명하게 될 수 있는 반면에, 세계는, 만일 그것이 지나간 시간의 영원한 간격 속에서 현명하지 않았다면, 결코 현명함을 따라잡지 못할 게 분명하고, 따라서 인간보다 못하게 될 것이기 때문입니다. 한데 이것이 불합리하므로, 세계는 처음부터 현명하기도 하고 신이기도 하다고 생각해야 합니다.

37. 사실 아무 부족도 겪지 않는 것은 세계밖에 없습니다. 어느 쪽으로나 잘 맞춰졌고 완전하고 자신의 모든 세부들과 부분들로 완벽한 것 말입니다. 〔14〕 왜냐하면 크뤼십포스가 교묘하게 설명했듯이, 방패싸개가 방패를 위해, 칼집이 칼을 위해 생겨난 것처럼, 세계만 빼고는 모든 것이 다른 것을 위해 생겨났기 때문입니다. 땅이 낳은 저 결실과 과일들은 동물들을 위해, 그리고 동물들은 인간을 위해서 말입니다. 이를테면 말은 짐을 싣기 위해, 소는 밭을 갈기 위해, 개는 사냥하고 집을 지키기 위해서죠. 하지만 인간 자신은 이 세계에 대해 숙고하고 그것을 본받기 위해서 생겨났습니다. 전혀 완전하게는 아니고, 완전한 것의 어떤 조각으로 말입니다.

38. 반면에 세계는 모든 것을 껴안고 있고, 그 안에 들어있지 않은 게 없으므로, 어느 모로나 완벽합니다. 그러니 어떻게 그것에게 최고의 것이 결여될 수 있겠습니까? 한데 지성과 이성보다 더 나은 것은 없습니다. 따라서 이것들은 세계에서 결여될 수가 없습니다. 그래서 크뤼십포스가 그것도 잘 말했습니다. 그는 유사한 예들을 끌어다 보여주면서, 모든 것이 완전하고 성숙한 것에서 더 낫다는 걸 가르쳤습니다. 이를테면 망아지에서보다는 다 큰 말에서, 강아지에서보다는 다 큰 개에서, 어린아이에게서보다는 소년에게서 그렇다는 것이지요. 마찬가지로 온 세계 속에서 최고인 것은 어떤 완전하고 완결된 것 속에 있어야 한다는 것입니다.

39. 그런데 세계보다 더 완전한 것은 없으며, 덕보다 더 우월한 것도 없습니다. 따라서 덕은 세계의 핵심적인 특성입니다. 한편, 사실

인간의 본성은 완전하지 않은데, 그런데도 인간 속에서 덕이 형성됩니다. 그러니 세계 속에는 얼마나 더 쉽게 그러겠습니까! 그러므로 그 속에는 덕이 있습니다. 따라서 그것은 현명하고, 이 때문에 신이기도 합니다.

〔15〕 그런데 세계의 이러한 신성이 다 인지되었으면, 같은 신성이 별들에게도 부여되어야 합니다. 그것들은 대기의, 가장 잘 움직이고 가장 순수한 부분으로 이루어져 있으며 그 밖에는 어떤 본성과도 섞이지 않았고, 온통 뜨겁고 매우 빛나는 것으로, 그것들 역시 아주 정당하게, 생명체이고 감각을 지니며 이해력을 지닌다고 말해질 만합니다.

40. 그리고 그것들이 온통 불의 성질로 되어 있다는 사실이 두 가지 감각에 의해 확증된다고 클레안테스는 생각했습니다. 즉, 촉각과 시각에 의해서 말이죠. 왜냐하면 태양의 뜨거움과 밝음은 그 어떤 불보다 더 뚜렷하니 말입니다. 그것은 광대한 세상에서 그토록 먼 곳까지 널리 비추고, 그것의 접촉은 단지 따스하게 만들어주는 정도가 아니라 자주 불을 일으키기까지 하니 말입니다. 불의 성질을 지닌 게 아니라면 이 두 가지 중 어느 쪽도 이룰 수 없을 것입니다. 그는 말합니다. '따라서 태양이 불의 성질을 지닌 것이라면, 그리고 (어떤 불도 뭔가 음식을 공급받지 않으면 유지될 수 없으므로) 오케아노스의 습기에 의해 키워지는 것이라면, 그것은 우리가 살아가는 데 사용하는 불, 또는 생명체의 몸에 담겨있는 불과 유사해야만 할 것이다.

41. 한데 생활의 필요가 요구하는 우리의 이 불은 만물의 파괴자이자, 소비자이다. 그것은 닿는 데마다 모든 것을 혼란시키고 흩어버린다. 반면에 저 몸속의 불은 생명을 주는 것이고 건강하게 하는 것으로 만물을 보존하고 키우며 성장시키고 유지하며, 감각을 부여한다.' 따라서 그는 태양이 이 두 가지 불 중 어느 쪽과 유사한지 의심할 바 없다고 주장합니다. 그것은 모든 것을 피어나게 하고 자기 종족에 따

라 성숙하게 만들기도 하니 말입니다. 따라서 태양의 불이 생명체의 몸속에 있는 저 불들과 유사하므로, 태양도 생명체여야 합니다. 나아가 다른 별들도 마찬가지지요. 그것들은 아이테르라고, 혹은 하늘이라고 불리는 천상의 열기 속에서 생겨나는 것이니까요.

42. 그래서 아리스토텔레스[43]는, 어떤 생명체는 땅에서, 어떤 것은 물에서, 또 어떤 것은 대기 속에서 생겨나는데, 생명체가 생겨나기에 가장 적합한 저 부분에 아무 생물도 없다고 생각하는 건 불합리하다고 여겼습니다. 한데 성좌들은 아이테르의 영역을 차지하고 있습니다. 그 장소는 매우 희박하고 늘 움직이며 활기가 있기 때문에, 거기서 생겨나는 생명체는 극도로 민감한 감각과 극히 빠른 움직임을 갖추고 있어야만 합니다. 따라서 별들은 아이테르 속에서 생겨나므로, 그들 속에 감각과 지성이 깃들어 있다는 게 합당합니다. 이것 때문에 별들은 신들의 숫자에 산정되게 됩니다. [16] 사실 대기가 순수하고 희박한 땅에 사는 사람들의 본성이, 짙고 빽빽한 공기를 호흡하는 사람들의 그것보다 더 예민하고 지성을 사용하는 데 더 적합한 것을 볼 수 있습니다.

43. 더욱이 먹는 음식이 정신의 예민함과 뭔가 관련 있다고 사람들은 생각한다. 따라서 성좌들 속에 특출한 지성이 들어 있다는 게 그럴싸합니다. 그것들은 세계 가운데 아이테르가 있는 부분에 거주하며, 먼 거리로 인해 미세하게 된 바다와 땅의 습기로 키워지기 때문입니다. 하지만 별들의 감각과 지성을 가장 잘 보여주는 것은 그들의 질서와 규칙성입니다. 왜냐하면 계획이 없이는 어떤 것도 비율과 숫자에 맞춰 움직일 수 없기 때문입니다. 거기에는 우연적인 변화도 어쩌다 일어난 것도 전혀 없습니다. 하지만 성좌들의 질서와 영원불변

---

43) 지금은 사라진 《철학에 관하여》에 나왔던 주장으로 보인다.

한 규칙성이 기계적 본성을 보여주는 것은 아닙니다. 왜냐하면 그것은 이성으로 가득 차 있으니까요. 또 그것은 우연을 드러내는 것도 아닙니다. 44) 왜냐하면 우연이란 변화의 친구로서 규칙성을 배척하는 것이니까요. 따라서 그것들은 자의에 의해 자기 감각과 신성에 따라 움직이고 있다는 결론이 나옵니다.

44. 아리스토텔레스는 실로 다음 점에서 칭찬받을 만합니다. 모든 움직이는 것은 본성에 따라서, 혹은 외력에 의해서, 혹은 자의에 의해서 움직인다고 생각했다는 점입니다. 45) 한데 태양과 달과 모든 성좌는 움직입니다. 그런데 본성에 의해 움직이는 것들은 무게 때문에 아래로 이동하거나, 가벼움 때문에 위로 이동하는데, 이 중 어느 쪽도 별들에게는 해당되지 않는다고 그는 말합니다. 그것들의 운동은 원을 그리며 회전하는 것이니까요. 또한 별들이 어떤 더 큰 힘에 의해 본성에 어긋나게 움직인다고 말할 수도 없습니다. 왜냐하면, 대체 어떤 힘이 더 클 수가 있겠습니까? 따라서 별들의 운동은 자발적이라는 결론이 남습니다.

만일 이런 사실을 아는 사람이, 신이 존재한다는 것을 부인한다면, 그는 단지 무지할 뿐 아니라, 불경스럽게 행동하는 게 될 것입니다. 그리고 사실 이것을 부인하는 거나 아니면 그들에게서 모든 섭리와 활동을 박탈하는 거나 큰 차이가 없을 것입니다. 왜냐하면 제가 보기엔, 아무것도 행하지 않는 것은 전혀 존재하지 않는 것이기 때문입니다. 따라서 신들이 존재한다는 것은 너무나도 분명합니다. 그것을 부인하는 사람이라면 거의 온전한 정신을 지녔다고 평가할 수 없을 만큼 말이죠.

---

44) 기계적 본성(*physis*)과 우연(*tyche*)을 배제함으로써, 계획(*prohairesis*, *nous*)에 의한 운동이라는 걸 보이려는 참이다.

45) 앞에 말한 《철학에 관하여》에 들어 있었던 주장으로 보인다.

45. 〔17〕 이제 그들의 본성이 어떠한지 생각해보는 게 남았습니다. 그 일에서 정신의 시선을 눈의 습관으로부터 멀찍이 떼어내는 것보다 더 어려운 일은 없습니다. 이 어려움은, 교육받지 못한 사람들 일반뿐 아니라 이들과 유사한 철학자들도, 인간의 형상을 세우지 않고는 불멸의 신들에 대해 아무것도 생각하지 못하게 이끌어갔습니다. 그런 생각의 천박함은 이미 코타께서 폭로했으므로46) 더 이상 저의 논의를 요구하지 않습니다. 하지만 우리가 정신의 확실한 개념47)에 의해, 신들의 본성이 그러하다는 것을 선취하고 있다 할 때, 이러한 선이해와 우리의 개념에 다음 것보다 더 강력하게 맞아들어 가는 것을 저는 알지 못합니다. 즉, 제가 생각하기에 우선, 그보다 더 뛰어난 것은 결코 있을 수 없는 바로 이 세계 자체가 생명체이며 신이라는 것입니다.

46. 이것에 대해서 에피쿠로스로 하여금 원하는 대로 조롱하도록 합시다. 그는 조롱하는 데는 가장 어울리지 않는 사람이고, 자기 조국의 취향을 가장 덜 지닌 사람이지만 말입니다. 그리고 그에게 자신은, 둥글고 회전하는 신이란 대체 무엇인지 이해할 수 없다고 말하게끔 하십시오. 하지만 그는, 자신도 인정하는 것으로부터 저를 결코 떼어내지 못할 것입니다. 왜냐하면 신들이 존재한다는 사실을 마음에 들어 하니까요. 그보다 더 뛰어난 것이라곤 없는 어떤 탁월한 본성이 존재해야만 하니 말입니다. 한데 확실히 세계보다 더 뛰어난 것은 없습니다. 그리고 살아있으면서 감각과 이성과 지성을 가진 것이, 이런 것들을 결여하는 것보다 더 뛰어나다는 사실은 의심할 나위도 없습니다.

47. 따라서 세계는 살아있고, 감각, 지성, 이성을 소유하고 있다

---

46) 1권 46장, 76장을 가리키는 것으로 보인다.

47) 발부스도 벨레이우스처럼 prolepsis를 이용하고 있다.

는 것이 도출됩니다. 그리고 이런 추론에 의해 세계가 신이라는 결론
이 나옵니다.

하지만 이런 것들은 잠시 후에, 세계가 이루어내는 일들로부터 더
쉽게 인식될 것입니다. 〔18〕 그 사이에, 벨레이우스여, 제발 당신들
이 교육을 받은 경험이 전혀 없다는 것을 과시하지 마시기 바랍니
다. 48) 당신은 원뿔과 원통, 그리고 피라미드형이 구체보다 더 아름
답게 보인다고 말합니다. 당신들은 눈의 기준까지도 새로운 것을 가
지고 있군요! 하지만 이것들이 보기엔 더 아름답다고 해둡시다. 그렇
지만 그게 그래 보이질 않는군요. 왜냐하면, 대체 무엇이, 다른 모든
모습들을 꺼안아 담고 있는 저 모습보다 더 아름답겠습니까? 전혀 꺼
칠꺼칠한 데도, 뭔가가 부딪힐 만한 데도 가질 수 없으며, 모서리에
패여 들어간 곳도, 굴곡진 곳도, 튀어나온 곳도, 우묵한 곳도 없는
저것보다 말입니다. 그리고 두 가지 탁월한 형태가 있는데, 단단한
것들 가운데서는 구체(희랍어 sphaira를 이렇게 옮기는 게 좋을 테니까
말이죠), 평평한 것들 가운데서는 원, 또는 동그라미입니다. 후자는
희랍어로 kyklos라고 일컬어지지요. 모든 부분이 서로 간에 아주 닮
았고, 외곽이 중심으로부터 같은 거리만큼 떨어져 있는 건 오직 이
두 형태에만 해당됩니다. 그 무엇도 이보다 더 치밀하게 될 수는 없
는 거지요.

48. 하지만 만일 당신들이, 저 박식한 먼지49)에 닿아본 적이 없어
서, 그런 것들을 이해하지 못한다면, 당신들은 자연학자로서, 운동
의 이러한 균일성과 질서의 규칙성이 다른 모습 속에서는 유지될 수

---

48) 에피쿠로스가 교육을 전혀 받지 않았다고 공언했다는 데 대해서는 1권 72장
참조.
49) 기하학 수업이 먼지를 뿌린 판 위에, 아니면 흙바닥에 그림을 그리면서 진
행된 것을 가리키는 표현이다.

128

없다는 것을 깨달을 수 없었단 말입니까? 그러므로 당신들이 해온 주
장보다 더 무지한 것은 있을 수가 없습니다. 당신들은, 바로 이 세계
가 둥글다는 게 확실치는 않다고 말하니까요. 그것이 다른 모습으로
이루어졌을 수 있으며, 다른 형태들로 이루어진 수없이 많은 다른 세
계들이 있기 때문에 그렇다고 말이죠.

49. 만일 에피쿠로스가, 둘씩 두 번이면 얼마가 되는지 배우기만
했더라도 확실히 그런 말을 하지 않았을 것입니다. 한데 그는 가장
좋은 것이 무엇인지를 입천장으로 판단하느라, 50) 엔니우스가 '하늘
의 천장'이라고 말한 것51) 을 올려보지 않았던 것입니다.

〔19〕 왜냐하면, 별들의 종류는 두 가지로서, 그 중 한 가지는 변치
않는 행로를 따라 동쪽에서 서쪽으로 진행하면서 결코 자기 길에서
발길을 돌리지 않지만, 다른 종류는 같은 행로와 길을 따라 연속적인
두 가지 회전을 수행하는데, 52) 이 양자로부터 세계가 회전하는 것 —
이건 공 모양에서가 아니라면 있을 수 없는 일인데요 — 과, 별들이
원을 그리며 순환하는 것이 인식되니 말입니다.

우선, 별들의 으뜸 자리를 차지하는 태양은, 땅들을 풍부한 빛으
로 채운 다음에, 같은 땅들을 우선 이쪽에서 다음으로 저쪽에서 어둡
게 만드는 식으로 움직입니다. 땅의 그림자 자체가 해를 가로막아 밤
을 만들어내니 말입니다. 한데 밤의 행로의 규칙성도 낮의 행로의 그
것과 똑같습니다. 그리고 같은 태양이 어떤 때는 약간 다가오고 어떤
때는 약간 멀어져서 추위와 더위의 정도를 정해줍니다. 또 태양은
365일에 1/4일을 더한 만큼 궤도를 돌아서 일 년의 순환을 완성하니

---
50) 에피쿠로스파 사람들이 저급한 쾌락을 추구한다는 공격이다. 1권 113장 참고.
51) 단편 16 Vahlen.
52) 항성들은 천구에 붙박인 채로 일정하게 돌지만, 행성들은 그런 회전 외에도
   (당시 사람들이 생각하기에) 지구를 도는 운동도 하는 것을 가리킨 말이다.

다. 하지만 태양은 어떤 때는 북쪽으로, 어떤 때는 남쪽으로 행로를 굽혀서 여름과 겨울, 그리고 저 두 계절을 만들어냅니다. 그 중 하나는 노쇠해가는 겨울에 잇따르고, 다른 것은 여름을 따르는 것이지요. 그렇게 해서 저 네 계절의 변화로부터, 땅과 바다에서 생겨나는 모든 것들의 시초와 원인들이 이끌려나오는 것입니다.

50. 또한 태양이 한 해 동안 가는 길을 달은 한 달의 궤도로써 마칩니다. 한데 태양에 가장 가깝게 접근하는 것이 그것의 빛을 가장 희미하게 만듭니다. 반면에 그 빛은 태양에서 가장 멀리 떨어질 때마다 가장 충만하지요. 그것의 모습과 형태가 때로는 커지는 데 따라서, 때로는 이울어서 처음으로 되돌아감에 따라서 변화할 뿐 아니라, 그것의 영역도 때로는 북쪽으로, 혹은 남쪽으로 변화합니다. 달의 주로에도 동지나 하지와 비슷한 어떤 것이 있습니다. 또한 그것으로부터 많은 것들이 발산되어 흐르는데, 그것들에 의해 동물들이 키워지고 성장하며, 땅에서 생겨난 것들이 장성하여, 성숙함에 도달합니다.

51. 〔20〕 정말 최고로 경탄할 만한 것이 저 다섯 별들의 움직임입니다. 사람들의 오해 때문에 '방황하는 별'이라고 불리는 것들이지요. 온 영원 동안 나아감과 물러섬, 그리고 다른 운동들을 여일하게 규칙적으로 유지하는 것이라면 그건 결코 방황하는 게 아니니 말입니다. 한데 우리가 얘기하는 이 별들에서 더욱 놀라운 것은 다음과 같은 점입니다. 즉, 그것들이 어떤 때는 숨었다가 어떤 때는 다시 나타나고, 어떤 땐 나아가다 다른 땐 물러서고, 때로는 앞서 가고 때로는 뒤따라가며, 때로는 더 빠르게 때로는 좀더 느리게 움직이고, 때로는 전혀 움직이지 않고 어떤 시간까지 멈춰서 있다는 점이지요. 이것들의 불균등한 움직임 때문에 수학자들은 대년(大年)[53] 이란 것을 운위합

---

53) magnus annus. 여러 저자가 사용한 개념이고 그 길이는 여러 방식으로 계산되는데, 플라톤은 3만 6천 년으로 생각했던 듯하다. 《티마이오스》 39d,

130

니다. 그것은, 태양과 달과 5개의 행성들이 전 도정을 다 마치고 회전을 완수해서, 서로 간에 이전과 똑같은 상대적 위치로 돌아올 때 이루어지는 것이지요.

52. 그것이 얼마나 긴지는 큰 문제입니다. 하지만 그것은 확실하게 정해져 있어야만 합니다. 왜냐하면 사투르누스의 별이라고 불리고, 희랍인들에 의해서는 '비추는 것'(Phainon)이라고 이름 붙여진 별(토성)은, 땅으로부터 가장 멀리 떨어져 있는데, 약 삼십 년에 자신의 행로를 완성하기 때문입니다. 한데 그 도정에 많은 놀랄 만한 것을 이뤄냅니다. 때로는 속도를 내다가 때로는 늦추고, 때로는 저녁 시간에 모습을 감추다가 때로는 아침 시간에 다시 자신을 내보이면서 말입니다. 하지만 그것은 세월의 영원한 시간 속에서 전혀 변치 않아서 같은 일을 같은 때에 이뤄내지요. 한편 '번쩍이는 것'(Phaethon)이라고 불리는 읍피테르의 별(목성)은 이것보다 아래쪽에 땅에 더 가깝게 붙어서 움직입니다. 이것은 같은 열두 성좌(황도십이궁)의 궤도를 12년에 완주하면서 그 도정에서 사투르누스의 별이 그랬던 것과 똑같은 변화를 이뤄냅니다.

53. 한편 이것 바로 아래의 궤도를, 마르스의 별이라고 불리는 '많은 불을 지닌 것(Pyroeis)'이 차지하고 있습니다. 그것은 제가 보기에, 24개월에서 엿새 모자라는 시간에 더 위에 있는 두 별과 같은 도정을 순회합니다. 또 이것 밑에는 메르쿠리우스의 별이 있습니다. 54)

《국가》546b 참고.

54) 토성-목성-화성의 순서는 대부분의 저자들이 일치하지만, 그 다음에 어떤 천체가 오는지는 의견이 엇갈린다. 여기서는 수성-금성의 차례로 땅에 가까운 것으로 되어 있고, 키케로의 《국가론》6권('스키피오의 꿈') 17장에는 화성 다음에 태양이 있고 그것을 수성과 금성이 따르는 것으로 되어 있지만, 퓌타고라스, 플라톤, 아리스토텔레스 등은 금성-수성-태양-달-땅의 순서를 믿었다. 칼데아에서 나온 태양중심설은 기원전 2세기 바빌론 출신 디오게네

그것은 희랍인들에 의해 '빛나는 것'(*Stilbon*)이라고 불리는데요, 약 일 년이 지나는 동안 황도십이궁을 지닌 궤도를 순회합니다. 태양으로부터 결코 별자리 하나만큼 이상은 떨어지지 않고서, 때로는 앞서 가고 때로는 뒤따라가면서 말입니다. 5개의 방황하는 별들 중에서 가장 낮고 땅에 가장 가까운 것은 베누스의 별입니다. 태양보다 앞서 갈 때는, 희랍어로 '빛을 가져오는 것'(*Phosphoros*), 라틴어로 루키페르라고 불리고, 그것을 뒤따라 갈 때는 '저녁별'(*Hesperos*)이라고 불리는 것이지요. 그것은 도정을 일 년에 완주하며 황도대의 폭과 길이를 모두 순례하지요. 더 위에 있는 별들과 같은 일을 행하는 것입니다. 그리고 그것은 태양으로부터 별자리 2개만큼 이상은 결코 떨어지지 않으면서 때로는 앞서가고 때로는 뒤에 따라갑니다.

54. 〔21〕 그러므로 별들 가운데 있는 이 규칙성을, 온 영원 동안 그토록 변화무쌍한 궤도 가운데서도 유지되는 이 시간적 일치를 저는 정신, 이성, 계획이 없이는 이해할 수가 없습니다. 이런 것이 별들 속에 있음을 우리가 보기 때문에, 우리는 저들을 신의 숫자 가운데 넣지 않을 수가 없습니다.

또한 방황하지 않는다고 말해지는 저 별들 역시, 못지않게 똑같은 정신과 현명함을 드러내줍니다. 이것들이 날마다 보여주는 회전은 정확하고 여일하며, 그들은 자연학에 무지한 많은 사람들이 말하듯이 아이테르에 있는 궤도도 갖거나, 하늘에 붙박인 것이 아닙니다. 왜냐하면 아이테르에게는, 자기 힘으로 별들을 품어서 돌릴 그런 본성이 속하지 않기 때문입니다. 미세하고 투명하며 균등한 열이 퍼져있는[55] 아이테르는 별들을 잡아두기에 아주 적합하진 않으니 말입니다.

스의 글에서 처음으로 나타난다.

55) 별들은 불이기 때문에 아이테르와 접촉하면 아이테르의 온도에 변화를 줄 것이다.

55. 그러므로 방황하지 않는 별들은 제 자신의 구(球)를 가지고 있습니다. 그 구는 아이테르와는 나뉘어 연결되지 않았고, 자유로운 것이지요. 한데 저들의 지속적이고 영구적인 주행은 찬탄할 만한, 그리고 믿기 어려운 규칙성으로써 그들 안에 신적인 힘과 정신이 깃들어 있음을 선언합니다. 바로 이들이 신들과 같은 힘을 지녔다는 걸 인식하지 못하는 사람이라면, 그 사람은 도대체 아무것도 인식하지 못하리라 생각될 정도이지요.

56. 따라서 천상에는 아무런 우연도, 무계획도, 방황도, 좌절도 속하지 않고, 반대로 완전한 질서, 진리, 이성, 규칙성이 있습니다. 무엇이건 이것들을 결여하고, 거짓되고 잘못된 것, 오류로 가득한 것들은 땅 주변에, 달 아래에 ― 달은 모든 천체 중에서 가장 끄트머리 것이지요 ―, 그리고 땅에 속합니다. 그러므로 천상의 찬탄할 만한 질서와 믿기 어려운 규칙성 ― 이것으로부터 만물의 보존과 모든 안전이 유래하는데요 ―, 이것이 정신을 결여하고 있다고 생각하는 사람은 그 자신이 정신없는 자로 생각되어야 할 것입니다.

57. 따라서 제가 생각하기에, 이 논의의 시작점을 진리탐구의 우두머리에게서 취한다면, 오류를 범한 건 아닐 듯합니다. 〔22〕 제논은 본성을 이렇게 규정하였습니다. 즉, 그것은 기술로 충만한 불이라고, 정해진 길을 따라서 진보가 일어나게끔 하는 거라고[56] 말입니다. 왜냐하면 창조하고 생겨나는 것은 기술에 가장 걸맞은 거라고 그는 생각하기 때문입니다. 그리고 그는 우리가 기술적 작업에서 손으로 이루는 그것을 자연은 훨씬 더 기술적으로 성취해낸다고 생각했지요. 제가 얘기했듯 다른 기술들의 선생인, 기술로 충만한 불로서 말입니다. 그리고 사실 이 이론에 따르면, 모든 본성은 기술로 충만한

---

56) 디오게네스 라에르티오스 7권 156장.

것입니다. 그것은 말하자면, 따라갈 어떤 길 또는 도정을 갖고 있으니 말입니다.

58. 한데 모든 것을 자신의 포옹으로 감싸 안고 포용하는 이 세계 자체의 본성은 단지 기술로 충만하기만 한 게 아니라, 명백히 제작자이기도 하다고, 제논께서 또 말씀하셨습니다. 그것은 모든 유용한 것과 적절한 것들을 계획하고 제공한다는 것이지요. 그리고 다른 본성들이 자신의 씨로부터 생겨나고 자라고 유지되는 것처럼, 세계의 본성도 모든 의지적인 운동과, 시도, 그리고 지향을 가집니다. 이 마지막 것은 희랍인들이 충동(hormai)이라고 부르는 것이지요. 그리고 그 본성은, 우리 자신이 정서와 감각에 의해 움직여지는 것과 똑같이, 이러한 것들에 어울리는 행위들을 하게 됩니다. 따라서 세계의 정신이 이러하기 때문에, 이 이유로 그것은 마땅히, 현명함, 또는 예지라고(이것이 희랍어로 '앞을 내다봄'(pronoia)이라고 불리는 것이니까요) 지칭될 수 있겠습니다. 그리고 이것은 무엇보다도 다음과 같은 것들을 제공하고 거기에 몰두합니다. 즉, 우선, 세계가 가장 적절한 상태로 유지되는 것, 다음으로 거기에 아무것도 결여되지 않게 하는 것, 그리고 무엇보다도 거기 극한의 아름다움과 모든 장식이 있게 하는 것입니다.

59. 〔23〕 여기까지 우주 전체에 대해서 얘기가 되었고, 또 별들에 대해서도 얘기되었습니다. 그래서 이제, 빈둥대는 신들의 무리가 있는 것도 아니고, 자기들이 행하는 일들을 어렵고 고생스러운 노동으로 애써 이루는 신들이 있지도 않다는 사실이 거의 분명할 것입니다. 왜냐하면 신들은 혈관과 힘줄과 뼈로 지탱되지 않으며, 음식이나 음료를 섭취해서 너무 날카로운, 또는 너무 둔중한 체액을 모아 갖는[57] 것도 아니고, 추락이나 타격을 두려워하거나 신체의 피로에서 오는 질병을 겁내게끔 육체로 되어 있는 것도 아니기 때문입니다. 바

로 이런 것들을 걱정해서 에피쿠로스는, 윤곽선만으로 되어 있는, 아무것도 행하지 않는 신들을 생각해냈던 거지만 말입니다.

60. 오히려 저들은 아름답기 그지없는 모습을 부여받았고, 하늘의 가장 순수한 영역에 배치되어, 마치 만물을 보존하고 돌보기로 합의한 듯 보일 정도로 그렇게 움직이며 행로를 조절하고 있습니다.

하지만 다른 많은 신들의 본성이, 저들이 주는 큰 이익 때문에, 희랍의 최고 현자들에 의해, 그리고 우리 조상들에 의해 정립되었고 이름 붙여졌는데, 이것은 근거가 없지 않습니다. 왜냐하면 인간 종족에게 큰 유용함을 끼치는 것은 무엇이든, 신의 호의 없이는 인간들을 위해 생겨나지 않는다고 여겨졌기 때문입니다. 그래서 사람들은 이따금, 어떤 신에게서 생겨난 것을 그 신의 이름으로 부릅니다. 우리가 곡물들을 케레스라고, 포도주를 리베르58) 라고 부르듯이 말이지요. 그래서 테렌티우스의 다음과 같은 구절이 나온 거지요.

"케레스와 리베르가 없으면 베누스는 추위를 탄다네."59)

61. 또 어떤 때는 어떤 큰 힘이 들어있는 사물 자체가 신이라는 칭호를 갖게끔 지칭된다. 예를 들면, 믿음(Fides), 지성(Mens)60) 같은 것들인데, 이들이 최근에 카피톨리움 언덕에 마르쿠스 아이밀리우스 스카우루스61) 에 의해 모셔진 것을 우리는 봅니다. 물론 그 전에 아울루스 아틸리우스 칼라티누스62) 에 의해 '믿음'이 성스러운 것으로

---

57) 플라톤, 《티마이오스》 86c 이하 참고.
58) 희랍의 디오뉘소스에 해당되는 로마의 신.
59) 테렌티우스, 《환관》(Eunuchus) 732행. 여러 곳에 인용되는 구절이다. 예를 들면 오비디우스, 《사랑의 기술》 1권 244행.
60) 시뷜라의 신탁집에 따라 기원전 217년에 Mens의 신전이 카피톨리움에 세워졌다. 리비우스 22권 9장. 오비디우스, 《축제달력》 6권 241행.
61) 기원전 115년 집정관 역임.
62) 기원전 258년과 254년에 집정관 역임.

모셔졌었지만요. 당신은 덕(Virtus)의 신전을 보고 계십니다. 63) 그리
고 마르쿠스 마르켈루스64)에 의해 재정비된 명예(Honos)의 신전도
보고 계십니다. 그것은 여러 해 전에 리구리아 전쟁 때65) 퀸투스 막
시무스66)에 의해 헌정된 것이지요. 또 부(Ops)나 안전(Salus), 그리
고 화합(Concordia), 자유(Libertas), 승리(Victoria)는 어떻습니까?
이 모든 것들의 힘은, 신 없이는 통제될 수 없을 정도로 그렇게 크기
때문에, 그것들 자체가 신들의 이름을 차지한 것입니다. 같은 부류에
속하는 것으로, 욕망, 쾌락, 루벤티나 베누스67)라는 낱말이 신성화
되었습니다. 벨레이우스께서는 달리 평가하시지만, 이것들은 자연스
럽지 않고 사악한 것들이지요. 하지만 자주 이 악덕 자체가 본성을
아주 강력하게 충동질합니다.

62. 그러므로 각각의 유용함을 낳는 저 신들은 그 유용성의 크기
때문에 신으로 세워진 것입니다. 그리고 조금 전에 언급된 그 이름들
로 해서 각각의 신들에게 어떠한 능력이 있는지 드러나는 것입니다.

〔24〕 더욱이 특출한 유익을 끼친 사람들을 명성과 호의로써 하늘로
올려보내곤 하는 게 인간 생활상의 일반적인 관습입니다. 그래서 헤
르쿨레스가, 그래서 카스토르와 폴룩스68)가, 그래서 아이스쿨라피우
스69)가, 그래서 리베르도 섬겨지는 것입니다(저는 세멜레70)에게서 태

---

63) 이 대화의 배경인 코타의 집에서 이 신전이 보였던 것으로 추정된다. 로마
    에는 덕의 신전이 둘 있었는데, 하나는 포르타 카페나 근처에 있었고, 다른
    것은 마리우스가 세운 것으로 카피톨리움에 있었다.
64) 기원전 212년 시칠리아의 쉬라쿠사이를 점령했던 인물.
65) 이탈리아 반도 북서부의 리구리아인들과 싸운 전쟁(233년).
66) 한니발에게 지연(遲延) 전술로 대항했던 '지연자'(Cunctator) 파비우스. 기
    원전 233년에 집정관 역임.
67) 에트루리아의 죽음의 여신.
68) 주로 뱃사람을 보호하는 역할을 하는 제우스의 쌍둥이 아들. 폴룩스의 희랍
    식 이름은 폴뤼데우케스.

어난 저 사람을 리베르라고 부르는 겁니다. 우리 선조들께서 엄숙하고 거
룩하게 케레스와 리베라와 더불어 신성시했던 그 리베르 말고요. 그리고
후자의 관행이 어떤 것인지는 신비종교의식에서 이해될 수 있는 것이지요.
한데 우리 로마인들 사이에서 자식들을 '리베리'(Liberi)라고 부르기 때문
에, 케레스에게서 난 존재들이 '리베르'와 '리베라'라고 불리는 것입니다.
이런 흔적은 '리베라'에는 남아있지만, '리베르'에는 그렇지 않습니다[71]).
또한 로물루스를 섬기는 것도 이 관습에서 비롯된 것인데요, 그는 사
실 사람들이 퀴리누스[72]와 같은 존재로 생각하지요. 이들의 영혼이
남아서 영원성을 누리고 있으니, 이들은 극히 뛰어나고 영원하다는
점에서 신으로 여겨지며, 그것이 또 합당합니다.

63. 또한 다른 이론, 즉 자연학에서 신들의 큰 무리가 쏟아져 나왔
습니다. 이들은 인간의 모습을 입고서 시인들에게 이야기들을 공급해
주었고, 인간의 삶을 온갖 미신으로 채워 넣었지요. 이 주제는 제논
에 의해 다뤄졌고, 나중에 클레안테스와 크뤼십포스에 의해 여러 논
의로 설명되었습니다. 왜냐하면 이러한 옛 이야기가 희랍에 넘쳤었기
때문입니다. 즉, 하늘이 아들인 사투르누스에 의해 거세되었고, 사
투르누스는 그의 아들인 윱피테르에 의해 제압되었다는 겁니다.

64. 하지만 투박하지 않은 자연학적 이론이 이 불경스런 이야기들
속에 포괄되어 있습니다. 왜냐하면 사람들은, 하늘의 가장 높고 아이
테르에 속한 본성, 즉 불의 성질이며 자체로 모든 것을 생겨나게 하

---

69) 의술의 신. 희랍어로는 아스클레피오스.

70) 테바이 설립자인 카드모스의 딸. 디오뉘소스의 어머니.

71) 케레스(희랍의 데메테르에 해당됨)의 딸 리베라는 페르세포네와 동일시되는
   데, 페르세포네를 '처녀'(kore)라고도 부르므로, 이것을 '딸'이라고 본 것이
   다. 반면에 리베르나 그와 동일시되는 디오뉘소스에는, '아들'이라고 해석할
   만한 다른 이름이 없다.

72) 원래는 사비니인들의 전쟁 신이었으나, 점차적으로 같은 마르스의 아들인
   로물루스와 동일시되었다.

는 본성에게, 다른 것과 결합하여 출산으로 이끌어가는 신체의 저 부위가 없다는 뜻에서 그렇게 말했던 것입니다. 〔25〕 반면에 그들은 사투르누스는, 시간의 운행과 회전, 그리고 계절을 유지해주는 존재이기를 바랐습니다. 이 신은 희랍어로는 바로 그 이름을 가지고 있습니다. '크로노스'(Kronos) 라고 불리니 말입니다. 이것은 '크로노스' (chronos) 와 같은 것, 즉 시간의 펼쳐짐입니다. 그렇지만 그것은 해 〔年〕들로 가득 채워진다는(saturare) 점에서 사투르누스라고 불립니다. 왜냐하면 그는 자신에게서 난 자식들을 잡아먹는 버릇이 있는 것으로 상상되기 때문입니다. 세월은 펼쳐진 시간을 소비하고, 만족할 줄 모르면서 지나간 해들로 채워지니까요. 하지만 그것은 읍피테르에 의해 무절제한 주행을 하지 않도록 결박되었고, 읍피테르는 그를 별들의 사슬로 묶었습니다. 한편 읍피테르(Iuppiter) 자신, 즉 도와주는(iuvans) 아버지(pater)를 우리는, 그 단어가 격(格) 변화되었을 때 '도와준다'(iuvare) 73) 에서 비롯된 형태, 즉 Iovem이라고 부릅니다. 74) 한데 그는 시인들에 의해 '신들과 인간들의 아버지'로 지칭됩니다. 그리고 그는 우리 조상들에 의해서는 '가장 훌륭하고 가장 큰' 존재로 불리는데, 사실 '가장 큰'보다 더 앞에, '가장 훌륭한', 즉 '가장 은혜로운'이란 칭호를 붙이는 건 이 특성이, 거대한 부를 지니는 것보다 모든 사람에게 더 크고 더 확실히 고마운 도움이 되기 때문입니다.

65. 그래서 엔니우스는 위에서 제가 말했듯이, 75) 그를 일러 다음과 같이 말합니다.

---

73) 어원설명에 쓰인 동사들이 원문에는 동명사로 나와 있지만, 번역에는 부정사 꼴로 표시했다.
74) Iuppiter의 꼴은 주격에서만 나타나고, 2격 이하에서는 Iovis에서 변화된 형태가 쓰인다. Iovem은 대격(4격, accusative)이다.
75) 2권 4장에 인용된 구절이다.

'빛나는 저 높은 하늘을 보라, 모두가 그것을 읍피테르로 여겨 부르나니.'

이것은 같은 이76)가 다른 자리에서 말했던 것보다 더 명백한 것인데요,

'빛을 비추는 그것이 무엇이든 간에, 나는 그것에 걸고 내 속생각을 맹세하리라.'77)

이것을 우리의 조점관들이 '읍피테르가 번개치고 천둥치면'이라고 할 때도 마찬가지입니다. 왜냐하면 그들은 '하늘에서 번개치고 천둥치면'이라는 뜻으로 그렇게 말하는 거니까요. 또 에우리피데스는 많은 것을 뛰어나게 노래했듯, 이것도 이렇게 짧게 표현했습니다.78)

'그대는 본다, 한정 없이 퍼진 높은 아이테르를.

그것은 땅을 부드러운 포옹으로 안고 있다.

이것을 지고한 신으로 여기라, 이것을 읍피테르로 생각하라.'

66. 〔26〕 또한 대기도, 스토아학파 사람들이 논하는 바에 따르자면, 바다와 하늘 사이에 놓여서, 읍피테르의 누이이자 아내인 유노의 이름으로 신성시됩니다. 왜냐하면 대기는 아이테르와 유사하고, 그것과 아주 긴밀하게 연결되어 있으니까요. 하지만 사람들은 그것(대기)을 여성으로 만들고, 유노에게 배정했습니다. 그것보다 더 부드러운 것은 없기 때문입니다(하지만 저는 유노라는 이름이 '도움을 준다' 〔iuvare〕에서 나온 것이라고 믿습니다). 이제 물과 땅이 남아 있었습니다. 신화에 따라 왕국이 셋으로 나뉘도록 말입니다. 그래서 한 왕국, 즉 바다 전체가, 사람들이79) 읍피테르의 형제라고 하는 넵투누스에

76) 이 '같은 사람'(idem)은 엔니우스가 아니라, 작중 인물(튀에스테스)이리라는 추측이 있다.
77) 어느 작품에 속하는지 불분명한 단편. 401 Vahlen.
78) 에우리피데스 단편 386.

게 주어졌습니다. 한데 이 이름은, 마치 '항구'(*portus*)에서[80] 포르투누스[81]라는 이름이 나온 것처럼, '헤엄치다'(*nare*)에서 앞 글자들을 약간 바꾸어 생긴 것입니다. 땅의 모든 권력과 본성은 아버지인 디스[82]에게 주어졌습니다(그는 희랍인들 사이에 플루톤이 그러하듯이, '부유함'(*Dives*)입니다). 왜냐하면 모든 것이 땅으로 떨어져 돌아가고, 땅에서 솟아나니까요. 그와 결혼한 여성은 프로세르피나라고 합니다[83](이것은 희랍인들의 이름입니다. 그녀는 희랍어로 페르세포네라고 불리는 여신이니까요). 그들은 그녀가 곡물들의 씨앗이라는 뜻으로 이렇게 말했고, 숨겨진 그녀를 어머니가 찾는다고[84] 상상합니다.

67. 한데 그 어머니 케레스(Ceres)는 '곡물을 가져옴'(*gerere*)에서 나온 것입니다. 이 이름은 원래 '게레스'(Geres)인데, 희랍인들이 그랬던 것과 똑같이, 우연히 첫 글자가 바뀐 것이지요. 왜냐하면 저들도 데메테르(Demeter)를 말하자면 '땅 어머니'(*ge meter*)라고 이름 붙인 것이니까요. 또 마보르스(Mavors)[85]는 '큰 것을 뒤엎는'(*magna vertere*) 자이고, 미네르바(Minerva)는 '줄이거나'(*minuere*) '위협하는'

---

79) Ax는 '우리가 ~라고 하는'(*volumus*)으로 읽었으나, 여기서는 Pease의 견해를 좇아 '사람들이 ~라고 하는'(*volunt*)으로 읽었다.

80) 사본에 따라서는 '문(*porta*)에서'라고 되어 있는 것도 있다.

81) 항구의 신.

82) 희랍의 하데스에 해당되는 저승 신.

83) 질적으로 우수한 사본들에는 이 부분이 cui Proserpinam이라고만 되어 있어서 동사가 없는 불완전한 문장이고, Ax와 Pease는 그것을 난문표시하고 그냥 남겨두었지만, 이 번역에서는 다소 질이 떨어지는 사본들에 나온 대로(그리고 Gerlach와 Bayer의 견해를 좇아) cui nuptam dicunt Proserpinam으로 읽었다.

84) 페르세포네가 하데스에게 납치되자, 데메테르가 그녀를 찾아 헤맸다는 이야기를 가리키는 것이다.

85) 전쟁의 신 마르스의 다른 이름.

(*minari*) 여신입니다. 〔27〕모든 일에서 첫 번째와 마지막 것이 가장
큰 힘을 가지므로, 사람들은 야누스를, 희생제를 바치는 데 있어 출
발점이라고 생각했습니다. 이 이름은 '가다'(*ire*)에서86) 파생된 것이
지요. 거기에서 비롯하여, 아치로 이루어진 통로를 iani라고 부르고,
세속 건물의 입구에 있는 문을 ianuae라고 부르게 된 것입니다. 그리
고 베스타라는 이름도 희랍인들에게서 비롯된 것입니다. 그것은 저
들이 헤스티아라고 부르는 여신이니까요. 그 여신의 힘은 제단, 그리
고 화덕과 관련되어 있습니다. 그녀는 가장 내밀한 것들의 수호자이
므로, 모든 기원과 희생제는 그 여신에게서 끝납니다.

68. 페나테스라는 신들도 이런 능력과 멀지 않습니다. 그 이름은
식량창고(*penus*)에서 나왔거나(왜냐하면 인간들이 모든 것을 가져다 먹
는 곳은 바로 이 창고이니까요), 아니면 그들이 집안 깊숙이 자리 잡고
있다는 사실에서 나온 것입니다. 이것 때문에 시인들은 그들을 '깊이
들어간 존재들'(*penetrales*)이라고 부릅니다. 또한 아폴로의 이름도 희
랍어인데, 사람들은 그를 태양이라고 합니다. 그리고 디아나는 달과
같은 것이라고 생각합니다. 한데 태양(*sol*)이 그 이름으로 불리는 것
은, 모든 별 가운데 그만큼 큰 것은 유일하게(*solus*) 그것뿐이어서거
나, 아니면 그것이 솟아오르면 모든 별들이 다 희미해지고 그것만 유
일하게(*solus*) 드러나 보이기 때문입니다. 반면에 달(*Luna*)은 '빛나다'
(*lucere*)에서 이름 지어졌습니다. 왜냐하면 그녀는 루키나(Lucina)와
같은 것이니까요. 그래서 희랍인들 가운데서는 디아나를 부르는데,
루키페라(Lucifera, 빛을 가져오는 여신)라는 이름으로 부릅니다. 마치
우리 풍습에 아이를 낳을 때면 루키나 유노를 부르는 것과 마찬가지
지요. 이 여신은 '모든 곳을 떠돌아다니는'(*Omnivaga*) 디아나라고도

---

86) 원문에는 부정사(*ire*)가 아닌 분사(*eundum*)로 쓰였지만, Ianus라는 이름에
조금이라도 더 가까운 형태를 쓰느라 부정사를 함께 썼다.

불립니다. 사냥 때문이 아니라, 그녀가 이른바 7개의 떠돌이별 가운데 하나로 헤아려지기 때문입니다.

69. 디아나(Diana)는 밤중에 말하자면 낮(*dies*)을 만들어내기 때문에 그렇게 이름 붙여진 것입니다. 사람들은 출산을 도와달라고 그녀를 부릅니다. 태아들은 이따금 달의 순환이 일곱 번 일어났을 때, 많은 경우는 아홉 번 일어났을 때 다 자라기 때문입니다. 이 순환주기는 측정된(*mensa*) 시간을 이루기 때문에 달(*mensis*)이라고 지칭됩니다. 티마이오스[87]는 그의 역사서에, 알렉산드로스가 태어난 바로 그날 밤에 에페소스 디아나의 신전이 불탔다고 전하면서, 그가 많은 글에서 그랬듯이 재치 있게, 이 일이 전혀 놀랄 일이 아니라고, 왜냐하면 디아나는 올륌피아스[88]가 출산하는 데 가보려고 집을 비웠던 거라고 덧붙였습니다. 또한 베누스(Venus)는, 모든 것에 다가가는(*venire*) 여신이라서 우리나라 사람들이 그렇게 이름 붙였습니다. 그리고 베누스라는 이름이 '매력'(*venustas*)에서 나온 것이라기보다는, 반대로 그 여신의 이름에서 '매력'이란 말이 유래한 것입니다.

70. 〔28〕 그러니 그대들은 인간의 사고가, 제대로 유용하게 근거지워진 자연학으로부터 상상의 조작된 신들로 얼마나 잘 이끌려 가는지 아시겠지요? 이런 것이 잘못된 의견들과 혼란된 오류들, 그리고 거의 노파들의 미신과 같은 것을 낳았습니다. 우리는 신들의 모습과 나이, 의상, 치장, 나아가 그들의 혈통, 결혼, 관계를 알며, 이 모든 것이 인간의 연약함과 유사한 데까지 이끌려 갔으니 말입니다. 그들

---

87) 시칠리아 타우로메니온 출신의 역사가(기원전 356년경~260년). 시칠리아, 이탈리아, 서부 희랍의 역사를 기록하였다. 에페이로스 출신의 퓌르로스가 로마와 겨뤘던 전쟁 등의 주제를 다뤘다.

88) 알렉산드로스 대왕의 어머니, 희랍 서부 몰롯소스의 왕이었던 네옵톨레모스의 딸.

은 혼란된 마음에 의해 인도되기까지 하니까요. 우리는 신들의 욕정과 괴로움, 분노에 대해 들었습니다. 신화들이 전하는 바에 따르면 그들에게는 전쟁과 싸움도 없지 않다 합니다. 호메로스에서처럼[89] 두 군대가 서로 적대할 때 신들이 각기 어느 한쪽에서 방어해주는 것뿐 아니라, 티탄들과 싸울 때나, 거인족과 싸울 때처럼 자기 자신들의 전쟁을 치르기도 했습니다. 아주 어리석게도 이런 것들이 이야기되고 믿어집니다. 그리고 그것들은 몽매함과 극도의 경박함으로 가득한 것이지요.

71. 하지만 이런 신화들이 비웃음을 당하고 논박되더라도, 각각의 사물들의 본성에 두루 퍼져있는 신이 있어서, 예를 들면 땅에는 케레스가, 바다에는 넵투누스가, 그리고 저마다의 것에 저마다의 신이 있고, 그들이 누구며 어떠한지, 관습이 그들을 어떤 이름으로 불렀는지 이해될 수 있습니다. 그 신들을 우리는 높이고 또 섬겨야 합니다. 그런데 신들에 대한 숭배는, 우리가 그들을 마음에서나 말에서나 항상 순수하고 온전하며 더럽혀짐 없이 섬길 때에, 가장 훌륭하고 가장 정결하며 가장 신성하고 가장 경건함으로 가득한 것이 됩니다. 철학자들뿐 아니라 우리 조상들도 미신을 종교로부터 구별했으니 말입니다.

72. 자기 자식들이 자신보다 더 오래 살아남게(superstes) 해달라고 온 종일 빌어대며 제물을 바치는 사람은 미신적인(superstitiosi) 자라고 불렸었습니다. 한데 그 말이 나중에 더 넓은 뜻으로 확장된 것이지요. 반면에 신들의 숭배와 관련된 모든 것을 부지런히 되짚어보고, 말하자면 다시 읽어보는 사람들은 '다시 읽다'(relegere)에서 비롯되어 '종교적'(religiosi)이라고 칭해집니다. 마치 '세련된 사람들'(elegantes)

---

89) 《일리아스》에 등장하는 신들은 서로 패가 갈리어 각기 희랍이나 트로이아를 응원하고 있으며, 이들은 20권 67행 이하에서 서로 직접 맞서 싸우기까지 한다.

이 '가려 뽑다'(*eligere*)에서, 그리고 '선택하다'(*diligere*)에서 '주의 깊은 사람들'(*diligentes*)이, '이해하다'(*intellegere*)에서 '영리한 사람들'(*intellegentes*)이 나온 것과 마찬가지죠. 이 모든 단어들 속에, '종교적'(*religiosus*)이라는 말에 들어 있는 것과 같은, '뽑다'(*legere*)라는 의미가 들어있으니 말입니다. 그렇게 해서 '미신'과 '종교'라는 말 속에 각기 비난과 칭찬이 들어가게 된 것입니다. 한데 이제 제가 보기에, 신들이 존재한다는 것을, 그리고 그들이 어떠한지를 충분히 제시한 것 같군요.

73. 〔29〕다음으로 제가 보여야 하는 것은 세계가 신들의 섭리에 의해 다스려진다는 것입니다. 물론 이것은 큰 주제이고, 코타여, 당신들의 학파에 의해 공격받은 것입니다. 그리고 당연히 이것은 전적으로 당신들과의 싸움입니다. 왜냐하면 벨레이우스여, 당신들은 각각의 것들이 어떤 식으로 논의되어야 하는지 전혀 생각한 적이 없으니 말입니다. 당신들은 오직 자신들의 책만 읽고, 자기들 것만 사랑하며, 그 밖의 것들은 논변을 들어보지도 않고 단죄하니까요. 이를테면 어제[90] 당신 자신이, 스토아학파 사람들에 의해 '앞을 내다봄'(*pronoia*), 또는 섭리라는 예언자 노파가 도입되었다고 말씀하신 것 따위 말입니다. 당신이 그런 말씀을 하신 것은 잘못 판단하셔서입니다. 당신은 저들이 섭리를, 마치 온 세계를 조종하고 지배하는 어떤 단일한 여신처럼 생각하는 걸로 여기신 거지요.

74. 하지만 그건 줄여서 말한 겁니다. 마치 어떤 사람이 '아테나이인들의 국가는 회의에 의해 다스려진다'라고 말한다면, 그것은 '아레

---

90) 이 작품에서는 아직 하루가 다 지나지 않았는데, 여기서는 벌써 어제부터 논의가 계속되는 것처럼 되어 있다. 3권 18장에도 비슷한 구절이 있어서, 이 둘에 근거하여 학자들은, 이 작품이 원래는 사흘에 걸친 논의로 구성되어 있었다가 현재의 꼴로 변형되었으며, 저자가 마지막 손질을 하지 못했다고 추정한다. 벨레이우스가 섭리에 대해 비판한 것은 1권 18장의 내용이다.

이오파고스의'라는 말이 생략된[91] 것이듯, 마찬가지로 우리가 '세계는 섭리에 의해 다스려진다'고 말할 때도, 당신은 거기 '신들의'라는 말이 생략된 것으로 여기시기 바랍니다. 분명하고 완전하게 하자면 '세계는 신들의 섭리에 의해 다스려진다'라고 말한 걸로 생각하시라는 거지요. 그러니 당신 민족에게 별로 있지도 않은 저 재치를, 우리를 비웃는 데 낭비하지 마십시오. 그리고 헤르쿨레스에 맹세코, 당신들이 제 말을 듣는다면, 당신들은 결코 시도도 하지 않을 것입니다. 그것은 어울리지 않고, 당신들에게 주어져 있지 않고, 당신들이 없는 겁니다. 이것은 당신 한 사람에게만 해당되는 것이 아닙니다. (당신은 가문의 관례와 우리 로마인의 세련됨 덕에 도야된 분이지요.) 그것은 오히려 당신들 모두에게, 그리고 특히 저런 이론을 낳은 그 사람에게 해당되는 것입니다. 예술도 문학도 모르고, 모든 사람에게 달려들고, 날카로움도 권위도 매력도 없던 그 사람 말입니다.

75. 〔30〕 그러니 저는, 신들의 섭리에 의해 세계가, 그리고 세계의 모든 부분들이 처음에 세워지기도 했고, 온 시간 동안 다스려지기도 한다고 말하는 것입니다. 이러한 논의를 우리 학파는 대충 세 부분으로 나누고 있습니다. 그 첫 부분은 신들이 존재한다는 것을 보여주는 저 추론으로부터 도출됩니다. 그리고 그것이 인정된다면 세계는 그들의 계획에 의해 다스려진다는 것이 인정되어야만 하지요. 두 번째 부분은, 모든 사물이 지각하는 본성에게 예속되어 있으며, 모든 것이 그것에 의해 가장 아름답게 행해진다는 것을 증명합니다. 그리고 이것이 확정되면 세계는 생명 있는 시초들로부터 생겨난다는 것이 따라나옵니다. 세 번째 논지는, 천상적 지상적 사물들에 대한 경이에

---

91) 아레이오파고스 언덕은 아크로폴리스 서쪽에 있는 언덕으로, 거기서 아테나이의 퇴직 고위관리들이 회의를 했으며, 이 회의체는 로마의 원로원과 비슷한 역할을 했다.

서 유도되는 것입니다.

76. 그러므로 우선 신들이 존재한다는 것이 (이것은 어떤 의미에서는 데모크리토스가 환영[simulacra]이란 개념으로, 그리고 에피쿠로스가 영상[imagines]이라는 개념을 사용해서 부정했던 건데요) 부인되거나, 아니면 신들이 존재한다는 걸 인정하는 사람들에 의해, 그 신들이 어떤 일을 행하며, 그것도 아주 탁월하게 행한다는 게 긍정되거나 입니다. 한데 세계의 운용보다 더 탁월한 것은 없습니다. 그러므로 그것은 신들의 계획에 의해 다스려집니다. 하지만 만일 사정이 다르다면, 확실히 신보다 더 낫고 더 큰 능력을 부여받은 무엇이, 그것이 어떠한 것이든 간에, 존재해야만 합니다. 생명이 없는 본성이든, 아니면 큰 힘에 의해 충동되어, 우리가 보는 이 아름답기 그지없는 작품들을 만들어내는 필연이든 말입니다.

77. 그렇게 되면 신들의 본성은 우월하지도 않고 뛰어나지도 않게 됩니다. 혹시 그것이, 하늘과 바다와 땅을 지배하는 저 필연 또는 본성에 종속되어 있다면 말입니다. 하지만 신보다 더 뛰어난 것은 없습니다. 따라서 세계가 그에 의해 다스려지는 게 당연합니다. 따라서 신은 어떤 본성에 복종하지도, 종속되어 있지도 않습니다. 그러므로 신 자신이 모든 본성을 지배합니다. 사실 우리가 신들이 지성적이라는 사실을 인정한다면, 그들이 섭리하며 그것도 아주 중대한 일들에 대해 그러하다는 것을 인정하는 것입니다. 그러면 그들은 어떤 일들이 그토록 중대한지, 그것들이 어떤 방식으로 행해져야 하고, 어떻게 돌보아져야 하는지 알지 못할까요, 혹은 그들은 그런 일들을 감당하고 행할 능력을 갖지 못할까요? 하지만 무지는 신들의 본성에 낯선 것입니다. 그리고 약함 때문에 의무를 감당하는 데 어려움을 겪는다는 일은 신들의 존엄함에는 전혀 닥치지 않을 것입니다. 이로써 우리가 원하는 바가 성취되었습니다. 즉, 세계는 신들의 섭리에 의해 다

146

스려진다는 것입니다.

78. 〔31〕 한데 신들이 존재할 때 — 신들이, 실제로 그들이 존재하는 식으로 존재한다면 말입니다 — 그들은 생명을 갖고 있어야만 합니다. 그저 생명을 가졌을 뿐 아니라, 이성을 가지고 있어야 하며, 자기들끼리 말하자면 시민들의 우의와 연대 같은 것으로 서로 통합되어 있어야만 합니다. 하나의 세계를 마치 공동의 국가나 도시처럼 다스리면서 말입니다.

79. 그러면 다음과 같은 결과가 따라 나옵니다. 즉, 그들에게, 인간 종족에게 있는 것과 똑같은 이성이 있다는 것이지요. 그리고 양자에게 같은 진리와 같은 법이 있다는 것입니다. 그것은 바른 것을 수용하고, 틀어진 것을 거부하는 것이지요. 이런 사실로부터, 현명함과 지성도 신들에게서 인간들에게로 왔다는 것이 이해됩니다. 그리고 이런 이유 때문에 지성, 신뢰, 덕, 화합 등이 조상들 때 세워져 신성시되고, 공적으로 신전을 봉헌받았던 것입니다. 한데 이들이 신들에게 속한다는 걸 부인하는 게 어떻게 가능하겠습니까? 그들의 존엄하고 성스러운 상을 우리가 모시는데 말입니다. 그리고 만일 인간 종족에게 지성, 신뢰, 덕, 화합이 깃들어 있다면, 존귀한 신들에게서가 아니라면 대체 어디서 이것들이 땅으로 흘러내릴 수 있었겠습니까? 또 우리에게 계획, 이성, 현명함이 있으므로, 신들은 이것들을 더 큰 정도로 가지고 있는 게 타당합니다. 또 단지 이것들을 가지고 있을 뿐 아니라, 아주 크고 아주 좋은 일에 사용하는 게 타당합니다.

80. 하지만 세계보다 더 크고 더 좋은 것은 없습니다. 따라서 그것은 신들의 계획과 섭리에 의해 다스려져야만 합니다. 끝으로, 이제 우리가 그들의 뚜렷한 능력과 찬란한 모습을 보아온바, 저 신들이 존재한다는 것을 충분히 입증했으므로, — 저는, 해와 달과 떠돌이별들과, 방황하지 않는 별들과 하늘과 세계 자체와, 온 세계에 깃들어 있

으면서 인간 종족에게 크게 유용하고 편리한 이것들의 힘을 가리켜 말하는 것입니다―모든 것이 신적인 지성과 현명함에 의해 다스려 진다는 결론이 나옵니다. 이제 논의의 첫 부분에 대해서는 충분히 얘기가 되었습니다.

81. 〔32〕 이제 제가, 모든 것들은 저 자연에 종속되며 모든 것이 그에 의해 가장 아름답게 행해진다는 걸 입증할 차례입니다. 하지만 그 전에 저 자연[92] 자체가 어떤 것인지 짧게 설명되어야 합니다. 우리가 입증하려는 것이 더 쉽게 이해될 수 있도록 말입니다. 왜냐하면 어떤 사람들은 자연이 이성 없는 어떤 힘으로서 사물들 속에 필연적인 운동을 일으킨다고 생각하며,[93] 또 어떤 사람들은 그것이 이성과 질서를 지닌 힘으로서, 정해진 방식에 따라 전진하면서 각 사물을 위해 무엇을 이뤄내고, 무엇을 목표 삼는지 밝혀가는데, 그것의 교묘함은 그 어떤 기술도, 어떤 손도, 어떤 기술자도 흉내 내어 따라갈 수 없다고 생각하기[94] 때문입니다. 왜냐하면 씨앗의 힘은 너무나 커서, 그것이 아무리 작다 해도, 그걸 받아주고 품어주는 본성 속에 떨어지면, 그리고 영양을 공급하고 성장시킬 수 있는 재료를 만나면, 그것은 자기 종족에 속한 것이면 무엇이든 만들어 이뤄내서, 때로는 단지 자기 뿌리를 통해서만 양분을 공급받고, 때로는 움직이며 지각하고

---

92) 다른 곳에서도 그렇지만 특히 이 부분에서 '자연'으로 옮겨진 것이나, '본성' 으로 옮겨진 것이나 모두 원어는 natura이다. 되도록 같은 단어로 옮기고 싶었지만, 어느 쪽으로 통일하든 우리말로 너무나 어색한 사례들이 생기기 때문에 어쩔 수 없이 그 문맥에서 더 자연스러워 보이는 쪽을 택했다. 그래서 본성에 대해 얘기하다가 갑자기 자연에 대한 언급이 나오거나, 그 반대인 경우들이 생기고 말았는데, 언제든지 이 두 단어가 나오는 경우에는 본딧말이 natura라는 것을 염두에 두고 읽으시기 바란다.

93) 1권 35장에서 다뤄진 자연철학자 스트라톤이나, 에피쿠로스학파 사람들이 그러하다.

94) 스토아학파 사람들이 그러하다. 2권 57장 참고.

148

대상을 쫓아갈 수가 있으며 자기 종에 맞춰 스스로 비슷한 것을 낳기
까지 할 수 있습니다.

82. 한편 자연이라는 이름으로써 모든 존재를 지칭하는 사람들이
있습니다. 에피쿠로스가 그런 사람인데요. 그는 다음과 같이 나누었
습니다. 즉, 모든 존재하는 것들의 본성은 원자(*corpora*)와 빈 곳
(*inane*), 그리고 이들에 부수된 것이라고 말입니다. 하지만 우리가,
세계는 자연으로 인하여 서있고 자연에 의해 다스려진다고 말할 때,
그것은 흙덩이나 돌조각, 혹은 전혀 본성에 맞지 않는 방식으로 함께
뭉쳐 있는 그런 종류의 어떤 것을 의미하는 게 아니라, 나무나 동물
같은 것들, 그 안에 어떤 우연적인 것도 없고, 질서와 어떤 기술 비
슷한 것이 드러나는 경우를 말하는 거지요.

83. 〔33〕 하지만 만일 땅에서 뿌리에 의해 유지되는 것들이 자연의
재주에 의해 살고 힘을 얻는다면, 확실히 땅 자체도 같은 힘에 의
해[95] 유지되는 것입니다. 사실 그것이 씨앗들로 무거워진 모든 것들
을 낳고, 자기로부터 쏟아내며, 뿌리들을 감싸서 영양을 공급하고,
성장시키며, 또 입장을 바꾸어 자기도 위에 있는, 그리고 외적인 본
성들에 의해 영양을 공급받으니 말입니다. 한편 그것이 내쉬는 숨결
에 의해 대기와 아이테르와 모든 위에 있는 것들이 영양을 공급받습
니다. 그래서 땅이 자연에 의해 유지되고 힘을 얻는다면, 같은 이치
가 세계의 다른 부분에도 해당됩니다. 왜냐하면 뿌리들은 땅에 붙박
여 있고, 동물들은 공기를 들이쉼으로써 유지되며, 공기 자체는 우리
와 함께 보고, 함께 듣고, 함께 소리 내니 말입니다. 공기 없이는 이
일들 중 어느 것도 일어날 수 없으니까요. 그것은 또한 우리와 함께

---

95) Ax는 사본들에 전해지는 대로 '자연의 재주에 의해'(*arte naturae*)를 문장 마
지막에 한 번 반복하고 있으나, 이 번역에서는 Pease를 좇아 두 번째 나온
구절을 삭제하고 옮겼다.

움직이기도 합니다. 우리가 어디로 가든 어디로 움직이든, 말하자면 공간을 제공하며 물러서는 듯 보이니 말입니다.

84. 그리고 맨 밑바닥에 있는 세계의 중간 자리로 움직이는 것들, 중간에서 위로 움직이는 것들, 원운동에 의해 중앙 주위를 돌며 움직이는 것들, 이것들은 세계의 연속되고 하나인 본성을 이룹니다. 세계의 본성은 네 가지 종류의 원소들로 이루어져 있으므로, 그것들의 교대에 의해 이어져 있습니다. 왜냐하면 땅에서 물이, 물에서 공기가, 공기에서 아이테르가 생겨나며, 거기서 다시 순서를 바꿔서 아이테르에서 공기가, 거기서 물이, 물에서 맨 바닥에 있는 땅이 생기니 말입니다. 이와 같이 모든 것을 이루는 이 본성들이 위아래로 이쪽저쪽으로 이동하여서, 세계의 부분들의 결합이 유지됩니다.

85. 그리고 이 결합은 우리가 보는 이 모양대로 영원하거나, 아니면 확실하게 지속되는 것, 기나긴, 거의 측정불가능한 시간 동안 유지되는 것이어야 합니다. 둘 중 어느 쪽이든 간에, 세계가 자연에 의해 다스려진다는 결과가 나옵니다. 왜냐하면, 함대의 어떤 항해가, 혹은 군대의 어떤 진용이, 혹은 (자연이 이뤄내는 것을 다시 끌어다 예로 쓰자면) 포도나무나 수목이 싹 트는 어떤 모습이, 더 나아가 동물의 지체의 어떤 형태와 구성이, 세계 자체가 보여주는 것만큼 그렇게 크게 자연의 재주를 보여주고 있습니까? 그러므로 아무것도 지각하는 자연에 의해 지배되지 않거나, 아니면 세계가 자연에 의해 지배되고 있거나 둘 중 하나라는 사실이 인정되어야 합니다.

86. 사실, 다른 모든 본성들과 그것들의 씨앗들을 품고 있는 것이 어떻게 그 자신은 자연에 의해 다스려지지 않을 수 있겠습니까? 이는 다음과 같은 경우입니다. 즉, 만일 어떤 사람이 치아나 체모(體毛)는 자연에 의해 생겨나지만, 이것들이 속하는 사람 자체는 자연에 의해 존재하는 것이 아니라고 말하는 사람이 있다면, 그는 자신으로부터

다른 것을 만들어내는 존재가 그것으로부터 생겨나는 것들보다 더 완전한 본성을 갖고 있다는 걸 이해하지 못하는 셈이라는 것이지요. 〔34〕한데 자연에 의해 다스림을 받는 모든 것들을 심는 자이고 씨뿌리는 자이자, 말하자면 어버이이고, 교육자이자 양육자인 것은 자연입니다. 이것은 모든 것을 말하자면 지체들이자 자신의 부분인 양양분을 공급하고 떠받치지요. 한데 만일 세계의 부분들이 자연에 의해 다스려진다면, 세계 자체도 자연에 의해 다스려질 수밖에 없습니다. 사실 그것의 다스림은 자신 안에 책잡힐 그 어떤 것도 갖고 있지 않습니다. 왜냐하면 전부터 있던 저 본성들로부터 만들어질 수 있었던 최선의 것이 만들어졌기 때문입니다.

87. 그러니 누구든지 그것이 더 나을 수도 있었다고 입증하려면 하라고 하십시오. 하지만 누구도 결코 입증하지 못할 것입니다. 그리고 혹시 누가 무엇인가 수정하려 한다면, 그는 그것을 더 나쁘게 만들거나, 아니면 이뤄질 수 없는 것을 요구하게 될 것입니다.

하지만 만일 세계의 부분들이 유용성에서 더 나을 수 없게끔, 그리고 외양에서 더 아름다울 수 없게끔 그렇게 만들어져 있다면, 그것들이 우연히 그렇게 된 것인지, 아니면 감각과 신적인 예지가 통제하지 않았다면 도저히 그렇게 모일 수가 없는 그런 상황에 의해서 그렇게 된 것인지 알아봅시다. 만일 자연에 의해 만들어진 것이 기술에 의해 완성된 것보다 더 낫다면, 그리고 기술은 이성 없이는 아무것도 만들어내지 못한다면, 자연은 결코 이성이 없다고 생각되어서는 안 됩니다. 그러니, 그대가 조각상이나 그림을 보고서 거기에 기술이 적용되었음을 알아보고, 멀리서 배의 행로를 보았을 때 그것이 이성과 기술에 의해 움직인다는 걸 의심치 않으며, 해시계나 물시계를 살펴보고서 거기에 시간이 표시되는 게 우연이 아니라 기술에 의해서라는 걸 이해하면서, 이 모든 기술의 산물들과 그것을 만든 장인들, 그 밖의

모든 것을 포괄하는 세계가 계획과 이성을 결여하고 있다고 생각한다
면 어찌 일관된다 하겠습니까?

88. 한데 만일 어떤 사람이 스퀴티아나 브리탄니아로 최근에 우리
친애하는 포세이도니오스가 만들어낸 저 천구 모형을 가져간다면, —
그것은 한 번 돌 때마다 해와 달과 다섯 행성들에, 하루 밤낮마다 하
늘에서 일어나는 것과 똑같은 일이 일어나는 것인데요 —, 저 야만의
땅에서도 대체 누가 그 모형이 이성에 의해 만들어진 것이란 점을 의
심하겠습니까? [35] 그런데 이 사람들은 모든 것이 거기서 비롯되고
거기서 만들어진 저 세계에 대해서 의심을 품고 있습니다. 그것이 우
연에 의해 만들어진 것인지, 아니면 어떤 필연에 의해서, 혹은 이성
이나 신적인 정신에 의해서인지. 그리고 그들은 아르키메데스[96]가
천구의 회전을 모방한 것에 더 가치를 두고 있습니다, 그것을 창조해
낸 자연에 대해서보다도 더 말입니다. 특히 저 원본은 이 유사품보다
여러 배 교묘하게 만들어졌는데도 말이죠.

89. 악키우스[97]의 작품에 나오는 저 목자는 이전에 선박을 한 번
도 본 적이 없었는데, 멀리 산 위에서 아르고호 영웅들의 신적이고
기이한 배를 보고는, 처음에는 놀라고 다음으로 두려워져서 이렇게
말하지요.

'저토록 큰 몸체가 미끄러지는구나,

심연 위로 으르릉 대는 큰 바람에 실려.

제 앞에 파도를 굴리며, 힘써 물마루를 밀어 올리며,

---

96) 기원전 287년 시칠리아의 쉬라쿠사이에서 태어나, 212년 그 도시가 함락될
때 로마군에게 죽었다. 그가 만든 천구 모형은 로마의 덕의 신전에 봉헌되
었었다. 《투스쿨룸의 담론》 1.63 참고.
97) Accius. 기원전 172년 출생. 희랍 비극 작품들을 자유롭게 번안하였다. 여
기 인용된 것은 그의 《메데아》에 나오는 구절이다.

152

앞으로 미끄러져 내닫는구나, 바닷물을 흩뿌리고 밀쳐내는구나.
한순간 그대는 찢긴 비구름이 이렇게 돈다고 믿으리라,
또 한순간 바람에, 아니면 돌풍에 붙잡힌 바위가 높이
내던져진 거라고, 혹은 맞부딪힌 파도에서
빙빙 도는 소용돌이가 솟구쳐 일어난 것이라고.
바다가 육지의 쓰레기들을 요동시키는 게 아니라면,
혹은 트리톤이 삼지창으로 파도치는 해협 속 깊숙이서
동굴을, 뿌리들을 위로 뒤집어 심연으로부터
바위 덩이들을 하늘로 솟구쳐 보내는 게 아니라면 말이지.'
처음에 그는 자기가 보는 저 미지의 것이 어떤 본성의 것인지 의심
합니다. 하지만 그는 젊은이들이 보이고 뱃노래가 들리자, 마치[98]
'날래고 활발한 돌고래들이 주둥이로 휘파람소리를 내듯이 —'
이런 식으로 다른 많은 말을 한 다음에,
'실바누스의 음악과
흡사한 노래와 소리를 내 귀로 실어 나르는구나'
라고 합니다.
90. 따라서 이 목자가 처음 배를 볼 때는 자기가 어떤 생명을 지니
지 않은, 그리고 감각이 결여된 것을 보고 있다고 생각하지만, 나중
에는 더 확실한 지표들로 인해서, 자기가 의문시했던 그것이 어떤 것
인지 짐작하기 시작하듯이, 철학자들도, 혹시 세계의 첫 모습이 그들
을 혼란시켰다면, 그렇게 해야만 했을 것입니다. 그런 다음에 그것의
운동이 일정하고 안정되며, 모든 것이 정해진 질서와 변함없는 균일
함에 의해 통제되는 것을 보자, 이 천상적이고 신적인 집에 어떤 거

---

98) Ax는 난문표시를 하고 있지만, 달리 고칠 필요가 없다는 Pease의 주장을
좇아 sicut(~처럼)은 인용문 안에 들어 있는 게 아니라, 인용문을 이끌어주
는 것으로 보았다.

주자가 있을 뿐만 아니라, 지배자, 통제자, 그리고 이를테면 그렇게 대단한 작품의, 그렇게 대단한 건축물의 건축자가 있다는 걸 이해했을 것입니다.

[36] 하지만 지금 제게는 하늘과 땅의 사물들에 대한 놀라움이 어느 정도인지는 결코 의문스럽지 않아 보입니다.

91. 왜냐하면 우선 땅은 세계의 가운데 부분에 자리 잡고서, 온 방향에서 이 살아있고 숨 쉴 수 있는, 공기(aer)라고 불리는 본성으로 둘러싸여 있기 때문입니다. 이 말은 희랍어입니다만, 자주 사용됨으로써 벌써 우리 민족에게 받아들여진 것이지요. 라틴어로서 익숙하였으니까요. 이것을 다시 측량할 수 없는 아이테르가 감싸고 있습니다. 그것은 가장 높이 있는 불들로 이루어진 것이지요. 이 단어 역시 우리가 빌릴 수 있습니다. 라틴어로 '공기'(aer)라고 말하듯이 '아이테르'라고 할 수 있는 거죠. 파쿠비우스[99]는 이렇게 번역하고 있지만 말입니다.

'내가 언급하는 이것을 우리는 하늘(caelum)이라고 하지만, 희랍인들은 아이테르라고 부른다.'

마치 자기가 희랍인이 아닌 것처럼 이렇게 말한 거죠. '하지만 그는 라틴어로 말하고 있지 않은가.' 물론 우리가, 그가 희랍어로 말하는 걸 듣는 게 아닌 듯 여긴다면 그렇게 보이긴 합니다. 한데 그는 다른 글에서 가르쳐주고 있습니다.

'나는 희랍인으로 태어났도다. 그것에 대해서는 내 언어가 밝히도다'라고 말입니다.

92. 그건 그렇고, 이제 더 큰 주제로 돌아갑시다. 아이테르로부터 별들의 헤아릴 수 없는 불길들이 생겨나옵니다. 그것들 중 으뜸은 모

---

99) Pacuvius. 브룬디시움 출신. 기원전 219년생. 희랍 비극을 라틴어로 번역하였다.

154

든 것을 더할 수 없이 밝은 빛으로 비추는 태양인데, 이것은 땅 전체보다 여러 배 더 크고 더 넓습니다. 그 다음은 엄청난 크기의 다른 별들이지요. 하지만 이렇게 엄청나고 숫자도 많은 불들은 땅과 땅에 속한 사물들에 아무 해도 끼치지 않을 뿐더러, 이익을 주기까지 합니다. 그것들의 위치가 조금만 움직여도, 통제를 잃고 조절이 안 되어서 그 엄청난 열기로 땅을 태워버릴 수밖에 없는데 말입니다.

93. 〔37〕 여기서 제가, 다음과 같은 사람이 존재한다는 사실에 놀라면 안 되는 것인지요? 그 어떤 단단하고 나눌 수 없는 알갱이들이 무게의 힘에 의해 움직이고 있으며, 이 알갱이들의 우연적인 충돌에 의해 더할 수 없이 아름답고 잘 꾸며진 세계가 만들어져 나왔다고[100] 자신을 설득하는 그런 사람 말입니다. 저는 이해할 수가 없습니다. 이런 일이 일어날 수 있다고 믿는 사람이 왜 다음과 같은 생각은 안 하는지 말입니다. 즉, 글자 모양들이, 그게 금으로 되었든 아니면 다른 어떤 것으로 되었든지 간에, 수없이 모여 있다가, 그게 땅으로 쏟아져서 죽 읽으면 엔니우스의 《연대기》처럼 될 수 있다고 믿는 것 말입니다. 사실 저로서는 한 행 안에서조차도 우연히 그런 일을 이룰 수 있는지 잘 모르겠습니다.

94. 한데 저 사람들은 어떻게 그런 주장을 하는지 모르겠습니다. 열기도, 그 어떤 성질(희랍인들이 poiotes라고 부르는 것이지요)도, 감각도 부여받지 못한 작은 알갱이들이 그저 어쩌다가 우연히 충돌한 데서 세계가 만들어져 나왔다고 말합니다. 혹은 이렇게 말하는 게 낫겠군요. 매 시점마다 한편으로 헤아릴 수 없는 세계들이 생겨나고, 한편으로 다른 세계들이 소멸된다고 말입니다. 하지만 원자들의 충돌이 세계를 만들어 낼 수 있다면, 왜 주랑이나 신전, 저택, 도시는

---

100) 원자론자들의 주장이다. 1권 29장, 53장, 66장 참고.

만들 수 없는 것인지요? 이 일이 훨씬 덜 수고스럽고, 훨씬 쉬운데 말입니다. 확실히 그들은 이 세계에 대해 되는 대로 지껄이는 것입니다. 그래서 제게는 그들이 이 놀랍게 장식된 하늘을 ─ 이것은 제 다음 주제입니다만 ─ 한 번도 올려다보지 않은 듯 보일 정도입니다. 그래서 아리스토텔레스는 아주 경탄할 만하게 표현했습니다.[101]

95. "만약에 항상 땅 아래에 있으면서, 조각상과 그림들로 치장되고, 유복하다 여겨지는 사람들이 풍성히 즐기는 저 모든 것들로 꾸며진 아름답고 좋은 집에 거주하며, 땅 위로는 결코 나온 적이 없지만 소문과 풍설에 의해 어떤 신들의 능력과 힘이 있다고 배운 사람들이 있었다면, 그리고 어느 순간 땅의 목구멍이 열려서 그들이 저 숨겨진 처소로부터 나와서 우리가 사는 이곳으로 올 수가 있었다면, 그래서 그들이 땅과 바다, 그리고 하늘을 보았다면, 방대한 구름들과 바람의 힘을 느꼈다면, 태양과 그것의 크기와 아름다움을, 또 그것이 온 하늘에 빛을 흩어 낮을 만들어내는 능력을 느꼈다면, 그리고 밤이 땅에 어둠을 드리웠을 때 온 하늘이 별들로 수놓아지고 장식되는 것, 때로는 자라나고 때로는 늙어가는 달의 빛이 변화하는 것, 그리고 이 모든 것들이 뜨고 지는 것과 온 영원 동안 정해져 변치 않는 궤도들, 이런 것들을 그들이 본다면 확실히 그들은, 신들이 존재하며 이토록 대단한 것들이 신들의 업적이라고 판단할 것이다."

96. 〔38〕 저분은 그와 같이 말씀하셨지요. 한편 우리 저 어둠에 대해서 생각해 봅시다. 언젠가 아이트나 산에서 불이 쏟아져 나왔을 때 인근 지역을 그토록 컴컴하게 만들었다고 전해지는 만큼의 어둠 말입니다. 이틀 동안이나 사람들은 다른 사람을 알아보지 못했고, 사흘째에야 해가 비쳐서 자기들이 다시 살아난 것으로 보였다고 할 정도였

---

101) 지금은 전하지 않는 대화편 《철학에 관하여》에 나왔다는 구절이다.

죠. 한데 만약 이와 같은 일이 영속적인 어둠 속에 있다가 일어나서, 우리가 갑자기 빛을 보게 되었다면, 하늘의 모습은 대체 어떤 것으로 보일까요? 하지만 정신은 매일의 반복과 눈의 습관 때문에 익숙해져서, 놀라지도 않고 늘 보는 이 일들의 원인을 묻지도 않습니다. 그래서 원인들을 탐구하도록 우리를 자극하려면 사태의 중요성보다는 새로움이 더 필요한 것처럼 되었습니다.

97. 왜냐하면 사실 다음과 같은 자를 누가 사람이라고 말하겠습니까? 하늘의 그토록 규칙적인 운동과 별들의 그토록 일정한 질서, 그리고 모든 것이 자기들 사이에 그토록 연결되고 잘 맞춰져 있는 것을 보고서도, 이 일들에 그 어떤 이성이 들어 있다는 걸 부인하며, 그것이 얼마나 큰 계획에 의한 것인지 우리가 아무리 따져도 따라갈 수 없는 이 일들이 그저 우연에 의해 이루어졌다고 말하는 자 말입니다. 우리가 기계장치에 의해 움직이는 어떤 것, 이를테면 천구 모형이나 시계나 다른 많은 것들을 보았을 때, 우리는 저것들이 이성의 산물이라는 걸 의심치 않습니다. 한데, 하늘의 운동이 놀랄 만한 속도로 이루어지는 걸 보면서, 또 그것이 모든 사물이 보존되도록 매 해 돌아오는 변화를 지극히 안전하게 일으키며 더할 수 없이 안정적으로 돌아가는 걸 보면서, 우리가 이것이 단지 이성에 의해서가 아니라, 탁월한 신적 이성에 의해서 이뤄지고 있다는 걸 의심할 것입니까?

98. 이런 말을 하는 것은, 이제 우리가 정교한 논의는 치워두고, 말하자면 눈으로 저 아름다움을, 신적 예지에 의해 만들어졌다고 우리가 말하는 저 사물들의 아름다움을 관조해도 되기 때문입니다. 〔39〕 그리고 우선 온 땅을 살펴보도록 합시다. 이것은 세계의 한가운데 자리에 놓인, 단단하고 둥글며, 자신의 중력에 의해서 사방에서 자기 쪽으로 모여 둥글어진 것이며, 꽃과 풀, 나무, 열매들로 옷 입었는데, 이 모든 것들 하나하나는 믿기 어려울 정도로 많고 끝도 없

이 다양하지요. 여기에다 또 더하십시오, 끊임없이 솟아나는 차가운 샘물들을, 맑디맑은 강물들을, 강둑의 더없이 푸른 의상을, 높고 깊은 동굴들을, 험준한 바위 벼랑들을, 깎아지른 높직한 산들을, 측량할 수 없이 드넓은 벌판들을. 또 거기에 더하십시오, 금과 은이 숨겨진 광맥들을, 대리석의 끝없는 힘을.

99. 또 길들인 것이든 야생의 것이든 짐승들이 얼마나 많고, 얼마나 종류가 다양합니까! 새들의 비행과 노래는 어떻습니까! 가축들로 채워진 초장은 어떻습니까! 숲속의 생명들은 어떻습니까! 그리고 인간종족에 대해서는 말할 게 뭐 있겠습니까? 그들은 말하자면 땅에 배정된 경작자인 양, 그것이 사나운 야수들에 의해서 황야로 변하는 것도, 거친 덤불에 의해 황폐해지는 것도 허용하지 않아서, 그들의 노동으로써 들판이 빛나고, 섬들과 해안은 집과 도시들로써 두드러져 빛나지요. 우리가 그것들을 눈으로 보듯이 정신으로도 볼 수 있다면, 누구도 온 땅을 보면서 신적인 이성에 대해 의문을 품지 않을 것입니다.

100. 그리고 진실로, 바다의 아름다움은 얼마나 대단합니까! 온 사방의 정경은 어떻습니까! 섬들의 숫자와 다양함은 어떻습니까! 해변과 물가의 쾌적함은 어떻습니까! 바다 동물들의 종류는 얼마나 다양하고 다기합니까! 어떤 것은 바다 밑에 살고, 어떤 것은 떠다니며 헤엄치면서 살며, 어떤 것은 타고난 껍질을 지닌 채로 바위에 붙어 사니! 한편 바다 자체는 땅을 갈망하며 해변에서 노닐지요, 마치 두 본성이 합쳐져 하나가 된 듯 보일 정도로.

101. 다음으로 바다에 이웃한 공기는 밤과 낮을 번갈아 겪습니다. 그래서 어떤 때는 흩어지고 성기어져서 높이 올라가고, 어떤 때는 다시 뭉쳐서 응축되어 구름이 되며, 물기를 모아 비로써 땅을 성장시켜 주지요. 또 어떤 때는 이리저리 흘러다니며 바람을 만들기도 하고요. 그것은 한 해 사이에 일어나는 냉기와 열기의 변화를 이루고, 새들의

비행을 떠받쳐주며, 호흡에 의해 들이켜져서 동물들을 키워주고 부양합니다.

〔40〕남은 것은, 우리의 거처로부터 가장 멀리 떨어져 있고, 가장 높은, 그리고 모든 것을 묶어주고 한정하는 하늘의 포옹입니다. 이것은 아이테르라고도 불리는 것으로, 세계의 맨 끄트머리 해안이고 그것을 한정짓는 것입니다. 거기서 불의 형체들이 경이롭기 그지없는 방식으로 정해진 주로를 완성하지요.

102. 이들 중에서 태양은 그 크기가 땅을 여러 배로 압도하는 것으로서, 그 땅 주위를 돌면서 떠오르고 저물어서 낮과 밤을 만듭니다. 그것은 때로는 다가오고 때로는 물러서면서 매년 두 번 움직임의 끝점에서 반대쪽으로 돌아섭니다. 이 전환의 중간에, 어떤 때는 말하자면 일종의 우울함이 땅을 위축시키고, 또 어떤 때는 그것을 행복하게 할 차례가 되어, 땅이 하늘과 함께 즐거워하는 듯 보이게 됩니다.

103. 한편 달은, 수학자들이 입증하듯이, 땅의 절반보다 큰 것인데요, 태양과 같은 공간에서 떠돕니다. 그것은 태양에 다가갔다가 멀어졌다가 하면서 태양에게서 받은 빛을 땅으로 보냅니다. 그리고 자신은 빛의 다양한 변화를 겪지요. 또 어떤 때는 태양의 정면에 놓여서 그것의 빛살과 밝음을 어둡게 하기도 하고, 어떤 때는 땅이 태양의 영역을 차지하고 있을 때, 자신이 땅의 그림자 속으로 들어가서, 땅이 가로막고 방해하기 때문에 갑자기 사라지기도 합니다. 또한 우리가 행성이라고 부르는 저 별들도 같은 공간을 따라 땅 주위를 옮겨가며, 같은 방식으로 떠오르고 저뭅니다. 그것들의 움직임은 때로는 빨라지고 때로는 느려지며, 이따금은 심지어 정지하기까지 합니다.

104. 이 광경보다도 더 경이롭고, 더 아름다운 것은 있을 수가 없습니다. 다음으로 극히 많은 붙박이별들이 뒤따릅니다. 이들이 그려내는 그림은 너무나 뚜렷하여, 잘 알려진 형상들과 유사한 데서 나온

이름들을 사람들이 지어주었을 정도입니다."[41] 여기서 발부스는 나를 보면서 말했다. "저는 아라토스[102]의 노래를 이용하겠습니다. 그것은 당신이 아직 젊었을 때 번역한 것인데, 라틴어로 되어 있어서 저를 너무나 기쁘게 했고, 그래서 그 중 다수를 기억하고 있습니다. 그러니 보십시오. 우리가 눈으로 계속 지켜보고 있자면, 어떤 변화도 달라지는 것도 없이,

'다른 천상의 존재들은 빠른 움직임으로 미끄러져 가도다,

하늘과 더불어 동행하여 밤낮으로 옮겨가며.'

105. 자연이 변치 않는 걸 보고 싶어 하는 사람의 마음은 그것들을 아무리 보아도 다 채워질 수가 없지요.

'하늘 축 양쪽의 맨 끄트머리는

극이라 불린다.'

이것을 돌면서 2개의 곰자리가 옮겨가지요. 이들은 결코 지지 않는 것들입니다.

'이들 가운데 하나는 희랍인들 사이에서 개꼬리 (Cynosura)[103]라 불리고,

다른 것은 소용돌이 (Helice)[104]라고 불린다.

한데 그것의 가장 밝은 별들은 온 밤 내내 보입니다.

'그것들을 우리 민족은 일곱 마리 쟁기 끄는 소 (Septem Triones)라고 부르곤 한다.'

106. 그리고 작은 '개꼬리'는 같은 숫자로, 비슷한 모습을 한 채로

---

102) Aratus. 킬리키아의 솔로이 (Soloi) 출신. 기원전 3세기 후반에 마케도니아 궁정에서 활동했다. 플라톤의 제자인 에우독소스의 천문학과 기상학을 시로 옮겼다. 그 중 《천문현상론》(Phainomena)은 키케로가 옮긴 것이 2/3 정도 남아 있다.

103) 작은곰자리.

104) 큰곰자리.

하늘의 같은 축을 돌고 있습니다.

'페니키아인들은 바다에서 이것을 밤의 안내자로 믿는다.

물론 저것(큰곰자리)이 더 먼저, 별들로 더욱 뚜렷하게 빛나고,

초저녁에 지체 없이 널리 드러나는 반면에,

이것이 작긴 하다. 그래도 뱃사람에게 쓰임새 있기는 이것이다,

안쪽의 궤도로 더 짧은 원으로 돌고 있기 때문이다.'

〔42〕 그리고 저 별들의 모습을 더 경이롭게 만드느라고,

'이것들 사이에, 마치 빠른 소용돌이가 있는 강물처럼,

사나운 용105)이 기어간다, 위아래로 몸을

돌리며, 자기 몸으로 구부러진 굴곡을 이루며.'

107. 그 별자리 전체의 모습이 아주 뛰어나긴 하지만, 무엇보다도
먼저 보아야 하는 것은 머리의 모습과 눈들의 밝기입니다.

'이것에게는 그저 별 하나가 머리를 장식하며 반짝이는 게 아니라,

오히려 그것의 뺨이 2개의 불길에 의해 표시되어 있으며,

광포한 눈에선 2개의 뜨거운 빛이 타오른다.

그리고 턱은 하나의 빛 뿜는 별로 밝혀져 있다.

유연한 목을 구부려 뒤로 돌린 머리는

큰곰의 꼬리를 들여다보며 고정되어 있다고 그대는 말하리라.'

108. 그리고 용의 몸 나머지 부분은 온 밤 내내 우리가 볼 수 있습
니다.

'이 머리는 여기서 잠깐 동안 갑자기 자신을 숨긴다,

뜨는 것과 지는 것이 한 곳에서 섞이는 곳에서.'

한데 이 머리를,

'마치 슬퍼하는 사람의 지친 모습 같은 것이 건드리며

---

105) Draco. 용자리.

돌아간다.'

그것을 희랍인들은,

'엥고나신106)이라고 부른다, 무릎으로 몸을 받치고서 옮겨가기 때문이다.

여기에 빼어난 빛을 지닌 왕관(Corona)이 놓여 있다.'

하지만 이것은 용자리의 뒤쪽에 있지요, 머리 앞에는 '뱀 주인(Anguitenens)이 있으니까요.

109. '그를 희랍인들은 뱀 주인(Ophiuchus)이라는 유명한 이름으로 부른다.

그는 두 손으로 눌러서 뱀(Anguis)을 잡고 있다.

하지만 그 자신은 뱀의 꼬인 몸에 묶여 있다.

왜냐하면 뱀이 그 사람의 몸 한가운데를 가슴 아래서 동이고 있기 때문이다.

하지만 그는 굳건하게 누르면서 걸음을 옮긴다,

그리고 두 발로 전갈의 눈과 가슴을 딛는다.'

한편 '일곱 마리 쟁기 끄는 소들'을 뒤따른다,

'곰 지킴이(Arctophyrax)가, 보통 그는 목동(Bootes)이라고 불린다.

왜냐하면 그는 마치 자기 앞에 끌채에 묶인 곰을 몰아가는 것 같기 때문이다.'

110. 그 다음에 나오는 구절은 이렇습니다. 왜냐하면 이 목동과 함께,

'앞가슴 밑에 붙박인 채 보인다,

광선으로 빛나는 별이, 유명한 이름의 아륵투루스107)가.'

---

106) 희랍어로 en gounasi('무릎을 꿇고 있는')이다. 갈레노스 같은 후대 저자들은 이 말의 형태를 오해해서, Engonasis라는 말을 만들기도 했다. 여기서는 헤라클레스자리나 테세우스자리를 가리키는 듯하다.

162

그것의 발밑에 자리 잡고 움직여 갑니다,

'곡식 이삭을 쥐고 있는, 찬란히 빛나는 몸의 처녀(Virgo)가.'

〔43〕 그리고 별자리들은 그토록 아름다운 형태로써 신적인 재주를 드러내게끔 측량되어서 놓여 있습니다.

'또한 그대는 곰의 머리 근처에서 쌍둥이(Gemini)로 태어난 자들을 볼 것이다.

그것의 배 아래에는 게(Cancer)가 놓여 있고, 발밑에는 거대한 사자(Leo)가

그 몸에서 떨리는 불길을 흔들어내며 뻗쳐있다.'

마차부(Auriga)는,

'쌍둥이의 왼쪽 아래에서 이끌려 옮겨간다.

그것의 머리 쪽을 헬리케의 사나운 얼굴이 주시하고 있다.

한편 그것의 왼쪽 어깨를 찬란한 암염소(Capra)108)가 차지하고 있다.'

그런 다음 이렇게 진행되지요.

'진실로 이 염소는 거대하고 뚜렷한 별자리에 주어졌지만,

반면에 새끼 염소들(Haedi)109)은 인간들에게 희미한 불빛을 던지고 있다.'

그것의 발아래에는,

'건장한 몸에 뿔 가진 황소(Taurus)가 압박하고 있다.'

111. 그것의 머리는 많은 별들로 수놓아져 있습니다.

'이 별들을 희랍인들은 휘아데스(Hyades)라고 부르곤 한다.'

---

107) Arcturus. 목동자리의 으뜸별.
108) 마차부자리의 으뜸별. 요즘은 보통 Capella라고 부른다. 마차부자리의 오각형을, 다리를 벌리고 앉은 사람으로 보면, 이 별의 위치는 왼쪽 어깨에 해당된다. 어린 제우스에게 젖을 먹였던 염소 아말테아가 변한 것이란 설화가 있다.
109) 카펠라 밑에 놓인 제타 별과 에타 별을 새끼 염소라 부른다.

이것은 '비가 내리다'에서 비롯된 이름인데요, '휘에인'(*hyein*)이 '비
오다'이기 때문입니다. 110) 우리 민족은 이것을 잘 모르고서 '작은 돼
지들'(*Suculae*)이라고 부르고 있습니다. 마치 휘아데스라는 이름이 비
에서 나온 것이 아니라 돼지(*sus*) 111)에서 나온 것인 듯 말입니다. 한
편 케페우스112)는 작은 '쟁기 끄는 황소'113)를 뒤에서 손을 펼친 채
쫓고 있습니다.

'왜냐하면 그는 곰, 즉 개꼬리(*Cynosura*)의 등을 향해 돌고 있기 때
문이다.'

그 앞에 가고 있습니다,

'어두운 별들로 이루어진 캇시에피아(Cassiepia)가.

하지만 그녀 가까이에 찬란한 자태의, 슬픈 안드로메다114)가

어머니의 얼굴을 피하면서 돌고 있다.

빛을 뿌리며 갈기를 흔드는 저 말115)은

그녀의 머리끝에 자기 배를 스친다. 하나의 별116)이

---

110) 휘아데스는 황소자리의 으뜸별인 알데바란(Aldebaran) 주위에 보이는 산
개성단으로, 고대부터 이 별무리는 우기와 연관이 있는 것으로 알려져 있
다. 헤시오도스는 휘아데스가 새벽에 서쪽으로 질 때면 겨울농사를 시작하
라고 충고했다. 《일들과 날들》615-6행.

111) 희랍어로는 hys.

112) Cepheus. 신화상 아이티오피아의 왕. 캇시오페이아의 남편이자 안드로메
다의 아버지.

113) 작은곰자리.

114) 캇시에페이아(또는 캇시오페이아)는 자신이(또는 자기 딸이) 바다 신의 딸
들보다 더 아름답다고 자랑하다가 신의 노여움을 사서, 바다 괴물이 나타
나 국토를 유린하고, 결국 딸 안드로메다가 그 괴물의 먹이로 바닷가에 묶
이게 된다. 그래서 그녀는 슬퍼하며 어머니에게서 낯을 돌리는 것이다. 아
폴로도로스, 《도서관》2권 4장 3절 참고.

115) 페가수스자리.

116) 페가수스자리의 델타 별인 Alpheratz는 안드로메다자리의 으뜸별이기도 하

두 형태를 연결하며 공통의 빛으로 붙들고 있다,

별들 사이에 영원한 매듭을 엮기를 갈망하며.

그 다음엔 구부러진 뿔을 가진 양(*Aries*)이 따라붙고 있다.'

그것 다음에는,

'물고기들(*Pisces*)이 있다. 이들 중 하나는 약간 앞으로 미끄러져서 북풍의 차가운 입김에 더 많이 닿고 있다.'117)

112. 〔44〕 안드로메다의 발치에는 페르세우스118)가 그려져 있습니다.

'그를 천정으로부터 후려치는 북풍이 밀어낸다.'

그의 '가까이, 왼쪽 무릎 곁〔온 방향으로〕여린 빛을 한 채로 〔자리 잡은 작은〕119) 플레이아데스들120)을 그대는 볼 것이다.

그리고 뤼라121)가 가볍게 기울어져 놓인 게 보인다,

또 하늘의 넓은 덮개 아래 날개 펼친 새122)도.'

한편 말 머리에 아주 가까이 '물병 든 사람'123)의 오른손이 있습니다. 그리고 이어서 물병 든 사람의 전체 모습이 있지요. 그 다음엔 '강건한 가슴으로 차가운 냉기를 들이키는

　　다. 두 별자리는 이 별로 연결되어 있다.

117) 물고기자리는 끈에 함께 묶인 두 마리 물고기로 구성되어 있는데, 끈이 양쪽으로 갈라져서 하나가 좀더 북극성에 가깝게 뻗어 있다.

118) 제우스가 다나에에게 황금의 비가 되어 내려, 낳게 한 아들. 안드로메다를 구원했다.

119) 〔 〕안의 내용은 일부 사본에만 전해지고, Ax와 Pease는 채택하지 않았으나, 독자들의 이해를 위해 번역에 넣었다.

120) 원문에는 플레이아데스의 로마식 이름인 Vergiliae로 되어 있다. 이 산개성단이 새벽에 뜨거나 지는 것은 고대에 농사시기를 알리는 중요한 지표로 꼽혔다. 헤시오도스는 플레이아데스가 새벽에 뜨면(5월) 곡식을 거두고, 새벽에 지면(10월) 밭을 갈라고 충고했다. 《일들과 날들》 383-4, 615-6행.

121) 라틴어로는 Fides. 보통 우리나라에서는 '거문고자리'라고 부르는 별자리이다.

122) 백조자리.

123) Aquarius. 우리나라에서는 보통 '물병자리'라고 한다.

반은 야수인 염소(*Capricornus*) 124) 가 광대한 영역에 놓여 있다.
티탄125) 은 영속적인 빛살로 그것을 옷 입히면
마차를 돌려 동지의 계절로부터 돌아선다. '126)

113. 또 여기에 보입니다,

'전갈(*Scorpios*) 이 모습을 과시하며 높이 떠오르는 것이,
강력한 꼬리 힘으로 구부러진 활(*Arcus*) 127) 을 이끌며.
그것 가까이에 새 (*Ales*) 128) 가 빛나는 깃털로 맴돌고 있다.
또 이것 가까이에 독수리(*Aquila*) 가 달아오른 몸으로 날아가고 있다. '
그 다음엔 돌고래(*Delphinus*) 가 있습니다.
'다음엔 기울어진 몸을 가진 빛나는 오리온이 있다. '

114. 그를 뒤따라,

'저 타오르는 개129) 가 별들의 빛으로 번쩍인다. '
그 뒤엔 토끼(*Lepus*) 가 뒤쫓고 있습니다,
'지치지 않는 체력으로 달리기를 늦추지 않으며.
그리고 개의 꼬리 쪽 가까이엔 아르고호130) 가 미끄러져 나아간다.

---

124) 상체는 염소, 하체는 물고기로 되어 있다.
125) 태양. 헬리오스의 아버지가 휘페리온이라는 티탄이기 때문에, 그의 아들인 태양도 이따금 티탄으로 불린다.
126) 1월 중순에 태양이 염소자리로 들어서는데, 보통 이때부터 날이 길어지고 어둠의 계절이 끝나는 것으로 여겨졌다.
127) 요즘은 궁수자리 (*Sagittarius*) 라고 부른다.
128) 백조자리.
129) 큰개자리.
130) 희랍 각지에서 모여든 영웅들이 이아손을 지도자로 삼아 흑해 동쪽의 콜키스로 황금 양털가죽을 구하러 갔을 때 이용했다는 배. 이 별자리는 현대에는 4개의 별자리로 나뉘었다. 고물자리(*Puppis*), 용골자리(*Carina*), 돛자리(*Vela*), 나침반자리(*Pyxis*) 등이다. 모두 상당히 남쪽에 있어서 중위도 지역에서는 보이지 않거나, 부분적으로만 보인다.

166

그것을 양과, 비늘 덮인 몸의 물고기들이 내리덮고 있다,
그 배가 찬란한 선체로 강131)의 둔덕을 스쳐가는 동안.'
그것이 길게 구불대며 흘러가는 것을 그대는 보실 수 있을 것입니다.
'그리고 그대는 보리라, 물고기들의
꼬리 쪽에서 그것들을 묶고 있는 긴 끈을.
다음으로, 빛나는 전갈의 독침 가까이서 그대는 제단(Ara)을
분간하리라. 그것을 남풍의 숨결이 불어 쓰다듬는다.'
그리고 곁에는 켄타우로스132)가
'나아간다, 말로 되어 있는 부분을 전갈의 팔 쪽에 붙이려 서두르며.
그는 오른손을 내어 뻗어 거대한 네발짐승133)을 붙든 채로
빛나는 제단 쪽으로 사납게 다가간다.
여기에 저 아래 영역으로부터 휘드라134)가 일어난다.'
그것의 몸은 길게 뻗어 있습니다.
'그리고 그것의 굴곡 가운데서 술동이(Cratera)135)가 반짝이며 빛난다.
그것의 끝부분을 까마귀(Corvus)가 깃털 입은 몸으로 누르고서
부리로 쪼아댄다. 그리고 거기에 쌍둥이 자신들 밑에
저 앞잡이 개(Ante-Canis)136)가 있다. 그것은 희랍식 이름으로 프
로퀴온이라 불린다.'

131) 에리다누스자리. 에리다노스 강은 신화상 세계의 서쪽에 있는 큰 강으로
　　보통은 이탈리아의 포 강을 가리키는 것으로 여겨지나, 때로는 나일 강을
　　가리키기도 한다.
132) 보통 '현명한 켄타우로스' 케이론이 변한 별자리라고 얘기된다. 이 별자리
　　는 남십자성 바로 위에 있어서 중위도 지역에서는 거의 볼 수 없다.
133) 제단자리와 켄타우로스자리 사이에 놓인 늑대자리.
134) 헤라클레스가 처치했다는 머리 9개 달린 물뱀. 우리나라에서는 보통 바다
　　뱀자리라고 부른다.
135) 보통 '컵자리'라고 하는 것이다. 원뜻은 '술 섞는 동이'이다.
136) 작은개자리. Procyon은 오늘날 그 별자리의 으뜸별을 가리킨다.

115. 대체, 제정신 지닌 그 어떤 사람에게, 이 모든 별들의 배열과 이렇게 대단한 하늘의 장식이 이리저리 우연히 되는 대로 내달리던 알갱이들로부터 만들어질 수 있는 걸로 보이겠습니까? 혹은 정신과 이성을 결여한 어떤 다른 본성이 이것들을 만들어낼 수 있었을까요? 그것들은 만들어지기 위해서만 이성이 필요한 것이 아니라, 그것이 어떤 것인지 이해되는 일까지도 최고의 이성이 없다면 불가능합니다.

〔45〕이것들이 경이로울 뿐만 아니라, 또 다음 사실보다 더 중대한 것도 없습니다. 즉, 세계가 너무나 안정되고 잘 결속되어 있어서, 영속하기에 이것보다 더 적절한 것은 생각해낼 수 없을 정도라는 사실입니다. 왜냐하면 그것의 모든 부분이 도처에서 중앙을 향하여 똑같이 눌러대기 때문입니다. 한데 서로 연결된 몸들은 이를테면 어떤 사슬이 에워싸고 묶어줄 때 가장 잘 유지됩니다. 바로 이 일을 저 자연이 하고 있습니다. 온 세상에 두루 퍼져서 모든 것을 정신과 이성으로 만들어내며, 맨 바깥 쪽 것들을 잡아 중앙으로 돌려보내는 그 자연 말입니다.

116. 그래서 만일 세계가 둥글고, 그로 인해 그 모든 부분들이 모든 곳에서 자체적으로, 또 서로 간에 평온하게 함께 결합되어 있다면, 땅에게도 같은 일이 일어나는 것이 당연합니다. 그래서 그것의 모든 부분들이 가운데로 모여들어서(이 중심은 구체의 경우, 제일 깊은 곳에 있는데요), 그와 같은 정도의 중력과 무게의 노력을 뒤흔들 수 있을 만한 그 어떤 것도 파고들지 못하게 말입니다. 그리고 같은 이치로 바다도, 그것이 땅 위에 있긴 하지만, 땅의 한가운데 지점을 지향하여 사방에서 균일하게 함께 뭉쳐서, 결코 넘치지도 않고 쏟아지지도 않습니다.

117. 또 이것과 잇닿아 있는 공기는 사실 저 높은 곳에 속하는 가벼움으로써 움직여가긴 합니다만, 그래도 모든 방향으로 자신을 스

스로 쏟아 붓습니다. 그래서 바다와 이어져 연결돼 있으면서, 또 본성상 하늘로 올라갑니다. 그리고 하늘의 미세함과 열기가 적절히 섞여들어 동물들에게 생명과 건강을 제공합니다. 그것을 하늘의 제일 높은 부분, 아이테르라고 불리는 것이 감싸고 있는데, 이것은 자신의 미세한, 다른 어떤 혼합물도 섞이지 않은 열기를 유지하면서, 공기의 맨 바깥 부분과 접해 있습니다.

〔46〕 그런데 아이테르 속에서 별들이 돌고 있습니다. 그것들은 한편으로 자신들의 무게에 의해 자기들을 둥글게 만들어 유지하고, 또 한편 그 모습과 형태 자체로써 운동을 유지합니다. 왜냐하면 그것들은 구형이고, ─ 제가 이미 앞에[137] 말한 것 같은데요 ─, 그 형태라면 해를 입을 가능성이 극히 낮기 때문입니다.

118. 한데 별들은 본성상 불의 성질을 가진 것입니다. 그래서 땅과 바다와 그 밖의 물들의 증기에 의해 키워지지요. 태양에 의해 데워진 들판에서, 그리고 물에서 솟아난 증기들 말입니다. 이것들에 의해 키워지고 재생된 별들과 전체 아이테르는 같은 것들을 다시 쏟아부었다가, 다시 같은 방식으로 끌어당깁니다. 그래서 거의 아무것도 사라지지 않거나, 아니면 아주 조금만 별들의 불길과 아이테르의 화염이 소비하게 됩니다. 이런 이유 때문에 우리 학파는, 판아이티오스가 의문시했다는 저 일이 일어나리라고 생각합니다. 즉, 마지막에[138] 온 세상이 불타버리리라는 것입니다.[139] 습기가 소진되면 땅

---

137) 2권 47절.

138) apocatastasis, 혹은 대년(*annus magnus*, 2권 51장 참고)이 끝날 때.

139) 스토아학파가 주창하는 대화재(*conflagratio*, 또는 *exustio*, 희랍어로는 *ekpyrosis*)이다. 애당초 이런 생각은 헤라클레이토스(B30, B66DK 참고)에게 빌려온 듯한데, 그 골자는, 이 세계의 요소들은 서로 균형을 이루고 있지만 점차적으로 가장 강한 요소인 불이 과도해져서 결국은 온 세계가 불타게 된다는 것이다. 한편 이 화재에는 세계의 불완전성이 정화(*katharsis*)

도 영양을 공급받을 수 없고, 공기는, 모든 물이 다 들이켜지고 나면, 상승하는 게 불가능하기 때문에 흐르지도 않을 테니까요. 그러면 불 이외에는 아무것도 남지 않을 것입니다. 생명체이자 신이기도 한 이것으로부터 다시 세계의 재생이 이루어지고, 같은 질서가 생겨날 것입니다.

119. 저는 당신들께 별들의 이치에 대해 지나치게 떠드는 걸로 보이지 않기를 바랍니다. 특히 '방황한다'고들 하는 별들에 대해서 말입니다. 그것들의 극히 다양한 운동에서 그토록 큰 일치가 있어서, 제일 높이 있는 토성은 차갑게 만드는 반면에, 중간에 있는 화성은 태우고, 그들 사이에 놓인 목성은 빛을 비추고 온화한 효과를 줍니다. 그리고 화성 아래에 있는 두 행성은 태양에 복종합니다. 태양 자체는 온 세계를 자신의 빛으로 채우고, 달은 그것으로부터 빛을 받아 수태와 출산, 생식력의 성숙을 가져옵니다. 이러한 사물들의 협동과, 세계를 보존하기 위한 말하자면 공감 어린 자연의 단결이 혹시 그 어떤 사람을 감동시키지 않는다면, 저는 확실히 이 사람이 이런 것들 중 어느 하나에 대해서도 재고해본 적이 없다는 걸 압니다.

120. 〔47〕 자, 이제 천상적인 것들에서 땅에 속한 것들로 가기 위해 질문하자면, 대체 이것들 중에서 현명한 자연의 이성을 드러내지 않는 게 무엇이겠습니까? 우선 땅에서 솟아나는 것들에 대해 보자면,

---

되는 의미도 있어서, 그 후에 다시 세계가 재건, 재생(palingenesis) 된다고 한다. 하지만 후대의 스토아학파 중에는 이 학설에 반대하는 사람이 많았고, 로도스 출신의 판아이티오스(기원전 185~109년)도 그 중 하나이다. 이들은 세계가 변하지도 소멸하지도 않는다고 믿었고, 특히 세계영혼이 그 화재 동안 아무 일도 하지 않는 건 있을 수 없는 사태라고 생각했다. 모든 것이 불 속에 사라지면 결국에는 불도 영양이 부족해서 소멸될 수밖에 없다는 것이다. 하지만 대화재 학설은 포세이도니오스에 이르러 다시 지지를 받고 인정되었다.

밑동은 자기들이 떠받치는 부분들에 안정성을 부여하는 동시에 땅으로부터 즙을 빨아들이고, 뿌리에 받쳐진 저 윗부분은 그것에 의해 영양을 공급받습니다. 둥치들은 속껍질, 겉껍질로 덮여있습니다. 추위와 더위로부터 더 안전해지도록 말이지요. 또한 포도나무는 덩굴손으로 버팀대를 마치 손으로 하듯이 붙잡고서 동물처럼 자신을 일으켜 세웁니다. 더욱이 그것들은, 양배추가 가까이에 심어져 있으면, 그것이[140] 마치 병을 가져오고 해를 끼치는 것인 양 피하며, 어느 부분 하나 접촉하지 않는다고 합니다.

121. 또한 동물들의 다양성은 얼마나 큽니까, 그들 각각이 자기 종의 특성을 지키려고 하는 힘은 또 얼마나 큽니까! 그들 중 어떤 것들은 가죽으로 덮여 있고, 어떤 것은 털로 옷 입고 있으며, 어떤 것은 가시로 삐죽삐죽하였습니다. 우리는 어떤 것들은 깃털로, 어떤 것들은 비늘로 덮인 것을 봅니다. 어떤 것은 뿔로 무장하고, 어떤 것은 날개깃으로 도망칠 수단을 갖췄습니다. 한편 자연은 동물들 각각에게 적절한 먹을거리를 풍성하고 넉넉하게 준비해주었습니다. 저는 저 먹이를 획득하고 섭취하는 데 적절한 어떤 형태가 동물의 생김새에 갖춰져 있는지, 신체의 모양이 얼마나 교묘하고 섬세한지, 지체들의 구조가 얼마나 경이로운지 꼽아 볼 수도 있습니다. 왜냐하면 모든 것이, 몸속에 들어있는 것만 하더라도, 그 중 어느 하나 쓸데없거나 삶을 유지하는 데 필수적이지 않은 것은 없게끔, 그렇게 생겨나고 배치되어 있으니 말입니다.

---

140) 전해지는 사본들에는 a caulibus brassicis라고 되어 있는 것을 Ax는 a caulibus brassicae로 읽었으나, 이 번역에서는 brassicis가 caulibus의 설명으로 여백에 적혀 있다가 원문으로 섞여 들어갔다는 Pease의 견해를 좇아 brassicis를 삭제하고 옮겼다. Pease에 따르면 caulis는 brassica와 같은 의미로 둘 다 '양배추'라는 뜻인데, caulis의 다른 뜻, 즉 '줄기'라는 뜻에만 익숙한 어떤 사람이 뜻을 분명히 하기 위해 적어 넣었다는 것이다.

122. 한편 자연은 또한 야수들에게 감각과 욕망을 주었습니다. 이 중 하나에 의해서는 타고난 먹이를 얻으려는 충동을 갖고, 다른 하나에 의해서는 질병을 주는 것과 건강을 주는 것을 구별할 수 있도록 말입니다. 또한 어떤 동물들은 걸어서, 어떤 것들은 기어서 어떤 것은 날아서, 어떤 것은 헤엄쳐서 먹이에 다가갑니다. 일부는 입을 벌리고 이빨 자체로 음식을 물며, 일부는 발톱으로 잡아 채어가며, 일부는 구부러진 부리로, 어떤 것들은 빨아먹고, 어떤 것은 갉아먹으며, 어떤 것은 통째로 삼키고, 어떤 것은 씹어 먹습니다. 또 어떤 것들은 키가 작아서 땅에 있는 먹이에 입이 쉽게 닿습니다.

123. 하지만 키가 더 큰 것들, 예를 들면 거위나 백조, 학, 낙타 등은 긴 목의 도움을 받습니다. 코끼리에게는 심지어 손까지 주어져 있습니다. 큰 몸집 때문에 먹이에 닿는 데 어려움이 있었기 때문이지요.〔48〕한편 생활방식이, 제각각 다른 종류를 먹이 삼아[141] 먹도록 그렇게 정해진 짐승들에게, 자연은 힘을 주기도 하고 속도를 주기도 했습니다. 어떤 것들에게는 일종의 계략과 재주까지도 주어졌습니다. 작은 거미들 중 어떤 것들이 말하자면 그물을 짜는 것처럼 말입니다. 혹시 무엇인가 달라붙으면 잡아먹으려는 것이지요. 또 어떤 것들은[142] 몰래 엿보고 있다가 무엇인가 걸려들며 채어다가 먹어버립니다. 한편 피나(희랍어로 이렇게 불리지요)는 2개의 큰 패각(貝殼)을 벌리고 있는 조개인데요, 먹이를 마련하는 데에 작은 새우와 일종의 동지가 되어 있습니다. 그래서 작은 물고기들이 입 벌린 조개 속으로

---

141) Ax는 aliis generis escis로 적고 난문표시를 해두었으나, 이 번역에서는 Pease를 좇아 alii generis escis(제각각 다른 종류의 음식에 의해)로 읽었다. Pease는 alii를 아주 드물게 사용되는 소유격으로 보고 있다.

142) Ax는 이 구절 다음에 ut**로 적어서, 여기 어떤 구절이 빠졌다고 보지만, Pease와 Gerlach는 ut가 그 앞 문장에 나온 것이 다시 한 번 쓰였다고 보고, ut를 삭제했다. 이 번역에서는 후자를 좇았다.

헤엄쳐 들어오면, 새우가 신호를 보내고 그러면 피나가 껍질을 닫아서 물어버리는 겁니다. 이렇게 해서 아주 다른 두 동물이 공동으로 먹이를 구하는 것이지요.

124. 여기서 궁금한 것은 이들 사이에 어떤 협약이 있어서 그런 것인지, 아니면 이들이 나면서부터 자연 자신에 의해 함께 묶인 것인지 하는 것입니다. 또한 그 못지않은 놀라움이 육지에서 태어나는 수생 동물들에도 있습니다. 예를 들면 악어나, 물에 사는 거북, 그리고 어떤 뱀들인데요, 이들은 물 밖에서 태어나서는 몸을 버틸 수 있자마자 물을 찾아갑니다. 또 우리는 자주 오리 알을 암탉 밑에 넣어둡니다. 그러면 거기서 태어난 새끼 오리들은 처음에는 자기들을 부화시키고 품어준 어미 닭에 의해서 마치 그게 어미인 듯 양육됩니다. 그러다가는 그들을 떠나서, 어미 닭이 쫓아오는데도 도망칩니다. 그들이, 말하자면 본성상의 집이라고 할 수 있는, 물을 처음 보았을 때 말입니다. 자연은 동물들에게 제 것을 지키려는 본능을 그 정도로 크게 심어주었습니다. 〔49〕 저는 플라탈레아[143]라는 이름의 새가 있다는 걸 어떤 글에서 읽은 적이 있습니다. 그것은 먹이를 구할 때, 다른 새들이 바다 속으로 자맥질해서 들어가면 거기로 접근해서는, 그들이 물고기를 잡아 밖으로 나오면 머리를 물고서 잡은 것을 내놓을 때까지 누르다가, 상대가 놓으면 그 먹이에 달려든다고 합니다. 또 이 새는 조개를 삼키는 버릇이 있다고 합니다. 위장의 열로 그것들을 익힌 다음에 토해서, 거기서 먹을 수 있는 부분을 빼 먹는 것입니다.

125. 한편 바다 개구리[144]들은 모래 속에 몸을 묻고 물가를 따라서 움직이는 버릇이 있다고 합니다. 먹이인줄 알고 그들에게 물고기

---

143) platalea. 펠리칸. 여기 언급된 글은 아리스토텔레스의 《동물지》 9권 10장이다.
144) 아귀.

들이 접근하면 그 개구리들에게 잡혀서 먹히는 것이지요. 솔개와 까마귀 사이에는 일종의 본성적인 전쟁이 있습니다. 그래서 어디서든 하나가 다른 것의 알을 만나면 깨뜨려버리지요. 다음과 같은 것(이것은 아리스토텔레스가 관찰한 것145)입니다, 다른 많은 사례도 그에게서 빌려왔지만요146))에 누가 놀라지 않겠습니까? 즉, 두루미들은 더 따뜻한 지역을 찾아서 바다를 건널 때, 세모꼴을 이루어서 날아간다는 사실 말입니다. 세모꼴의 꼭짓점에서 앞에 있는 공기는 그들에 의해 밀쳐집니다. 그러면 점차로 양쪽 빗변에서 마치 노처럼 날개들이 새들의 진행을 가볍게 띄워줍니다. 한편 두루미들이 이루는 세모꼴의 밑변은 말하자면 고물 쪽으로 불어오는 바람의 도움을 받습니다.147) 또 이들은 앞에 날아가는 새의 등에 목과 머리를 얹고 갑니다. 한데 무리를 이끄는 새는 기댈 데가 없어서 이렇게 할 수 없으므로, 자기도 쉬기 위해 뒤로 갑니다. 그러면 이미 휴식을 취한 새들 중 하나가 그의 자리를 이어받습니다. 이런 식으로 전 도정에 걸쳐 교대가 이루어지지요.

126. 이와 같은 많은 것을 저는 제시할 수 있습니다. 하지만 당신들은 전체적인 뜻을 벌써 알고 계십니다. 이제 저것보다 더 잘 알려진 것이, 짐승들이 얼마나 잘 자신을 보호하는지 입니다. 먹이를 먹을 때 어떻게 주변을 살피는지, 잠 잘 때 어떻게 몸을 숨기는지 말입니다. 〔50〕 또 저것들도 놀랍습니다. ─ 이건 최근에야, 그러니까 몇 세대 전에야 의사들의 재능에 의해 밝혀진 것인데요 ─, 개들이 토해

---

145) 단편 342(R).

146) 이 부분의 많은 사례들은 애초에 아리스토텔레스가 관찰한 것인데, 판아이티오스나 포세이도니오스를 통해 전해진 것으로 보인다.

147) 플리니우스, 《자연사》 10권 23장에는, 철새들의 진형이 쐐기 모양을 이루면 그냥 정면으로 공기와 마주치는 것보다 쉽게 그것을 가를 수 있다고 설명하고 있다.

174

내고, 이집트 따오기들이 위장을 청소함으로써 몸을 치유한다는 것입니다. 이국에서 독 묻은 고기를 먹고 잡히는 표범들은, 그걸 사용하면 죽지 않는 어떤 치유책을 갖고 있다는 풍문이 있습니다. 그리고 크레타에 사는 야생 염소들은 독화살에 맞으면 딕탐누스라는 약초를 찾아다니는데, 그걸 먹으면 화살이 몸에서 빠져나간다고 합니다. 148)

127. 사슴들은 출산 직전에 세셀리스라는 어떤 약초로 자신을 정화합니다. 또 우리는 저것을 관찰합니다, 어떻게 각 동물이 자기 무장으로써 폭력과 위협에 맞서서 자신을 지키는지 말입니다. 소들은 뿔로, 멧돼지는 이빨로, 사자는 무는 것으로지요. 어떤 것들은 도망쳐서, 어떤 것들은 숨어서 보호됩니다. 오징어는 먹물을 뿜어서, 전기가오리는 마비를 일으켜서, 또 많은 동물들은 참을 수 없는 끔찍한 냄새로써 추격자를 떨쳐냅니다.

〔51〕 진실로 세계의 질서가 영원하도록, 신들의 예지에 의해 큰 주의가 기울여졌습니다. 짐승들의, 그리고 나무들과, 땅에서 뿌리로 떠받쳐지는 모든 것들의 종이 영원하도록 말입니다. 그리고 후자, 즉 식물들은 모두 자신 안에 씨앗의 힘을 갖고 있어서, 하나로부터 다수가 생겨나며, 이 씨앗은 각각의 줄기로부터 흐드러지게 돋아나는 저 열매들의 가장 깊은 곳에 담겨 있습니다. 그래서 같은 씨앗들로 인간들도 충분하게 먹고, 땅도 같은 종의 줄기들을 그득 재생하게 됩니다.

128. 동물들에게서 자기 종을 영구히 보존하기 위한 어떤 계획이 드러나는지를 제가 왜 얘기하겠습니까? 왜냐하면 우선 어떤 것은 수컷이고, 어떤 것은 암컷이니 말입니다. 그것은 자연에 의해 준비된 영속성의 원인이지요. 그 다음으로 수태시키고, 수태하기에 아주 적절한 신체기관들이 있으며, 수컷에게도 암컷에게도 몸을 섞으려는

148) 아리스토텔레스, 《동물지》 9권 6장, 베르길리우스, 《아이네이스》 12권 412행 이하 참고.

놀라운 욕망이 있습니다. 그리고 씨앗이 제자리에 자리 잡으면, 거의 모든 양분을 자기에게로 끌어당겨 그것으로 울타리를 두르고 생명체를 만들어갑니다. 그것이 자궁으로부터 미끄러져 떨어져 나오면, 젖으로 키워지는 동물에게서는 어미가 먹는 거의 모든 음식이 젖으로 변하기 시작합니다. 그리고 방금 태어난 새끼들은 가르치지 않아도 자연을 인도자로 삼아 젖을 찾고 그것의 풍성함으로 채워집니다. 한편 이들 중 어느 것도 우연한 게 아니고, 이 모두가 자연의 예지와 재주의 산물이라는 것을 보여주기 위하여, 돼지나 개같이 많은 새끼를 낳는 것들에게는 젖꼭지가 많이 주어져 있습니다. 반면에 적게 낳는 짐승들은 젖꼭지를 적게 가지고 있지요.

129. 동물들이, 자기가 낳은 새끼를, 그들이 스스로를 지킬 수 있을 때까지 키우고 지키는 일에 대해 갖는 애정이 얼마나 큰지를 제가 왜 언급하겠습니까? 물고기들은 알을 낳고는 방기한다고들 하지만요. 이것은 물속에서 알이 잘 떠다니고, 쉽게 부화되기 때문입니다. 〔52〕 한편 거북이들과 악어들은 육지에서 산란하고는, 알을 묻고 떠난다고 합니다. 그래서 그들은 자기 힘으로 스스로 태어나고 성장하는 거지요. 암탉과 다른 새들은 알을 낳기 위해 조용한 장소를 찾아서는, 스스로 잠자리가 될 둥지를 짓고 가능한 데까지 부드러운 것들을 거기에 깝니다. 할 수 있는 한 수월하게 알을 보호하기 위해서지요. 거기서 새끼들을 깨어나게 한 다음엔 혹시나 추위에 상할세라 깃털로 품어주고, 혹시 해에서 열이라도 닥칠세라 자기가 가려주며 그렇게 보호합니다. 하지만 새끼들이 날개깃을 이용할 줄 알면, 어미들이 그들의 비행에 따라 나서고는, 더 이상의 걱정에선 풀려나지요.

130. 또한 몇몇 동물들과, 땅이 낳는 식물들의 보존과 안녕에는 인간들의 기술과 사려도 덧붙여 기여합니다. 왜냐하면 인간이 돌보지 않으면 많은 종류의 가축들과 작물들이 살아남을 수 없을 것이기

때문입니다.

　더욱이 인간들이 풍성하게 경작할 수 있도록 해주는 큰 유용함이 여러 곳에서 여러 가지로 발견됩니다. 닐루스149)는 아이귑투스에 물을 대주는데, 온 여름 동안은 그것이 물에 덮여 가득하게 했다가, 그 다음엔 물러가며 들판을 부드럽고 진흙 덮인 것으로 남겨서 씨를 뿌릴 수 있게 해줍니다. 에우프라테스 강은 메소포타미아를 비옥하게 만듭니다. 매년 거기로 말하자면 새로운 들판을 실어다주는 것입니다. 인두스150)는 모든 강 가운데 가장 큰 것인데, 물이 들판을 비옥하고 부드럽게 할 뿐만 아니라, 거기에 파종까지 해줍니다. 곡식과 유사한 엄청난 양의 씨앗을 함께 실어온다고들 하니 말입니다.

　131. 그리고 저는 여러 장소에 있는 여러 가지 기억할 만한 것을, 저마다 많은 결실을 낳는 여러 많은 들판들을 제시할 수 있습니다. 〔53〕 하지만 자연의 저 호의는 얼마나 큰지요! 그것은 그렇게 많은 먹을거리를 그토록 다양하고 달콤하게 생겨나게 해서, 일 년의 한 시기에만이 아니라 늘, 그 새로움과 풍성함을 우리가 즐길 수 있게 해주니 말입니다. 또 그것이 보내주는 에테시아 바람151)은 얼마나 시기적절하며, 인간 종족에게뿐 아니라, 가축들과 땅에서 돋아난 모든 것들에게까지 얼마나 건강을 주는 것인가요! 그것의 숨결에 지나친 열기는 누그러지고, 이 바람에 의해 뱃길도 빠르고 확실하게 방향이 잡힙니다. 많은 것을 그냥 지나쳐야만 하겠네요. 〔하지만 그래도 많은 것을 얘기합니다.〕152)

---

149) 나일 강.

150) 인더스 강.

151) etesios는 '매년 돌아오는'이란 뜻이다. 이 수식어는 지중해 지역에 여름의 약 40일간 부는 북서풍에 사용된다.

152) Ax와 Gerlach는 이 구절을 그대로 두었으나, Pease의 제안에 따라 삭제하는 것이 옳을 듯하다. 이 문장이 없어야 그 다음 문장의 '왜냐하면'이 의미

132. 왜냐하면 강들의 유용함을 다 꼽을 수가 없기 때문입니다. 크게 다가오고 물러서는 바다의[153] 조석(潮汐), 숲으로 옷 입혀진 산들, 해안으로부터 아주 멀리 떨어진 소금구덩이들, 건강에 좋은 약들로 그득한 땅들, 끝으로 우리가 살아가고 살아남는 데 필수적인 헤아릴 수 없는 기술들도 그렇습니다. 또한 낮과 밤의 교대는 어떤 때는 활동하고, 어떤 때는 쉬도록 시간을 부여하여 동물들을 보존시켜 줍니다. 그래서 도처에서 모든 추론에 의해, 이 세계 속에 있는 모든 것은 신적인 정신과 계획에 의해 모든 것의 안전과 유지를 위해 놀랍게 다스려지고 있다는 결론이 나옵니다.

133. 하지만 만일 누군가가, 대체 무엇을 위해 이 엄청난 것을 만드는 수고가 있었는지 묻는다면 어떻겠습니까? 감각도 없으면서 자연에 의해 유지되는 나무들과 풀들을 위해선가요? 하지만 이것은 불합리합니다. 그러면 야수들을 위해서입니까? 신들이 말도 못하고 아무것도 이해하지 못하는 것들을 위해 그렇게 큰 수고를 했다는 것은 조금도 더 그럴싸하지 않습니다. 그러면 무엇을 위해 세계가 만들어졌다고 우리는 말해야 할까요? 당연히 이성을 사용하는 저 생명체들을 위해서입니다. 그것은 바로 신들과 인간들이지요. 그 무엇도 확실히 이들보다 더 낫지 않습니다. 이성은 그 무엇보다 뛰어난 것이기 때문입니다. 따라서 세계와 그 세계 안에 있는 모든 것이 신들과 인간을 위해 만들어졌다는 사실이 믿을 만해집니다.

있게 연결된다. Pease는 이 문장이 필사하다가 지친 필경사가, 혹은 읽다가 지친 어떤 독자가 적어 넣었으리라고 추정한다.

153) Ax는 이 구절 다음에, 사본들에 전해지는 대로 multum이라고 적고 난문 표시를 해두었으나, 이 번역에서는 Pease를 좇아 multum을 삭제했다. 그는 이 단어가, 그 앞 문장(삭제하자고 했던 문장)에 나오는 multa라는 단어를 어떻게든 설명해 보려는 어떤 교정자가 여백에 써놓았던 것이 본문으로 섞여 들어갔다고 본다.

178

〔54〕 그리고 인간들이 불멸의 신들의 예지에 의해 보살펴졌다는 것은, 인간의 전체 구조와 인간 본성의 모든 형태와 그 완전성을 살펴보면 더 쉽게 이해됩니다.

134. 왜냐하면 동물의 생명은 세 가지 것, 즉 먹는 것, 마시 것, 숨 쉬는 것에 의해 유지되는데요, 입은 이 모든 것을 취하는 데에 아주 적합합니다. 코와 연결되어 있어서 호흡으로 부풀기도 하니까 말입니다. 한편 음식은 입 안에 정렬된 치아에 의해 씹히고,154) 그것들에 의해 나뉘고 부드럽게 됩니다. 그것들 중 맨 앞의 것은 날카로워서 음식을 물어 자릅니다. 반면에 맨 안쪽 것들은 어금니라고 불리는 것으로, 음식을 부수지요. 그리고 그 일이 완수되는 데는 혀의 도움까지 받는 게 확실합니다.

135. 혀에 뒤이어 그것에 뿌리 쪽에 연결된 식도가 있습니다. 입에 들어온 것들은 거기로 제일 먼저 미끄러져 들어가지요. 그것은 양쪽으로 편도와 닿아 있고, 구강의 끝부분 제일 깊은 곳으로 경계 지어져 있습니다. 그리고 그것은 혀의 요동치는 움직임에 의해 밀쳐지고, 말하자면 밀어 넣어진 음식을 받아서 아래로 던져 보냅니다. 이때, 삼켜지는 음식보다 아래 있는 식도 부위는 확장되고, 위에 있는 부위는 수축됩니다.

136. 한편 거친 대롱155) ─ 의사들에 의해 이렇게 불리죠 ─ 은 혀의 뿌리에 연결된 구멍을 갖고 있습니다. 식도가 혀 쪽에 이어진 것보다는 약간 위쪽이지요. 그것은 허파까지 뻗어 있으며 호흡에 의해

154) 사본들에는 manditur라고 되어 있는 것을 Ax는 Alanus의 제안에 따라, mandatur로 고쳤으나, 이 번역에서는 원래 전해지는 대로 (그리고 Pease와 Gerlach를 좇아) manditur로 읽었다. Ax를 따르면 '치아에 맡겨져서'가 된다.

155) aspera arteria. 희랍어 tracheia arteria를 옮긴 것이다. 당시에는 기관과 혈관을 구별하지 않고 모두 대롱〔管〕이라고 했다.

이끌려 들어온 공기를 받아들입니다. 그리고 그 공기를 허파로부터
내쉬어 되돌려 보냅니다. 그것은 일종의 뚜껑으로 덮여 있습니다. 혹
시 어쩌다가 음식이 일부 거기로 떨어져서 숨 쉬는 데 방해될까봐 그
런 것이지요. 한데 위장이 식도 밑에 놓여서 음식과 음료를 받아들이
는 반면에, 허파와 심장은 바깥으로부터 공기를 끌어들입니다. 위장
에서는 많은 놀랄 만한 일이 수행됩니다. 그것은 거의 근육으로 되어
있으며, 여러 굽이로 되어 구불구불합니다. 156) 그것은 받아들인 음
식을 마른 것이든 젖은 것이든 막아서 잡아둡니다. 음식이 변화하고
소화될 수 있게끔 그러는 것이지요. 그것은 때로는 오므라들었다가
때로는 펴졌다가 합니다. 그리고 그것이 받아들인 모든 것을 누르고
뒤섞습니다. 이는, 그것이 많이 품고 있는 열에 의해서, 또 음식을
분해함으로써, 그리고 숨결에 의하여 모든 것이 소화되고 부서져서,
신체 다른 곳으로 쉽게 나뉘어 가도록 하려는 것입니다. 〔55〕 한편
허파는 조직이 다소 성기고 해면 비슷하게 부드러워 숨결을 빨아들이
는 데 아주 적합합니다. 그것은 때로는 수축하여 숨을 내쉬고, 때로
는 확장되어 숨을 들이킵니다. 157) 이는 동물들을 유지하는 데 가장
중요한 자양분을 자주 끌어들이려는 것이지요.

　137. 한편 우리를 유지시켜주는 영양 즙(汁) 은158) 나머지 음식으
로부터 분리되어, 창자에서 간으로 흘러 들어갑니다. 창자 가운데서

---

156) 위와 장을 구별하지 않고 묶어서 언급한 것이다.

157) Ax는 inre spiritu라고 읽고 난문표시를 해두었으나, 이 번역에서는 Pease
　　의 견해를 따라 in respiritu(숨을 들이쉼에서) 라고 읽었다.

158) 전해지는 사본들에는 이 단어 다음에 alvo(위장에서) 라는 단어가 있어서
　　많은 논란을 불러일으켰으며, Ax는 난문표시를 해두었는데, 이 번역에서
　　는 Pease의 견해를 좇아 그 단어를 삭제하였다. Pease는 이 단어가, 다음
　　다음 문장에 alio라는 보충어구가 들어가야 한다(다음 각주 참고) 는 의미로
　　어떤 교정자가 적어 놓은 것이 본문으로 섞여들어 간 것이라고 설명한다.

간의 문(이렇게 불리지요)까지 뻗어 이어진 어떤 길들을 통해서인데
요, 그것은 간에 이르고 그것에 붙어 있지요. 한편 거기서 다른 통로
들이 다른 쪽으로159) 뻗어 있는데, 이것을 통해 양분이 간으로부터
미끄러져 떨어집니다. 그리고 이 양분으로부터 담즙이 분리되고, 또
콩팥에서 배출되는 저 액체160)가 나뉘면, 나머지 것들은 혈액 속으
로 들어가서 간의 문으로 흘러갑니다. 거기로 간의 모든 길들이 이어
져 있지요. 거기를 통해 빠져나온 양분은 바로 그 자리에서 '빈 대롱'
이라고 불리는 저 혈관161)으로 쏟아져 들어가서, 그것을 통해 심장
으로, 이제는 분해되고 소화된 상태로 흘러 들어갑니다. 그리고 심장
으로부터 전신으로 분배됩니다. 아주 많은, 몸의 온 부분들에 이르는
혈관들을 통해서 말입니다.

138. 한편 음식 중에 남은 것이, 창자가 수축되고 이완될 때 어떻
게 배출되는지는 말하기 전혀 어렵지 않습니다. 하지만 얘기가 유쾌
하지 않은 데로 가지 않도록 그냥 지나가야겠네요. 그보다는 자연의
저 믿을 수 없는 작품에 대해 설명해보겠습니다. 호흡에 의해 허파로
빨려 들어온 공기는 우선 호흡과정 자체에 의해, 그런 다음 허파와
접촉함으로써 따뜻해집니다. 그 중 일부는 날숨에 의해 다시 나가고,
일부는 '심장의 방'(*ventriculum cordis*)이라는 심장의 어떤 부분162)에
수용됩니다. 한데 그것과 비슷한 다른 부분163)이 거기 잇닿아 있고,
거기로 혈액이 간에서부터 저 빈 대롱을 통해 흘러 들어오지요. 이런
방식으로 저 기관들을 통해, 피는 정맥(*venae*)을 통해 온몸으로 퍼지

---

159) Ax는 aliae(다른 통로들) 다음에 **으로 빈 칸을 남겨 두었으나, 이 번역
에서는 Pease를 좇아 alio를 보충하였다.
160) 소변.
161) 대정맥.
162) 정확히는 좌심방이지만, 여기서는 심방과 심실을 구별하지 않는 듯하다.
163) 우심방.

고 숨결은 동맥(*arteriae*)을 통해 퍼지는 것입니다. 한데 이 둘은 아주 빽빽하게 온몸에서 서로 얽혀 있으면서, 교묘하고 신적인 작업의 어떤 믿을 수 없는 힘을 증언합니다.

139. 뼈에 대해 제가 말할 필요가 어디 있겠습니까? 그것들은 우리 몸을 받쳐주면서 놀라운 연결부위를 갖고 있습니다. 안정성을 주기에 적합하면서도, 지체들의 끝을 마감하고, 운동에도 신체의 모든 움직임에도 알맞게 되어 있지요. 거기에 지체들을 연결시키는 힘줄(신경)164)들과 온몸으로 뻗어 있는 그것들의 조직도 덧붙이십시오. 이들은 정맥, 동맥처럼 심장에서 뻗어 나와165) 온몸으로 이어져 있습니다.

140. 〔56〕 자연의 이렇게 주의 깊고 솜씨 있는 예지에 많은 것이 덧붙여질 수 있습니다. 신들에 의해 인간들에게 얼마나 많은 것들이 얼마나 특별히 선택되어 주어졌는지를 이해하게끔 말입니다. 우선 신은166) 그들을 땅에서 일으켜 높이 똑바로 서게 했습니다. 하늘을 올려보고 신들에 대한 앎을 가질 수 있도록 말입니다. 인간은 거주자나 정착자로서 땅에서 태어난 게 아니라, 말하자면 위에 있는 천상적인 것들의 관찰자로 났습니다. 그것들이 보여주는 장관은 동물들의 그 어떤 종족과도 상관이 없습니다. 또한 사물들에 대한 통역자이자 전령으로서, 마치 놀라운 요새 같은 머리에 놓인 감각기관들은, 필수

---

164) 라틴어로 nervi, 희랍어로 neuroi는 신경과 힘줄 양자에 모두 구별 없이 사용되었다.

165) 이것은 아리스토텔레스, 《동물지》 3권 5장 515a27-8에 나온 견해이다. 플리니우스(《자연사》 11권 217장)도 같은 견해를 따르고 있다. 하지만 갈레노스(서기 130년경~200년경)는 신경이 뇌에서 출발한다는 입장을 취하고 있다.

166) 남성 단수 지시대명사(*qui*)로 되어 있어서, 자연을 가리키는 여성형 quae로 고치려는 학자들도 있으나, Pease는 이것이 '신'을 가리킨다고 보고, 여기서 단수, 복수문제는 중요하지 않다고 설명한다.

182

적인 용도에 걸맞게 만들어지고 배치되어 있습니다. 왜냐하면 눈들은 마치 감시병처럼, 가장 잘 관찰하고 자기 임무를 수행할 수 있게끔 제일 높은 위치를 차지하고 있으니까요.

141. 귀들도 본성상 위로 올라가는 소리를 포착해야 하므로, 몸의 제일 높은 곳에 제대로 놓였습니다. 마찬가지로 콧구멍들은, 모든 냄새가 위로 올라가므로, 제대로 높은 곳에 있습니다. 그리고 먹는 것과 마시는 것에 대한 판단이 저들의 중요한 임무이므로, 이들이 입의 이웃에 위치한 것이 이유가 없지 않습니다. 한편 미각은, 우리가 섭취하는 것들의 종류를 감지해야 하므로, 우리 입에서도 본성상 먹을 것과 마실 것의 통로가 열려 있는 부분에 거주합니다. 촉각은 온몸에 균일하게 퍼져 있습니다. 모든 접촉과, 추위, 더위의 모든 지나친 자극을 감지할 수 있도록 말이죠. 그리고 마치 건축에서 목수들이, 어쩔 수 없이 혐오를 불러일으킬 배출물들을 주인들의 눈과 코로부터 멀리 돌리듯이, 자연은 비슷한 것들을 감각기관으로부터 멀리 배정해 놓았습니다.

142. 〔57〕 그 무엇도 자연보다 더 교묘할 수 없으니, 대체 자연 이외의 어떤 기술자가 감각기관 속에 그토록 대단한 기술을 적용할 수 있었겠습니까? 그것은 우선 눈들을 아주 얇은 막으로 옷 입혀 둘러쌌습니다. 우선 그것을 통해서 볼 수 있도록 투명하게 만들면서도, 다른 한편 스스로 지탱될 수 있도록 튼튼하게 했습니다. 또 눈을 재빨리 잘 움직이게 만들었습니다. 그래서 혹시 어떤 것이 해를 줄 것 같으면 눈을 쉽게 피하고, 또 원하는 대로 시선을 쉽게 돌릴 수도 있지요. 우리는 눈동자를 통해서 보는데, 이것은 '작은 인형'(pupula)이라고 불립니다. 167) 한데 이 부분은, 해를 줄 만한 것들을 쉽게 피할 수

---

167) 사람을 볼 때, 거기에 작은 인형 같은 상이 맺히기 때문에 이런 이름이 붙었다.

있게끔 작습니다. 눈꺼풀은 눈의 덮개인데, 눈동자를 다치지 않게끔 접촉하기 아주 부드럽고, 또 어떤 것이 다치게 하지 않도록 눈동자를 가리는 데도, 여는 데도 아주 적합하게 되어 있습니다. 그리고 이 일을 아주 빠르게 되풀이할 수 있게끔 자연은 배려해 주었습니다.

143. 또 눈꺼풀은 말하자면 눈썹의 방벽으로 방비되어 있습니다. 눈을 뜨고 있을 때 뭔가 눈을 해칠 만한 것은 그것들이 물리치고, 자느라고 눈이 감겼을 때, 그러니까 우리가 보기 위해 눈을 필요로 하지 않을 때는 눈이 마치 그것에 덮인 듯한 상태로 쉴 수 있게 해줍니다. 더욱이 그것은 편리하게 깊이 숨어있고, 그 주위는 높은 부분들이 에워싸고 있습니다. 왜냐하면 우선 그 윗부분은 눈썹에 의해 가로막혀 머리와 이마로부터 흘러내리는 땀을 막아주니 말입니다. 그리고 아랫부분에서는 뺨이 밑에 놓인 채 약간 튀어나와 보호해줍니다. 한편 코는 두 눈을 중간에서 나눠주는 것처럼 보이게 놓여 있습니다.

144. 하지만 청각기관은 항상 열려 있습니다. 왜냐하면 그것의 감각은 우리가 잘 때도 필요하기 때문입니다. 거기에 소리가 포착되면 우리는 자다가도 깨어나지요. 그것은 구불구불한 통로를 가지고 있습니다. 그것이 단순하게 죽 뻗어 있으면 혹시 무엇인가 들어갈 수도 있으니 그런 거지요. 또 혹시 아주 작은 벌레가 침입하려 시도하면, 마치 끈끈이처럼 귀지에 들러붙게 배려되어 있습니다. 한편 우리가 귀라고 부르는 것은 밖으로 돌출해 있습니다. 감각기관을 가리고 보호하게끔, 또 다가온 소리가 미끄러져 지나가지 않도록, 그리고 감각이 그것에 자극을 받기 전에 떠나가 버리지 않도록 되어 있는 것입니다. 하지만 그것의 입구는 뻣뻣하고 말하자면 뿔의 성질을 지녔으며, 많은 굴곡을 가지고 있습니다. 왜냐하면 소리는 이런 특성을 가진 물체에 반사되고 증폭되기 때문입니다. 이런 이유로 현악기에서 거북 껍질이나 뿔에 소리가 울리고, 휘어지고 에워싸인 곳에서 더 크게 전

184

해지는 것이지요.

145. 그와 비슷하게 코는, 필수적인 쓰임새 때문에 늘 열려 있으면서, 좀더 좁은 입구를 가지고 있습니다. 해를 줄 수 있는 어떤 것이 거기로 들어오지 못하게 그런 것이지요. 그리고 그것은 늘 물기를 갖고 있습니다. 먼지와 다른 많은 것을 막는 데 유용하지요. 미각은 특별히 대단하게 감싸여 있습니다. 사용하기에도, 해로운 것을 막기에도 적합하게 입 안에 들어있으니까요.

〔58〕 그리고 인간의 모든 감각은 짐승들의 감각보다 훨씬 앞서 있습니다. 왜냐하면 우선 우리 눈은, 눈으로 판정하는 저 예술들에서, 그러니까 그려진, 만들어진, 새겨진 형태들에서, 그리고 몸의 움직임과 동작에서 많은 것을 더 섬세하게 포착하니 말입니다. 또한 색채와 형태의[168] 매력과 질서와, 말하자면 적절성[169]을 눈이 판정하지요. 또한 다른 더 중요한 것들에 대해서도 그렇습니다. 미덕도 악덕도 분간하니 말입니다. 그것은 분노한 사람과 호의를 품은 사람, 기뻐하는 이와 슬퍼하는 이, 용감한 이와 비겁한 이, 대담한 이와 소심한 이를 분별합니다.

146. 마찬가지로 귀도 어떤 놀랍고 재주 있는 판정자입니다. 그것에 의해 목소리와 관악기, 현악기들의 음악에서 소리의 다양성과 간

168) 이 단어 다음에, 설명하기 곤란한 tum(그때)이란 단어가 들어 있어서 많은 학자들이 여러 수정제안을 하고 있지만, 어느 것도 충분한 설득력이 없어서 Ax, Pease, Gerlach 모두 난문표시를 하고 있다. Pease는, 의미상 tum을 삭제하고 싶지만, 질적으로 우수한 사본들에 모두 그렇게 되어 있고, 다른 고대 저자에 의해 인용되고 있어서 그러기 곤란하다고 해명한다. 이 번역에서는 tum이 없는 듯이 옮기고, 사본에 그런 문제가 있다는 것만 밝힌다.
169) '말하자면'(ut ita dicam)이란 말이 붙은 것은 이 단어가 도입된 지 얼마 안 되었기 때문이다. 이 단어는 '적절성, 적합성'을 나타내는 희랍어 to prepon이나 euprepeia를 옮긴 것으로 보인다.

격, 높낮이가 판별됩니다. 그리고 목소리의 많은 성질들, 즉 낭랑한
것과 둔중한 것, 매끄러운 것과 거친 것, 묵중한 것과 날카로운 것,
유연한 것과 뻣뻣한 것, 이런 것들은 인간의 귀만이 판별하지요. 또
마찬가지로 코와 미각과, 부분적으로는170) 촉각에도 큰 판정기능이
있습니다. 이런 감각들을 사로잡고 실컷 즐기게 해주는 기술들은 제가
원하는 것 이상으로 많이 발명되었습니다. 향수 조제, 음식 맛내기,
저속한 몸치장이 얼마나 발전했는지는 너무나 분명하니 말입니다.

147. 〔59〕 진실로 인간의 정신 자체와 지성, 이성, 현명함, 예지
력이 신적인 배려에 의해 완성되었음을 깨닫지 못하는 자는, 제게는
바로 이런 것들을 결여한 사람으로 보입니다. 제가 이것에 대해 논하
는 동안, 코타여, 당신의 유창함이 제게 주어졌으면 하는 바람이 제
게 있습니다. 이런 말을 하는 이유는, 사실 당신이라면 얼마나 잘 말
씀하시겠습니까? 우선 우리에게 있는 저 지성(intellegentia)이 얼마나
큰지, 그리고 결과들을 전제들과 연결시키고 파악하는171) 어떤 능력
이 있는지 말입니다. 물론 우리는 이 능력에 의해서, 각각의 전제들
로부터 어떤 결과가 나오는지 판단하고, 이것을 추론에 의해 결론짓
습니다. 또 각 용어를 정의하고 간명하게 테두리 짓습니다. 이 능력
에 의해서 우리는 지식이 어떤 힘을 가졌는지, 그것이 어떤 것인지
이해합니다. 신에게조차 이것보다 더 뛰어난 것은 결코 없습니다. 또
저것들, 즉 당신들 아카데메이아학파가 논박하고 없애버린 능력들은
얼마나 큰지요. 즉, 우리가 밖에 있는 사물들을 감각과 정신으로써

---

170) 라틴어로는 parte. Ax와 Pease는 모두 난문표시를 하고 있으나, Gerlach
    는 이대로도 문제가 없다고 본다. Pease는, 고친다면 Plasberg가 보충한
    대로 〈quadam ex〉 parte가 좋다고 말하는데, Gerlach도 그렇게 옮기고
    있어서, 이 번역에서는 그쪽을 따랐다.

171) coniunctio와 conprehensio. 희랍어 synthesis와 katalepsis이다.

지각하고 파악한다는 사실 말입니다.

148. 이러한 지각들을 한데 모으고 서로 비교하는 데서 우리는, 때로는 생활의 필요를 위해서, 때로는 여흥을 위해서 반드시 필요한 기술까지 낳는 것입니다. 자, 이제 당신들이 늘 그렇게 말하듯, 기술들 중의 여왕인 말의 힘이 얼마나 뛰어나고 신적인지 보시죠. 그것은 우선, 우리가 모르는 것들을 배우고, 아는 것을 다른 사람에게 가르칠 수 있도록 해줍니다. 다음으로, 이것에 의해 우리는 격려하고, 설득하며, 상처 받은 사람들을 위로하고, 겁먹은 사람들을 두려움으로부터 끌어내고, 흥분한 사람들을 자제시키고, 욕망과 분노를 잠재웁니다. 이것은 우리를 법과 규칙, 도시의 질서로 묶습니다. 이것은 우리를 야만적이고 거친 삶으로부터 격리시킵니다.

149. 언어를 사용할 수 있도록, 자연이 얼마나 대단한 장치를 고안해냈는지 그대가 주의 깊게 살피지 않는다면, 거의 믿을 수 없을 것입니다. 왜냐하면 우선 허파로부터 숨관이 입안 깊숙한 데까지 뻗어 있으며, 그것을 통해 정신으로부터 시작된 목소리가 잡히고 쏟아보내집니다. 그런 다음 입안에서 혀가 자리를 잡고 치아에 의해 한정됩니다. 그것은 분절되지 않는 채 내보내진 목소리에 형태를 부여하고 한계지어서, 구별되고 억제된 소리를 만듭니다. 치아로도, 입의 다른 부분으로도 쳐서 보내는 거지요. 그래서 우리 학파 사람들은 혀를 술대와 비슷한 것이라 말하곤 합니다. 치아는 현(絃)이고, 코는 음악이 연주될 때 현에 맞춰서 소리를 되울리는 뿔 울림통이고요.

150. 〔60〕 또한 자연은 인간에게 얼마나 많은 기술을 보조하고, 거기 얼마나 적합한 손을 주었는지요! 왜냐하면, 부드러운 마디와 관절 덕택에 손가락들을 쉽게 굽히고 펼 수 있어서 그 어떤 운동에도 전혀 수고할 것이 없으니까요. 그래서 손가락의 움직임으로 해서, 손은 그리기, 만들기, 새기기, 현악기와 관악기에서 소리를 끌어내기에 적

합합니다. 이것들은 여흥에 속한 것이지만, 다음 것들은 필요와 관련 된 것입니다. 즉, 농경지 가꾸기, 집짓기, 짜서든 꿰매서든 몸 가릴 것 만들기, 그리고 구리와 철로 된 온갖 기물 만들기 따위 말입니다. 이런 것으로부터 우리는 이해하게 됩니다, 정신에 의해 고안되고 감 각에 의해 지각된 것들에 장인의 손길이 가해짐으로써 우리가 모든 것을 얻었다는 사실을요. 그래서 집에 살고, 옷을 입고, 안전하게 될 수 있었으며, 도시와 성벽, 가옥과 신전을 갖게 된 거지요.

151. 또한 인간의 작업에 의해서, 즉 손에 의해서 먹거리도 다양 하고 풍성하게 마련됩니다. 왜냐하면 들판이 가져다주는 많은 것들 도 손이 찾은 것이기 때문입니다. 즉시 소비되는 것이든 장기간 보관 했다 먹는 것이든 간에 말이죠. 그 밖에도 우리는 고기를 먹습니다, 뭍에 사는 것, 물에 사는 것, 하늘을 나는 것을 더러는 잡아서, 더러 는 길러서요. 또 우리는 네발짐승들을 길들여 타고 다닙니다. 그들의 속도와 힘은 우리들 자신에게 힘과 속도를 더해주지요. 우리는 어떤 짐승들에게 짐을, 혹은 멍에를 얹습니다. 우리는 코끼리들의 날카로 운 감각을, 개들의 예리함을 우리에게 도움이 되도록 이용합니다. 우 리는 땅속 동굴로부터 철을 끌어냅니다. 그것은 들판을 경작하는 데 필수적인 것이지요. 우리는 깊이 숨어있는 구리, 은, 금의 광맥을 찾 아냅니다. 이것들은 사용하기에 적절하고 또 치장에 적합한 것들이 지요. 우리는 나무들을 베어내고, 키운 것이든 숲에 자란 것이든 모 든 목재를 더러는 불을 붙여 몸을 따뜻하게 하는 데에, 그리고 음식 을 부드럽게 하는 데에 이용하며, 더러는 건축에 사용해서 집의 보호 를 받고 추위와 더위를 몰아냅니다.

152. 목재는 배를 짓는 데도 크게 유용한데, 그 배들이 항해함으로 써 사방에서 우리 삶에 도움이 되는 모든 것이 풍성하게 공급됩니다. 그리고 우리 인간들만이 자연이 낳은 가장 폭력적인 것들, 즉 바다와

바람의 통제권을 갖고 있습니다. 이는 항해술 지식 덕분이지요. 그래서 우리는 아주 많은 바다의 산물들을 이용하고 즐깁니다. 마찬가지로 땅에서 나는 유용한 것들의 모든 통제권이 인간에게 있습니다. 우리는 벌판과 산의 산물을 즐기며, 강과 호수들이 우리 것입니다. 우리는 곡식과 나무들을 심고, 땅에 물을 대어 풍요하게 합니다. 우리는 강물을 막고, 곧게 흐르도록 하며, 방향을 돌립니다. 결국 우리 손으로 자연 속에 말하자면 다른 자연 만들기를 시도하는 것입니다.

153. 〔61〕 또, 어떻습니까? 인간의 이성은 하늘에까지 뚫고 들어가지 않았던가요? 이런 말을 하는 이유는, 동물들 가운데 우리 인간만이 별들이 뜨고 지는 것과 그 도정을 인식합니다. 인간 종족에 의해서 날과 달, 해〔年〕가 정해졌습니다. 그리고 일식과 월식이 이해되었으며, 그들이 미래의 모든 시간 동안, 어떤 게 어느 정도로 언제 있을지 예언되었습니다. 그것들을 보면서 인간들은 신에 대한 지식으로 나아갔습니다. 거기서 경건함이 생기고, 거기에 정의와 다른 덕들이 결합되었습니다. 한데 이것들로부터 신들과 비슷하고 동등한 행복한 삶이 생겨나지요. 이 삶은 불멸 이외의 어떤 다른 것에서도 천상적 존재들에 뒤지지 않는데, 이 불멸은 행복한 삶과는 관련이 없습니다. 이런 것들을 보임으로써 저는, 인간의 본성이 모든 동물들을 얼마나 앞서는지 충분히 설명한 듯합니다. 이것으로부터, 신체의 형태와 위치도, 정신과 지성의 그러한 힘도 우연에 의해 만들어졌을 수는 없다는 게 이해되어야만 합니다.

154. 이제 제가 말을 마치며 마지막으로 언급할 남은 내용은, 인간들이 이용하는 이 세상 모든 것이 인간을 위해 만들어지고 준비되었다는 점입니다.

〔62〕 우선 세계 자체가 신들과 인간들을 위해 만들어졌습니다. 그리고 그 안에 있는 것들은 인간이 즐기도록 준비되고 발명된 것입니

다. 왜냐하면 세계는 말하자면 신들과 인간들의 공동의 집이거나, 이
둘의 도시이기 때문입니다. 이 둘만이 이성을 이용하면서 법과 규칙
에 따라 살고 있으니까요. 따라서 아테나이와 라케다이몬172)이 아테
나이인들과 라케다이몬인들을 위해 건립되었다고 생각해야 하며, 이
도시들 안에 있는 모든 것은 그곳 사람들에게 속한다고 말하는 게 옳
듯이, 마찬가지로 무엇이든 온 세상 안에 있는 것들은 신들과 인간들
에게 속한다고 생각되어야 합니다.

155. 또한 태양과 달과 다른 별들의 회전은, 세계의 결속과 관련
되어 있기도 하지만, 인간들에게 장관(壯觀)을 제공하기도 합니다.
바라보기에 이보다 더 물리지 않는 광경이 없고, 이보다 더 아름답
고, 현명함과 교묘함에서 더 뛰어난 것도 없으니 말입니다. 왜냐하면
우리는 그것들의 행로를 측정하여 계절의 성숙과 변화, 변동을 알아
내니까요. 만일 이것을 인간들만 안다면, 이들은 인간을 위해 만들어
졌다고 판단되어야 합니다.

156. 또 땅은 곡식들과 온갖 콩 종류로 그득합니다. 땅이 그것들
을 푸짐하게 쏟아낼 때, 그것을 야수들을 위해서 낳는 걸로 보이나
요, 아니면 인간들을 위해선가요? 포도나무와 올리브나무에 대해서
는 제가 왜 말을 하겠습니까? 그것들의 더할 수 없이 풍성하고 행복
한 열매들은 짐승들과는 전혀 아무 상관이 없지요. 왜냐하면, 심고
가꾸고 철에 맞춰 과일을 따서 모으고, 저장하여 갈무리하는 것에 대
해서는 짐승들이 아무 지식도 없으니까요. 그러니 이 모든 것들을 이
용하고 돌보는 것은 인간의 소관입니다.

157. 〔63〕 따라서 현악기들과 관악기들이 그것들을 이용할 수 있
는 사람들을 위해 만들어졌다고 말해야 하듯이, 제가 말한 저것들도,

---

172) 스파르타의 다른 이름.

그걸 이용하는 이들만을 위해 준비되었다고 인정해야 합니다. 혹시 어떤 짐승들이 이것들 중 일부를 즐기거나 빼앗아간다 해도, 우리는 이것들이 저들을 위해 생겨났다고 말하지 않을 것입니다. 왜냐하면 인간은 쥐나 개미들을 위해 곡식을 저장하는 게 아니라, 아내와 자식과 자기 가솔들을 위해 그러니 말입니다. 그래서 짐승들은 제가 말했듯이 몰래 즐기고, 주인들은 공개적으로 자유롭게 즐기지요.

158. 그러므로 저것들의 풍요함은 인간들을 위해 예비된 것이라고 인정해야 합니다. 혹시, 과일들의 풍성함과 다양함, 그리고 그것들의 달콤한 맛뿐 아니라, 향기와 모양이 우리로 하여금, 자연이 이것들을 인간만을 위해 선사한 것인지 의구심을 일으키는 경우를 제외하고는 말입니다. 이것들이 짐승들을 위해서도 준비되었다는 생각은, 짐승들 자체가 인간들을 위해 태어났다는 걸 우리가 보는 만큼, 진실로부터 동떨어진 것입니다. 왜냐하면, 양들은 그들의 털이 수집되고 직조되어 인간들을 옷 입히는 게 아니라면, 다른 무슨 기여를 하나요? 사실 그들은 인간의 양육과 보살핌이 없었다면 자라지도 삶을 이어가지도 못하고, 또 그 어떤 유익함을 내놓지도 못했을 것입니다. 또 개가 그렇게 충실하게 집을 지키고, 그렇게 주인을 좋아하고 아양을 떨며, 그토록 외부인을 미워하는 것, 그리고 뭔가 찾을 때 믿을 수 없을 정도로 그토록 코가 예민한 것, 사냥하는 데 있어서 그토록 날랜 것, 이것들은 개가 인간의 편리함을 위해 태어났다는 게 아니라면 대체 다른 무엇을 의미하겠습니까?

159. 소들에 대해서는 말할 필요가 무엇이겠습니까? 그들의 등 자체는, 그것이 짐을 받아들이기 위해 그런 모양이 된 건 아니라고 선언합니다. 하지만 그들의 목은 멍에를 위해서, 그리고 어깨의 힘과 너비는 쟁기를 끌기 위해[173] 생겨났습니다. 한데 땅이 쟁기질되어 흙덩이가 부서질 때, 시인들이 말한 바에 따르면, 저 황금시대 종족

에 의해 이들에게 그 어떤 폭력도 가해지지 않았다고 합니다.

'하지만 그때 갑자기 철로 된 자손들이 솟아났고,

그들이 처음으로 치명적인 칼을 제조했으며,

그들 손에 묶이고 길들여진 황소를 이들이 처음으로 맛보았다.'174)

소들에게서 얻는 유익함이 그렇게 큰 걸로 여겨졌던 것이지요. 그
것들의 살을 먹는 것이 죄악으로 간주될 만큼 말입니다.

〔64〕 노새와 나귀들의 유용함을 다 따라가려면 긴 작업이 될 것입
니다. 그들은 확실히 인간의 이익을 위해 준비된 것입니다.

160. 또 돼지는 먹을거리가 되는 것 이외의 무슨 효용을 가지고 있
습니까? 크뤼십포스는 심지어, 돼지에게 영혼이 주어진 것은, 소금
대신으로 그것이 썩지 않도록 하기 위해서라고 말했습니다. 이 동물
이 인간에게 먹히기 위해 존재하므로, 자연은 이것으로 하여금 그 어
떤 것보다 더 새끼를 많이 낳게 만들었습니다. 그리고 제가 물고기들
이 풍부하고 맛이 좋다는 걸 얘기할 필요가 어디 있겠습니까? 또 새
들에 대해서는 어떻습니까? 그것들에게서 비롯되는 즐거움은 때때로
우리 학파가 주창하는 예지(*Pronoea*)가 혹시 에피쿠로스주의자가 아
닌가 생각될 정도입니다. 그리고 그것들은 인간의 현명함과 교묘함
에 의해서가 아니면 잡히지 않을 지경입니다. 물론 어떤 새들, 그러
니까 우리 새 점쟁이들이 부르는 이름으로 '나는 모습이 의미 있는 새
들(*alites*)'175)과 '울음소리가 의미 있는 새들(*oscines*)'176)은 새점을 위

---

173) 사본들에 전해지기로는 ad aratra extrahenda인데, 많은 학자들이 세 번째
단어에서 ex-를 지우는 경향이 있으며, Ax는 난문표시를 해놓았다. 하지
만 Pease는 이 ex- 접두어가 그 앞 단어의 어미 -tra와 다음 단어 첫 부분
tra-가 병렬되는 것을 피하고, 동시에 소들의 애쓰는 모습을 표현하기 위
해 들어간 것이라고 설명한다. 이 번역에서는 텍스트에 문제가 없다는 쪽
을 따랐다.

174) 아라토스의 《천문현상론》 129행 이하를 키케로가 라틴어로 번역한 것이다.

해 태어났다고 우리는 생각하지요.

161. 또한 우리는 덩치 큰 야생동물들을 사냥해서 얻습니다. 그것을 먹기 위해서거나, 또 전쟁훈련과 비슷하게 사냥하면서 단련하기 위해서죠. 또 코끼리처럼, 그것들을 길들이고 훈련시켜 이용하기 위해서, 혹은 그것들의 몸에서 질병과 상처를 치료할 많은 약재를 뽑아내기 위해서죠. 우리가 어떤 뿌리와 약초들로부터 그러는 것과 마찬가지입니다. 그것들이 유용하다는 건 오랫동안 사용하고 시험해 보아서 알았죠. 우리는 마치 눈으로 보듯이 정신으로 온 땅과 온 바다들을 둘러볼 수 있습니다. 그러면 당신은 광대하게 펼쳐져 결실을 가져오는 들판과 빽빽하게 옷 입은 산들, 가축들로 채워진 초원, 그리고 믿기 어려운 속도로 달리는 배들을 볼 것입니다.

162. 땅 위에뿐 아니라, 그것의 가장 깊고 어두운 곳에까지 수많은 것들의 유용성이 숨어 있으며, 이것은 인간의 이익을 위해 생겨났고, 오직 인간에 의해서만 발견됩니다.

〔65〕 다음 것은 사실, 아마도 그대들 두 분 모두 잡아서 비난하실 듯한 것인데요. 코타께서 그러시리라는 건, 카르네아데스가 스토아 학파를 즐겨 비난하곤 했기 때문이고요, 벨레이우스께서 그러시리라는 건, 에피쿠로스가 미래 일을 예언하는 것보다 더 비웃는 건 없기 때문입니다. 하지만 그것은 제게, 신들의 예지가 인간의 삶을 배려한다는 걸 가장 잘 확증해주는 듯 보입니다. 이런 말을 하는 이유는 물론, 예언술이 있기 때문입니다. 그것은 많은 지역에서, 많은 일들을 위해, 여러 시기에 사적으로도, 그리고 대다수는 공적으로 행해지고 있습니다.

---

175) 독수리 따위가 오른쪽(희랍식을 따르면 동쪽, 로마식을 따르면 서쪽)으로 날아가면 좋은 조짐으로 여겨졌다.

176) 까마귀, 부엉이 등.

163. 내장 점치는 사람들이 많은 것을 분간합니다. 새점 치는 사람들이 많은 것을 내다봅니다. 신탁에 의해 많은 것이 선언되고, 많은 것이 예언에 의해서, 꿈에 의해서, 전조에 의해서 그러합니다. 이것들이 알려짐으로써 자주, 많은 것들이 인간의 뜻과 필요대로 얻어지고, 또 많은 위험이 물리쳐집니다. 그러므로 이 능력, 혹은 기술, 혹은 본성은 확실히 미래 일들을 알도록 인간에게 불멸의 신들에 의해 주어졌으며, 다른 존재 그 무엇에게도 주어지지 않았습니다.

혹시 이 논증들만으로는 그대들을 움직이지 못한다 해도, 분명 전체가 서로 얽히고 연결되어 그대들을 움직였어야만 합니다.

164. 또한 전체로서 인간 종족만 아니라, 개인들을 위해서도 불멸의 신들은 배려하며 예비하곤 합니다. 이런 말을 하는 이유는, 우리가 인간 종족 전체로부터 범위를 좁혀서 점차 작은 범위로, 그리고 마침내 개인들에게로 내려갈 수 있기 때문입니다. 〔66〕 왜냐하면, 만일 우리가, 앞에서 말한 이유들 때문에, 도처 어느 해안, 땅의 어느 부분, 우리가 사는 이 땅덩이에서 멀리 떨어진 땅에 사는 사람이라 해도 신들이 배려한다는 것을 믿는다면, 해 뜨는 데서부터 해 지는 데까지 이 땅에 우리와 함께 사는 그 사람들 역시 신들이 배려하겠기에 말입니다.

165. 한데 만일 신들이, 우리가 땅덩이라고 부르는 일종의 거대한 섬에 사는 사람들을 배려한다면, 그 섬의 부분들을, 즉 유럽, 아시아, 아프리카를 차지하는 저 사람들도 배려하는 것입니다. 따라서 그들은 그것들의 부분들, 즉 로마, 아테나이, 스파르타, 로도스 등도 사랑합니다. 또 저 도시들 전체로부터 분리해서 개인들도 사랑합니다. 퓌르로스[177]와의 전쟁 때 살았던 쿠리우스,[178] 파브리키우

---

177) 에페이로스의 왕. 기원전 282~272년에 로마와 전쟁을 치렀다.

178) Manius Curius Dentatus. 태어날 때 벌써 이가 나있었다는 인물이다. 기

194

스, 179) 코룬카니우스180)도, 1차 포에니 전쟁 때 살았던 칼라티누스, 181) 두엘리우스, 182) 메텔루스, 183) 루타티우스184)도, 2차 포에니 전쟁 때 살았던 막수무스, 185) 마르켈루스, 186) 아프리카누스187)도, 그 후에 산 파울루스, 188) 그락쿠스, 189) 카토190)도, 우리 아버지 대(代)가 기억하는 스키피오191)와 라일리우스192)도 말입니다. 그 밖에도 많은 뛰어난 사람들을 우리나라와 희랍이 낳았습니다. 그들 중 누

원전 275년 퓌르로스에게 승리를 거두었다. 기원전 290, 284, 275, 274년 집정관 역임.

179) Gaius Fabricius Luscinus. 기원전 282, 278년 집정관 역임. 퓌르로스에게 사절로 갔을 때 뇌물에 넘어가지 않았다는 일화로 유명하다.

180) Ti. Coruncanius. 기원전 282년 로마의 사령관. 1권 115장 참고.

181) A. Atilius Calatinus. 기원전 249에 독재관 역임. 2권 61장 참고.

182) Gaius Duilius(Duellius는 옛날식 표기임). 기원전 260년 밀라이 해전 때 카르타고를 포위했었다.

183) Lucius Caelius Metellus. 기원전 251년 파노르모스(현재 팔레르모)에서 카르타고 군을 격파했다.

184) Lucius Lutatius Catulus. 기원전 242년 해전에서 카르타고인들에게서 두 번째 승리를 얻었다.

185) Quintus Fabius Maximus Cunctator. 기원전 217년 독재관 역임. 2권 61장 참고.

186) Marcus Claudius Marcellus. 기원전 212년 쉬라쿠사이 함락. 2권 61장 참고.

187) Publius Cornelius Scipio Africanus Maior. 기원전 202년 자마에서 한니발에게 승리를 거두었다.

188) Lucius Aemilius Paulus. 기원전 168년 마케도니아의 페르세스(또는 페르세우스)에게 승리를 거두었다. 2권 6장 참고.

189) Tiberius Sempronius Gracchus. 2권 10장 참고.

190) M. Porcius Cato Censor. 기원전 195년 집정관 역임.

191) Publius Cornelius Scipio Africanus Minor. 기원전 205년, 194년 집정관 역임.

192) Gaius Laelius Sapiens. 기원전 140년 집정관 역임. 소 스키피오의 친구.

구도 신의 도움이 없었다면 그렇게 될 수 없었다고 믿어야만 합니다.

166. 이러한 이치가 시인들을, 특히 호메로스를 부추겼습니다. 영웅들 중 주요 인물, 즉 울릭세스, [193) 디오메데스, 아가멤논, 아킬레우스를 위해, 특정한 신들을 위기와 위험의 동행자로 붙여주도록 말입니다. [194) 더욱이 이 신들이 제가 위에서[195) 말한 것처럼, 자주 직접 나타나는 것은 이들이 국가들과 개별 인간들을 배려한다는 것을 드러내줍니다. 이것은 또, 때로는 잠자는 사람에게, 때로는 깨어있는 사람에게 나타나는 미래 일에 대한 예고들에 의해서도 알 수 있습니다. 그 밖에도 우리는 많은 것들을 전조와 희생동물 내장에 의해 경고 받습니다. 또 다른 많은 것들이 있는데, 이들은 우리가 이미 오랫동안 구별하여 이용해왔기 때문에, 그것을 이용한 예언의 기술이 생겨나게 된 것들입니다.

167. 그래서 그 어떤 인물도 어떤 신적인 영감 없이 위대해졌던 적이 없습니다. 또한 이런 논변이 다음과 같이 논박되어서도 안 됩니다. 즉, 누군가의 곡식이나 포도나무를 폭풍이 망쳐버리거나, 어떤 재난이 생활에 유용한 뭔가를 앗아갔다고 해서, 이런 일을 당한 사람이 신에 의해 미움을 받았다거나 무시되었다고 판단하는 식으로 말입니다. 신들은 큰일들을 돌보고, 작은 것들은 방관합니다. 한편 위대한 인물들에게는 모든 것이 항상 번창합니다. 덕이 주는 풍요와 풍성함에 대해 우리 학파에 의해, 그리고 철학의 우두머리인 소크라테스

---

193) 오뒷세우스.

194) 여기 소개된 네 영웅은 모두 트로이아 전쟁 참전자들이다. 오뒷세우스는 《오뒷세이아》에서 아테네의 보호를 받으며, 디오메데스와 아킬레우스는 《일리아스》에서 아테네의 도움을 받는다. 아가멤논은 《일리아스》 1권에서 헤라의 배려를 받는 것으로 되어 있으며, 왕들이 자주 그렇듯 제우스의 일반적인 보호하에 있다.

195) 2권 6장.

196

에 의해 충분히 잘 언급되었다면 말이죠.

168. 〔67〕 대체로 이상의 것이, 신들의 본성에 관하여 이런 걸 말해야 한다고 제게 생각되었던 것들입니다. 그러니 코타여, 제 말을 따르시겠다면, 그대도 같은 대의를 좇으시고, 그대가 시민들 중 중심 인물이고 제관이라는 것을 고려하십시오. 또 그대들에게는 양쪽을 다 논박하는 것이 허용되어 있으니, 그런 쪽을 택해서, 그대가 수사학 훈련을 통해 얻고 아카데메이아가 더욱 강화시켜 준 저 논변의 기술을 여기에 적용하셔도 됩니다. 왜냐하면 진심으로 그러는 것이든 공연히 그런 척하는 것이든 간에, 신들에게 대항하여 논박하는 습관은 사악하고 불경스러운 것이니 말입니다."

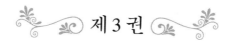

제 3 권

1. 〔1〕 발부스가 그와 같이 말하자, 코타는 웃으며 다음과 같이 말했다. "발부스여, 그대는 제가 무엇을 옹호해야 하는지 너무 늦게 충고하시는군요. 저는 이미 그대가 논증하는 사이에, 거기 대항해서 무어라고 말할지를 생각하고 있었으니 말입니다. 하지만 이것은 당신을 논박하기 위해서라기보다는, 제가 잘 이해하지 못한 것들을 물어보기 위해서입니다. 그런데 각 사람이 자기 판단을 따라야 하니, 저로서는 당신이 좋아하실 만한 의견을 취하기가 어렵습니다."

2. 여기서 벨레이우스가 말했다. "코타여, 그대는 모르시는군요, 제가 얼마나 큰 기대를 가지고 당신 얘기를 들으려 하는지. 우리의 발부스에겐, 당신이 에피쿠로스에 대항해 했던 연설이 즐거웠으니 말입니다. 그래서 이번에는 제가, 당신이 스토아학파에 대항하여 하는 연설의 충실한 청중이 되고자 합니다. 왜냐하면 저는 당신이 늘 그렇듯 잘 준비된 채 오신 거라고 기대하고 있기 때문입니다."

3. 그러자 코타가 말했다. "헤르쿨레스에 맹세코, 그렇습니다, 벨레이우스여. 왜냐하면 루킬리우스의 경우는 당신 경우와 같지 않은 문제가 제게 있어서입니다."

그러자 그가 말했다. "대체 어떻게 말인가요?"

"제가 보기에 당신들의 에피쿠로스는 불멸의 신들에 관하여 아주 크게 다투는 것 같지는 않습니다. 그는 신들이 존재한다는 걸 감히 부인하기까지 하진 않았습니다. 그래서 아무 불쾌함도 범죄적인 것도 스며들지 않을 정도였죠. 사실 그가, 신들은 아무 일도 하지 않고 아무것도 돌보지 않는다고, 또 그들에게 인간과 같은 팔다리가 주어져 있긴 하지만 그들은 그 지체들이 전혀 필요치 않다고 확언했을 때, 그는 농담하는 것으로 보입니다. 그리고 어떤 행복하고 영원한 본성이 존재한다고 말했으면 그것으로 충분하다고 생각하는 듯 보입니다.

4. 하지만 발부스께서 얼마나 많은 것을 얘기했는지 그대도 주목했으리라고 믿습니다. 그리고 전혀 진실하지는 않지만, 그것들이 서로 얼마나 잘 들어맞고 일관된지도요. 그래서 저는 그의 논변을 공박하기보다는, 제가 잘 이해하지 못한 것들을 물어보려 합니다. 그러니 발부스여, 저는 당신께 선택하도록 제안합니다. 그대가, 제가 잘 받아들이지 못하는 것들에 대해 그대에게 하나씩 물어보면 거기 대답하실 것인지, 아니면 저의 논변 전체를 한꺼번에 듣기를 더 원하시는지."

그러자 발부스가 말했다. "사실 저는 무엇이든 당신이 설명 듣기를 원하시는 걸 대답하고 싶습니다. 또 만일 이해하기 위해서가 아니라 논박하기 위해서 질문하시려 한다 해도, 당신이 원하는 대로 하겠습니다. 당신이 물으시는 걸 즉각 하나하나 대답할 수도 있고, 당신이 모든 것을 다 말씀하셨을 때 그럴 수도 있습니다."

5. 그러자 코타가 말했다. "아주 좋습니다. 그러면 논변 자체가 우리를 이끄는 대로 진행합시다. 〔2〕하지만 주제 자체에 대해서 말하기 전에, 우선 저 자신에 대해 조금만 얘기하겠습니다. 왜냐하면 발부스여, 저는 당신의 권위에 적지 아니 흔들리고 있기 때문입니다. 그리고 당신께서 말을 맺으면서 저더러, 제가 코타이면서 동시에 제

관이기도 한 것을 기억하라고 충고하신 말에도 그렇고요. 제가 보기에 그 말은 이런 뜻인 것 같군요. 즉, 우리가 불멸의 신들에 대하여 조상들에게서 물려받은 의견들, 성스러운 예식과 의례들, 종교행위들을 제가 옹호해야 한다고요. 물론 저는 이것들을 항상 옹호할 것이고, 항상 옹호해왔습니다. 또 불멸의 신들께 바치는 예배와 관련해서 제가 조상들께 물려받은 저 의견으로부터, 배운 자건 못 배운 자건 그 누구의 가르침도 저를 떠나게 하지 못할 것입니다. 저는 종교행위와 관련해서는, 대제관들인 티베리우스 코룬카니우스,[1] 푸블리우스 스키피오,[2] 푸블리우스 스카이볼라[3]를 따르지, 제논이나 클레안테스, 혹은 크뤼십포스를 따르진 않습니다. 그리고 제게는 조점관이자 동시에 철학자인 가이우스 라일리우스[4]가 있습니다. 저는 스토아학파의 그 어떤 지도자의 말보다, 그가 종교행위에 대하여 저 유명한 연설[5]에서 말한 것을 더 열심히 듣겠습니다. 로마인들의 종교행위 전체는 의례와 조점술로 나뉘어 있고, 거기에 세 번째 것으로 예언을 위해 시뷜라의 해석자들과 내장점술사들이 전조와 조짐들을 보고 충고하는 어떤 것들이 덧붙여집니다. 저는 이러한 종교행위들 가운데 그 어떤 것도 비웃음을 당해서는 안 된다고 생각해왔습니다. 그리고

---

1) 1권 115장 참고.
2) P. Cornelius Scipio Nasica. 기원전 204년에 대제관을 맡아, 프뤼기아의 펫시누스에서 모셔온 퀴벨레 여신을 영접했다. 이 구절이, 같은 이름을 가진 그의 아들(별칭은 Corculum, 기원전 150년 대제관)을 가리킨다는 해석도 있다.
3) 1권 115장 참고.
4) 소 스키피오와 친했던 사람으로 키케로의 《우정론》에서 중심 화자로 등장한다. 2권 165장 참고.
5) 《제관에 관하여》(De collegiis). 기원전 145년에 호민관인 C. Licinius Crassus가 공석인 제관을 민회에서 선출해야 한다고 주장한 것을 논박한 연설이다.

저는 로물루스께서 조점술로써, 6) 누마7)께서 신성한 의례들을 확립
함으로써 우리나라의 기초를 놓았다고 확신하고 있습니다. 이 나라
는 불멸의 신들이 아주 흡족해하지 않았다면 결코 이렇게까지 위대해
질 수 없었을 것입니다.

6. 발부스여, 이제 당신은 코타가 무슨 생각을 하는지, 제관이 무
슨 생각을 하는지 알고 계십니다. 그러니 당신은 무슨 생각을 갖고
있는지 제가 이해하도록 해주십시오. 제가 이런 말을 하는 이유는,
당신은 철학자이니 당신에게서는 제가 종교행위에 대한 논변을 들어
야 하기 때문입니다. 물론 우리 조상들로부터 내려온 것은 아무 논변
없이도 믿어야만 하겠지만 말입니다."

〔3〕 그러자 발부스가 말했다. "그러면 코타여, 제게서 어떤 논변을
원하십니까?"

그러자 코타는 이렇게 말했다. "당신의 말씀은 네 부분으로 나뉘어
있었습니다. 우선 당신은 신들이 존재한다는 걸 입증하려 하셨고, 다
음으로 그들이 어떠한지를, 또 그들에 의해 세계가 다스려진다는 것
을, 마지막으로 그들이 인간사를 배려하고 있다는 것을 다뤘죠. 제가
제대로 기억하는 거라면, 당신의 주제 구분은 이러했습니다."

"아주 정확하게 기억하시는군요." 발부스가 대꾸했다. "한데 저는
당신이 무엇을 물으실 것인지 기다리고 있습니다."

7. 그러자 코타가 말했다. "우선 하나씩 살펴보죠. 그런데 혹시,
완전히 불경건한 자들을 제외한 모든 사람이 인정한다는 점, 그것이

---

6) 로물루스가 로마 건국 때 새점을 친 것에 대해서는 리비우스, 《로마사》
1. 19. 1, 1. 20. 2, 1. 21. 6 참고.
7) 누마 폼필리우스에 대해서는 1권 107장 참고. 누마가 종교제도를 정비한 것
에 대해서는 키케로, 《국가론》 2권 26장, 플루타르코스, 《누마》 5. 5, 6. 2,
7. 2 참고.

첫 번째 논증이라면, 저의 정신으로부터 신들이 존재한다는 믿음이 퇴출될 수는 없겠지만, 그것은 조상들의 권위에 설득되어 그런 것이지, 그게 왜 참인지 당신이 제게 가르쳐주는 건 전혀 없습니다."

발부스가 말했다. "이미 당신이 그렇게 믿고 있다면, 제가 가르쳐주기를 원하시는 이유는 무엇인가요?"

그러자 코타가 대답했다. "저는 이렇게 해서, 제가 마치 불멸의 신들에 대하여 아무것도 들어본 적이 없고, 아무것도 생각해본 적이 없는 것처럼 이 논의에 접근하려는 것입니다. 그러니 저를 완전히 무지하고 처음 배우는 학생인 것처럼 받아주시고, 제가 묻는 것들을 가르쳐주십시오."

8. "그러면 묻고자 하는 걸 얘기해보시지요." 그가 말했다.

"제가 묻는 거 말씀이지요? 우선 이겁니다. 왜 당신은, 신들이 존재한다는 사실은 너무나 명백하고 모든 사람 가운데 확고하게 서 있어서, 이 부분에 대해서는 논의가 전혀 필요치 않다고 말해놓고는, 바로 그것에 대해 그렇게 길게 말씀하셨나요?"

그러자 그가 대답했다. "그건 코타여, 제가 당신도 광장에서 자주 그러는 걸 보았기 때문입니다. 소송이 당신께 그럴 기회를 주기만 하면, 최대한 많은 논변으로 배심원들을 압도하려 하는 것 말입니다. 바로 그런 일을 철학자들도 하고 있으며, 저도 할 수 있는 한 그랬던 거지요. 그런데 당신이 제게 이런 질문을 하시는 건 마치, 제가 눈 하나만으로도 같은 결과를 얻을 수 있는데, 왜 한 눈 감고 당신을 쳐다보지 않고 두 눈으로 보는지 묻는 것과 같습니다."

9. 〔4〕 그러자 코타가 말했다. "그게 서로 얼마나 비슷한지는 당신이 살펴보실 일입니다. 왜냐하면, 저는 소송에서 어떤 사실이 모든 사람에 의해 인정되는 자명한 것일 때 그걸 논하는 버릇은 없기 때문입니다. 그렇게 하면 변론의 명징함이 상실되니까요. 또한 설사 제가

광장의 소송에서 이런 일을 한다 쳐도, 지금 같은 정교한 논의에서는 같은 짓을 하지 않을 것입니다. 하지만 당신이 한 눈을 감을 이유는 없을 것입니다. 두 눈의 시야가 같고, 또 사물들의 본성이 — 당신은 그것이 현명하다고 주장하는데요 — 정신으로부터[8] 눈 쪽으로 뚫린 2개의 창문을 우리가 가지는 걸 원했으니 말입니다. 그건 그렇고, 당신이 많은 논변으로 신들이 존재한다는 것을 입증하고자 했던 것은 그게 당신이 원하는 만큼 그렇게 자명하다고 확신하지 못했기 때문입니다. 이런 말을 하는 이유는, 제게는 단 하나, 우리 조상들이 우리에게 그렇게 물려주었다는 걸로 충분했기 때문입니다.

10. 하지만 당신은 권위를 무시하고 추론으로써 다투고 있습니다. 그러니 저의 추론이 당신의 추론과 싸우는 것을 허락하시기 바랍니다.

당신은 이 모든 논증을 어째서 신이 존재하는지 입증하느라 사용하고 계십니다. 그리고 제가 보기엔 전혀 의심스럽지 않은 명제를 공연히 논증함으로써 의심스럽게 만들고 계십니다. 제가 이런 말을 하는 것은, 당신의 논증들의 숫자만이 아니라, 순서까지도 기억하고 있기 때문입니다. 첫 번째 것은 이랬죠. 즉, 우리가 하늘을 올려보자마자 우리는 이것들을 다스리는 어떤 신성이 있다는 걸 이해한다는 것입니다. 여기서 또 다음 것으로 갑니다.

'이 빛나는 드높은 하늘을 보라. 모두가 그것을 윱피테르라고 부르나니.'

11. 마치 우리들 중 누구든 카피톨리움[9]의 신보다는 오히려 저것을 윱피테르라고 부르기라도 하는 것처럼, 혹은 저 천체들에 대해 — 벨레이우스와 그 밖의 많은 사람은 그게 살아있는 것이라고조차 인정

---

8) 감각의 주체는 감각기관이 아니라 정신으로 되어 있다. 《투스쿨룸의 담론》 1. 46-7 참고.
9) 유명한 윱피테르의 신전이 있던 로마의 언덕.

하지 않을 텐데요— 그것들이 신이라고 모든 사람 가운데 확립되기라도 한 양 말입니다. 또한 당신께는, 불멸의 신들에 대한 믿음이 모든 사람에게 있고, 날마다 더 커져간다는 사실이 아주 중요한 논거로 보였습니다. 그렇다면 그렇게 중요한 문제가 어리석은 자들의 의견에 따라 판정된다는 게 마음에 드십니까? 특히나 당신들은 어리석은 자는 미친 것[10]이라고 말하면서 말입니다. 〔5〕 그대는 말하십니다. '하지만 신들이 우리 앞에 직접 나타난 것을 우리가 보지 않는가, 레길루스 근처에서 포스투미우스가 그랬고,[11] 살라리아 가도[12]에서 바티니우스가 그랬듯이?' 또 사그라[13] 근처에서 로크리스인들이 싸울 때도 뭔지 모를 그런 일이 있었습니다. 그래서 당신은, 당신이 튄다레오스의 자식들[14]이라고 불러온, 즉 인간에게서 난 인간들이며, 그들의 시대에서 멀지 않았던 호메로스가 말하길[15] 라케다이몬에 묻혔다고 하는 바로 그 사람들, 이들이 흰 거세마(去勢馬)를 탄 채로 시중꾼도 없이 바티니우스에게 나타났다고, 그리고 로마 시민의 승리를 당시 으뜸인 자였던 마르쿠스 카토[16]가 아니라 촌사람 바티니

---

10) 어리석음과 미친 것을 같게 보는 입장으로는 플라톤, 《알키비아데스 II》 139c 참고.

11) 2권 6장 참고.

12) Via Salaria. 사비니 산지까지 이르는 고대의 도로. 원래 소금이 운반되던 길이라서 이런 이름이 붙었다. 그 길이 끝나는 곳에 도시 레아테가 있다. 2권 6장 참고.

13) 2권 6장 참고.

14) 보통 '제우스의 쌍둥이'(디오스쿠로이) 라고 불리는 카스토르와 폴뤼데우케스(폴룩스). 튄다레오스는 스파르타 왕으로 레다의 남편이다. 제우스가 레다에게 백조의 모습으로 접근하였고, 그래서 레다는 폴뤼데우케스와 헬레네를 낳았다. 하지만 때때로 카스토르 역시 제우스의 아들로 여겨지기도 한다. 이들은 튄다레오스의 아내에게서 태어났으므로 튄다레오스의 자식들(튄다리다이)이라고도 불린다.

15) 《일리아스》 3권 243-4행.

우스에게 전했다고 생각하십니까? 그러면 당신은, 오늘날 레길루스 근처의 바위에서 볼 수 있는 발굽 자국 비슷한 것도 카스토르의 말발굽 자국이라고 믿으십니까?

12. 그대는, 한 번 화장된 사람들이 말을 타고 전열에서 싸울 수 있다는 것보다는, 합당하다고 인정될 만한 저것을 더 믿고 싶지 않으십니까? 저 튄다레오스의 아들들이 그랬던 것처럼 뛰어난 인물들의 정신이 신적이고도 영원하다는 것 말입니다. 그게 아니라, 이런 일이 일어날 수 있었다고 그대가 주장하신다면, 어떻게 그런지를 말씀하시고, 그저 노파들의 헛소리를 전하지 않는 게 합당할 것입니다."

13. 그러자 루킬리우스가 말했다. "그대에게는 이것들이 헛소리로 보인단 말입니까? 카스토르와 폴룩스를 위한 신전이 아울루스 포스투미우스에 의해 광장에 봉헌되지 않았습니까? 바티니우스에 대해 원로원이 결의한 것을 보지 못했습니까? 사그라에 대해서도 희랍인들 사이에 널리 퍼진 속담이 있습니다. 어떤 일을 확언하는 사람들은 그것이 사그라에서 있었던 일보다 더 확실하다고 말하는 겁니다. 그러니 그대는 이것들의 권위에 움직여져야 하는 것 아닙니까?"

그러자 코타가 말했다. "발부스여, 그대는 소문들을 가지고서 저와 맞서시는군요. 하지만 저는 당신께 증명을 요구하는 것입니다. … "17)

---

16) 2권 165장 참고. 페르세우스가 패배하던 기원전 168년에 M. Porcius Cato 는 로마 정치에서 지도적인 인물이었다.

17) 다음에 이어지는 구절로 보아 여기 일부 내용이 사라진 듯하다. Ax는 이 부분을 빈 칸으로 남겨 놓았지만, 원문비평주에 Plasberg가 제안한 보충어구를 소개하고 있다. 14장 첫 머리와 연결해 보자면, 〈quid ergo adiuvat divinatio, si fati necessitate ex praeteritis〉 secuntur ('만일 미래에 있을 일들이 운명의 필연성에 따라 과거일로부터 따라 나온다면, 대체 예언술에 무슨 유용성이 있는지 말입니다')가 된다. 한편 Pohlenz는 〈cur autem nos talia signa a dis mitti putemus, si, ut vos dictis, ea necessario〉 sequuntur ('만일 당신들 말대로 미래에 있을 일들이 필연에 의해 따라 나온

14. 〔6〕 " … 미래에 일어날 일들이 따라옵니다. 왜냐하면 누구도 일어날 일을 피할 수는 없기 때문입니다. 하지만 자주 미래에 무슨 일이 일어날지 아는 것이 전혀 유용하지 않습니다. 왜냐하면 아무 예방조치도 못하고 괴로움을 당하며, 희망이라는 최후의, 그러면서도 모두에게 공통인 위안도 갖지 못하는 것은 비참한 일이기 때문입니다. 특히 당신들 자신이 모든 것이 운명에 따라 이뤄진다고, 또 영원한 세월부터 항상 참이었던 것이 바로 운명이라고 하니 말입니다. 그러니, 어떤 일이 확실히 일어날 것이라면, 그 일이 일어나리라는 걸 아는 것이 무슨 이득이 있으며, 조심하는 데 무슨 도움이 되겠습니까? 그리고 저 예언술이란 것은 대체 어디서 온 것입니까? 간의 갈라진 틈이란 것은 대체 누가 발견하였습니까? 까마귀의 노래 소리는 누가 주목했던가요? 또 제비뽑기 점은요? 물론 저는 그것들을 믿긴 합니다. 그리고 그대가 말씀하신[18] 앗투스 나비우스의 지팡이를 경멸할 수도 없습니다. 하지만 그런 것들이 어떻게 알려졌는지를 저는 철학자들에게 배워야만 하겠습니다. 특히 수많은 일들에 대해 예언술 종사자들 자체가 거짓말을 해대니 말입니다.

15. '하지만 자주 틀리는 건 의사들도 마찬가지다.' 당신은 이런 식으로 말씀하시곤 했지요.[19] 하지만 그 이치를 내가 아는 의술과, 대체 어디서 오는지 이해할 수 없는 예언술 사이에 비슷한 게 무엇이란 말입니까? 또 당신은 신들이 데키우스들의 희생[20]에 의해 진정되었다는 것을 알고 있습니다. 그런데 그 신들이 로마인들을 향해 품었던

다면, 대체 우리가 그런 징조들이 신들로부터 온다고 생각할 이유가 무엇인지 말입니다') 라고 보충하였다.

18) 2권 9장 참고.

19) 2권 12장 참고.

20) P. Decius Mus와 그의 아들, 그의 손자가 차례로 전쟁에서 자신을 희생으로 바치겠다고 서원한 일을 가리킨다. 2권 10장 참고.

앙심, 그토록 대단한 인물들이 죽지 않으면 진정될 수 없을 정도로 대단했던 앙심이란 대체 무엇이었단 말입니까? 그것은 지휘관의 계략으로, 희랍인들이 스트라테게마(*strategema*)라고 부르는 것입니다. 하지만 그 지휘관들은 조국을 염려하고 자신들의 목숨은 아끼지 않는 이들이었죠. 이렇게 말하는 이유는, 그들은, 지휘관이 말을 몰아 적을 향해 돌진하면 군대가 그를 좇으리라고 생각했던 것이고, 실제로 그렇게 되었기 때문입니다. 사실 파우누스의 목소리를 저는 결코 들어본 적이 없습니다. 하지만 혹시 당신이 들어보았다고 말씀하신다면[21] 저는 믿겠습니다. 파우누스가 무엇인지 도무지 모른다 해도 말입니다. 〔7〕 그러니 발부스여, 당신께 의지해서는, 전 아직 신들이 존재한다는 것을 이해하지 못하고 있습니다. 물론 그들이 존재한다는 걸 믿습니다만, 스토아학파 사람들이 그 어떤 설명도 해준 건 아닙니다.

16. 한데 당신이 말했다시피,[22] 클레안테스는 인간의 정신 속에 신들에 대한 개념이 네 가지 방식으로 형성되어 있다고 생각합니다. 하나는 제가 충분히 설명한 것인데요, 미래에 있을 일들에 대한 예견에서 발생합니다. 다른 것은 기상의 혼란과 다른 움직임들에서 비롯됩니다. 세 번째는 우리가 얻은 사물들의 편리함과 풍요함에서 나옵니다. 네 번째 것은 별들의 질서와 천체의 규칙성에서 나옵니다. 예언에 대해서는 우리가 이미 얘기했습니다. 천상과 바다와 땅의 혼란에 대해서는 우리가, 그것을 두려워하고 그게 불멸의 신들에 의해 일어난다고 생각하는 사람이 많다는 걸 부인할 수 없습니다.

17. 하지만 문제는 신들이 존재한다고 생각하는 사람이 있느냐 없느냐가 아닙니다. 문제되는 것은, 신들이 존재하는지 아닌지죠. 한

---

21) 2권 6장 참고.
22) 2권 13~15장 참고.

편 클레안테스가 제기한 다른 이유들에 대해서는, 그 중 하나는 우리가 얻어 갖고 있는 편리성의 풍요함에서 비롯된 것이고, 다른 것은 계절의 질서와 천체의 규칙성인데요, 이것들은 우리가, 발부스여, 당신이 참 많이도 말씀하신 저 예지에 대하여 논의할 때 다뤄질 것입니다.

18. 그때까지 우리는 이 논증, 당신 말씀에 따르자면[23] 크뤼십포스가 말했다는 논증도 미뤄두지요. 즉, 자연 가운데 인간이 만들지 않은 어떤 것이 존재하므로, 인간보다 더 나은 무엇인가가 존재한다는 논증이지요. 게다가 당신은 집 안에 있는 아름다운 것들을 세계의 아름다움과 비교하셨고, 또 온 세계의 조화와 공감도 끌어오셨습니다. 그리고 제논의 짧고 섬세한 삼단논법들도 제가 방금 말씀드린 논의부분으로 미룹니다. 그때 가서, 당신께서 자연학적으로 말씀하신 모든 것들, 그러니까 불의 힘에 대해서, 그리고 거기서 모든 것이 생긴다고 하셨던 저 열에 대해서 제대로 된 자리에서 다뤄질 것입니다. 또 당신께서 그저께 말씀하신 모든 것들, 그러니까 신들이 존재한다는 걸 입증하고, 왜 온 세계와 태양과 달과 별들이 감각과 정신을 가지는지[24] 설명하려 하셨을 때 말했던 것들을 그때로 미뤄두겠습니다.

19. 하지만 당신께 같은 것을 거듭거듭 묻겠습니다. 신들이 존재한다고 믿는 이유가 무엇인지 말입니다."

[8] 그러자 발부스가 말했다. "사실 저는 이유들을 댄 것 같은데, 당신은 그것들을 그토록 거부하고 계십니다. 제게 질문하려는 것 같아서 제가 대답하려고 준비할 때마다, 갑자기 이야기를 돌리고 대답할 기회를 주지 않으니까요. 그래서 가장 중요한 문제들이 언급되지

---

23) 2권 16장 참고.
24) 2권 29~44장 참고. 사실 거기서 다뤄진 것은 왜 세계가 지성적인지가 아니라, 왜 그렇다고 믿어야 하는지였다.

208

않은 채 지나갔습니다. 예언술에 대해서, 운명에 대해서 등이 그것인데요, 이 문제들에 대해 당신은 아주 소략하게만 언급하십니다만, 우리 학파 사람들은 자세히 논의하곤 하지요. 물론 이것은 우리가 다루는 문제와는 멀리 떨어진 것이긴 합니다. 그러니 그게 옳아 보인다면, 혼란되게 진행하지 마시고, 지금 다뤄지는 문제를 이 논제로부터 제거해버립시다."

20. 그러자 코타가 말했다. "아주 좋습니다. 당신은 전체 문제를 4개의 부분으로 나누셨고, 그 중 첫 문제에 대해서는 우리가 이미 다뤘으니까, 두 번째 것을 생각해보지요. 그것은 제게 이랬던 것 같습니다. 즉, 당신은 신들이 어떠한지를 보이려 하셨지만, 결과적으로 그들이 전혀 존재하지 않는다는 걸 보였단 말입니다. 왜냐하면 당신은, 우리가 눈의 습관에서 정신을 분리하는 건 어렵다고 하셨기 때문입니다. 25) 하지만 당신은, 신보다 더 뛰어난 것은 없기 때문에, 세계가 곧 신이라고 주장하기에 조금도 주저하지 않으셨습니다. 자연 속에 그것보다 나은 것은 없기 때문에 그렇다고요. 한데, 만일 그게 사실이라면 우리가 그것이 살아있다고 생각할 수도 있겠지요, 혹은, 다른 것들을 눈으로 분간하듯이 정신으로 그것을 분간할 수도 있겠지요!

21. 하지만 당신이 그 어떤 것도 세계보다 더 나은 것은 없다고 하셨을 때, 대체 '더 낫다'는 건 무슨 뜻입니까? 만일 그게 더 아름답다는 뜻이라면 저는 동의합니다. 우리의 편익과 관련해서 더 적합하다는 뜻이라도 저는 동의합니다. 하지만 당신이 말씀하시는 게, 이 세계보다 더 지혜로운 것은 없다는 뜻이라면 저는 결코 그 어떤 식으로도 동의하지 않습니다. 정신을 눈으로부터 분리하는 게 어려워서가 아니라, 그렇게 분리하면 할수록, 당신이 원하시는 그것을 저의 정신

---
25) 2권 45장, 96장 참고.

으로 파악하는 게 더욱더 어려워지기 때문입니다. 〔9〕'자연 속에 세계보다 더 나은 것은 없다.' 땅에 우리 도시보다 더 나은 것은 없습니다. 그러면 당신은 그렇다고 해서 도시에 이성과 사고능력, 정신이 있다고 생각하십니까? 혹은, 그렇지 않다고 해서, 개미가 이 아름답기 그지없는 도시보다 앞에 놓여야 한다고 평가하십니까? 도시에는 감각이 전혀 없는데, 개미에게는 감각뿐 아니라 정신, 추리능력, 기억이 있다고 해서 말입니다. 발부스여, 당신은 자신이 원하는 걸 그저 가정할 게 아니라, 상대가 용인할 것이 무엇인지를 아셔야 합니다.

22. 왜냐하면 이 모든 논변은 저 옛날 제논의 짧고도, 당신 보시기에 날카로웠던 삼단논법이 확장시켰던[26] 것이기 때문입니다. 제논은 이런 식으로 논증했으니 말입니다. '이성을 이용하는 것은 이성을 이용하지 않는 것보다 우월하다. 한데 세계보다 더 우월한 것은 없다. 따라서 세계는 이성을 이용한다.'

23. 만일 이것이 마음에 든다면, 당신은 이제 확실히 세계가 책을 능란하게 읽는다는 걸 입증하실 것입니다. 당신은 제논의 발자취를 좇아 이런 식으로 논증을 구성할 수 있으니 말입니다. '문자를 아는 것은 문자를 알지 못하는 것보다 우월하다. 한데 세계보다 더 우월한 것은 없다. 따라서 세계는 문자를 안다.' 이런 방식으로 세계는 심지어 능변가도 되고, 수학자, 음악가, 마침내는 모든 학문에 달통하여, 철학자까지 될 것입니다. 당신은 자주, 신 없이[27] 만들어진 것은 없

26) 제논의 논증이 짧다면서 확장했다고 하니 일견 자기모순적이고, 또 2권 20장에 나온 내용과도 상충하기 때문에 학자들은 이 구절에 좀 훼손된 채 전해지는 게 아닌가 의심하고 있다. 한편 그 뒤에 뭔가 내용이 빠졌다고 생각하는 학자도 있으며, Ax도 이 부분에 * 표시를 해두었다. 하지만 Pease는 여기 쓰인 dilatare라는 말이 '원칙을 확대적용했다'는 뜻이라고 보면 모순이 없다고 보는데, 이 번역에서는 그것을 따랐다.

27) sine deo. 이 말은 앞에 나온 적이 없고, 신과 자연을 대비하는 것은 이 문

다 하셨고, 자연에게는 자신과 다른 것을 만들어낼 능력이 없다고[28] 하셨습니다. 저는 세계가 살아있고 현명할 뿐 아니라, 현악기 연주자이고 또 관악기 연주자라는 것까지 인정해야 하는 겁니까? 그 기술을 가진 사람도 태어난다고 해서 말입니다. 그러니 스토아학파의 저 아버지께서는 우리가, 왜 세계가 이성을 사용한다고 생각해야 하는지, 혹은 심지어 왜 그것이 살아있다고 생각해야 하는지에 대해 전혀 덧붙여준 게 없습니다. 따라서 세계는 신이 아닙니다. 하지만 그래도 그것보다 더 나은 것은 없습니다. 왜냐하면 그것보다 아름다운 것도, 그보다 우리 건강을 더 지켜주는 것도, 모습에 있어 더 치장된 것도, 운동에 있어 더 규칙적인 것도 없기 때문입니다.

하지만 만일 온 세계가 신이 아니라면, 당신이 신들의 숫자에 넣으려 했던 헤아릴 수 없는 별들도 신이 아닙니다. 그들의 일정하고 영원한 회전은 당신을 즐겁게 했으며, 그것은 헤르쿨레스에 맹세코 잘못이 아닙니다. 그들에게는 믿을 수 없을 만큼 놀라운 규칙성이 있으니까요.

24. 하지만 발부스여, 일정하고 규칙적인 회전을 한다고 해서 그런 모든 것이 자연보다 신에게 돌려질 필요는 없습니다. 〔10〕 반복해서 교대되는 흐름을 보이는 칼키스의 에우리포스[29]보다 더 규칙적으로 이뤄질 수 있는 게 대체 어디 있다고 당신은 생각하십니까? 또 시

맥에 맞지 않는다고 해서 nisi ex eo ('자신으로부터가 아니면') 로 고치자는 제안이 있으나, 잠시 후 3권 24장에 비슷한 구절이 나온다.

28) 2권 22장 참고.

29) 희랍 동부의 섬 에우보이아와 본토 사이에 있는 폭 40미터 정도의 해협. 보통 물 흐르는 방향이 하루에 일곱 번 바뀌는 것으로 알려져 있다. 리비우스, 《로마사》 28권 6장 10절 등 참고. 지금 이 문장에는 그 변화가 매우 규칙적인 것으로 나와 있지만, 속담이 될 정도로 더 보편적으로 알려진 것은 그것의 예측불가능성이다. 아리스토텔레스, 《니코마코스 윤리학》 1167 b 31 등 참고.

칠리아 해협의 조류는 어떻습니까? 그리고 저 장소에서, '할퀴어대는 파도가 에우로파와 리뷔아를 나누는 그곳에서'30) 들끓는 대양의 흐름은 어떻습니까? 또 어떻습니까? 히스파니아나 브리탄니아의 조류와, 정해진 시간에 일어나는 밀물과 썰물은 신 없이는 일어날 수 없는 것입니까? 한 번 보십시오, 만일 우리가 정해진 시간에 따라 자신의 질서를 유지하는 모든 운동과 모든 것을 다 신적인 것이라 한다면, 삼일열(三日熱)과 사일열(四日熱)31)도 신적인 것이라 해야 하는지 말입니다. 이들의 반복과 움직임보다 더 규칙적인 게 있을 수 있습니까? 이런 일들은 설명이 필요한 것들입니다.

25. 한데 당신들은 그걸 할 수가 없으니까, 마치 제단으로 도피하는 것처럼32) 신에게로 달아나는 것입니다.

한편 크뤼십포스는, 당신이 보기에 날카롭게 말하는 것 같았습니다. 그는 확실히 능란하고 숙련된 사람이지요. (저는 정신이 빨리 돌아가는(versatur) 사람을 능란하다(versutos) 하고, 일을 많이 해서 손에 굳은살이 박인 것처럼 정신을 많이 사용해서 단단해진(concalluit) 사람을 숙련되었다고(callidus) 합니다.) 그래서 그 사람은 이렇게 말합니다. '만일 인간이 만들어낼 수 없는 어떤 것이 존재한다면, 이것을 만든 존재는 인간보다 더 뛰어나다. 그런데 세계 속에 있는 것들은 인간이 만들어낼 수가 없다. 따라서 그것들을 만들 수 있었던 존재는 인간보다 우월하다. 한데 신이 아니라면 무엇이 인간보다 우월할 수 있겠는가? 그러므로 신은 존재한다.' 이 모든 논증은 제논의 논증과 같은 오류 속에서 맴돌고 있습니다.

---

30) 엔니우스, 《연대기》 302행. 지브롤터 해협을 가리킨다.
31) 말라리아가 발병하면 그 모기의 종류에 따라 하루걸러(삼일열), 혹은 이틀 걸러(사일열) 규칙적으로 열이 올랐다 내렸다 하는데, 이 현상은 지중해 지역에서 이미 기원전 5세기부터 보고되어 있다.
32) '탄원자로서.'

212

26. 왜냐하면, 더 뛰어나다는 게 무슨 뜻인지, 우월하다는 게 뭔지, 자연과 이성은 어떻게 다른지 전혀 규정되지 않고 있기 때문입니다. 또한 이 크뤼십포스는, 만일 신들이 존재하지 않는다면, 온 자연 속에 인간보다 나은 것은 전혀 존재하지 않는다고 주장합니다. 한편 그는, 누구든 인간보다 나은 존재는 없다고 생각하는 사람이 있다면 그 사람은 더할 수 없이 오만한 거라고 비판합니다. 물론 자기가 세계보다 더 가치 있다고 생각하는 건 오만일 것입니다. 하지만 자신이 감각과 이성을 가졌음을 인식하며, 그것을 오리온자리도 큰개자리33) 도 갖지 못했다고 인식하는 것은 오만한 게 아닐 뿐더러, 오히려 현명한 것입니다. 또 그는 말합니다. '만일 어떤 집이 아름답다면, 우리는 그것이 쥐들을 위해서가 아니라 주인들을 위해 건축되었음을 알 것이다. 따라서 우리는 마찬가지로 세계가 신들의 집이라고 여겨야만 한다.' 물론 그것이, 제가 앞으로 증명할 것처럼34) 자연에 의해 형성된 게 아니라, 건축되었다고 본다면야 그렇게 여겨야 하겠죠.

27. 〔11〕 하지만 크세노폰의 글에서 소크라테스는, 만일 정신이 세계 속에 있지 않았다면 대체 어디서 우리가 그것을 얻었겠냐고 질문합니다.35) 그래서 저도 묻습니다, 대체 어디서 언어와 숫자와 음악이 왔는지 말입니다요. 만일 우리가, 태양이 달과 가까워졌을 때 서로 이야기를 나눈다고, 혹은 퓌타고라스가 믿었듯이 세계가 화음에 맞춰 노래한다고36) 생각하지 않으면 안 되는 거지요. 발부스여, 이런 것들은 자연에 속한 것입니다. 제논이 말하듯37) 기술을 시행하

33) Canicula. 이 말이 별자리 전체를 가리키는 게 아니라 별 하나만 가리키는 것이라고 보면, '시리우스도'라고 옮길 수도 있다.
34) 이 약속은 현재 전해지는 사본 안에서는 이행되지 않았다. 학자들은 3권 65장 일부가 사라져서 그런 게 아닐까 추정한다.
35) 2권 18장 참고.
36) 플라톤, 《국가》 10권 617 b 참고.

면서 돌아다니는 자연(이게 어떤 것인지는 이제 곧 볼 것입니다)이 아니라, 자신의 운동과 변화로써 모든 것을 움직이고 자극하는 자연 말입니다.

28. 그래서 자연의 일치와 공감에 대한 저 논변38)은 제 마음에 들었습니다. 당신은 자연이 말하자면 친족관계이고 연속되어 함께 숨을 쉬는 것이라고 하셨지요. 하지만 저는 당신이, 자연이 하나의 신적인 숨결에 의해 연결되지 않았다면 이런 일이 일어날 수 없었다고 주장할 때 그것은 찬성할 수 없었습니다. 진실로 그것은 신들의 힘이 아니라, 자연의 힘에 의해 모여 있고 유지되는 것입니다. 그리고 그 안에는 이른바 '공감'(consensus)이 있습니다. 희랍인들은 그것을 '함께 겪음'(sympatheia)이라고 부르지요. 하지만 그것이 저절로 생기면 생길수록, 그게 신적인 이성에 의해 만들어졌을 가능성은 줄어든다고 보아야 합니다.

29. 〔12〕 한데 카르네아데스39)가 제기한 다음의 반론을 당신들은 어떻게 논파하십니까? 만일 어떤 물체도 불멸이 아니라면, 그 어떤 물체도 영원하지 않습니다. 한데 어떤 물체도 불멸이 아니며, 나눠지지 않는 것도 없고, 쪼개지거나 분해되지 않을 수 있는 것도 없습니다. 그리고 모든 생명체는 뭔가를 느끼는 본성을 지니고 있기 때문에, 그들 중 어느 하나도, 외부의 무엇인가를 수용하는 일을, 이를테면 어떤 자극을 당하고 느끼는 일을 도저히 피할 수가 없습니다. 그

---

37) 2권 57장 참고.
38) 2권 19장 참고.
39) 카르네아데스에 대해서는, 1권 4장 참고. 그의 가르침이 이 권에서 다뤄지는 내용의 원천이 아닌가 추정된다. 섹스투스 엠피리쿠스의 《자연학자들에 대한 논박》 1권 137~181장에 여기 나오는 것과 같은 삼단논법이 소개되어 있다. 그 내용은 엠피리쿠스가 클레이토마코스를 통해서 카르네아데스에게서 받아들인 것이다.

리고 모든 생명체가 그러하다면, 불멸인 것은 존재하지 않습니다. 따라서 마찬가지로, 만일 모든 생명체가 잘리고 나뉠 수 있다면, 그들 중 어느 것도 분해불가능하지 않으며, 어느 것도 영원하지 않습니다. 한데 모든 생명체는 외부의 힘을 받아들이고 겪을 준비가 되어 있습니다. 따라서 모든 생명체는 필멸이고 분해가능하며 나눠질 수밖에 없습니다.

30. 왜냐하면, 만일 모든 밀랍이 변화가능하다면, 밀랍으로 만들어진 것 가운데 변화하지 않을 수 있는 게 없으며, 그와 마찬가지로 은과 구리의 본성이 변화가능한 것이라면, 은으로 된 것, 구리로 된 것 중에 변화하지 않는 것도 없을 것이기 때문입니다. 따라서 마찬가지로, 만일 모든 사물을 이루어주는 모든 존재자들이[40] 변화가능하다면, 그 어떤 물체도 변화를 겪지 않을 수가 없을 것입니다. 한데 당신들도 인정하다시피, 모든 것들을 이뤄주는 저것들이 변화가능합니다. 따라서 모든 물체는 변화가능합니다. 한데 만일 어떤 물체가 불멸이라면, 모든 게 변화가능한 것이 아니지요. 따라서 모든 물체는 필멸이라는 결과가 나옵니다. 사실 모든 물체라 하면, 그것은 물, 공기, 불, 흙 중 하나거나, 아니면 이것들로부터 생겨났거나, 혹은 이것들의 일부에서 생겨난 것입니다. 한데 이들 중 어느 것도 소멸하지 않는 게 없습니다.

31. 이유는 이렇지요. 흙으로 이루어진 모든 것은 부서집니다. 물은 너무나 부드러워서 쉽사리 눌리고 튕겨나갈 수 있습니다. 또 불과

---

40) '만일 … 모든 존재자들이'는 si omnia quae sunt를 옮긴 것이다. 많은 학자들이 quae sunt를 지우거나, omnia quae sunt를 지우거나, 그 다음에 et를 넣거나, 구절들을 옮기자고 제안하거나, 혹은 (Ax처럼) 그 다음에 빈 칸이 있다고 생각했다. 이 번역에서는 Pease와 Gerlach를 좇아 전해지는 사본대로 두는 쪽을 따랐다. Pease는 이 구절이, 위에 말한 4요소가 아니라, '존재하는 모든 것(희랍어 ta onta에 해당되는 것)'을 가리킨다고 설명한다.

공기는 모든 타격에 아주 쉽게 밀려나며, 본성상 아주 잘 물러서고
흩어집니다. 게다가 이들 모두는 다른 요소로 바뀔 때 소멸됩니다.
그런 일은 흙이 물로 바뀔 때와, 물에서 공기가 생겨날 때, 공기에서
아이테르가 생길 때, 그리고 같은 것들이 입장을 바꿔서 반대로 진행
할 때[41] 일어납니다. 한데 만일, 모든 생명체를 이뤄주는 저것들이
소멸하게끔 되어 있다면, 그 어떤 생명체도 영구적이지 않습니다.

32. 〔13〕 그리고 설사 우리가 이런 논변을 도외시한다 하더라도,
그래도 역시, 태어난 것이 아닌, 그리고 영원히 존재할 생명체란 결
코 발견할 수가 없을 것입니다. 왜냐하면 모든 생명체는 감각을 갖고
있기 때문입니다. 그래서 그것은 뜨거운 것도 차가운 것도, 달콤한
것도 쓴 것도 느낍니다. 그리고 그 어떤 감각기관도, 즐거운 것만 받
아들이고 그 반대되는 것은 안 받아들일 수가 없습니다. 그래서 즐거
움의 감각을 얻을 수 있으면, 괴로움의 감각 또한 얻을 가능성이 있
습니다. 그런데 괴로움을 받아들이는 것은, 필연적으로 소멸 또한 받
아들이게 될 것입니다. 따라서 모든 생명체는 필멸이라는 사실을 인
정해야 합니다.

33. 더욱이, 만일 쾌감도 고통도 느끼지 않는 어떤 것이 있다면,
이것은 생명체일 수가 없습니다. 반면에 어떤 것이 생명체라면, 그것
은 저런 감각들을 느껴야만 합니다. 그리고 저 감각들을 느끼는 것이
라면 영원할 수가 없습니다. 그리고 모든 생명체는 감각을 느낍니다.
따라서 그 어떤 생명체도 영원할 수가 없습니다. 또한, 본성적으로
좋아하는 것과 싫어하는 게 없는 생명체란 있을 수가 없습니다. 한데
좋아하는 것이란 본성에 맞는 것이고, 싫어하는 것이란 그 반대되는
것이지요. 그리고 모든 생명체는 어떤 것들은 추구하고, 어떤 것들은

---

41) 2권 84장 참고.

피합니다. 그런데 생명체가 회피하는 것은 그의 본성에 적대되는 것이며, 본성에 적대적인 것은 파괴하는 힘을 가진 것입니다. 따라서 모든 생명체는 소멸가능한 게 당연합니다.

34. 감각을 가지고 있으면서 소멸하지 않는 것은 있을 수 없다는 사실을 확인해 주고 강제하는 많은 근거들이 있습니다. 사실 냉기나 열기, 쾌감이나 고통, 그리고 그 밖의 것들처럼, 감각의 대상이 되는 것들 자체가, 너무 커지면 파괴를 일으킵니다. 한데 그 어떤 생명체도 감각을 지니지 않은 것은 없습니다. 따라서 그 어떤 생명체도 영원하지 않습니다. 〔14〕 왜냐하면 생명을 지닌 것들은 두 경우 중 하나이기 때문입니다. 우선 그 본성이 단순해서, 흙으로 되어 있거나, 불로 되어 있거나, 공기로 되어 있거나, 아니면 물로 되어 있는 경우인데, 대체 생명체가 어떻게 이럴 수 있는지는 사실 이해할 수 없을 것입니다. 다른 경우는, 여러 요소로 이루어진 것인데, 그 요소들 각각은 제 자리를 갖고 있어서 본성적인 힘에 의해 그리로 옮겨갈 것입니다. 어떤 것은 맨 아래로, 어떤 것은 꼭대기로, 어떤 것은 가운데로 말입니다. 이런 것은 어느 정도 시간까지는 함께 뭉쳐 있을 수 있지만, 결코 영원할 수는 없습니다. 왜냐하면 각각의 요소가 본성에 따라 제 자리로 옮겨 가버릴 수밖에 없기 때문입니다. 따라서 그 어떤 생명체도 영원하지 않습니다.

35. 한데 발부스여, 당신들 학파는 모든 것이 불의 힘으로 돌아간다고 말하곤 합니다. 제 생각으로는 헤라클레이토스를 따라서[42] 그러는 것 같은데, 모두가 그를 같은 방식으로 이해하는 것은 아니지요. 하지만 그는, 자기가 뜻하는 바가 무엇인지 이해되는 걸 원치 않

---

42) 스토아학파에서 헤라클레이토스는, 에피쿠로스학파에서 데모크리토스와 비슷한 역할을 하고 있다. 불에 대한 헤라클레이토스의 견해는 아리스토텔레스, 《자연학》 3권 5장 205 a 3-4, 《형이상학》 1권 3장 984 a 7 등 참고.

았으니,43) 그냥 지나가도록 합시다. 어쨌든 당신들은, 모든 힘은 불과 연관되어 있다는 식으로 말합니다. 그리고 열이 사라지면 생명을 가진 것도 죽고, 온 자연 속에서 따뜻한 것은 살아서 활기를 지닌다고 합니다. 하지만 저는 도무지 이해할 수가 없습니다. 왜 육체들이 물이나 공기가 없어져서 죽는 게 아니고, 불이 꺼져서 죽는지 말입니다. 특히 열기가 지나쳐서 죽는 경우에 말이죠.

36. 그러니 불에 대한 언급은 이런 요소들에게도 공통으로 적용되어야 합니다. 하지만 그 결과가 어떻게 되는지 봅시다. 제가 보기에 당신들이 말하려는 건 이런 것입니다. 즉, 자연과 세계 속에 불 이외에는 그 어떤 외적인44) 생명체도 없다는 것이지요. 하지만 왜 '공기(anima) 이외에는'이라고 하지 않는 건가요? 생명을 가진 것들(animantes)의 영혼(animus)을 이루는 것도 그것이고, 거기서 생명체(animal)라는 호칭도 나온 것인데 말입니다. 그리고 왜, 불 없이는 영혼도 없다는 저 주장이 공인된 듯 여기십니까? 그보다 오히려 영혼은 불과 공기가 섞여서 이루어진 무엇이라는 게 더 그럴싸해 보이는데요. 하지만 만일 불이 스스로 혼자서 다른 어떤 요소와도 섞이지 않은 생명체라면, 그것이 우리 몸속에 있음으로써 우리에게 감각을 일으키는 것이니까, 그 자체도 감각을 갖지 않을 수가 없습니다. 그러면 앞에 나왔던 것과 똑같은 논증45)이 사용될 수 있습니다. 무엇

---

43) 1권 74장 참고. 구문이 좀 이상해서 Ax는 문장 전체에 난문표시를 해놓았으나, 이 번역에서는 Pease의 제안에 따라 중간의 한 단어(quod)를 지우고 옮겼다.

44) extrinsecus. 이 구절을 intrinsecus로 고치자는 학자들도 상당히 많이 있다. 전해지는 사본대로 extrinsecus('외적인')로 읽으면, '상식적으로도 생명체로 여겨지는 것들 이외의'란 뜻이 될 것이고, intrinsecus로 고쳐 읽으면 그냥 '세계 내에'라는 뜻이 될 것이다. 여기서는 전해지는 원문을 고칠 이유가 없다는 학자들의 주장에 따라 원래대로 옮겼다.

45) 3장 32절의 내용.

218

이든 감각을 가진 것이라면, 그것은 쾌감도 고통도 느껴야만 합니다. 한데 어떤 것에 고통이 다가온다면, 그것에 파괴도 다가옵니다. 그러면 결론적으로, 불이 영원하다는 걸 입증할 길이 당신들에겐 결코 없습니다.

37. 자, 또 어떻습니까? 당신들은 또한 모든 불이 먹거리를 필요로 한다는 것, 영양을 공급받지 않고는 결코 유지될 수 없다는 것에 동의하지 않습니까? 그리고 해와 달과 다른 별들은 물에 의해서, 그러니까 어떤 것은 민물에, 어떤 것은 바닷물에 의해 영양을 공급받는다는 것도 동의하겠지요? 클레안테스는, '왜 태양은 하지의 반환점에서 돌아서고, 그 너머로 나아가지 않는지'[46]에 대해, 그리고 동지점에 대해서도 바로 그 이유를 대고 있습니다. 즉, 먹을 것으로부터 너무 멀어지지 않으려고 그런다는 것이지요. 이 문제 전체에 대해서는 잠시 후에 보도록 하고요, 일단 다음 삼단논법을 정리합시다. 소멸될 수 있는 것은 본성상 영원하지 않습니다. 그런데 불은 영양을 공급받지 못하면 소멸될 것입니다. 따라서 불은 본성상 영원한 것이 아닙니다.

38. 〔15〕한편 우리는 그 어떤 덕도 부여받지 못한 신이 대체 어떤 것인지 이해할 수 없습니다. 자, 그러니 어떻습니까? 우리는 신에게 현명함(prudentia)을 부여해야 하지 않겠습니까? 그것은 좋은 것과 나쁜 것, 좋지 않은 것과 나쁘지 않은 것에 대한 지식으로 이루어져 있지요. 악한 것이라고는 가지지도 않고, 가질 수도 없는 존재에게, 좋은 것들과 나쁜 것들 중에 선택할 수 있다는 게 무슨 소용이 있을까요? 또 추론능력(ratio)에 대해서는 어떻습니까? 이해력(intellegentia)

---

46) 누구 작품을 인용한 것인지 밝혀지지 않은 구절이다. 키케로 자신이 만든 구절이라면 그런 사실을 밝히는 게 보통이기 때문에, 그 자신의 창작은 아닌 것으로 보인다.

은 어떻고요?[47] 우리는 이것들을, 이미 알려진 것에서 아직 숨겨져 있는 것으로 도달하기 위해 사용합니다. 하지만 신에게는 그 어떤 숨겨진 것도 있을 수 없습니다. 그리고 각자에게 자기 것을 부여한다는 정의(iustitia)는 신들과 무슨 관계가 있겠습니까? 당신들이 말하듯이, 인간들의 사회와 공동체가 정의라는 개념을 낳았으니 말입니다. 또 절제(temperantia)는 육체적 쾌락을 포기하는 것으로 이루어져 있습니다. 그러니 만일 하늘에도 이 절제의 자리가 있다면, 쾌락의 자리도 있어야 합니다. 그리고 신이 용기 있다는 건 대체 어떻게 이해될 수 있겠습니까? 고통 속에선가요? 아니면 노역 속에선가요? 이들 중 어느 것도 신과는 연관이 없습니다.

39. 그러니 이성도 이용하지 않고, 그 어떤 덕도 부여받지 못한 신을 우리가 어떻게 이해할 수 있겠습니까?

사실 저는 스토아학파 사람들이 한 말을 생각할 때, 대중과 배우지 못한 이들의 무지를 경멸할 수가 없습니다. 왜냐하면 배우지 못한 이들의 생각은 다음과 같기 때문입니다. 즉, 쉬리아인들은 물고기를 존중합니다. 그리고 이집트인들은 거의 모든 종류의 짐승들을 신성시합니다. 그리고 사실 희랍에도 인간에서 신으로 변한 많은 존재들이 있습니다. 알라반다의 알라반도스,[48] 테네도스의 테네스,[49] 그리고 원래 이노였던 레우코테아, 또 그의 아들 팔라이몬[50]을 온 희랍이

---

47) ratio와 intellegentia는 대개 함께 묶어서 '지성'을 가리킨다. 《의무론》 3권 68절 참고. 하지만 여기서 이 두 용어는 각각 '추론능력'과 '단어의 의미를 아는 능력'을 가리키는 것으로 보인다. 《아카데미카》 2권 92장 참고.

48) 소아시아 카리아 지역에 있는 도시 알라반다(현대의 Arabhissar)의 설립자. 키케로가 이 도시를 언급한 것은 포세이도니오스의 글에서 읽었거나, 아니면 자신이 기원전 51년 킬리키아로 여행하는 길에 이곳에 들렀기 때문일 것이다.

49) 퀴크노스의 아들이며 포세이돈의 손자. 트로이아 앞에 있는 테네도스 섬의 왕.

220

인정하고 있으며, 헤르쿨레스, 아이스쿨라피우스,51) 튄다레오스의 아들들(튄다리다이)52)도 그렇습니다. 우리 민족은 로물루스와 다른 아주 많은 사람들을 갖고 있습니다. 이들이 말하자면 새로 등록된 시민으로 하늘에 받아들여진 것으로 생각하는 것입니다.

40. 〔16〕 물론 학식 없는 사람들이 이런 믿음을 갖고 있습니다. 하지만 당신들 철학자들은 어떤가요? 더 나은 데라도 있던가요? 이 문제는 그냥 지나가겠습니다. 아주 명백하니까요. 하지만 만일 세계 자체가 신이라고 해봅시다. 저는 이 구절, '모두가 윱피테르라고 부르는, 드높이 빛나는 것'53)이 바로 이런 뜻이라고 믿으니 말입니다. 그러면 우리는 왜 수많은 신들을 덧붙이는 걸까요? 그들의 숫자는 얼마나 많던가요! 적어도 제게는 굉장히 많아 보입니다. 왜냐하면 당신은 별들 하나하나를 신으로 산정하고, 그들을 짐승의 이름으로, 그러니까 암염소나 전갈, 황소, 사자 따위로 부르거나, 아니면 영혼이 없는 사물인 아르고호나, 제단, 왕관 등으로 부르니까요.

41. 이것들은 용인한다 하더라도, 나머지 것들은 대체 어떻게, 용인되는 것은 차치하고, 이해되기라도 할 수 있겠습니까? 우리가 곡식들을 케레스라고, 술을 리베르라고 부를 때, 우리는 물론 늘 써온 표현법을 사용하는 것입니다. 한데 당신은 혹시 누구라도, 자기가 먹는 것이 신이라고 믿을 만큼 정신 나간 사람이 있다고 생각하십니까? 그

50) 이노는 보이오티아 왕 아타마스의 아내인데, 광기에 빠져서 아들 멜리케르테스와 함께 바다에 몸을 던진다. 하지만 신들이 그들을 신으로 만들어, 그녀는 레우코테아라는 이름을 얻고, 아들은 팔라이몬이라는 이름을 얻었다. 아폴로도로스 《도서관》 3권 4장 3절 참고.
51) 의술의 신. 원래 아폴론의 아들인 인간이었다.
52) 2권 6장 참고.
53) 3권 10장에 인용되었던 구절에서 앞부분을 떼어버린 것이다. 문맥에 맞춰 약간 다르게 옮겼다.

리고 당신이 말씀하시길, 인간들로부터 신들에게로 가버렸다고 하는
저 사람들에 대해서, 어떻게 그런 일이 일어날 수 있었는지, 혹은 왜
지금은 그런 일이 일어나기를 그쳤는지 설명하셔야 할 것입니다. 그
러면 저는 기꺼이 듣겠습니다. 현재로선 저는 대체 어떻게, 악키우
스[54]가 쓴 것처럼, '오이테 산에서 장례 횃불을 받은' 사람[55]이 저
불로부터 '아버지의 영원한 집으로' 가버릴 수 있었는지 알 수가 없습
니다. 반면에 호메로스는 오뒷세우스가 그 사람을 저승의 존재들 사
이에서 만나는 것으로[56] 해놓았습니다. 마치 생명을 떠난 다른 사람
들처럼 말입니다.

42. 하지만 저는 특히, 우리가 섬기는 것이 대체 어떤 헤르쿨레스
인지 정말로 알고 싶습니다. 왜 그러냐 하면, 내부적으로 숨겨져 내
려오는 글들을 살피는 사람들은 여러 헤르쿨레스에 대해 우리에게 전
해주기 때문입니다. 그 중 가장 오래된 인물은 읍피테르의 아들인데
요, 또한 가장 오래된 읍피테르의 아들이기도 합니다. 왜냐하면 희랍
인들의 옛 글에서 우리는 수많은 읍피테르들을 발견하니 말입니다.
그래서 우리가 전해 듣기에, 세발솥을 놓고 아폴로와 다퉜다는[57] 저
헤르쿨레스는 저 읍피테르와 뤼시토에 사이에 난 아들[58]입니다. 한

---

54) 2권 89장 참고.
55) 헤라클레스. 그는 마지막에 독 묻은 옷을 입고 죽어가다가, 오이테 산 정상
에서 장작더미에 올라가 불을 붙여주기를 요구하였다. 그렇게 죽은 후에 올
륌포스로 올라가 신이 되었다고 한다.
56) 《오뒷세이아》 9권 600행 이하.
57) 헤라클레스가 살인을 저지르고 어떻게 해야 할지 물으러 델포이의 신탁소를
찾아갔더니, 여사제가 상습살인범이 왔다고 신탁을 거부했다. 그러자 화가
난 헤라클레스는 따로 자신의 신탁소를 세우겠다며, 아폴론의 세발솥을 빼
앗아 가려했다. 그러자 아폴론이 뛰어나와, 제우스의 두 아들 사이에 싸움
이 벌어지게 된다. 헤라클레스는 그에 대한 벌로 옴팔레에게 팔려가 3년간
노예생활을 해야만 했다. 아폴로도로스, 《도서관》 2권 6장 2절 참고.

222

편 닐루스에게서 태어난 이집트의 다른 헤르쿨레스도 전해집니다. 59)
사람들은 그가 프뤼기아의 신성한 책들을 편집했다고 합니다. 세 번
째는 이데 산의 디기티족60) 출신입니다. 그런데 사람들은 그에게 사
자(死者)의 제물을 바치지요. 61) 네 번째는 윱피테르와, 라토나62)의
누이인 아스테리아63) 사이에 난 사람입니다. 그는 튀로스에서 가장
크게 섬겨지며, 64) 그의 딸이 요정 카르타고라고 합니다. 다섯 번째
는 인디아에 있었으며, 벨루스라고 불립니다. 65) 여섯 번째는 윱피테

---

58) 현재 이 혈통이 전해지는 유일한 문헌은 서기 6세기 Lydus의 De Mensibus
　　4권 67장이다. 그것에 따르면 이 헤라클레스는, 아이테르의 아들 제우스와
　　오케아노스의 딸 뤼시토에 사이에 태어난 것으로 되어 있다.
59) 헤로도토스, 《역사》 2권 43장 참고.
60) 희랍어 Daktyloi Idaioi를 라틴어식으로 적은 것이다. 이들은 보통 크레테의
　　이데 산과 연결되나, 때로는 프뤼기아의 이데와 연결되기도 한다. 이들은
　　텔키네스족이나 쿠레테스와 자주 혼동되는데, 아마도 이들처럼 금속을 다루
　　던 종족이었던 듯하다. 라틴어 digitus나 희랍어 daktylos가 모두 손가락을
　　뜻하는데, 어쩌면 이것은 금속을 다루는 난장이라는 개념과 연관이 있을지
　　도 모른다. 물론 여기서 헤라클레스가 그 종족에 속한다고 했으면, 최소한
　　키케로는 그가 난장이족이라고 생각하지는 않았을 것이다. 파우사니아스,
　　《희랍 안내서》 2권 7장 6절도 닥튈로이족 헤라클레스에 대해 전하고 있다.
61) 사본들에 전해지기로는 cui inferias adferunt cui. 라는 이상한 문장이어서,
　　여러 수정제안이 있고, Ax는 마지막 단어에 난문표시를 해두었으나, 이 번
　　역에서는 Pease를 좇아 맨 끝의 cui를 삭제하였다. 다른 제안으로는 마지막
　　단어를 Coi(코스 섬 사람들), 혹은 Cretes(크레테 사람들) 등으로 고치자는
　　것이 있다.
62) 레토.
63) 헤시오도스, 《신들의 계보》 409행 참고. 그녀는 이따금 아스타르테와 동일
　　시되기도 한다.
64) 튀로스에서 섬겨지던 헤라클레스는 셈족의 신 Melcarth인 듯 보인다.
65) Belus(또는 Baal, Bel)는 원래 '주인'이란 뜻으로, 고유명사가 아니라 셈족
　　의 남성신들에게 가장 흔히 붙던 수식어이다. 헤라클레스에게 이 칭호가 붙
　　었다는 다른 전거는 없으며, 인도의 헤라클레스의 이름은 저자마다 다르게
　　전한다.

르가 알크메나에게서 낳은 바로 그 사람입니다. 한데 이 읍피테르는 세 번째 읍피테르지요. 왜냐하면 제가 이제 설명할 것처럼, 66) 우리는 읍피테르 역시 여럿을 물려받았으니까요.

43. 〔17〕 한데, 논의가 이 주제로 저를 이끌었으니 하는 말인데, 저는 제관들의 규칙과 조상들의 관습에 따라서 불멸의 신들을 섬기는 일에 대해서, 스토아학파 사람들의 이론에서보다는, 누마께서 우리에게 물려주셨고, 라일리우스께서 저 황금 같은 짧은 연설에서67) 논하셨던 작은 제기(祭器)들로부터 더 많은 걸 배웠다고 말하겠습니다. 그 이유는 이렇습니다. 제가 만일 당신들을 따른다면, 누군가 제게 이렇게 물었을 때 제가 어떻게 대답해야 할지를 말해보십시오. '만일 신들이 존재한다면, 68) 요정도 여신이라고 할 수 있는가? 요정들이 여신이라면, 판 신들과 사튀로스들도 신이다. 하지만 이들은 신이 아니다. 따라서 요정들도 여신이 아니다. 하지만 그들의 신전이 공적으로 봉헌되어 바쳐져 있다. 그러니 신전을 봉헌 받은 다른 신들도 신이 아닌 것인가? 더 나아가보자. 당신은 읍피테르와 넵투누스를 신으로 산정하고 있다. 따라서 그들의 형제인 오르쿠스69)도 신이다. 그

---

66) 여기 예고한 설명은 53장에 가서야 이루어진다. 그래서 43장에서 52장까지의 내용이 원래 60장 뒤에 있던 것이 아닐까 의심하는 학자도 있다.

67) 3권 6장 참고.

68) Ax는 si di sunt **로 빈 칸을 남겨 놓았고, Pease도 여기 몇 단어가 사라진 게 아닐까 의심한다. Pease가 지적하는 것은 (물론 si di sunt가 '신들이 존재한다면'의 뜻일 수도 있긴 하지만) 44~52장에 이와 비슷한 구조의 문장이 반복적으로 나타나는데, 매번 esse 동사가 계사로 쓰인다는 점이다. 그는 Plasberg가 보충한 문장 si di sunt ⟨hi quorum templa dedicata sunt⟩ ('만일 신전을 봉헌 받은 이들이 신이라면')를 소개하긴 하지만, 그것도 확실치는 않다고 보고 있다. 이 번역에서는 Gerlach를 좇아 그냥 빈 칸이 없는 것처럼 옮겼는데, 그 다음의 논리전개를 보면 Plasberg의 보충이 꽤 적절한 게 아닌가 생각된다.

69) 희랍의 하데스, 또는 플루톤에 해당되는 신으로, 때로는 지하세계를, 때로

러면 죽은 자들 사이로 흐르고 있다는 아케론, 코퀴토스, 퓌리플레게
톤[70]도, 또 카론[71]도 케르베로스[72]도 신으로 생각되어야 한다.

44. 물론 이런 주장은 논박되어야 한다. 그렇다면 오르쿠스도 신이
아니다. 한데 그럴 경우 그의 형제들에 대해서 당신들은 뭐라고 할
것인가?'이런 논증은 카르네아데스가 행하곤 했던 것입니다. 물론
그것은, 신들을 제거하기 위해서가 아니라(사실 철학자에게 그런 목표
보다 덜 어울리는 게 어디 있겠습니까?), 스토아학파 사람들이 신들에
대해서 아무것도 설명하지 못했음을 입증하기 위해서였죠. 그래서 그
런 식으로 공격했던 것입니다. 그는 말하곤 했습니다. '자, 어떤가?
만일 이 형제들이 신들의 숫자에 포함된다면, 그들의 아버지인 사투
르누스에 대해서도 그걸 거부할 수 없지 않겠는가? 그를 서쪽 지역
사람들이 대중적으로 아주 많이 섬기니 말이다. 한데 만일 그가 신이
라면, 그의 아버지인 카일루스[73]도 신이라는 게 인정되어야 한다.
하지만 만일 그렇다면, 카일루스의 부모인 아이테르와 낮(Dies)도 신
으로 생각되어야 한다. 또 그들의 형제자매도 마찬가지인데, 이들은
사랑, 속임수, 두려움,[74] 노역, 질시, 운명, 노령, 죽음, 어둠, 비

는 저승을 다스리는 것으로 여겨진다.

70) 저승에 흐르는 3개의 강이다. 네 번째 강인 스튁스는 다음에 나오는 카론으
로 대신했다.

71) 저승의 뱃사공.

72) 보통 머리가 셋인 것으로 알려진 저승의 개.

73) 우라노스(하늘).

74) Ax와 Pease는 modus라고 쓴 사본들을 따르고 난문표시를 해두었다. 다른
사본들에는 motus라고도 전해지는데, 이것을 조금 고쳐 metus(두려움)로
읽는 학자들이 있다(Gerlach를 포함해서). 이 번역에서는 그쪽을 따랐다.
다른 제안으로는 morbus(질병), momos(어리석음) 등으로 고치자는 것이
있는데, Pease는 후자를 선호하지만 이것만 유독 희랍어를 그냥 발음대로
옮긴 것이어서 결정하지 못했다고 한다.

참함, 탄식, 호의, 기만, 고집, 파르카이, 75) 헤스페리데스, 76) 꿈 등
으로, 모두 에레보스와 밤(Nox)에게서 났다고들 한다. '77) 따라서 이
와 같은 괴물들도 신으로 인정되거나, 아니면 저 첫 번째 존재들도
모두 신에서 제외되어야 합니다.

45. 〔18〕 또 어떻습니까? 당신은 아폴로, 불카누스, 메르쿠리우스
와 다른 존재들이 신이라고 하면서, 헤르쿨레스, 아이스쿨라피우스,
리베르, 카스토르, 폴룩스에 대해서는 이들이 신이란 것을 의심하실
겁니까?78) 하지만 사실 후자들은 전자들 못지않게 숭배를 받고 있으
며, 어떤 사람들 사이에서는 오히려 더 크게 숭배 받습니다. 그러니
이들이 인간인 어머니로부터 난 신이라고 생각되어야 할까요? 또 어
떻습니까? 아폴로의 아들이자, 올리브를 처음 발견했다는 아리스타
이오스, 79) 넵투누스의 아들 테세우스, 그 밖에 신을 아버지로 가진
다른 이들은 신들의 숫자에 들지 않나요? 신을 어머니로 가진 이들은
또 어떻습니까? 제 생각으로는 오히려 그쪽이 더 신에 들어갈 만합니
다. 왜냐하면 시민법에 의해 어머니가 자유인인 사람은 자유인인 것
처럼, 자연법에 의해서도 여신인 어머니에게서 태어난 자는 신이어

75) 운명의 여신들인 클로토, 라케시스, 아트로포스를 함께 묶어 이르는 이름이다.
76) 세상의 끝에서 헤라의 황금사과나무를 지키고 있다는 여성들. 보통 아틀라
스의 딸들로 되어 있다.
77) 여기 나온 목록은 대체로 헤시오도스, 《신들의 계보》 211-230행과 휘기누
스, 《신화집》 서문 1-3절의 내용과 유사하다.
78) 하지만 2권 62장에서 발부스는 헤르쿨레스를 신으로 놓았었다. 지금 여기
펼쳐지는 논증은 카르네아데스에게서 빌려온 것으로, 2권의 논의가 근거로
삼고 있는 저술(아마도 포세이도니오스)보다 훨씬 전 시대의 것인 듯하다.
79) 원래 옛날 지역 신이었다가, 다음 단계에 인간으로 그려졌다가, 다시 신격
화된 존재로 보인다. 올리브는 보통 아테네 여신이 아테나이 사람들에게 처
음 선물한 것으로 알려져 있다. 하지만 아리스타이오스가 올리브를 발견했
다는 설도 드물지 않다. 아폴로니오스 로디오스, 《아르고호 이야기》 4권
1132-1133행, 플리니우스, 《자연사》 7권 199장 등 참고.

야 하니 말입니다. 그래서 아스튀팔라이아[80]의 섬 주민들은 아킬레
우스를 극히 신성시하며 섬깁니다. 한데 만일 그가 신이라면, 오르페
우스[81]와 레소스[82]도 무사 여신을 어머니로 해서 태어났으므로 신입
니다. 혹시 바다 속에서 이루어진 결혼을 뭍에서 이루어진 결혼보다
더 앞자리에 놓지 않는다면 말입니다. 만일 이들이, 아무데서도 섬겨
지지 않는다고 해서 신이 아니라고 한다면, 다른 이들은 어떻게 신일
수 있겠습니까?

46. 그러니 혹시 저 명예가 불멸성에 주어진 게 아니라, 인간의 덕
에 주어진 건 아닌지 생각해보십시오. 발부스여, 당신도 그렇게 말씀
하시는 것 같았습니다. [83] 하지만 당신이 라토나가 여신이라고 생각
하신다면, 어떻게 헤카테는 여신이 아니라고 생각할 수 있겠습니까?
헤카테는, 라토나의 자매인 아스테리아를 어머니로 삼아 태어났는데
말입니다. [84] 그러면 헤카테도 여신입니까? 왜냐하면 그녀의 제단과
성역이 희랍에 있는 걸 우리가 보았으니까요. 한데 만일 그녀가 여신
이라면, 왜 에우메니데스[85]는 여신이 아니겠습니까? 그리고 이들이
여신이라면 — 아테나이에도 이들의 성역이 있고, 우리들에게도 푸리
나(Furina)의 숲[86]이 있으므로 —, 제가 제대로 해석했다면, [87] 푸리

---

80) 희랍 동북부 스포라데스 군도의 남서쪽에 있는 섬.

81) 오이아그로스와 무사 여신인 칼리오페 사이에 난 아들.

82) 트라키아 왕인 에이오네우스와, 무사 여신인 칼리오페(또는 에우테르페) 사
이에 난 아들.

83) 하지만 발부스는 신들이 영원하기도 하다는 걸 지적했었다. 2권 62장 참고.

84) 헤시오도스, 《신들의 계보》 409-411행 참고.

85) '자비로운 여신들'. Erinyes, 또는 Semnai Theai를 미화하여 부르는 명칭이
다. 지금 여기 이들이 헤카테와 함께 언급된 것은 이 양자가 모두 땅에 속한
신격이기 때문일 것이다.

86) 야니쿨룸(로마 시내에서 볼 때 강 건너편에 있는 산)의 남동 사면에 있던 숲.

87) 여기서 저자는 기원전 121년에 가이우스 그락쿠스가 이 숲에서 살해된 사건

아이 (Furiae) 88) 도 여신들입니다. 아마도 범죄들과 죄악의 감시자이
자 복수자로서 그렇겠지요.

47. 그리고 신들이 인간사에 개입하도록 되어 있다면, 나티오
(Natio) 89) 도 여신으로 여겨져야 합니다. 우리는 아르데아90) 들판에
서 그녀의 성역을 돌아갈 때 거룩한 의식을 치르곤 하니까요. 그녀는
산모들의 출산을 지켜준다고 해서 '태어나다'(nasci)에서 유래한 이름
나티오로 불리는 것입니다. 만일 그녀가 여신이라면, 당신이 열거한
모든 것도 다 신이겠지요. 명예, 신뢰, 지성, 화합, 그리고 희망, 모
네타(Moneta), 91) 또 우리 자신이 상상으로 그려낼 수 있는 모든 것
이 다 그럴 것입니다. 하지만 만일 이게 진실해보이지 않는다면, 이
들이 흘러나온 저 원천도 진실하지 않습니다. 〔19〕 또 당신은 무어라
하시겠습니까? 만일 우리가 이어받아 섬기는 저들이 신이라면, 왜 우
리는 세라피스92) 와 이시스93) 를 같은 부류 속에 헤아려 넣지 않겠습
니까? 그리고 우리가 그들을 신으로 여긴다면, 왜 야만인들의 신들은
거부하겠습니까? 따라서 우리는 소와 말, 따오기, 매, 이집트 코브

을 암시하고 있다. 그는 귀족파의 입장에 서서, 그락쿠스가 Furiae에게 쫓
겨서 광기에 빠졌고 그래서 죽음에 이른 것이라고 보는 듯하다. 그는 잘 알
려지지 않은 푸리나 여신을 푸리아이와 같은 여신으로 보고 있다.
88) '복수의 여신들'.
89) 출산의 여신.
90) 라티움의 옛 도시. 키케로 시대에는 이미 황폐해진 지 오래되었다.
91) '충고하다'(moneo)에서 나온 말로 보인다. 기원전 344년에 처음 모네타의
신전이 건립되었으며, 여기 신격화된 추상명사들과 함께 언급된 것으로 보
아 애초에는 Mnemosyne(기억)의 뜻이었다가, 나중에 그 가까이에 주화
만드는 작업장이 세워지면서 돈과 관련된 의미가 부가된 듯하다.
92) 희랍 전통과 이집트 전통이 섞여서 이루어진 신이다. 오시리스, 아피스, 제
우스, 하데스 등과 동일시되기도 하고, 모든 신이 섞인 보편 신으로 여겨지
기도 한다. 세라피스와 이시스 숭배는 로마에서 오랫동안 저항을 받았다.
93) 이집트의 최고 여성 신.

라, 악어, 물고기들, 개, 늑대, 고양이, 그 밖에 많은 동물들을 신들의 숫자에 넣게 될 것입니다. 만일 우리가 이것들을 배척한다면, 우리는 이것들을 낳은 저것들도 역시 배척해야 할 것입니다.

48. 그 다음엔 또 어떻습니까? 만일 이노가 카드모스[94]의 딸이라고 해서 여신으로 여겨지고, 희랍인들에 의해서는 레우코테아라고, 또 우리 민족에 의해서는 마투타라고 불린다면, 키르케[95]와 파시파에[96]와 아이에테스[97]는, 태양을 아버지로 삼아, 오케아노스의 딸 페르세이스에게서 태어났는데도 신들의 숫자에 넣지 않을 것입니까? 키르케이이(Circeii)[98]의 우리 식민지 개척자들은 키르케도 아주 경건하게 섬기는데 말입니다. 그래서 당신은 그녀를 여신으로 여기지요. 메데아[99]에 대해서는 무어라고 대답하시렵니까? 그녀는 태양과 오케아노스, 두 신을 할아버지로 삼아, 아버지 아이에테스와 어머니 이뒤이아에게서 태어났는데요. 또 그의 형제 압쉬르토스[100]에 대해서는 어떻습니까? (그는 파쿠비우스의 글[101]에는 아이기알레우스로 나와 있지만, 압쉬르토스라는 이름이 옛 글들에서는 더 자주 쓰이지요.) 이들이 신이 아니라면, 이노가 어떻게 될지 저로서는 걱정이군요. 왜냐하

---

94) 페니키아 왕 아게노르의 아들, 테바이의 설립자.

95) 오뒷세우스 일행을 돼지로 만들려 했던 요정.

96) 크레테 왕 미노스의 아내로, 황소에게 반해서 미노타우로스를 낳았다는 여성.

97) 흑해 동쪽 콜키스의 왕. 이아손이 황금양털을 얻으러 갔을 때 그에게 어려운 과업을 내렸다.

98) 라티움의 키르케이이라는 곳에 있는 도시.

99) 아이에테스의 딸. 이아손을 도와 황금양털을 얻게 해주고, 그의 아내가 되어 희랍으로 도망쳤다.

100) 메데이아가 추격을 피하기 위해 압쉬르토스를 죽였다는 이야기의 여러 판본이 전해진다. 가장 널리 알려진 것은 압쉬르토스의 시신을 토막 내 바다에 뿌려서 추격자들이 그것을 수습하는 사이에 도망쳤다는 것이다.

101) 《메두스》 단편 24 Ribbeck.

면 이들 모두는 같은 원천에서 흘러나왔으니까요.

49. 그런데 암피아라오스[102]와 트로포니오스[103]는 신이 될까요? 사실 우리나라의 징세청부업자들은, 보이오티아의 들판이 불멸의 신들 소유여서 켄소르[104]의 규제에서 예외가 된다는 것을 알았을 때, 한번 인간이었던 자는 누구도 불멸일 수 없다고 주장했었습니다. [105] 하지만 만일 이들이 신이라면 확실히 에렉테우스[106]도 신입니다. 그의 신전도 사제도 저는 아테나이에서 보았습니다. 만일 우리가 그를 신으로 만든다면, 코드로스[107]나, 조국의 자유를 위해 싸우다가 쓰러진 다른 이들에 대해서 우리가 어떻게 망설일 수 있겠습니까? 하지만 그게 그럴듯해 보이지 않는다면, 이 모든 것이 흘러나온 저 위의 것들도 결코 용인되어서는 안 됩니다.

50. 또 우리는, 많은 도시들에서 용기를 증진시키려는 목적으로, 그러니까 가장 뛰어난 자들이 국가를 위해서 더욱 기꺼이 위험으로 나아가게끔 하려고, 용감한 자들의 기억을 불멸의 신들의 명예로써

---

102) 테바이 전쟁 때 산 채로 땅속으로 사라졌다는 예언자.

103) 보이오티아의 레바데이아에서 섬겨지던 영웅. 희랍인들이 도래하기 전부터 섬겨지던 토지신인 것으로 보인다.

104) 국가의 이익을 위해 모든 공적 재산을 이용가능하게 만드는 것이 켄소르의 의무이다.

105) 기원전 73년, 로마의 징세청부업자들이 암피아라오스에게 속한 재산에 세금을 매기자, 오로푸스 주민들이 로마에 항의 사절단을 보내서 결국 면세 판정을 받아낸 일이 있다. 하지만 이 작품 속 대화가 있었던 때는 적어도 기원전 75년 이전인 듯 보이므로, 이 사건에 대한 언급은 시대착오이다.

106) 아테나이의 전설적인 왕. 엘레우시스와 싸울 때 딸들을 제물로 바쳐 승리를 얻었다. 그 자신은 승리 후에 제우스의 벼락에 죽었고, 아버지와 딸들은 에렉테이온에서 신으로 섬겨졌다. 《투스쿨룸의 담론》 1권 116장 참고.

107) 기원전 11세기에 아테나이를 다스렸다는 왕. 왕이 죽으면 적들을 물리칠 수 있다는 신탁에 따라, 적들이 알아보지 못하게 노예의 옷을 입고서 적진으로 뛰어들어 죽었다고 한다. 《투스쿨룸의 담론》 1권 116장.

성화했음을 알 수 있습니다. 이런 말을 하는 것은, 바로 그 이유 때문에 아테나이에서 에렉테우스와 그의 딸들이 신들의 숫자에 들어갔기 때문입니다. 마찬가지로 레오의 딸들[108]의 신전이 아테나이에 있고, 그것은 레오코리온이라고 불립니다. 또한 알라반다 사람들은 자기 도시를 세운 알라반도스를 유명한 신들 중 누구보다 더 신성하게 섬깁니다. 스트라토니코스[109]가, 자주 그랬듯 재치 있게 말했던 것도 그들 가운데서입니다. 그는 어떤 사람이 귀찮게 하면서 알라반도스는 신이지만, 헤르쿨레스는 아니라고 주장했을 때 이렇게 말했죠. '그러니 내게는 알라반도스가, 당신에게는 헤르쿨레스가 분노하시길!'

51. 〔20〕한데 발부스여, 당신이 하늘과 별들로부터 이끌어낸 저것이 얼마나 멀리까지 나아갔는지 그대는 보지 못하십니까? 해와 달은 신이며, 그들 중 하나를 희랍인들은 아폴로라 하고, 다른 것을 디아나라고 한다는 것 말입니다.[110] 하지만 만일 달이 여신이라면, 금성과 다른 행성들도 신들의 숫자에 들어갈 것입니다. 그러면 붙박이별들도 마찬가지입니다. 또한 무지개의 모습이 왜 신들의 숫자에 들지 않겠습니까? 그것은 아름답고, 놀라운 모습을 지녔기에 타우마스[111]의 딸이라고 일컬어집니다. 만일 무지개의 본성이 신적인 것이라면, 구름들은 어떻게 하시렵니까? 왜냐하면 무지개는 어찌어찌해서 색깔

---

108) 국가에 기근 또는 질병이 돌았을 때, 딸들 중 하나가, 혹은 모두가 스스로 희생했거나, 아버지에 의해 희생으로 바쳐진 것으로 추정된다.

109) 앗티케 출신의 유명한 하프 연주자. 기원전 410~360년경에 활동했다. 재치 있는 말로 유명해서 그의 어록이 있었다고 한다. 아테나이오스, 《현자들의 만찬》 8권 348d-352c 참고.

110) 2권 68장의 내용이다.

111) 희랍어 thauma('놀라운 것')에서 온 이름이다. 신들의 전령인 이리스는 무지개의 여신이기도 한데, 헤시오도스, 《신들의 계보》 265-7행에 따르면 이리스는 타우마스의 딸이다.

을 갖게 된 구름들에서 나오니 말입니다. 사실 그들 중 하나는 켄타우로스들을 낳았다고[112] 얘기되지요. 한데 만일 당신이 구름들을 신들 가운데로 옮겨놓는다면, 확실히 계절들도 그리 옮겨져야 합니다. 이들은 로마 시민들의 제의에 의해 신성시되고 있습니다. 그러면 비, 폭풍, 돌풍, 회오리바람도 신으로 여겨져야 합니다. 사실 우리의 장군들은 바다로 들어서면 파도에게 제물을 바치곤 하지요.

52. 또한 만일 케레스(Ceres)가 결실을 가져온다고(*gerere*) 해서 여신이라면(당신이 그렇게 말씀하시곤 하셨죠[113]), 땅 자체도 여신입니다. 그리고 그렇게 여겨집니다. 왜냐하면 그녀는 달리 말하면 텔루스(Tellus)[114]이니까요. 한데 땅이 신이라면, 바다도 그렇습니다. 그것을 당신은 넵투누스라고 하셨었죠.[115] 그러면 강들도 샘들도 그렇습니다. 그래서 마소[116]는 코르시카에서 얻은 전리품으로 샘(Fons)[117]에게 신전을 봉헌했던 거고, 우리는 조점관들의 기도에서 티베리누스[118]와 스피노,[119] 아네모,[120] 노디누스, 그리고 다른 가까운 강들

---

112) 익시온이라는 자가 헤라에게 음심을 가진 것을 안 제우스는 구름으로 헤라 모양을 만들어 놓는다. 익시온은 그것과 결합하여 거기서 켄타우로스들이 태어났다고 한다. 아폴로도로스, 《요약집》 1장 20절 참고.
113) 2권 67장 참고.
114) Terra Mater라고도 하는 고대 로마의 여신. 모든 영양의 근원이고, 죽은 자를 받아들이는 존재이다.
115) 2권 66장 참고.
116) C. Papirius Masso. 기원전 231년의 집정관.
117) 고대 로마의 토속 신. Fontus, Fontanus, Fontana 등 여러 가지로 표기된다.
118) 로마 곁으로 흐르는 강.
119) 여기 한 번만 언급된 강이어서 어느 강인지 불분명하다. 뒤의 노디누스도 마찬가지다.
120) Anemo. 라벤나 근처로 흐르는 강. 현재의 Lamone. 하지만 이 강은 너무 멀리 있어서 '다른 가까운 강들'과 어울리지 않으니 Almo로 고치자는 의견도 있다. 알모 강은 로마 바로 아래에서 티베리스로 흘러들어가는 지류이다.

의 이름도 발견하는 겁니다. 그러니 이런 과정이 무한히 계속되거나, 아니면 우리는 이것들 중 어느 것도 받아들이지 않을 것입니다. 그런데 이런 미신의 무한정한 진행은 용인되지 않을 것입니다. 따라서 이들 중 어느 것도 용인되어서는 안 됩니다.

53. 〔21〕 그러므로 발부스여, 우리는, 인간 종족으로부터 하늘로 옮겨진 이 신들, 우리 모두가 존엄하고 거룩하게 섬기는 저들이 실제로가 아니라 상상으로만 존재한다고 말하는 자들[121]에 대항해서도 발언하는 게 옳을 것입니다. [122] 우선 신학자라고 불리는 사람들은 3명의 윱피테르를 꼽습니다. 그 중 첫째와 둘째는 아르카디아에서 태어났습니다. 하나는 아이테르를 아버지로 해서 났는데, 사람들 말에 따르자면 프로세르피나와 리베르도 그랬다고 합니다. 다른 하나는 하늘을 아버지로 해서 났는데, 그는 미네르바를 낳았다고 합니다. 이 여신은 전쟁의 발명자이자 수호자라고들 합니다. 세 번째는 크레테 태생으로 사투르누스의 아들입니다. 그런데 그 섬에는 그의 무덤이라고들 하는 것이 있습니다. 또 디오스쿠로이도 희랍인들 사이에서 여러 이름으로 불립니다. 첫 번째는 3명인데, 아테나이에서 아낙테

---

121) 프로디코스와 에우헤메로스 추종자들을 가리키는 것으로 보인다. 1권 118 ~119장, 2권 60장 참고.

122) 53장 이하는 현재 이 자리에 그대로 두는 것이 옳은지에 대한 논쟁을 불러 일으키는 부분이다. 우선 이 부분 첫 문장에 나오는 '이 신들'이 가리킬 것이 그 앞에 없다. 그래서 제안된 해결책이, 53장부터 60장 사이 내용을 42장 다음으로 옮기자는 것이다. 그렇게 하면, 42장 끝에 윱피테르가 셋이라고 한 구절이 있으므로, '이 신들'이라는 구절이 가리킬 것이 생긴다. 하지만 다른 문제가 있다. 첫 문장에서, 이 신들의 존재를 부인하는 사람들에게 논박하겠다고 해놓고는 그 다음에 약속이 지켜지지 않기 때문이다. 그래서 이 부분을 옮길 것 없이 그냥 두고, 그 다음에 뭔가 빠진 구절들이 있다고 보자는 주장도 있다. 물론 구절들을 옮기지도 않고, 빠진 내용도 없다고 보는 견해도 있다. Ax와 Pease는 전해지는 대로 두는 쪽을 택하고 있다.

스123) 라고 지칭됩니다. 이들은 왕인 윱피테르와 프로세르피나에게서 태어난 트리토파트레우스, 에우불레우스, 디오뉘소스입니다. 두 번째는 세 번째 윱피테르와 레다의 아들들로 카스토르와 폴룩스입니다. 세 번째는 몇몇 사람이 말하길, 알코, 멜람푸스, 트몰로스124) 라고 하는데, 이들은 펠롭스125)의 아들인 아트레우스의 자식들입니다.

54. 또한 무사 여신126)들도 첫째는 넷인데, 두 번째 윱피테르에게서 태어났으며,127) 텔크시노에, 아오이데, 아르케, 멜레테입니다. 두 번째 무사들은 세 번째 윱피테르와 므네모쉬네에게서 태어난 9명입니다. 세 번째는 피에로스와 안티오페에게서 났는데, 시인들은 그들을 피에리데스, 피에리아이라고 부르며, 바로 위에 말한 무사들과 같은 이름, 같은 숫자입니다. 그리고 당신은 태양(Sol)이 혼자(solus)여서 그렇게 불린다고 하셨지만,128) 태양들도 신학자들에 의해 얼마나 많이 만들어졌는지요! 그들 중 하나는 윱피테르의 아들로서, 아이테르의 손자입니다. 다른 태양은 휘페리온에게서 났으며, 세 번째는 닐루스의 아들 불카누스에게서 났습니다. 이집트 사람들은 헬리오폴

---

123) '왕에게 속한'이란 뜻이다.

124) 이 셋은 여기에만 나온다. 마지막의 Tmolus는 Gerlach의 텍스트를 따른 것이다. Ax와 Pease는 일부 사본들이 전하는 대로 euiolus로 적고 난문표시를 해두었다. 하지만 Pease는 Tmolus가 탄탈로스의 아버지 이름이므로 이 가문에서 후손의 이름으로 다시 사용될 가능성이 있다는 것을 인정하고 있다.

125) 소아시아에서 희랍으로 와서 정착했다는 인물. 그의 이름을 따서 펠로폰네소스('펠롭스의 섬')라는 지명이 생겼다고 한다.

126) 보통 영어로 '뮤즈'라고 하는 예술의 여신들.

127) Ax는 '두 번째 제우스에게서'(Iove altero) 다음에 nata et Thelxinoe 앞뒤에 난문표시를 해두었으며, Pease는 natae et … 으로 두고, 빈 칸에 Plusia라는 요정 이름이 들어가야 하는 게 아닐까 하는 주석을 붙여 두었다. 이 번역에서는 Gerlach를 좇아 Pease의 텍스트에서 et … 은 빼고 옮겼다.

128) 2권 68장.

리스라고 불리는 저 도시129)가 그의 것이라고 믿고 있습니다. 네 번째는 영웅시대에 로도스에서 아칸테가 낳았다고 전해지며, 이알뤼소스, 카미로스, 린도스, 로도스의 아버지가 됩니다. 다섯 번째는 콜키스에서 아이에테스와 키르케를 낳았다고 전해집니다.

55. 〔22〕 마찬가지로 불카누스도 여럿입니다. 첫째는 하늘에게서 났으며, 그와 미네르바 사이에서 저 아폴로가 태어났다고 합니다. 옛 역사가들이 아테나이가 그의 보호하에 있다고 믿는 아폴로 말입니다. 두 번째는 닐루스의 아들인데, 이집트인들은 그를 프타스130)라고 부르며, 그가 자기들의 보호자라고 믿고 있습니다. 세 번째는 불카누스는, 세 번째 읍피테르와 유노 사이에 났으며, 렘노스에서 대장간을 관장하고 있다고 전해집니다. 네 번째는 메말리오스131)에게서 났으며, 시칠리아 가까이에 있는 볼카니아이라고 불려온 섬들132)을 차지했습니다.

56. 메르쿠리우스 중 하나는 하늘을 아버지로, 낮을 어머니로 삼아 태어났으며, 그의 본성133)은 음란하게 흥분되어 있다고 전해집니다. 그 이유는 프로세르피나의 모습에 동했기 때문이랍니다. 다른 메르쿠리우스는 발렌스134)와 포로니스135) 사이의 아들인데, 그는 땅 아래에 있는 트로포니오스와 같은 존재로136) 여겨집니다. 세 번째

---

129) 나일 강 삼각주의 남쪽 끝에 있던 도시. '태양의 도시'라는 뜻이다.
130) 혹은 프타. 헤로도토스, 《역사》 2권 2장 참고. Ax는 사본들에 전해지는 대로 Opas로 읽고 있으나, 다른 데는 나오지 않는 이름이어서, Pease를 좇아 Pthas로 읽었다.
131) 달리는 알려지지 않는 존재이다.
132) 시칠리아 북동부와 이탈리아 반도 사이에 있는 아이올로스(또는 리파리) 군도.
133) '성기'의 미화법이다.
134) '힘'. 희랍어로 ischys.
135) 이오의 수식어 중 하나. Koronis로 고치자는 주장도 있다.

는, 세 번째 윱피테르와 마이아 사이에 났으며, 그와 페넬로페 사이
에 판이 태어났다고[137] 들 합니다. 네 번째는 닐루스를 아버지로 해서
났는데, 이집트인들은 그의 이름 말하는 것을 금기로 여깁니다. 다섯
번째는 페네오스[138] 사람들이 섬기는 신으로, 그는 아르고스를 죽이
고서[139] 그것 때문에 이집트로 도망쳤고, 이집트인들에게 법과 문자
를 전해주었다고 합니다. 이집트인들은 그를 테위트(Theyt)라고 부
르는데, 그들에게서는 그 이름이 일 년의 첫 달 명칭이기도 합니다.

57. 아이스쿨라피우스들 중 첫째는 아폴로의 아들인데, 아르카디
아 사람들이 그를 섬깁니다. 그는 진찰도구를 발명했으며, 처음 상처
를 동여맨 존재라고 전해집니다. 두 번째는, 두 번째 메르쿠리우스의
형제입니다. 그는 벼락에 맞아서 퀴노수라[140]에 매장되었다고 합니
다. 세 번째는, 아르십포스와 아르시노에 사이에 태어났는데, 그가
처음 뱃속을 깨끗이 하는 법과 치아를 뽑는 것을 생각해냈다고 합니
다. 그의 무덤과 성림이 아르카디아의 루시오스 강에서 멀지 않은 곳
에 있다고들 합니다. 〔23〕 아폴로들 중에서 가장 오래된 존재는, 조
금 전에,[141] 불카누스에게서 태어났고 아테나이의 수호자라고 한 바
로 그 아폴로입니다. 두 번째는 크레테에서 코뤼바스[142]의 아들로

---

136) 하계의 헤르메스는 숨겨진 보물을 관장하는 신이므로, 같은 하계의 신인
    트로포니오스와 동일시될 수 있다.
137) 헤로도토스, 《역사》 2권 145장 참고.
138) 아르카디아 북동부의 도시.
139) 아르고스는 헤라의 명에 따라, 소로 변한 이오를 지키던 눈이 백 개 달린
    존재이다. 헤르메스는 제우스의 지시에 따라 아르고스를 죽인다. 아폴로도
    로스, 《도서관》 2권 1장 3절.
140) 이 이름을 가진 지역이 다섯 군데나 되는데, 그 중에는 아스클레피오스의
    성지인 에피다우로스와 가까운 곳이 없다.
141) 3권 55장.
142) 가장 널리 유포된 판본에서는 대개, 복수형 코뤼반테스로 나오며, 어린 제

태어났으며, 그 섬의 소유권을 놓고 윱피테르 자신과 싸웠다고 전해집니다. 세 번째는, 세 번째 윱피테르와 라토나 사이에서 났으며, 휘페르보레오이들143)로부터 델포이로 왔다고 합니다. 네 번째는 아르카디아에서 났는데, 아르카디아 사람들은 자신들이 그에게서 법을 얻었다고 해서, 그를 노미온144)이라고 부릅니다.

58. 마찬가지로 디아나도 여럿입니다. 첫째는 윱피테르와 프로세르피나의 딸인데, 그녀가 날개 달린 쿠피도를 낳았다고 합니다. 두 번째는 더 유명한데, 세 번째 윱피테르와 라토나 사이에 태어난 것으로 우리에게 전해집니다. 세 번째 디아나의 아버지는 우피스고, 어머니는 글라우케입니다. 희랍인들은 자주 그녀를, 아버지의 이름을 따서 우피스145)라고 부르지요. 디오뉘소스 또한 우리는 여럿을 갖고 있습니다. 첫째는 윱피테르와 프로세르피나 사이에 났습니다. 두 번째는 닐루스에게서 났으며, 뉘사146)를 죽였다고 전해집니다. 세 번째는 카베이로스147)를 아버지로 해서 났는데, 사람들은 그가 왕으로서 아시아를 다스렸다고 하며, 그를 위해 사바지아148) 제의가 만들어져 있습니다. 네 번째는 윱피테르와 달에게서 났으며, 그를 위해 오르페우스의 성례149)가 행해지는 것으로 여겨집니다. 다섯 번째는

우스의 보호자 역할을 하는 것으로 되어 있다.

143) '북풍 너머에 사는 사람들'. '북풍 너머'는 일 년 내내 봄이 계속된다는 낙원이다.

144) 희랍어로 '법률의'라는 뜻일 수도 있지만, 목축신으로서의 아폴론이나 헤르메스에 붙는 수식어이기도 하다.

145) Opis, 또는 Oupis. 아르테미스에게 붙는 수식어 중 하나이다. 칼리마코스, 《찬가》 1번 204행 등 참고.

146) 뉘사는 대개 디오뉘소스의 출생지로 알려져 있다. 하지만 그의 유모들 중에 이 이름이 들어 있는 경우도 없진 않다.

147) 대개는 복수형 '카베이로이'로 쓰인다. 이에 대해서는 1권 119장 참고.

148) 대개는 사바지오스라고 불리는 프뤼기아 신을 위한 제의.

뉘소스150) 와 튀오네151) 사이에 났는데, 그에 의해서 3년마다 벌어지는(*Trieterides*) 152) 축제가 세워진 것으로 생각됩니다.

59. 베누스 중 첫째는 하늘과 낮 사이에 났으며, 그녀의 신전을 저는 엘리스153)에서 본 적이 있습니다. 두 번째는 거품에서 생겨났으며, 154) 그녀와 메르쿠리우스 사이에서 두 번째 쿠피도가 태어났다고 우리는 전해 듣습니다. 세 번째는 윱피테르와 디오네155) 사이에서 났으며, 불카누스와 결혼했지만, 그녀와 마르스 사이에서156) 안테로스157)가 태어났다고 합니다. 네 번째는 쉬리아와 퀴프로스 사이에서 수태되었는데, 158) 그녀는 아스타르테라고 불리며, 아도니스159)와 결혼한 것으로 전해집니다. 미네르바들 중에서 첫째는 우리가 위에서160) 아폴로의 어머니라고 했던 그녀입니다. 두 번째는 닐루스에게서 생겨났는데, 사이스161)에 사는 이집트인들이 그녀를 섬깁니다.

---

149) 아폴로도로스에 따르면 오르페우스가 디오뉘소스의 비의도 만들었다고 한다. 《도서관》1권 3장 2절 참고.

150) 뉘사의 남성형이다.

151) 세멜레가 신이 된 다음의 이름이다. 《호메로스의 찬가》1번 21행 참고.

152) 테바이에서 한 해 걸러 겨울에 열리는 축제이다.

153) 펠로폰네소스 북서부 지역.

154) 하늘과 땅이 분리될 때, 우라노스의 성기가 바다에 떨어져서 거품이 생겼고 거기서 아프로디테가 태어났다고 한다. 헤시오도스, 《신들의 계보》 176-200행 참고.

155) 제우스의 여성형. 《일리아스》에 아프로디테의 어머니로 등장한다. 5권 370-1행 참고.

156) 아프로디테와 아레스의 사랑에 대해서는 《오뒷세이아》8권 266-366행 참고.

157) 희랍 초기 종교의 신. 나중에, 배신당한 사랑을 복수해주는 신으로 발전했다.

158) 혹은 '쉬리아와 퀴프로스에서 도입되었는데.'

159) 원래 '주인'이란 뜻이며, 본 이름은 탐무즈이다.

160) 3권 55장.

161) 나일 강 삼각주의 서부 중앙 지역에 있는 도시.

238

세 번째는 위에서162) 우리가, 읍피테르에게서 태어났다고 한 그녀입니다. 네 번째는 읍피테르와, 오케아노스의 딸인 코뤼페 사이에서 났는데, 아르카디아인들은 그녀를 코리아라고 부르고, 그녀가 사두마차를 발명했다고 전합니다. 다섯 번째는 팔라스163)의 딸인데, 그녀는 자신의 처녀성을 범하려던 아비를 죽였다고 전해집니다. 사람들은 그녀에게 날개 달린 신발이 있는 것으로 생각합니다.

60. 쿠피도 중 첫째는 메르쿠리우스와 첫 번째 디아나 사이에서 났다고 합니다. 두 번째는 메르쿠리우스와 두 번째 베누스 사이에 났습니다. 세 번째 쿠피도는 마르스와 세 번째 베누스 사이에 태어난 안테로스와 동일한 존재입니다. 이 이야기들과 이런 종류의 다른 것들이 희랍의 옛 소문으로부터 수집되었습니다. 종교가 혼란되지 않으려면, 우리가 이것들과 싸워야 한다는 걸 당신은 이해하실 것입니다. 한데 당신의 학파 사람들은 이런 것을 배척하지 않을 뿐더러, 그들 각각이 어디로 향하는지 해석해줌으로써 그것을 확증하기까지 합니다. 하지만 이제, 우리가 여기 이르도록 곁길로 나서면서 떠났던 그곳으로, 다시 돌아갑시다.

61. 〔24〕 그러니164) 그대는 이것들을 논박하기 위해 좀더 정교한 추론이 필요하다고는 생각하지 않으시겠지요? 지성, 신뢰, 희망, 덕성, 명예, 승리, 안전, 화합, 그리고 이런 종류의 다른 것들이 사물이 추상화된 것이지, 신의 의미를 지니진 않는다는 것을 우리가 알고 있으니 말입니다. 왜냐하면 그들은, 지성, 희망, 신뢰, 덕성, 화합처럼 우리 자신 속에 있거나, 아니면 명예, 안전, 승리처럼 우리가

---

162) 3권 53장.
163) 올림포스 신들과 싸웠던 거인 중 하나. 아폴로도로스, 《도서관》 1권 6장 2절 참고.
164) 지금부터 나오는 내용이 52장에 이어져야 한다고 믿는 학자들도 있다.

희망하는 것들이기 때문입니다. 저는 이것들의 유용성을 압니다. 그리고 이들에게 신상들이 봉헌되었다는 것도 압니다. 하지만 왜 그것들 안에 신의 능력이 있다는 것인지, 저는 설명을 들어야 이해할 수 있을 듯합니다. 행운(Fortuna)이야말로 그 부류에 들어갈 가장 강력한 후보입니다. 한데 누구도 행운을 비일관성과 변덕으로부터 분리해 생각지 않습니다. 이 성질들은 확실히 신에게 걸맞은 게 아닌데 말이죠.

62. 또한 신화를 설명하고 이름들을 풀어주는 것이 왜 당신들을 즐겁게 하는 것인지요? 당신들은, 하늘이 아들에 의해 성기 절단된 일,165) 마찬가지로 사투르누스가 아들에 의해 결박된 일166) 등과, 이런 종류의 다른 일들을 너무나 잘 옹호해서, 이따위 얘기를 꾸며낸 사람들이 제 정신일 뿐 아니라, 현자들이기까지 했던 것으로 보일 지경입니다. 한편 이름들을 푸는 데 있어서도, 당신들은 가련하다 여겨질 만큼 애를 쓰고 있습니다. '사투르누스(Saturnus)는 해들로 자신을 채우기(saturat) 때문에 그렇게 불린다, 마보르스(Mavors)는 큰 것들(magna)을 뒤엎기(vertit) 때문에, 미네르바(Minerva)는 작게 만들거나(minuit), 위협하기(minatur) 때문에, 베누스(Venus)는 모든 것에 다가오기(venit) 때문에, 케레스(Ceres)는 결실을 가져온다는(gerere)데서 그렇게 불리는 것이다.' 이 얼마나 위험스런 관행입니까! 왜냐하면 당신들은 많은 이름들에서 곤경에 처할 테니 말입니다. 베요비스167)는 어떻게 하시렵니까? 불카누스168)는요? 당신이, 넵투누스

---

165) 우라노스가 크로노스에 의해 성기를 잘린 일을 가리킨다. 헤시오도스, 《신들의 계보》 159-181행 참고.

166) 《신들의 계보》 717-720행 참고.

167) Veiovis(또는 Vediovis). 사비니와 라티움의 옛 신으로, 원래 에트루리아인들의 저승 신이었던 것으로 보인다. 이 신은 제우스의 반대 짝으로 여겨지기도 하고, 그냥 제우스라는 이름이 비정상적으로 표기된 것이라는 주장

(Neptunus)는 헤엄치기(nare) 때문에 그렇게 불린다고 생각하는 것으로 봐서, 어디서 그것이 나왔는지를 한 글자로 풀지 못할, 그런 이름은 없긴 하겠지만 말입니다. 하지만 그 문제에서, 당신은 제게 넵투누스 자신보다 훨씬 더 잘 헤엄치는 것으로 보입니다.

63. 아주 크지만 전혀 필요치 않았던 수고를 제논이 제일 먼저 떠맡았고, 다음으로 클레안테스가, 그 다음으로 크뤼십포스가 그랬습니다. 지어낸 이야기들에 이치를 부여하느라고, 또 단어들 각각이 왜 그렇게 불렸는지 이유를 설명하느라고 말입니다. 당신들이 이런 일을 할 때, 당신들은, 사실이란 것은 사람들의 의견과는 아주 다르다는 것을 완벽하게 인정하는 셈입니다. 왜냐하면 신이라 불리는 저것들은, 사물들의 성질이지, 신들의 모습은 아니기 때문입니다. 〔25〕저 실책은 너무나 커서, 위험스런 것들에게까지 신들의 이름을 부여하고, 나아가 제의를 세우기까지 할 정도였습니다. 왜냐하면 우리는, 열병(熱病)의 신전이 팔라티움 언덕169)에, 그리고 오르보나170)의 신전은 라레스171)의 사당 곁에, 불운의 제단은 에스퀼리아이 언덕172)에 봉헌되어 있는 것을 보고 있으니까요.

64. 그러므로 우리가 불멸의 신들에 대해 논의하면서, 불멸의 신들에게 어울리는 것만 언급하자면, 그러한 모든 오류는 철학에서 축

도 있다.

168) Vulcanus, 또는 Vocanus. 고대부터 학자들 사이에서 일치된 어원 설명이 없는 이름이다. 불의 힘(vis), 또는 과격함(violentia), 혹은 (번갯불이 구름에서 나오므로) 구름이 '돈다'(volere) 등이 그 후보이다.
169) 로마의 일곱 언덕 중 하나.
170) Orbona. '부모나 자식을 잃음'을 인격화한 여신.
171) Lares. 로마인들의 수호신. 가문의 수호신이기도 하다. 공적인 라레스의 사당은 Nova Via의 끝에 있었다.
172) 로마의 일곱 언덕 중 하나.

출되어야 합니다. 이들에 대해서, 저 자신이 생각하는 것은 있습니다만, 당신께 동의할 것은 없습니다. 당신은, 넵투누스가 지성을 가지고서 온 바다에 퍼져있는 정신이라고 말씀하십니다. 케레스에 대해서도 마찬가지고요. 하지만 바다나 땅의 저 지성이란 것을 저는 정신으로 파악하지 못할 뿐 아니라, 짐작으로 건드리는 것조차도 전혀 못하겠습니다. 그러니 저는, 신들이 존재한다는 것과, 그들이 어떠하다는 것을 말할 수 있는 방도를 어딘가 다른 데서 찾아야만 하겠습니다. 〈왜냐하면〉 그들이 그러하다고 당신이 믿는 대로 〈라는 걸 저는 알아볼 수가 없기 때문입니다〉.173)

65. 그 다음 주제를 봅시다. 우선 세계가 신들의 예지에 의해 다스려지는지 하는 것이고, 다음으로 신들이 인간사에 주의를 기울이는가 하는 문제입니다. 왜냐하면 이것들이 당신의 분류에서 남아있는 두 가지이기 때문입니다. 만일 당신들께도 좋아 보인다면, 이것들에 대해 더 자세히 따져보아야 한다고 저는 생각합니다."

그러자 벨레이우스가 말했다. "제게는 그러는 게 아주 좋아 보입니다. 그 이유는, 한편으로 제가 좀더 중요한 논의들을 기대하고 있기 때문이고, 다른 한편 이미 얘기된 것들에 매우 동의하기 때문이기도 합니다."

그러자 발부스가 말했다. "코타여, 당신을 방해하고 싶지는 않습니다만, 다른 때를 잡는 게 어떨까요? 저는 확실히 당신이 승복하게끔 만들 것입니다. 하지만 … .174)

---

173) 현재 전해지는 사본들에는 64장 끝 문장이 완결되어 있지 않고, 65장 첫 문장 앞부분에도 뭔가 사라진 것으로 보인다. Ax와 Pease는 이 부분들을 빈 칸으로 남겨두었지만, 여기서는 Gerlach을 좇아 Heindorf의 보충을 받아들여, 〈quoniam〉 qualis tu eos esse vis 〈agnoscere non possum〉으로 읽었다.

174) 이 구절 다음에 상당히 많은 분량이 소실된 것으로 보인다. 세 번째 주제,

242

'그 일은 결코 그런 식으로 그리로 가진 않을 거예요. 큰 투쟁이 기다리고 있어요.

왜냐하면, 왜 내가 그에게 그렇게 아양을 떨며 탄원하겠어요,

그런 이유에서가 아니라면.'175)

66. 〔26〕 이것이 이성이 덜 적용된 것이라고 보입니까? 그리고 그녀가 자신에게 끔찍한 재앙을 꾸미는 것으로 보입니까?

'어떤 것을 원하는 사람에게, 사태는 그가 노력하는 만큼 이루어지지요.'176)

한데 이 행은 모든 불행의 씨앗이 됩니다.

'그는 오늘 정신이 혼란되어 내게 문 빗장을 넘겨주었어요.

그것을 이용해서 나는 모든 분노를 풀어놓고, 그에게 재앙을 안길 거예요,

내게는 슬픔을 그에게는 애곡을, 그에게는 파멸을 내게는 추방을.'177)

그러니까 신적인 예지가 온 우주를 돌보는지에 대한 논의가 통째로 없어졌고, 네 번째 주제, 신들이 인간을 돌보는지에 대한 논의도 상당부분 사라진 듯하다. 이렇게 된 이유는 대체로, 서기 4~5세기에서 9세기 사이에, 아마도 어떤 기독교인이 교회의 가르침과 상충하는 내용이 들어 있는 부분을 일부러 훼손했기 때문이 아닌가 추정된다.

　　Ax는 락탄티우스와 아르노비우스 등의 인용문들을 모아 듬성듬성 채워 넣었으나, 문맥이 연결되지 않는다. 이 번역에서는 Pease와 Gerlach를 좇아 그냥 빈 칸으로 남겨두었다.

175) 엔니우스의 《추방된 메데아》 266-8행으로, 내용상 에우리피데스의 《메데이아》 365행 이하에 해당된다. 그 내용은 메데이아가 배신한 남편 이아손을 응징하기 위해, 코린토스 왕 크레온에게 애원해서 하루의 말미를 얻고, 그것을 이용해서 왕녀와 왕을 죽게 한다는 것이다. 지금 이 구절은, 그녀가 크레온에게 필요한 것을 얻어낸 직후, 코린토스 여인들에게 하는 말이다.

176) 엔니우스, 《추방된 메데아》 269행.

177) 이 구절은 에우리피데스, 《메데이아》의 371-5행, 392행 이하에 해당된다. 마지막 행의 '슬픔'이란 것은, 그녀가 자기 아이들을 이용해서 왕녀를 죽이고는, 아이들까지 죽일 계획임을 암시한다.

확실히 이 이성은, 당신의 학파 사람들이 말하기로는 신적인 호의에 의해 오로지 인간에게만 부여된 것이고, 짐승들은 갖지 못한 것입니다.

67. 그러니 그대는 보십니까, 우리가 신들의 선물에 의해 얼마나 큰 이득을 얻었는지? 또한 같은 메데아[178]는 아버지와 조국을 피해 도망치면서,

'아버지가 다가오고,

거의 그녀를 잡으려 할 때,

그녀는 그 사이 소년을 토막 내고, 사지를 마디마다 잘라서는,

온 들판에 시신을 흩뿌린다. 이러한 이유 때문이니,

아버지가 아들의 흩어진 사지를 수습하는 사이에,

자신은 도망치려고, 슬픔이 그의 추적을 늦추게 하려고,

친족을 죽임으로써 자신의 안전을 얻으려고.'

68. 여기에는 죄악만큼이나 이성도 전혀 결여되지 않았습니다. 자, 또 어떻습니까? 저자는 형제를 향해 죽음의 향연을 준비하면서 생각 속에서 이성을 이리저리로 돌리지 않았던가요?

'나는 더 큰 괴로움을, 더 큰 재앙을 섞어야 한다,

그의 음흉한 가슴을 박살내고 으스러뜨리기 위해.'[179]

〔27〕 하지만 그자도 그냥 지나칠 수 없습니다.

---

178) 다음에 인용되는 구절은 엔니우스의 것이 아니라, 다른 사람(아마도 악키우스)의 것이다. 메데이아는 이아손과 사랑에 빠져서 아버지를 배신하고, 황금양털을 훔쳐 이아손과 함께 달아난다. 아버지가 추격해 오자, 자기 동생 압쉬르토스를 죽여 그 시신을 뿌림으로써 추격을 지체시킨다.

179) 이것과 다음 두 인용문은 악키우스의 《아트레우스》의 구절들이다. 아트레우스는 자기 동생 튀에스테스가 자기 아내 아에로페와 사통한 것을 알고는, 복수하기 위해서 튀에스테스의 자식들을 잡아 요리해서는 그에게 먹게 한다.

244

'아내를 무법한 범죄로 끌어들이고도 만족하지 않은 자.'180)

그에 대해 아트레우스가 이렇게 말하는 것은 아주 올바르고 진실합
니다.

'내가 생각하기에 극히 높은 것에는 위험도 극히 크기 마련이니,
왕가의 어머니를 망치는 것은
뿌리를 오염시키는 것이고, 혈통을 뒤섞는 짓이로다.'

한편 간음으로써 왕권을 추구하는 저자는 그 짓을 얼마나 능란하게
행합니까!

'아트레우스는 이렇게 말했다. "여기에 나는 더하노라, 천상 존재
들의 아버지께서
내게 예고하시려 전조를, 내 왕권의 버팀대를,
양 떼 가운데 금빛 털로 찬란한 어린 양을 보내셨다는 것을.
한데 언젠가 튀에스테스가 그것을 왕궁에서 훔쳐내려 했었고,
그것을 위해 내 아내를 자기 조력자로 택했다."'

69. 최고의 사악함을 휘두르는 자에게 최고의 이성도 없지 않은 게
분명하지 않습니까? 사실 연극무대만 이런 범죄로 채워진 게 아닙니
다. 흔한 일상은 더 많이, 그리고 거의 더 큰 범죄들로 채워져 있습
니다. 각 사람의 가정이, 광장이, 원로원 회당과 마르스 벌판, 동맹
시들, 총독구들이 그걸 알고 있습니다. 어찌어찌 이성에 의해 일이
올바르게 이뤄지듯이, 마찬가지로 이성에 의해 죄도 저질러진다는
것을, 그리고 전자는 소수에 의해 드물게 이뤄지지만, 후자는 아주
흔하게 다수에 의해 저질러진다는 것을 말입니다. 그래서 불멸의 신
들에 의해 우리에게 이성이, 그렇게 큰 재앙과 함께 주어지기보다는,
차라리 그것이 전혀 주어지지 않았더라면 더 나았으리라 싶을 정도입

180) 튀에스테스를 가리킨다.

니다. 술은 환자에게 대개는 해를 끼치고 드물게만 이롭기 때문에, 회복에 대한 불확실한 희망 때문에 명백한 위험을 향해 달려가기보다는 차라리 그것을 환자에게 주지 않는 것이 더 낫습니다. 그와 마찬가지로 저로서는, 저 생각의 빠른 움직임과 날카로움, 그리고 우리가 이성이라고 부르는 저 능란함이 다수에게는 재앙을 가져오고, 소수에게만 어떻게 안전에 도움이 되니, 이것이 인간 종족에게 이렇게 관대하고 풍성하게 주어지기보다는 차라리 전혀 주어지지 않는 게 더 낫지 않았나 하는 의구심이 듭니다.

70. 따라서 만일 신적인 지성과 의지가 인간들에게 이성을 풍성히 베풀었다는 것을 이유로 해서, 그것이 인간들을 배려했다고 주장하는 거라면, 그것은 좋은 이성을 받아가진 사람들만 배려한 셈입니다. 한데 이런 사람은, 혹시 존재한다 하더라도 그 수가 매우 적다는 걸 우리는 알고 있지요. 하지만 불멸의 신들이 소수의 사람만 배려했다는 것은 그럴듯하지 않습니다. 따라서 그들은 누구도 배려하지 않았다는 결론이 나옵니다.

〔28〕 이러한 논증에 대해서 당신들은 다음과 같이 맞받아치곤 합니다. '많은 사람들이 신들의 호의를 그릇되게 이용한다고 해서 그 때문에, 신들이 우리를 위해 최선의 것을 미리 배려해 놓지 않았다는 결론이 나오지는 않는다. 사실 많은 사람이 유산을 잘못 이용하지만, 이것 때문에 그들이 아버지들에게서 아무 호의도 얻지 못했다고 할 수는 없는 것과 마찬가지다.' 사실 누가 이것을 부인하겠습니까? 그리고 이 비교에 어떻게 그런 유사성이 있습니까? 왜냐하면 데이아네이라는 켄타우로스의 피에 적신 속옷을 헤르쿨레스에게 전해줄 때,181) 그를 해치려는 의도는 없었으니까요. 또 페라이182) 출신 이

---

181) 헤라클레스의 마지막 아내 데이아네이라는 남편이 젊은 여인 이올레를 포로로 잡아 돌아온다는 소식을 듣고는, 남편을 빼앗길까 두려워 켄타우로스

아손183)을 칼로 찌른 사람은 애초에 그에게 이득을 줄 의도는 없었는데, 의사들도 고칠 수 없었던 종기를 베었습니다. 사실 많은 사람이 해를 끼치려다가 이익을 주고, 이익을 주려다가 해를 끼쳐왔습니다. 따라서 주어진 선물에서는 그것을 준 사람의 의도가 드러나지 않습니다. 그리고 받은 사람이 선물을 잘 이용했다고 해서, 그것을 준 사람이 선의에서 준 거라고 할 수는 없습니다.

71. 사실 어떤 욕망, 어떤 탐욕, 어떤 범죄가, 계획을 세움 없이, 정신의 움직임과 사고 없이, 즉 이성 없이 시도되고, 완수됩니까? 왜냐하면 모든 생각은 이성의 산물이기 때문입니다. 그리고 그 생각이 참되면 이성이 좋은 것이고, 생각이 그릇되면 이성이 나쁜 것입니다. 하지만 우리는 신으로부터 이성을 단지 받아 지니고 있을 뿐입니다. (물론 우리가 그걸 받아서 갖고 있는 거라면 말이죠.) 그것이 좋아지고 나빠지는 것은 우리에게 달려 있습니다. 사실 이성은, 유산이 남겨지는 것처럼 그렇게 인간에게 신들의 호의에 의해 주어진 게 아닙니다. 왜냐하면, 신들이 인간에게 해를 끼치고자 했더라도, 다른 무엇을 주었겠습니까? 만일 불의, 무절제, 비겁함 같은 악덕들의 밑바닥에 이성이 깔려있지 않았다면, 이것들은 어떤 씨앗에서 나왔겠습니까?

〔29〕 우리는 방금 메데이아와 아트레우스를 언급했었는데요, 이들은 영웅시대 인물로서, 이성으로 더하고 빼서 입에 담을 수 없는 죄

넷소스의 피가 묻은 의복을 남편에게 제사 예복으로 보낸다. 그녀는 그것이 사랑의 미약인 줄 알고 있었지만, 사실은 사람을 태워 죽이는 독이었다. 헤라클레스는 그 옷을 입고 독에 타들어가다가, 괴로움에 못 이겨 자신을 장작더미에 올려놓고 불 질러 주기를 요구한다. 그래서 그는 오이테 산 정상에서 죽게 된다. 소포클레스, 《트라키스 여인들》참고.

182) 희랍 북동부 텟살리아 지역의 도시.

183) 기원전 380년경부터 페라이를 다스렸던 참주. 그의 종기에 대한 여러 판본의 이야기가 전해진다. 여기 나온 것은, 우연히 적에게 부상을 입어서 오히려 그 종기가 나았다는 이야기다.

악을 궁리해냈습니다.

72. 또 어떻습니까? 희극의 경박한 장면들은 항상 별로 이성적이
지 않게 돌아갑니까?《환관》(*Eunuchus*)에 나오는 이 인물은 별로 정
확한 추론을 하고 있지 않은 건가요?

'그러니 어떻게 하지? …

그녀는 나를 쫓아냈다가, 지금은 다시 부르고 있다. 다시 돌아갈
까? 아냐, 내게 애원하기 전에는 안 되지.'184)

한편 《젊은 친구들》(*Synephebes*) 185)에 나오는 저 인물은, 아카데메
이아학파식으로 일반적인 견해에 대항하여 이성으로써 싸우기를 주
저하지 않습니다. 그는 말합니다. '지극한 사랑과 궁핍 속에서는' 달
콤하도다,

'탐욕스런 부모를, 무례하고 자식들에게 엄하고,

그대를 사랑하지도 않고, 그대에게 주의를 기울이지도 않는 부모
를 가진다는 것이.'

73. 그리고 이 믿을 수 없는 의견에 작은 논증이 뒤따릅니다.

'그러면 그대는 그의 수입을 속여 훔쳐내거나, 서류에서

어떤 이름을 바꾸거나, 아니면 노예 놈을 시켜서

때려 접줄 수도 있으리라. 그리고 마침내 인색한 아버지에게서

우려낸 돈을 뿌리는 일은 얼마나 더 즐거운가!'

그리고 이 사람은, 온화하고 관대한 아버지가 사랑에 빠진 아들에
겐 불편하다는 걸 논증합니다.

'나는 그를 어떤 식으로 속일지도, 그에게서 무엇을 우려낼지도,

---

184) 테렌티우스, 《환관》46, 49행. 지금 이 장면은 타이스라는 유녀(遊女)를
좋아하는 파이드리아라는 남자가, 그녀에게 쫓겨났다가 다시 부름을 받고
망설이는 장면이다.
185) 1권 13장 참고.

248

그에게 어떤 계략이나 속임수를 쓸지도

전혀 모르노라. 나의 모든 계략과 거짓말, 눈속임을

아버지의 친절함이 그토록 무디게 만들어버렸도다.'

그러니 저 계략과 속임수, 거짓말, 눈속임 중 어떤 것도 이성 없이
는 불가능했겠지요? 아, 정말 신들의 놀라운 선물이군요. 포르미오
가 자신 있게 말할 수 있었던 것처럼 말입니다.

'노인을 불러오라. 이제 모든 계획이 내 가슴 속에 세워졌도다.'[186]

74.〔30〕하지만 이제 극장에서 떠나서, 광장으로 갑시다. 법무관
(praetor)이 자리에 앉습니다. 어떤 일을 판정하기 위해서입니까? 누
가 문서보관소에 불을 질렀는지입니다. 어떤 범죄가 이보다 더 은밀
하겠습니까? 하지만 뛰어난 로마의 기사이자, 피케누스 들판[187] 출
신의 퀸투스 소시우스[188]가 자신이 그랬다고 자백했습니다. 또 누가
공문서를 변조하였는지 다룹니다. 이것은 또 루키우스 알레누스[189]
가 했습니다. 6명의 선임 서기의 필적을 모방해서 그랬던 것이지요.
무엇이 이 사람보다 더 능란하겠습니까? 다른 문제들을 알아봅시다.
톨로사의 황금[190]이나 유구르타의 음모[191] 같은 것 말입니다. 윗시

---

186) 테렌티우스, 《포르미오》 321행. 포르미오는 뻔뻔한 악당으로 거의 속담이
된 인물이다.

187) 이탈리아 중동부 해안, 현대의 Ancona 주변 지역.

188) 달리 알려진 바가 없는 사람이다.

189) 전혀 알려지지 않은 인물이고, 사실 사본을 이렇게 판독하는 것이 옳은지
도 논란이 되고 있다. 다르게 읽는 학자들은 Alfenus, Alennius, Allienus
등을 주장하는데, 모두 흔한 이름들이다.

190) Tolosa는 프랑스 남서부에 있는 현대의 툴루즈. 이 도시는 기원전 106년
킴브리인들의 반란에 가담했다가 집정관인 Q. 세르빌리우스 카이피오가
이끄는 군대에 공격을 받았다. 그는 신전을 약탈하여, 델포이에서 옮겨왔
다는 상당량의 황금을 차지했다가 귀국하여 엄벌을 받았다.

191) 유구르타는 기원전 111년부터 로마와 싸웠던 북아프리카 누미디아의 왕.

대로 가봅시다. 투불루스가 재판과 관련해서 돈을 받은 사건[192] 이
있습니다. 후대로 내려와 봅시다. 페두카이우스에 의해 제기된 간음
문제[193] 가 있습니다. 그리고 다음과 같은 일들은 늘 있는 것입니다.
즉, 암살, 독살, 공금횡령, 그리고 유언장 날조같이 새로운 법[194] 에
따라 다뤄지는 문제들이지요. 바로 이성에서, '나는, 그대의 도움과
지도에 따라 도둑질이 행해졌다고 선언하노라'[195] 라는 저 규정이 유
래합니다. 바로 거기서, 신의(信義)가 깨진 문제, 후견인 문제, 위탁
물 문제, 동업문제, 신탁문제, 그리고 신의에 반해서 이루어진 구입,
매도, 고용, 임대차와 관련된 다른 문제들을 다루는 그 많은 재판이
생깁니다. 바로 거기에서 플라이토리우스 법[196] 에 따라, 사적인 문
제에 대한 공적 재판이 생깁니다. 또 그것 때문에 모든 악행에 대한
그물인, 악의적 계략에 대한 법령이 나왔습니다. 이것은 우리의 친구
아퀼리우스[197] 가 발의한 것인데요, 이 아퀼리우스의 의도는, 어떤

기원전 110년 로마군 지휘관 Lucius Calpurnius Bestia는 전쟁이 별 효과
없이 길어지자, 유구르타와 평화조약을 맺었다. 이에 대해 뇌물수수 의혹
이 생겼고, Gaius Memmius가 유구르타에게 안전을 보장하고 로마로 불
러서 이 사건에 대해 증언하게 하였다.

192) 1권 63장 참고. 그는 기원전 142년에 법무관이었다.

193) 기원전 114년 호민관 Sextus Peducaeus가 문제를 제기하여, 베스타 여사
제의 간음문제에 대한 재판이 있었다.

194) 기원전 81년 술라는 유언장 날조를 처벌하기 위해 Lex Cornelia
testamentaria를 제정하였다. 그 앞에 언급된 범죄들도 영구법정(*quaestiones
perpetuae*)에서 술라의 입법에 의해 기원전 78년부터 다뤄지기 시작했다.

195) 가이우스(서기 2세기)의 《법학제요》(*Institutiones*)나, 《학설휘찬》(*Digesta*)
등에 자주 등장하는 표현이다.

196) 기원전 45년에 시행된 Lex Iulia municipalis. 사본에 따라서는 맨 앞의 p
자 없이 lege Laetoria로 되어 있기도 하다. 이 법은 이미 플라우투스시대
인 192년경에 효력을 갖고 있었던 것으로 보인다. 25세 미만의 젊은이를
불리한 계약으로부터 보호하기 위해, 법무관이 지정한 후견인의 입회하에
서만 계약할 수 있게 정하였다.

250

사람이 어떤 일을 하는 척하면서 다른 일을 행했을 때, 그 악행을 잡으려는 것이지요.

75. 그러니 우리는 이렇게 많은 악행들의 씨앗이 불멸의 신들에 의해 뿌려졌다고 생각해야 할까요? 왜냐하면 신들이 인간들에게 이성을 주었다면, 그것은 악의를 준 것이기 때문입니다. 악의란 해를 끼치는 걸 목적으로 하는 능란하고 교활한 이성이니까요. 게다가 저 신들은 사기술과 범죄와 다른 것들을 주었는데, 이들 중 어느 것도, 이성 없이는 시작할 수도, 완결할 수도 없는 것들이지요. 그래서 마치 저 노파가,

'펠리온 산의 숲에서 전나무 재목들이
도끼에 찍혀 땅으로 쓰러지지 않았더라면'198)

하고 기원하듯이, 신들이 저 능란함을 인간들에게 주지 않았더라면 얼마나 좋았을까요! 그것을 선하게 사용하는 사람은 극히 적습니다. 게다가 이 사람들은 자주 그것을 악용하는 자들에게 억눌립니다. 반면에 그것을 잘못 이용하는 사람은 헤아릴 수 없이 많습니다. 그래서 이성과 지혜라는 이 신적인 선물이 선용을 위해서가 아니라, 속임수를 위해 인간에게 부여된 것처럼 보일 지경이지요.

76. 〔31〕 하지만 만일 그대들이 계속해서 저것은 신들의 잘못이 아니라, 인간들의 잘못이라고 주장하신다면, ― 마치 의사가 병의 위중함을, 그리고 키잡이가 폭풍의 힘을 탓하듯이 말입니다. 이들은 하찮은 인간인데도 비웃음을 당합니다. 누구든지 이렇게 말할 것입니다.

---

197) C. Aquillius Gallus. 기원전 66년 법무관. 코타와 키케로의 친구였다. 그의 법은 이전 규정에 잡히지 않던 사기행위들을 막기 위해 나왔다.
198) 엔니우스의 《메데아》 시작부분이다. 이 구절은 에우리피데스의 《메데이아》에서 빌려온 것으로, 메데이아의 집에서 일하는 노파가 메데이아의 현재 코린토스까지 와서 남편에게 버림받은 것을 한탄하는 내용이다.

'만일 상황이 그렇지 않다면 대체 누가 당신을 고용했겠는가?'라고요.
그런데 상대가 신이라면 더욱더 공박할 수 있을 것입니다. '당신은
인간들의 악덕에 잘못이 있다고 말한다. 하지만 당신은 인간들에게
악덕과 실책을 배제할 수 있는 그런 이성을 주었어야만 했다'라고 말
입니다. 그러니 신들의 실수를 위한 어떤 여지가 있었겠습니까? 우리
는 재산을 잘 물려주는 것이길 기대하며 유산을 남기는데, 거기서 실
수할 수도 있습니다. 하지만 신들에게 실수란 것이 가능했을까요? 태
양신이 마차에 자기 아들 파에톤을 태웠을 때[199]처럼 말입니다. 혹
은, 테세우스가 자기 아버지 넵투누스에게 소원을 빌 수 있는 세 번
의 기회를 갖고 있어서, 그것으로 힙폴뤼토스를 죽게 할 때[200]의 넵
투누스처럼 말이죠.

77. 하지만 그런 류의 이야기는 시인들에게 속한 것입니다. 우리
는 철학자가 되기를, 즉 이야기가 아니라 사실을 다루는 자이기를 원
합니다. 하지만 만일 저 시 속의 신들이라 해도 그것들이 자기 아들
들에게 위험할 수도 있다는 걸 알고 있었다면, 그들은 호의를 베풀려
다가 잘못을 저지른 것으로 판단되어야 할 것입니다. 그리고 만일 키
오스 출신 아리스톤[201]이 늘 얘기하던 것, 즉 철학자들이 제대로 말
했어도 청중이 그것을 잘못 이해하면 그들에게 해를 끼친 셈이라는
말이 진실이라면(왜냐하면 아리스팁포스[202]의 학파에서 난봉꾼이, 제논

---

199) 태양신은 자기 아들 파에톤에게 무슨 소원이든지 다 들어주겠노라고 맹세
를 해놓았기 때문에, 아들이 태양신만 몰 수 있는 마차를 몰게 해 달라고
청했을 때 거절할 수가 없었다. 오비디우스, 《변신이야기》 1권 750행 이
하. 《의무론》 3권 94장 참고.
200) 《의무론》 1권 32장, 에우리피데스, 《힙폴뤼토스》 1151행 이하 참고.
201) 1권 37장 참고.
202) 퀴레네 출신(기원전 435년경~366년 이후). 소크라테스의 제자. 행복의
기준을 육체적 쾌락에 두었고, 그에게서 이른바 퀴레네학파가 생겨났다.

252

의 학파에서 인정머리 없는 자가 배출될 수[203] 있으니까요), 나아가 청중이 철학자들의 논의를 왜곡되게 해석해서 사악하게 되어 떠나갈 것이라면, 자기들의 청중에게 해를 끼치기보다는 차라리 침묵하는 쪽이 철학자들에겐 더 나을 것입니다.

78. 이와 마찬가지로 만일 인간들이, 불멸의 신들로부터 좋은 의도에서 부여된 이성을 속임수와 악의로 바꾸어놓는다면, 저것이 인간 종족에게 주어지기보다는 차라리 주어지지 않는 쪽이 더 나았을 것입니다. 마치 의사가, 포도주를 마시도록 처방받은 환자가 그것을 너무 독한 상태로 섭취해서 즉시 죽으리라는 것을 알고서도 그렇게 하는 경우, 큰 잘못을 저지르는 게 되듯이, 당신들의 저 섭리도 비난받아야 합니다. 사람들이 이성을 그릇되게 사악하게 사용하리라는 걸 알면서도 그들에게 그걸 주었기 때문입니다. 물론 당신들이, 섭리가 그걸 몰랐다고 하지 않는 한 말입니다. 정말 그랬다면 얼마나 좋을까요! 하지만 당신들은 감히 그러지 못할 것입니다. 왜냐하면 저는, 당신들이 그 이름을 얼마나 대단하게 여기는지 모르지 않으니까요.

79. 〔32〕하지만 이 주제는 이제 매듭지을 수 있습니다. 만일 모든 철학자들의 동의에 의해 어리석음이 너무나 큰 해악이어서, 불운이 가져오는, 그리고 육체가 겪는 모든 악을 저울의 다른 쪽에 올려놓는다 하더라도, 그보다 훨씬 크다고 한다면, 그리고 인간은 누구도 지혜를 얻지 못했다고 한다면, (당신들 말에 따르자면) 불멸의 신들에 의해 최고로 보살핌을 받았다는 우리 모두는 극도의 재앙 속에 있는 것입니다. 왜냐하면 누구도 건강하지 않다는 것과, 누구도 건강할 수 없다는 것 사이에 아무 차이도 없듯이, 저로서는 누구도 현명하지 않

《최고선악론》2권에서 자주 비판되는 사람이다.
203) 스토아학파에서 동정심이라곤 전혀 없는 비관주의자가 나올 수 있다는 뜻이다.

다는 것과 누구도 현명할 수 없다는 것 사이에 어떤 차이가 있는지 알지 못하니 말입니다.

한데 우리는 명백하기 그지없는 주제에 대해 지나치게 많은 얘기를 했습니다. 텔라몬은 왜 신이 인간들을 돌보지 않는다고 생각하는지에 대해, 전체 논의를 한 줄의 운문으로 요약합니다.

'만일 그들이 인간을 돌본다면, 좋은 사람에게는 좋게, 나쁜 사람에게 나쁘게 대할 것이기 때문이다. 하지만 지금 그렇지가 않다.'[204]

신들은 사실, 그들이 인간들의 종족을 돌본다면, 그들을 모두 좋은 인간으로 만들었어야 했습니다.

80. 혹시 그건 못한다 하더라도, 최소한 좋은 사람들만큼은 확실히 돌보아야 했던 거지요. 그런데 어째서 가장 용감하고 뛰어난 인물인 두 스키피오를 카르타고인들이 히스파니아에서 제압했습니까?[205] 어째서 막시무스는 집정관이었던 아들을 장례 지냈습니까?[206] 어째서 한니발은 마르켈루스를 죽였던가요?[207] 어째서 칸나이는 파울루스를 없애버렸습니까?[208] 어째서 레굴루스의 몸은 카르타고인들의 잔인함에 넘겨졌던가요?[209] 어째서 아프리카누스를 집의 담들은 보

---

204) 엔니우스, 《텔라모》318행. 살라미스의 왕 텔라몬은 트로이아 전장에 갔던 자기 아들 아이아스가, 정적들과 이복동생 테우크로스의 음모에 걸려 죽은 것으로 생각하고 이렇게 말하고 있다.

205) Cn. Cornelius Scipio Calvus(기원전 222년 집정관)와 P. Cornelius Scipio(기원전 218년 집정관)는 기원전 212년 스페인에서 전사했다.

206) 지연전술로 한니발과 맞섰던 Q. Fabius Maximus Cunctator. 그와 같은 이름을 가진 아들은 기원전 213년 집정관이었는데, 기원전 207년에서 203년 사이에 자기 아버지보다 먼저 죽었다.

207) M. Claudius Marcellus. 다섯 차례나 집정관으로 선출되었던 그는 기원전 208년 이탈리아 남부 베누시아(현재의 Venosa)에서 전사했다.

208) M. Aemilius Paulus. 기원전 216년 두 번째 집정관 재임 중에 칸나이 부근에서 한니발과 싸우다 전사했다.

호해주지 못했던가요?210) 하지만 이것들은 옛 일들이고, 다른 많은 일들도 그렇습니다. 좀더 가까운 일들을 봅시다. 어째서 흠 없고 박식하기 그지없던 저의 숙부, 푸블리우스 루틸리우스는 추방당했던가요?211) 어째서 저의 동료 드루수스는 자기 집에서 살해되었던가요?212) 어째서 절제와 현명함의 모범인 퀸투스 스카이볼라는 대제관이면서도 베스타 신상 앞에서 난자되었던가요?213) 또 어째서 그 전에도 국가의 지도자들이 그렇게나 많이 킨나에 의해 살해되었던가요?214) 어째서 모든 사람 가운데 가장 신의 없는 가이우스 마리우

---

209) M. Atilius Reculus. 기원전 267년과 256년 집정관. 1차 포에니 전쟁 때 카르타고 부근에 상륙하였다가, 255년에 포로가 되었다. 전설에 따르면, 그는 로마에 갔다가 꼭 돌아오겠노라고 맹세하고 풀려났다. 하지만 그는, 화평을 권고하라는 카르타고인들의 뜻과는 반대로 전쟁을 계속하기를 독려한 후, 맹세에 따라 다시 카르타고로 돌아가서 고문을 당하고 처형되었다 (250년경).

210) P. Cornelius Scipio Aemilianus Africanus. 3차 포에니 전쟁의 영웅인 그는 기원전 129년 로마의 자택에서 급서했고, 피살이 아닌가 하는 의혹이 있었다. 2권 14장 참고.

211) P. Rutilius Rufus. 기원전 105년 집정관. 스토아학파의 일원으로서 판아이티오스, 포세이도니오스와 친구였다. 기원전 92년 정적들에 의해 공갈죄로 고발되었고, 벌금을 감당할 수 없어서 추방자 신세로 뮈틸레네와 스뮈르나에 살았다.

212) M. Livius Drusus. 기원전 124년 출생. 루틸리우스의 조카. 민중파와 귀족파 사이의 화해를 위해 애쓰다가 기원전 91년 호민관 재임 중 피살되었다. 키케로는 3권 81장에서 Q. Varius가 범인이라고 단정한다.

213) Q. Mucius Scaevola. 기원전 95년 집정관. 82년에 피살되었다. 1권 115장과 3권 5장에 소개된 대제관 P. Mucius Scaevola의 아들이며 자신도 대제관을 역임했다. 키케로는 그에게서 법학을 배웠다.

214) L. Cornelius Cinna. 기원전 87~84년 네 차례나 집정관 연임. 마리우스와 함께 술라에 대항했던 민중파. 카이사르의 장인이기도 했던 그는, 공포정치를 일삼다가 기원전 85년 술라가 아시아에서 귀환할 때 자기 병사들에 의해 피살되었다.

스215)가, 모든 인간들 중 가장 뛰어나게 고귀했던 퀸투스 카툴루
스216)에게 죽음을 명할 수 있었던가요?

81. 제가 좋은 사람이면서 나쁜 일을 당한 경우를 다 꼽자면 날이
모자랄 것입니다. 사악한 자들에게 아주 좋은 일이 일어난 경우를 헤
아리려 해도 그 못지않고요. 이런 말을 하는 이유는, 어째서 마리우
스는 그토록 행복하게 일곱 번이나 집정관을 지내고 자기 집에서 노
인으로 죽었던가요? 어째서 모든 이들 가운데 가장 잔인한 킨나는 그
토록 오래 집권했던가요? '하지만 그는 죗값을 치렀다'라고 하시겠죠.

〔33〕 그렇지만 그 자신이 언젠가 죗값을 치르는 것보다는, 그가 탁
월한 인물들을 그토록 많이 살해하지 못하도록 막고 금하는 게 더 나
았을 것입니다. '악랄하기 그지없던 인간, 퀸투스 바리우스217)는 극
형을 받고 고통스럽게 죽었다'라고 하시겠죠. 만일 이것이 그가 드루
수스를 칼로, 메텔루스218)를 독약으로 없앴기 때문이라면, 바리우스
가 죄의 대가를 치르는 것보다는 저 사람들이 살아남았더라면 더 좋
았을 것입니다. 한편 디오뉘시오스219)는 38년 동안이나 부유하고 번

---

215) 기원전 157~86년. 일곱 차례나 집정관에 선출되었고, 로마의 군제를 개
    혁하였다. 술라와의 권력투쟁이 유명하다. 키케로의 고향인 이탈리아 중부
    아르피눔(현재의 Arpino) 출신이다.

216) Q. Lutatius Catulus. 1권 79장에 소개되었던 인물. 기원전 102년에 마리
    우스와 함께 집정관 역임. 《연설가에 관하여》의 2권과 3권에도 등장한다.
    기원전 87년 자결을 강요받고 죽었다.

217) Q. Varius Severus Sucronensis. 기원전 90년 호민관으로, 반란을 후원한
    자들을 심문하는 법정을 만들었고, 코타도 그것 때문에 망명했었다.

218) Q. Caecilius Metellus Numidicus를 가리키는 것으로 보인다. 하지만 그
    의 독살에 대해서는 달리 알려진 바가 없다.

219) 시칠리아 도시 쉬라쿠사이의 참주 디오뉘시오스 1세. 기원전 432년경 출
    생. 낮은 신분에서 태어나 장군으로 선출되고, 결국 참주가 되었다. 고대
    사회에서 가장 오래, 가장 강력한 통치권을 소유했던 것으로 유명하다(기
    원전 405년부터 367년까지). 처음에는 온화한 통치를 펼쳤으나 점차 탐욕

256

성하는 도시의 참주였습니다.

82. 그리고 이 사람 전에, 페이시스트라토스는 희랍의 꽃이라고
할 도시에서 얼마나 오랫동안 지배했던가요![220] '하지만 팔라리스[221]
도, 아폴로도로스[222]도 죗값을 치렀다'라고 하시겠죠. 그렇지만 그
전에 수많은 사람들이 고문을 당하고 살해되었습니다. 그리고 많은
강도들이 자주 죗값을 치르지만, 우리는 처형된 강도보다 그들에게
붙잡혀서 잔인하게 살해된 사람이 더 많지 않다고 말할 수가 없습니
다. 우리는, 데모크리토스의 제자인 아낙사르코스[223]가 퀴프로스의
참주에 의해 살이 저며졌다고, 그리고 엘레아의 제논[224]이 고문당하
다가 죽었다고 들었습니다. 제가 소크라테스에 대해 말할 필요가 어
디 있겠습니까? 저는 플라톤[225]을 읽으면서 그의 죽음에 자주 눈물
을 흘리곤 합니다. 그러니 그대는, 신들의 판결에 의해서 — 만일 신
들이 인간사를 보고 있다면 말이죠 — 사람들 사이의 구별이 사라져

스럽고 잔인해져서, Phalaris와 더불어 폭군의 대표격으로 꼽혔다. 3권 83
~84장에서 그의 행실이 다뤄진다.
220) 기원전 560~527년 아테나이 참주. 그의 아들 대까지 합쳐서 38년 동안 통
치했다.
221) 기원전 565~549년 시칠리아의 아크라가스(현재의 Agrigento) 참주. 청동
으로 소를 만들어 그 안에 자기 적들을 넣고 구워 죽였다고 알려져 있다.
《투스쿨룸의 담론》 2권 17~18장, 《최고선악론》 5권 85장 참고. 그는 결
국 반란자들에게 붙잡혀 청동 소 안에 구워졌다고 한다.
222) 기원전 279년경부터 Cassandreia(칼키디케 반도의 Potidaia)를 다스렸던
참주. 잔인함의 대명사격이다. 폴뤼비오스, 《역사》 7권 7장 2절 참고.
223) 압데라 출신. 알렉산드로스의 원정에 따라나섰다가, 그가 죽은 후 니코크
레온의 수중에 떨어져서 혀를 잘린 채 살해당했다고 한다.
224) 파르메니데스의 제자. 이른바 '제논의 역리'로 유명하다. 450년경 아테나이
를 방문했다. 네아르코스, 또는 데뮐로스라는 참주에게 고문을 당하다가
자기 혀를 깨물어 그에게 뱉었다는 이야기가 전해진다.
225) 소크라테스가 독배를 마시는 장면이 나오는 대화편, 《파이돈》을 가리킨다.

버린 것을 보십니까?

83. 〔34〕사실 견유학파에 속하는 디오게네스[226]는, 당시에 운 좋은 강도로 꼽히던 하르팔로스[227]를 신들에게 적대적인 증언자라고 자주 말했습니다. 그자는 그런 운을 누리며 그토록 오래 살았기 때문이지요. 제가 앞에 언급했던[228] 디오뉘시오스는 로크리의 프로세르피나 신전을 약탈하고서[229] 쉬라쿠사이로 항해해 갔는데, 아주 순조로운 바람을 타고 가자, 웃으면서 이렇게 말했답니다. '친구들이여, 보는가, 신전약탈자들에게 불멸의 신들께서 얼마나 좋은 항해를 허락하고 있는지?' 그리고 이 영리한 자는 그 사실을 확실하게 잘 파악하고는 늘 같은 입장을 견지했습니다. 그래서 그가 펠로폰네소스로 함대를 몰고 가서 올륌피아의 제우스 신전에 닿았을 때, 그에게서 황금으로 된 묵직한 중량의 외투를 벗겨냈는데, 그것은 참주인 겔론[230]이 카르타고인들에게서 빼앗은 전리품으로 제우스를 치장했던 것이지

---

226) 기원전 412(또는 404)~323년. 흑해 남부 시노페 출신. 처음에는 아테나이에, 나중에는 코린토스에 거주하며 통 속에서 살았다는 인물이다. 알렉산드로스 대왕에게 햇빛을 가리지 말라고 말했다는 일화로 유명하다.

227) Harpalos. 이 인물에 대해서는 두 가지 해석이 있다. 하나는, 그가 알렉산드로스 대왕의 재무담당이었다가 거액을 착복하고 도주한 자라는 것이고, 다른 하나는, 그가 Skirpalos라고도 알려진 해적으로, 디오게네스를 잡아서 노예로 팔아넘긴 자라는 것이다. 대체로 후자가 더 많은 지지를 얻고 있다. 디오게네스 라에르티오스 6권 74장 참고.

228) 3권 81장.

229) 이탈리아 남부 해변의 로크리(Epizephyrii Locri)는 펠로폰네소스 전쟁 때 스파르타와 쉬라쿠사이의 편에 가담하여 큰 이득을 보았다. 하지만 쉬라쿠사이 참주 디오뉘시오스 1세는 기원전 379년 카르타고인들과 이탈리아인들에 대항해서 전쟁을 벌이자, 갑자기 이 도시의 페르세포네 신전과 헤라 신전에서 금품을 반출하였다.

230) 겔라의 참주. 기원전 485년에 쉬라쿠사이의 지배권을 얻었다. 480년 히메라 전투 이후에 신들께 헌물을 바쳤다.

요. 231) 그러고서 그는 그 일에 대해, 황금 외투가 여름에는 무겁고 겨울에는 차갑다고 농담까지 했습니다. 그리고 신에게 양털 외투를 걸쳐 주었지요. 그게 한 해의 모든 계절에 다 잘 맞는다고 말하면서요. 또 그는 에피다우로스232)에서 아이스쿨라피우스의 황금수염을 제거하도록 명했는데요, 아버지는 모든 신전에서 수염 없는 모습인데233) 아들에게 수염이 있다는 건 맞지 않는다고 해서 그랬던 것입니다.

84. 게다가 그는 모든 성역들로부터 은으로 된 식탁들을 반출하도록 명했습니다. 한데 거기에는 옛 희랍의 관습에 따라 '선하신 신들의 소유'라고 새겨져 있어서, 그는 자기가 그 신들의 그 선의에서 득을 보려는 거라고 늘 말했답니다. 또 그는 신상들이 손을 뻗어 받치고 있는 금으로 된 작은 승리의 여신상(像)과 금잔, 금관을 아무 망설임도 없이 걷어가곤 했습니다. 그러면서 자기가 그것들을 약탈한 게 아니라 건네받았다고 말하곤 했는데요, 우리가 신들께 좋은 걸 달라고 기원하면서 그들이 팔을 뻗어 주는데도 받지 않으려는 건 어리석다는 것이었죠. 그리고 사람들 얘기에 따르면, 그 사람은 제가 말한 그것들을 신전에서 끌어내어 광장에 전시하고는 경매를 통해 팔았답니다. 한데 돈을 다 받은 다음엔 공포하기를, 누구든 성지에서 나온 걸 갖고 있으면 정해진 날 이전에 그것들을 원래의 성역으로 되돌려 놓아야 한다고 했답니다. 이런 식으로 그는 신들을 향한 불경죄에

---

231) 어떤 학자는 디오뉘시오스가 희랍 본토에는 간 적이 없으므로, 여기서 키케로가 사실을 혼동하고 있다고 본다. 올륌피아에 있는 제우스 신전을 약탈한 것이 아니라, 쉬라쿠사이에 있는 올륌포스 제우스의 신전을 약탈했는데 잘못 적었다는 것이다. 여기 문제되는 외투를 겔론이 바친 것이라고 하니 쉬라쿠사이 신전 설이 맞을 듯하다.

232) 펠로폰네소스 동부의 도시. 의술의 신 아스클레피오스의 성지로 유명하다. 디오뉘시오스가 이곳에도 갔다는 증거가 없기 때문에 이 구절도 의심하는 학자가 있다.

233) 아스클레피오스의 아버지 아폴론은 언제나 젊은 청년으로 그려진다.

다가 사람들을 향한 부정의까지 더했던 것입니다.

〔35〕 그런데 이자를 올륌포스의 윱피테르도 벼락으로 치지 않았고, 아이스쿨라피우스도 질질 끄는 비참한 질병으로 말라 죽게 하지 않았습니다. 그는 자기 침상에서 죽어서234) 화장(火葬) 대에 올려졌지요. 그리고 그가 범죄를 통해 획득한 저 권력은 마치 정당하고 적법한 것인 양 그의 아들에게 유산으로 물려주었지요.

85. 논의가 이 주제에서 맴도는 것이 저도 내키지는 않습니다. 죄악에 권위를 부여하는 것처럼 보이겠기에 말입니다. 그렇게 보이는 게 맞을 수도 있었겠습니다. 신적인 어떤 이성 없이도 덕과 악덕에 대해 우리가 공통으로 가진 의식 자체가 묵직한 무게를 지닌 채 존재한다는 사실이 없었더라면 말입니다. 그 의식이 사라지면 모든 것이 무너집니다. 왜냐하면, 가정이든 국가든, 거기서 제대로 된 행동에 상이 주어지지 않고, 잘못을 저지른 것에 대한 징벌이 주어지지 않는다면, 그것이 그 어떤 합리성이나 규칙에 따라 다스려지는 걸로 보이지 않는 것처럼, 세계 안에서 선한 자와 악한 자 사이에 아무 차이도 없다면, 세계에는 인간들에 대한 신적인 통치란 전혀 없는 것이기 때문입니다.

86. '하지만 사실 신들은 사소한 일들에는 관심을 갖지 않으신다. 각 사람의 작은 땅 뙈기나 작은 포도나무 따위를 일일이 따라 다니지 않으며, 마름병이나 우박이 피해를 입힌다 해도 윱피테르께서는 그것에 주목하지 않으셨다. 왕들도 자기 왕국의 모든 사소한 일들을 다 돌보지는 않는다'라고 하시겠죠. 당신들은 그런 식으로 말하니까요.

---

234) Ax는 '화장대에'(in rogum)의 in과 rogum 사이에, 사본들에 전해지는 대로 tyrannidis('전제권의')를 적고 난문표시를 해놓았으나, 이 번역에서는 Pease를 좇아 tyrannidis를 삭제하고 옮겼다. Pease는 이 단어가 그 다음에 나오는 '저 권력'(eamque potestatem)의 설명으로 여백에 적혔다가 본문으로 섞여들어 갔다고 본다.

하지만 그건 마치 제가 조금 전에, 푸블리우스 루틸리우스[235]의 사라져버린 안전[236]에 대해서가 아니라, 포르미아이[237]에 있는 그의 농장에 대해 불평한 것처럼 응수하시는 것입니다. 〔36〕한데 사실 모든 필멸의 인간들이 그 문제를 그런 식으로 생각하긴 합니다. 자기들이 외적인 편익들, 포도원, 곡식밭, 올리브 농원, 과실과 산물들의 풍요함, 그러니까 모든 편리함과 삶의 풍성함을 신들로부터 받아 가지고 있다는 것이지요. 하지만 누구도 덕은 결코 신에게서 받았다고 하지 않습니다.

87. 물론 맞는 생각입니다. 왜냐하면 우리가 덕 때문에 칭찬을 받는 건 합당한 일이며, 덕으로 인해 높여지는 것은 제대로 된 일이기 때문입니다. 만일 우리가, 그 덕이 우리에게서 나온 게 아니라 신의 선물이라고 생각한다면, 저런 사태는 적절치 않은 것이겠죠. 사실 우리의 명예가 높아지거나, 가문의 재산이 불어나거나, 우연히 어떤 좋은 것을 얻거나, 아니면 어떤 불행을 피했다면, 우리는 신들께 감사를 드리며, 그런 일로 해서 칭찬받을 이유가 덧붙었다고는 전혀 생각지 않습니다. 반면에 자기가 선한 인간이라는 점 때문에 신들께 감사드린 사람이 대체 어디 있습니까? 자기가 부유하다고 해서, 명예를 얻었다고 해서, 안전해졌다고 해서 그런 사람은 많이 있지만요. 사람들이 읍피테르를 가장 선하고 가장 강하다고 부르는 것은, 그가 우리를 정의롭고 절제 있고 현명하게 만들어주었다고 해서가 아니라, 우리를 안전하고 무사하며 부유하고 풍요롭게 만들어주었다고 해서입

---

235) 3권 80장 참고.

236) 시민으로서의 권리.

237) 이탈리아 중서부 해안. 로마와 나폴리 사이에 있는, 현재의 Mola di Gaeta. 경치가 아름답고 기후가 좋아서 키케로를 포함해서 많은 사람들이 그곳에 농장을 갖고 있었다.

니다.

88. 또 헤르쿨레스에게, 만일 자신을 현명하게 만들어준다면 소득의 십분의 일을 바치겠다고 서약한 사람은 결코 없었습니다. 물론 퓌타고라스가 기하학에서 어떤 새로운 사실을 발견하고는 무사 여신들께 소를 제물로 바쳤다는 이야기238)가 있긴 합니다. 하지만 저는 그얘기를 믿지 않습니다. 그 사람은 제단을 피로 물들이지 않으려고, 델로스의 아폴론에게 희생제물을 바치는 것도 내켜하지 않았었기 때문입니다. 그건 그렇고 원래의 주제로 돌아가자면, 다음과 같은 것이 모든 필멸의 인간들의 판단입니다. 즉, 행운은 신께 구하되, 현명함은 자기 자신에게서 얻어야 한다는 것입니다. 물론 우리는 지성(Mens)과 덕(Virtus), 신의(Fides)에게 신전을 봉헌할 수도 있습니다. 하지만 우리는 이것들이 우리 자신들 속에 자리 잡고 있다는 걸 알고 있습니다. 반면에 희망과 안전, 부유함, 승리의 가능성은 신들께 구해야 합니다. 따라서 사악한 자들이 번영을 누리고 그들의 일이 순조로운 것은, 디오게네스가 늘 말했듯이, 신들에게 힘과 능력이 있다는 주장을 전적으로 공박하는 것입니다.

89. 〔37〕'하지만 좋은 사람이 좋은 결말에 이르는 경우도 있다'라고 하시겠지요. 사실 우리는 이런 이들의 사례를 취하여, 그것을 근거도 없이 불멸의 신들 덕으로 돌립니다. 그런데, 무신론자(atheos)라는 디아고라스는, 사모트라케에 갔을 때, 어떤 친구가 그에게 '그대는 신들이 인간의 일에 관심이 없다고 생각하는데, 이토록 많은 그림들을 보고서도 모르겠는가, 얼마나 사람이 서원을 드림으로써 거센 폭풍을 빠져나와 포구에 안전하게 당도하였는지를?'이라고 하자, 이렇게 말했습니다. '그렇게 된 건, 파선을 당해 바다에서 죽어버린 사

238) 비트루비우스는 이 이야기를 '퓌타고라스 정리'의 발견과 연결시키고 있다. 《건축에 관하여》 9권 서문 7절.

람은 전혀 그림으로 그려지지 않았기 때문이지'라고요. 또한 그가 항해 중에 역풍을 만나자, 그를 싣고 가던 자들이 겁에 질려 떨면서 그에게 말하기를, 자기들 배에 그를 받아주었기 때문에 이런 일이 일어나는 게 마땅하다고 했지요. 그러자 그는, 다른 많은 배들이 같은 항로에서 고생하는 것을 가리켜 보이며, 저 배들에도 디아고라스가 타고 있다고 믿느냐고 그들에게 물었답니다. 행운, 불운과 관련해서는 당신이 어떤 사람인지, 혹은 어떻게 살아왔는지가 전혀 문제되지 않는 게 사실이기 때문입니다.

90. 어떤 이는 '물론 신들이 모든 것을 돌보지는 않지. 하지만 왕들도 마찬가지잖아!'라고 말할 것입니다. 하지만 비슷한 점이 대체 무엇인가요? 왕들이라 해도, 알면서도 돌보지 않고 그냥 지나친다면 큰 비난이 일어납니다. 〔38〕 한데 신에게는 몰랐다는 변명조차도 있을 수 없습니다. 그런데 당신들은 아주 뚜렷하게 신을 옹호합니다. 신들의 능력은 너무나 커서, 어떤 사람이 벌 받기 전에 죽어서 죗값 치르기를 피했다 하더라도, 그 죗값을 자식들에게서, 손자들에게서, 후손들에게서 받아낼 정도라고 말하니 말입니다. 아, 신들의 정의는 정말 놀랍기도 하군요! 아버지나 할아버지가 죄를 범했다고 해서 아들이나 손자가 유죄로 판결된다면, 대체 어떤 국가가 그런 식의 법을 만드는 입법자를 용인할까요?

대체 어디서 탄탈로스의 자손들[239]의 상호보복은 끝이

---

239) 탄탈로스는 제우스의 아들이자, 프뤼기아의 왕이다. 그의 자식인 펠롭스가 희랍 남쪽으로 와서, 뮈케나이 왕가를 이루었다. 펠롭스는 아내를 얻기 위해 마차경주를 하는 와중에 뮈르틸로스라는 마부의 도움을 받았으나 보상을 주지 않고, 오히려 그를 죽였고, 그래서 그 집안이 저주를 받았다. 펠롭스의 아들인 튀에스테스는 자기 형제 아트레우스의 아내와 사통하여 형제의 왕권을 빼앗으려 했고, 아트레우스는 튀에스테스의 자식들을 죽여 아비에게 먹임으로써 복수했다. 그 다음 세대에 튀에스테스의 아들 아이기스

날 것인가? 혹은 뮈르틸로스의 죽음에 대해 대체 어떤 징벌이 있어야 죗값이 다 치러져서 만족하게 될 것인가?[240]

91. 도대체 시인들이 스토아학파 사람들을 망친 것인지, 아니면 스토아학파 사람들이 시인들에게 권위를 부여해 준 것인지 저로서는 판단하기가 쉽지 않을 듯합니다. 양자 모두가 기괴하고 수치스러운 것들을 이야기하니 말입니다. 힙포낙스[241]의 비방(誹謗) 시가 타격을 입혔던 사람도, 아르킬로코스[242]의 시구(詩句)에 상처를 입은 사람도 신이 보낸 고통을 당한 것이 아니라, 자기 스스로 얻은 고통을 지녔던 거니까요. 또 우리는 아이기스토스나 파리스의 욕정을 볼 때, 그 원인을 신에게서 찾지 않습니다. 우리는 거의, 그들의 죄악이 내지르는 소리를 듣는 것이나 마찬가지니까요. 또 저는 많은 환자들이 회복을 힙포크라테스[243]보다는 아이스쿨라피우스에게서 얻는다고 판단하지도 않습니다. 또 라케다이몬 사람들의 규율을, 뤼쿠르고스[244]

토스는, 아트레우스의 아들 아가멤논의 아내인 클뤼타임네스트라를 유혹하여 정을 통하고, 그녀와 공모하여 아가멤논을 죽였다. 하지만 결국 아가멤논의 아들 오레스테스가 아이기스토스와 클뤼타임네스트라를 죽이게 된다. 오레스테스는 어머니를 죽였기 때문에 복수의 여신들에게 쫓기지만, 아이스퀼로스의 《자비로운 여신들》에 따르면 그는 재판에 회부되어 유죄의견과 무죄의견이 동수가 되어 풀려났다고 한다.

240) 앗티우스의 《튀에스테스》에서 인용된 문장으로 보인다.

241) 기원전 6세기 중엽 에페소스 출신. 신랄하게 조롱을 퍼붓는 시로 유명하다. 부팔로스라는 사람이 못생겼다고 조롱을 당한 바 있다. 아리스토파네스, 《뤼시스트라테》 360-1행 참고.

242) 파로스 출신, 기원전 650년경 활동함. 개인적인 적들을 가혹하게 공격하는 시들로 유명하다. 네오불레라는 여인은 그와 파혼하고 다른 유력자와 결혼하려다가 아르킬로코스의 시 때문에 아버지 뤼캄베스와 함께 자살했다고 한다.

243) 코스 출신, 기원전 630년경 활동. 과학적인 의술의 기초를 놓았다.

244) 기원전 880년경에 살았다는 스파르타의 전설적인 입법자.

가 아니라 아폴로가 스파르타에 주었다고 생각지도 않습니다. 단언하건대 코린토스를 멸망시킨 것은 크리톨라오스245)고, 카르타고를 멸망시킨 것은 하스드루발246)입니다. 저 해변의 아름다운 눈이라고 할 수 있는 두 도시를 파내버린 것은 분노에 찬 어떤 신이 아니라, 바로 이들입니다. 신은 전혀 분노할 수 없다고 당신들은 말하니까요.

92. 하지만 신이라면 확실히, 그렇게 크고 그렇게 아름다운 도시들을 도와주고 보존할 수도 있었을 것입니다. 〔39〕 왜냐하면 당신들 자신이 늘 말하길, 신이 이룰 수 없는 일이란 결코 없으며, 그것도 아무 수고 없이 이룬다고 했으니 말입니다. 마치 인간의 사지가 별 노력 없이 마음 자체와 의지에 따라 움직여지는 것과 마찬가지로, 신들의 능력에 의해 모든 것이 이뤄지고 움직여지고 변화할 수 있기 때문이라고요. 더욱이 당신들은 이것을 미신적으로 노파들이 하듯이가 아니라, 자연학적이고 일관된 논리에 따라 얘기합니다. 당신들은 사물들의 재료, 그러니까 모든 것을 이루고 모든 것을 그 안에 품는 저 재료가, 아주 유연하고 변화하기 쉬운 것이어서, 아무리 갑작스러운 변화에 의해서라도 그것으로부터 생겨나거나 바뀌어 이뤄지지 못할 게 없을 정도라고 합니다. 한데 이 우주의 조성자이자 조정자인 것은 신적인 섭리이고, 따라서 이 섭리는, 어디로 이동해 가든지 무엇이건 원하는 대로 만들어 낼 수 있다는 것이지요. 그렇다면 그 섭리는 자기가 무엇을 할 수 있는지 모르거나, 아니면 인간들의 일에 무관심하거나, 아니면 무엇이 최선인지 판단하지 못하는 것입니다.

---

245) 아카이아 동맹을 이끌고 로마에 대항했던 지도자. 그는 기원전 147년 테르모퓔라이에서 메텔루스에게 패했고, 그의 후계자인 디아이오스마저 146년에 패배함으로써 코린토스가 파괴되었다.

246) 3차 포에니 전쟁 때 카르타고의 지휘관. 그의 전술적 실책 때문에 기원전 146년 카르타고가 멸망하였다.

93. '섭리가 개별 인간을 돌보는 것은 아니다'라고 하시겠지요. 그건 별로 놀라운 일도 아닙니다. 그것은 도시들도 돌보지 않으니까요. 도시만 돌보지 않나요? 국가와 민족들 역시 돌보지 않습니다. 한데 만일 이것들까지 무시한다면, 그 섭리가 인간 종족 전체를 무시하는 게 뭐 놀라운 일이겠습니까? 그런데 당신들은 어떻게 한편으로 신들이 모든 일을 다 따라다니면서 돌보는 건 아니라고 하면서, 동시에 불멸의 신들이 인간들에게 꿈을 배분하여 나눠준다고 주장하는 것인지요? 제가 당신께 이런 논변을 제시하는 것은, 꿈이 참되다는 것이 바로 당신들의 학설이기 때문입니다. 한데 당신들은 맹세하는 것이 적절한 일이라고 말하기도 하지요? 그렇지만 맹세는 개별적 인간이 합니다. 따라서 신적인 정신이 개별 인간에 대해 귀를 기울인다는 것이 됩니다. 그러니 당신들도, 그 정신이 당신들이 생각해 온 것만큼 그렇게 바쁘지는 않다는 걸 아는 것 아닙니까? 하지만 그것이, 하늘을 회전시키고 땅을 돌보고 바다를 자제시키느라고 분주하다고 해봅시다. 그렇다면 그것은 왜 그렇게 많은 신들이 아무 일도 하지 않고 빈둥거리는 걸 허용하는 걸까요? 왜 다른 한가한 신들에게 인간들의 일을 책임지라 하지 않을까요? 당신은, 발부스여, 그들이 헤아릴 수 없이 많다고 설명했는데 말입니다.

이런 것이 대충 제가 신들의 본성에 대하여 말하려 했던 것입니다. 그것을 제거해버리기 위해서가 아니라, 그것이 얼마나 불분명하고 설명하기 어려운지 당신들이 이해하라는 뜻에서였죠."

94. 〔40〕 이렇게 말하고서 코타는 끝을 맺었다. 그러자 루킬리우스가 말했다. "코타여, 그대는 신들의 섭리에 대한 스토아학파의 저 이론을, 그들이 아주 신성하고 예지력 있게 세워놓은 것을 특히 강력하게 비판하셨군요. 하지만 이제 저녁이 다가오고 있으니, 우리가 그것에 대항하여 발언할 수 있도록 다른 날을 허락해주셔야 할 것입니

다. 저는 당신과 맞서서, 제단과 화덕을 위해, 그리고 신들의 성역과 신전들, 도시의 성벽들을 위해 싸워야 하니 말입니다. 한데 당신들은 제관으로서 그것들이 신성한 것이라 말하며, 도시를 보호하기 위해 성벽 자체보다는 오히려 종교의례로써 그걸 에워싸려고 더 열의를 보이고 있습니다. 저는 제가 숨을 쉬고 있는 한, 그것을 저버리는 건 결코 안 될 일이라고 생각합니다."

95. 그러자 코타가 말했다. "저도 정말 반박당하기를 원합니다, 발부스여. 제가 논증한 것들에 대해, 저는 판정하기보다는 한 번 논의해보고 싶었던 것입니다. 그리고 저는 당신이 저를 쉽게 이길 수 있다는 것도 확실히 알고 있습니다."

그러자 벨레이우스가 끼어들었다. "물론 그렇겠지요. 그는 꿈도 제우스가 보내서 우리에게 오는 거라고 생각하는 사람이니까요. 하지만 그 꿈들도 스토아학파 사람들이 신들의 본성에 대해 가진 생각만큼 공허하지는 않답니다."

이런 얘기들이 다 오가고 났을 때, 벨레이우스는 코타의 논변이 더 참되다고 생각하고, 나는 발부스의 논변이 진리와 유사해 보이는 데 가깝다고 생각하면서 자리를 떠났다.

1. 키케로의 생애와 작품

키케로(M. Tullius Cicero, 기원전 106~43)는 로마공화정 말기에 살았던 연설가, 정치가이자, 학자, 문필가이다. 그는 마리우스(C. Marius, 기원전 157년경~86년)의 고향이기도 한 아르피눔(Arpinum)에서, 기사계급에 속한 중산층 가정에서 태어나, 병역을 마친 후 로마에 거주하면서 당대 최고의 선생들 밑에서 공부했다. 수사학에서는 로도스 출신의 몰론(Molon)이, 철학에서는 차례로, 에피쿠로스학파에 속한 파이드로스(Phaidros), 스토아학파에 속한 디오도토스(Diodotos), 아카데메이아학파의 필론(Philon)이 그의 스승이었다.

그후 그는 법정 연설가로 공적 활동을 시작하였는데, 공적으로 알려진 첫 연설(*Pro Quinctio*)은 기원전 81년의 것이다. 하지만 그 다음 해에 술라(L. Cornelius Sulla Felix, 기원전 138년경~79년)의 측근과 소송 중이던 로스키우스(Sextus Roscius)라는 사람의 변론을 맡았고, 이 때문에 한동안 희랍으로 피신하게 된다. 키케로는 생애에 세 번 공적 활동의 위기를 맞는데, 그는 언제나 그런 시기를 학업-연구-집필의 기간으로 이용하였다. 기원전 77년까지 계속된 이 희랍 체류기간 동안 그는 수사학의 여러 선생들을 찾아다니고, 로도스에서 스토아 철학자 포세이도니오스(Poseidonios)의 강의도 듣게 된다.

술라가 사망하자 로마로 돌아온 그는 76년에 재무관(quaestor)에 당선되어 관직의 길로 들어서고, 이후 모든 관직을 법정 최소 연령에 통과한다. 기원전 69년 조영관(aedilis), 66년 법무관(praetor), 63년 집정관(consul)직이 그것이다. 집정관 재임 중에는 카틸리나(L. Sergius Catillina)의 국가전복음모를 적발하여 '조국의 아버지'(pater patriae)라는 칭호까지 얻었으나, 기원전 58년 시민을 재판 없이 처형한 자를 처벌한다는 법이 통과되자 카틸리나 사건의 처리방식이 문제되어 망명길에 오르게 된다. 다음해(57년)에 귀국의 길이 열리지만, 1차 삼두정 기간이었던 이 시기에 그는 정치적으로 소외되었고, 이 두 번째 위기가 첫 다작의 시기가 된다. 《국가론》(De Re Publica), 《법률론》(De Legibus), 《연설가에 관하여》(De Oratore) 등이 이 시기에 나온 저작이다.

1차 삼두정이 와해되고 폼페이우스와 카이사르의 내전이 시작되자, 그는 폼페이우스 쪽을 선택하여 희랍으로 떠났으나, 파르살루스(Pharsalus)에서 카이사르가 승리한 후(48년) 용서를 받고 귀국하게 된다. 그후 정치적으로 무력하고, 이혼(46년)과 딸의 사망(45년)으로 가정적으로도 불운한 가운데 두 번째 다작의 시기가 시작된다. 철학적 저작들은 이 시기에 집중되어 있다.

카이사르가 암살되고(44년) 나서 다시 정치활동을 재개한 그는 이미 스러져가는 공화정을 지키려 애썼으나, 특히 안토니우스를 혹독하게 공격한 것이 이유가 되어, 2차 삼두정이 성립된 직후 안토니우스의 부하들에 의해 살해된다(43년).

키케로가 남긴 문헌들은 크게 네 부류로 나뉜다. 철학적 주제를 다룬 것, 수사학적 주제를 다룬 것, 연설, 편지 등이다. 그 중 철학적인 저작들은 다시 고대의 분류법에 따라 세 분과로 나누어 볼 수 있다. 세계는 무엇으로 되어 있는지를 다룬 자연학, 진리에 도달하는 방법론을 다룬 논리학, 인간이 어떻게 살아야 하는지를 다루는 윤리학이 그것이다. 키케로의 저작 중 자연학을 다룬 대표적인 글이 《신들의 본성에 관하여》이다. 고대인들이 보기에 신은 자연질서의 일부이므로 신에 대한 이론들도 자연학에 속한 것이다. 논리학은 현대의 인식론을 포함하는데, 《아카데미카》가 거기 속한다. 윤리학에 속한 저술은 《의무론》(De Officiis) 과 《최고선악론》(De Finibus Bonorum et Malorum), 《투스쿨룸의 논변》(Tusculanae Disputationes, 또는 Tusculanae Quaestiones) 등이 대표적인 것이다. 정치학은 고대에 윤리학과 같은 부류로 생각되었으므로, 《국가론》, 《법률론》 등도 거기에 넣을 수 있다.

키케로의 철학적 저술들을 시기별로 정리하자면 다음과 같다. 수사학적 저술과 철학적 저술의 경계는 종종 모호하기 때문에, 그 경계에 걸쳐 있는 것도 여기서 같이 정리한다. 우선 그가 젊은 시절에 쓴 것으로 《발견에 대하여》(De Inventione) 가 있다. 이것은 연설의 기술들에 대한 글로, 원래 네 권으로 쓰였으나 현재는 두 권만 전한다.

1차 삼두정이 성립한 다음인 기원전 55~51년 사이에, 그는 정치적 영향력을 잃어버린 대신 다른 분야에서 권위를 얻으려 했다. 그 결과가 《연설가에 관하여》, 《국가론》, 《법률론》이다. 이것들은 각각 연설기술과 정치철학, 법률이론을 주제로 삼은 것으로, 플라톤과의 경쟁1) 을 의도한 야심적인 기획의 일부였다.

　《국가론》과 《법률론》은 키케로가 처음으로 쓴 중요 철학 저술이라고 할 수 있는데, 이들은 사본 전승과정에서 많은 곡절을 겪었다. 특히 《국가론》은 이미 고대에 대단히 중요한 작품으로 꼽혔지만, 현재는 많은 부분이 유실되어 흐름을 따라가며 읽기가 어려운 상태이다. 이 저서는 플라톤과 아리스토텔레스, 그리고 헬레니즘기의 철학과 정치이론을 풍부하게 담고 있으며, 로마인들의 정치적 경험 또한 반영되어 있다. 예를 들어 왕정 시기의 로마 역사와 로마의 국가제도가 점차적으로 성장하는 모습 따위를 거기서 읽을 수 있다. 카르네아데스가 정부의 정의에 대해 서로 상반되는 논제들을 내세우는 것도 거기서 찾아볼 수 있다. 물론 키케로 자신의 생각도 거기서 드러나는데, 특히 이상적인 정치가에 대한 이론과 국가의 본성에 대한 이론이 특별히 주목을 받고 있다.

　오늘날 《국가론》에서 유일하게 널리 읽히는 부분은 ‘스키피오의 꿈’이란 별칭으로 불리는 6권이다. 사실 이 부분은 대화 시작부분과 연관 지어 읽어야 하는데, 대개는 맥락을 벗어나 독자적으로 읽히고 있다. 이 부분은 플라톤식의 천문이론과 영혼불멸설을 바탕에 깔고서, 이상주의적 윤리를 강조한다. 키케로는 플라톤의 영혼론에 매료된 듯 그의 저술 여기저기서 그것을 언급하는데, 그가 요약하는 것은 대체로 《파이돈》과 《티마이오스》의 내용이다. 그는 회의주의자답게 적절한 유보를 붙이고는 있지만, 이 이론으로써 우주 안에서 인간의 지위가 설명된다고 생각했던 듯하다. 이런 점에서 그는 한편으로 플

---

1)　퀸틸리아누스의 표현을 빌자면 Platonis aemulus〔《연설교육》(*Institutio Oratoria*) 10. 1. 123〕이다.

라톤주의자라고도 할 수 있다.

《법률론》은 미완성작인 것으로 추정되는데, 작품배경을 키케로 당시로 잡아서, 그 자신과 그의 동생 퀸투스, 그리고 그의 절친한 친구인 앗티쿠스가 등장하여 대화를 나눈다. 이 작품은 특히, 당시 로마에서 있었던 일들과 관련해서, 그리고 자연법 이론의 발전과 관련하여 주목받고 있다.

이 시기에 쓰인 《스토아학파의 역설들》(Paradoxa Stoicorum)은 그 주제가 철학에서 끌어온 것이긴 하나, 철학적 저술에 속하지 않는 것으로 평가된다. 이 저작은 스토아학파의 윤리적 역설(逆說)들을 설득력 있게 만들어주는 6개의 짧은 수사학적 연습으로 구성되어 있다.

키케로의 주요 철학적 저술들은 대부분 45~44년에 쓰였는데, 이때는 카이사르가 독재관이던 시기였다. 이 시기에 그는 철학의 핵심적인 분야들 전체를 포괄하는 방대한 저술체계를 구상했고, 그 결과물들은 하나의 통일체를 이루는 것으로 평가되기도 한다. 하지만 그가 처음부터 그러한 체계를 의도했던 것은 아니고, 글을 써나가던 중에 점차 그렇게 발전해간 것이고, 또 세부적으로 보면 일관되지 못한 점도 발견된다. 그는 기원전 44년 카이사르 암살 직후, 자신이 다시 정계로 복귀할 수 있으리라 기대하고서, 그동안 썼던 글들을 돌이켜보고 집필시기 등을 정리했는데, 그 내용이 《점술에 관하여》(De Divinatione) 2권 첫 부분에 나와 있다. 그의 저술들은 그 당시 철학에서 가장 중요한 분야로 꼽히던 주제들 대부분을 다루었는데, 다만 (좁은 의미의) 논리학과 자연학만 빠져 있다.

이 시기 저작목록은 《호르텐시우스》로 시작된다. 이 작품은 철학 공부를 변호하는 내용으로 되어 있어서, 이어지는 글들을 위한 일종의 서문 역할을 한다. 그가 이런 글을 쓴 이유는 한편 로마인들이 기질상 너무 세속적이기도 하거니와, 또한 희랍에 '학문을 권장하는' (protreptic) 글들이 이미 있었기 때문이기도 하다. 이 작품은 전체가 전하지 않고, 대개는 조각글로, 특히 그의 영향을 많이 받은 성 아우구스티누스의 인용구절들로 남아 있다. 그 주된 내용은, 호르텐시우스가 철학공부를 비판하고, 카툴루스(Catulus)가 그것을 옹호하는 것으로 되어 있는데, 카툴루스의 연설은 지금은 전해지지 않는 아리스토텔레스의 《철학을 권유함》(Protreptikos)을 본뜬 것으로 여겨진다.

《아카데미카》는 인식론을 다루는데, 이 책은 원래 《카툴루스》(Catulus), 《루쿨루스》(Lucullus)라는 두 편의 대화편을 따로 썼다가, 둘을 연결하고 각 작품내용을 두 부분씩으로 나누어 전체 네 권이 되게끔 개정한 것이다.[2] 이 작품에서 키케로는, 자신이 지지하는 라릿사 출신 필론의 회의주의를 아스칼론 출신 안티오코스의 입장과 맞세우고 있다. 안티오코스는 스토아학파 사람이 그랬듯 확실한 지식이

---

2) 현재 개정판은 첫 권만 남아 있고, 《카툴루스》도 전하지 않는다. 한편 《루쿨루스》는 온전히 전해지고 있다. 그래서 원래 《카툴루스》의 첫 부분이던 것은 '《아카데미카》 1권', 《루쿨루스》는 '《아카데미카》 2권'으로 부르는 것이 일반적 관행이다. 하지만 《루쿨루스》는 사실 개정판 《아카데미카》의 3-4권 내용을 담고 있으니, '2권'이란 이름이 맞지 않는다고 해서 그냥 《루쿨루스》로 부르자는 제안도 있다.

한편 이 저작의 첫 부분을 Academica Posteriora, 둘째 부분을 Academica Priora라고도 부르는 학자도 있는데, 이 명칭에는 약간 혼란의 여지가 있다. 대개 어떤 저작의 제목을 우리말로 옮길 때, Priora는 '전서'(前書), Posteriora는 '후서'(後書)로 부른다. 한데 《아카데미카》의 경우, Posteriora는 내용상 《아카데미카》의 앞부분이고, Priora는 《아카데미카》의 뒷부분에 해당되는 것이다. 그러니까 여기서는 priora(더 앞의 것), posteriora(더 뒤의 것)가 내용상의 선후가 아니라 시간적 선후를 가리키는 것이다.

있을 수 있다는 주장을 내세운다.

《최고선악론》은 헬레니즘 철학 학파들의 윤리설들을 비교하고 있다. 전체는 다섯 권으로 이루어져 있으며, 1권에서는 에피쿠로스학파의 학설이, 3권에서는 스토아학파의 학설이 펼쳐지고, 2, 4권에서는 그 학설들이 비판된다. 제5권에서는 아카데메이아학파의 입장이 개진되는데, 그 내용은 대체로 아스칼론 출신 안티오코스의 가르침을 따른 것으로 소요학파적 입장도 섞여 있다.

《투스쿨룸의 논변》은 《신들의 본성에 관하여》와 같은 시기에 쓰인 저작으로, 수사학적 성격이 강한 5개의 논변으로 구성되어 있다. 그 내용이 대체로 스토아학파적 특성을 보여준다는 것이 일반적 해석이지만, 그보다 바탕에 깔린 아카데메이아학파의 입장을 강조하는 해석도 있다. 논의주제는 죽음, 고통, 슬픔, 심리적 혼란 등이며, 마지막에는 행복한 삶을 위해 도덕적 탁월함(덕, *virtus*) 만으로 충분한지가 다뤄진다.

《점술에 관하여》는 두 권으로 구성되어 있으며, 키케로 형제가 대화자로 등장한다. 1권에서는 동생인 퀸투스가 스토아적 입장에서 예언술을 옹호하고, 2권에서는 형 마르쿠스 키케로가 아카데메이아학파의 입장에서 그것을 비판한다.

미완성작인 《운명에 관하여》(*De Fato*) 는 미래의 사건들이 미리 정해진 것인지, 인간의 자유와 운명이 양립가능한 것인지를 다룬다. 《대 카토》(*Cato Maior de Senectute*) (노년에 관하여) 와 《라일리우스》(*Laelius de Amicitia*) (우정에 관하여) 는 일상윤리에 대한 저작이다.

마지막으로 《의무론》은 키케로가 아들에게 철학공부에 좀더 노력을 기울이도록 격려하기 위해 쓴 것으로, 사실 '의무'라기보다는 '적절하고 현명한 행실'을 주제로 삼은 것이다. 이 저작에서 그는 판아이티오스의 《의무론》(*Peri tou kathekontos*)을 출발점으로 삼고 다른 스토아 철학자들의 가르침을 끌어 쓰면서도, 로마적 요소와 키케로 자신의 색채를 많이 가미했다. 그래서 한편으로는 스토아학파의 이론과 쟁점들을 보여주면서도, 로마인의 현실윤리를 풍부하게 전해주는 자료 역할을 한다.

2. 《신들의 본성에 관하여》의 구성

《신들의 본성에 관하여》는 키케로 당시에 가장 중요하던 세 철학학파의 신에 대한 이론을 소개한 책이다. 우선 1권에서 에피쿠로스학파의 견해가 소개되고, 아카데메이아학파의 입장에서 그것을 비판한 부분이 따라 나온다. 2권에서는 스토아학파의 견해가 소개되고, 3권에서는 다시 이것을 아카데메이아학파가 비판한다. 구체적인 내용은 다음과 같다. [3]

1권
• 도입부(1~17장): 키케로가 이 작품을 저술하게 된 동기와, 아카데메이아학파로서 자신의 일반적 입지를 설명한다.

에피쿠로스학파의 견해(18~56장)
1) 가장 직접적인 적수인 스토아학파와 아카데메이아학파에 대한

---

3) 내용을 정리하는 데는 P. G. Walsh가 번역, 주석한 Cicero, *The Nature of the Gods*, Oxford, 1998의 요약(pp. xlvi~xlviii)을 참고하였다.

공격(18~24장)
2) 신들에 대한 다른 사람들의 견해를 비판함: 탈레스 이래의 철학
   자들, 시인들, 다른 나라의 종교들(25~43장)
3) 에피쿠로스학파의 이론(43~56장)
   a. 인식론: 신들이 존재한다는 것은 어떻게 알 수 있는가(43~45장)
   b. 신들은 무엇으로 구성되어 있는가(46~49장)
   c. 신들의 숫자는 얼마나 되는가(50장)
   d. 신들은 어떤 일을 하는가(51~53장)

코타의 비판(57~124장)
1) 벨레이우스의 언변을 칭찬함. 그러나 내용에는 찬성하지 않음
   (57~61장)
2) 모든 종족이 신들의 존재에 동의한다는 논변이 합당치 않음(62
   ~64장)
3) 신들이 원자로 구성되어 있다는 주장에 대한 논박(65~74장)
4) 신들이 인간 모습이라는 주장에 대한 논박(75~102장)
5) 신들이 어디에 사는지, 그들의 영상이 어떻게 만들어지는지에
   대한 의문제기(103~110장)
6) 신들의 행복한 이유가 무엇인지 의문을 제기함(111~114장)
7) 우리가 신들을 존경할 이유가 무엇인지 의문을 제기함(115~124장)

2권
스토아학파의 견해가 네 부분으로 진술됨
1) 신들은 존재한다(1~44장)

a. 세상의 설계에 의한 증명

b. 신들의 현신에 의한 증명

c. 인간들 전체의 동의에 의한 증명

d. 예언술에 의한 증명

클레안테스의 논증(13~15장)

a. 우리는 미래에 있을 일을 미리 알 수 있음

b. 기후는 온화하고 유익하며, 땅은 비옥함

c. 자연현상이 불러일으키는 경외감

d. 천체의 아름다움과 규칙적인 운동

크뤼십포스의 논증(16~44장)

a. 존재론적 논증: 신보다 더 나은 것은 없음

b. 인간의 이성은 세계 이성의 일부임, 우주의 조화

c. 만물은 스스로 움직이는 세계의 불에 의해 유지됨

d. 세계는 그것의 부분들보다 우월하며 따라서 신적임

e. 존재들에는 식물, 동물, 인간의 차례로 위계가 있음, 논리적으로 그 위에는 신적 존재가 있음

2) 신적 존재의 본성(45~72장)

a. 신적 형상은 공 모양임

b. 신적 존재(해, 달, 행성, 항성)의 움직임은 원형임

c. 자연은 기술자임

d. 대중적 신앙의 대상인 신들은 자연의 선물과 여러 측면들을

상징함

3) 세계 운용의 섭리(73~153장)
  a. 전체 우주를 조절하는 자연의 작동은 우연적인 것일 수 없음
  b. 자연의 경이로움: 천체, 식물과 동물의 생활상, 인간의 신
     체적 구조, 인간의 이성과 창조적 재능

4) 세계는 인간을 위해 질서 잡혔음(154~168장)
  a. 천체의 놀라운 장관
  b. 식물과 하등동물, 그 밖의 자연환경이 인간의 필요를 충족시킴
  c. 예언술은 인간에게 미래를 예견하게 함

3권
스토아 이론에 대한 코타의 비판
1) 옛 사람들의 권위 때문에 신들의 존재를 받아들임, 하지만 스토
   아학파의 증명들은 거부함(1~9장)

2) 신들이 존재한다는 논증들의 불확실성(10~19장)
  a. 여러 민족이 동의한다는 논증을 비판함
  b. 신들의 현신에 대한 비판
  c. 예언술에 대한 비판
  d. 기상학적 불규칙성

3) 신들의 본성에 대한 스토아 이론을 공격함(20~64장)

a. 세계가 어떻게 신일 수 있는가? 카르네아데스의 반론
b. 어떤 신들의 기원은 모호함. 추상적인 신들에 대한 반박

4) 우주를 관장하는 섭리가 있다는 주장에 대한 반박(65장, 내용은 사라짐)
   섭리가 인간을 돌보아준다는 생각에 대한 반박(66~93장)
   a. 이성이라는 선물은 인간에게 재난임
   b. 행운과 재난, 덕과 악덕은 신의 선물이 아니라 인간이 인간에게 주는 것임

논의의 결과
5) 벨레이우스는 코타의 비판이 옳다고 생각함. 키케로는 스토아학파의 이론이 진리에 더 가깝다고 생각함(95장)

대체적인 분량을 보면 키케로의 주된 관심이 어느 쪽으로 기울어 있는지 알 수 있다. 벨레이우스가 에피쿠로스학파의 이론을 전개한 부분은 토이브너(Teubner) 출판사 판본으로 14쪽밖에 되지 않는데, 그 중에는 신에 관한 다른 이들의 견해들을 요약한 내용이 포함되어 있다. 반면에 이에 대한 코타의 비판은 26쪽에 이른다. 한편 스토아학파의 이론은 69쪽이나 차지하며, 그에 대한 코타의 비판은 상당부분 유실되었는데도 40쪽에 이른다. 이것은 1권에서 에피쿠로스학파의 견해가 설파되고 비판되는 내용 전체와 같은 분량이다. 그러니까 키케로는 아카데메이아학파의 입장에 서 있으면서도 스토아학파를 매우 중시하고 있으며, 상대적으로 에피쿠로스학파는 다소 소홀히

대하고 있는 것이다.

3. 등장인물과 집필과정

이 작품은 일종의 대화편으로 구성되어 있는데, 그 대화는 라틴 축일(*Feriae Latinae*)에 가이우스 아우렐리우스 코타(C. Aurelius Cotta)의 집에서 있었던 것으로 설정되어 있다. (로마 시내에 있는 집인지, 교외의 빌라인지는 밝혀져 있지 않다. 이 작품은 키케로의 전체 저작 중, 전 3권의 대화가 장소변화 없이 일어나는 유일한 글이다.) 시간적 배경은 분명하게 언급되어 있지 않으나, 대화중에 나오는 몇 가지 단서로 추정할 수 있다. 그 시기에 코타와 키케로는 둘 다 로마에 머물고 있었으며, 코타는 제관(*pontifex*)직은 맡고 있지만 아직 집정관(*consul*)으로 선출되지는 않은 상태였으며, 키케로는 아직 젊지만 철학적인 문제와 관련해서 상당한 권위를 인정받고 있었다. 코타는 이미 아테나이에 머물렀던 적이 있는 것으로 되어 있으며, 키케로에 대해서도 그런 암시가 있다.

코타는 기원전 124년에 태어난 사람으로 그의 형제들과 함께 꽤 알려진 인물이다. 이 집안사람들은 당시 정치권에서 활발하게 활동하였으며, 키케로가 카틸리나나 클로디우스와 관련하여 문제가 생겼을 때는 그를 옹호해주었다. 그는 원로원파 중에서도 현명하고 긴 안목을 가진 그룹에 속해 있었는데, 이들은 기사계급이 지배하는 법정이 부패하고 억압적 통치를 자행하는 것을 제재하려 했고, 도시 빈민들의 난동을 막기 위해 이탈리아 시골의 신사계급에게 특권을 부여하려 했다. 기원전 91년, 이들의 지도자인 드루수스가 죽자, 코타는 그가

속한 파벌의 많은 다른 사람들과 마찬가지로 망명을 떠나는 수밖에
없었다. 바리우스(Q. Varius)의 법 때문이었는데, 그것은 이탈리아
동맹시들의 궐기를 부추긴 사람은 반역죄로 다스린다는 내용이었다.
그는 동맹시 전쟁 동안 망명상태에 있었고, 기원전 82년 술라에 의해
질서가 회복된 다음에야 귀국할 수 있었다. 얼마 후 그는 제관단의
일원이 되었고, 기원전 75년 집정관으로 선출되었다. 집정관직에 있
는 동안 그는 술라가 호민관들에게서 박탈했던 특권 중 일부를 되돌
려주었다. 집정관직을 마친 후에는 갈리아 지방의 총독으로 임명되
어, 거기서 아주 중요하지는 않은 군사적 승리를 거두고 개선식을 하
기로 예정되어 있었으나, 옛날에 입었던 부상이 악화되어 개선식의
영예를 누리지 못하고 사망하였다. 이 사람은《연설가에 관하여》에
도 등장하는데, 그는 그 책 3권에서 자신이 연설가가 되기 위한 훈련
의 일환으로 아카데메이아학파의 철학을 공부했노라고 밝히고 있다.
그가 했던 유명한 연설 중 하나는 자기 아저씨인 루틸리우스를 변호
하기 위한 것으로,《신들의 본성에 관하여》3권 80장에도 그것이 언
급되어 있다.

코타가 제관직은 맡고 있지만 아직 집정관은 되지 않았으므로, 이
작품의 배경은 기원전 82년에서 75년 사이로 좁혀진다. 한편 키케로
는 기원전 79년부터 77년까지 아테나이에 유학중이었으므로, 다시
시기는 (82년에서 79년 사이보다는) 기원전 77년에서 75년으로 좁혀진
다. 그러면 키케로는 약 30세이고, 코타는 48세쯤이다.

이 작품에서 에피쿠로스학파의 대변자 역할을 맡은 벨레이우스(C.
Velleius)에 대해서는 별로 알려진 것이 없다. 그는 라누비움 출신(1
권 82장)으로, 연설가 크라수스의 친구였으며, 기원전 90년에 호민관

직을 맡은 적이 있다. 그는 《신들의 본성에 관하여》에서는 당대 최고의 에피쿠로스파 학자로 되어 있지만(1권 15장), 이 학파를 대변하는 역할을 늘 맡는 것은 아니어서, 예를 들면 《최고선악론》에서는 루키우스 만리우스 토르콰투스가 에피쿠로스학파의 대표로 나서고 있다.

스토아학파의 대변자인 발부스(Q. Lucilius Balbus)에 대해서는 알려진 것이 더 적다. 그는 《호르텐시우스》에도 등장했었으며, 희랍의 스토아학파 학자 중 가장 뛰어난 사람들과 비교해도 뒤지지 않는 것으로 소개된다. 하지만 《최고선악론》에서 스토아학파는 카토에 의해 대변되며, 《점술에 관하여》에서는 퀸투스 키케로가 그 역할을 맡고 있다.

사실 이 두 사람은 별로 개별화되지 않은 존재로, 거의 각 학파의 특성을 인격화한 것처럼 되어 있다. 벨레이우스는 다른 에피쿠로스학파 사람들에 의해 (마치 에피쿠로스처럼) 높이 존경받는 것으로 되어 있다. 한편 발부스는 (스토아 윤리학의 중심개념인) '진보'(*progressus*)를 형상화한 사람처럼 되어 있다(1권 15장). 벨레이우스는 조금이라도 의심을 가진 기미를 보이면 안 된다는 듯이 행동하는 것으로 그려져 있어서, 교조적인 인물이라는 인상을 주고 있으며, 적대적인 학파들을 신랄하게 비판하는 에피쿠로스학파 일반의 특징을 갖추고 있다. 발부스는, 안티오코스가 소요학파와 스토아학파 사이에 큰 차이가 없다고 한 것에 대해 반박하기 위해 처음으로 끼어드는데, 여기서 그는 스토아학파의 독자성과 그 이론이 옳다는 것을 주장하고 있다. 마지막에도 코타가 스토아학파를 비판하는 연설을 마치자, 자신이 노력을 배가하여 스토아학파가 옳다는 것을 입증하고 그를 설득해 내고 싶다는 의지를 밝히면서, 시종일관 굳건한 스토아학파의 모습을 보인다. 한편 코타 역시, 잘 알려진 인물이긴 하지만, 다른 두 등장인물과 마찬가지로 자신이 대변하는 학파의 회의적인 특성을 뚜렷이 갖춘 것으로 그려진다. 그는 상대의 주장이 틀렸다는 것을 잘 지적하지만, 적극적으로 대안을 제시하지는 않는 사람이다.

키케로 자신도 《신들의 본성에 관하여》와 《연설가에 관하여》에 등장하긴 하는데, 주요 발언자로 나서지 않아서, 그는 말하자면 '대사 없는 등장인물'에 해당된다. 하지만 키케로가 여기 참관함으로써 생기는 이득이 있다. 우선 여기 소개되는 대화내용이 자신에게 어떻게 전해졌는지 따로 꾸밀 필요가 없다는 점이다. 또한 키케로가 그 자리에 있는 걸로 되어 있기 때문에, 발부스는 우주가 얼마나 질서 있는 것인지 보이는데, 특별히 키케로의 아라토스 번역(*Aratea*)을 인용하게 된다. 그리고 모두 네 사람이 그 자리에 있었기 때문에 마지막에 두 사람씩 편을 나누어 어떤 입장을 지지할 수 있고, 그럼으로써 저자가 공정한 사람이란 인상을 독자들에게 심어줄 수 있었다. 키케로는 발부스의 이론이 진실에 더 가까운 것으로 생각했고, 벨레이우스는 코타와 한편인 것으로 되어 있는 것이다(3권 95장).

이 대화편은 카이사르 살해자인 브루투스(M. I. Brutus)에게 헌정되었다. 그는 외가 쪽 아저씨인 카토에게서 철학교육을 받았고, 스토아 철학과 아카데메이아학파의 이론을 절충한 안티오코스의 입장을 열렬히 수용하였다. 키케로는 자기보다 21세 연하인 브루투스에게 이 작품 말고도 4개의 작품을 더 헌정하는데, 《연설가》, 《스토아학파의 역설들》, 《최고선악론》, 《투스쿨룸의 논변》이 그것들이다. 그 밖에도 그는 뛰어난 연설가들에 대해 다룬 대화편에서 그를 주요 대화자로 설정하고 제목에 그의 이름을 사용하였다(《브루투스》).

키케로는 이미 이전에도(기원전 52년)《밀로를 변호하는 연설》에서
종교적 믿음의 기초에 대해 짧게 다룬 바 있다(83~84장).《신들의
본성에 관하여》는 이보다 훨씬 자세한 글인데, 이 작품을 쓰게 된 데
에는 몇 가지 원인들이 복합적으로 작용했다. 우선 글을 쓰려면 여가
가 필요한데, 이것은 카이사르가 내전에 승리하고 나서 키케로가 대
부분의 공적 활동에서 배제됨으로써 주어졌다. 하지만 저술의 직접
적인 원인은, 기원전 45년 그가 사랑하던 딸 툴리아가 아이를 낳다가
죽은 사건이다. 그는 독서와 집필, 특히《위로에 관하여》라는 글을
쓰면서 그 괴로움을 벗어나려 했는데, 그 과정에서 희랍철학을 로마
사람들에게 체계적으로 소개하자는 생각이 생겨난 듯하다. 그래서
처음 쓴 것이 사람들에게 철학을 권하는《호르텐시우스》이다. 다음
으로는 인식론에 관한《아카데미카》, 그리고 이어 윤리학적 주제를
다룬《최고선악론》이 나왔다. 딸이 죽은 것이 2월 중순인데, 여기까
지 쓴 것이 6월 말이었으니 놀라운 속도라 할 만하다.

《신들의 본성에 관하여》는 그해 8월 중순쯤에 쓴 것으로, 우리가
지금 가지고 있는 판본은 전체 3권의 대화가 모두 하루에 이루어지는
것으로 되어 있지만, 애초에는 이 대화들이 여러 날에 걸쳐 이루어지
는 것으로 구상되었었고, 그 흔적은 지금도 작품 속 여기저기에 남아
있다. 예를 들어, 2권 3장에서 발부스는 자기가 논의주제를 네 부분
으로 나누고, 그 중 셋째, 넷째 부분은 다른 날 다루겠노라고 말한
다. 물론 코타가 그냥 전체를 함께 다뤄달라고 청하여 그쪽으로 결정
되긴 한다. 그리고 2권 45장에서 발부스는 그의 두 번째 주제를 다루
기 시작하면서 "이제 신들의 본성이 어떠한 것인지 다루는 일이 남아
있습니다(restat)"라고 말해서, 마치 이것이 남아있는 마지막 주제인

듯 말하고 있다(2권 154장에서 네 번째 주제가 도입될 때도 같은 표현
〔restat〕이 쓰인다). 이보다 더 강력한 증거들은, 대화가 이미 여러 날
계속된 것같이 지난 시간을 가리키는 표현들이 나오는 대목이다. 예
를 들어, 2권 73장에서 발부스는, 벨레이우스가 스토아학파의 '섭리'
이론을 공격한 것(1권 18장)이 '어제'(hesterno die)였다고 말하고 있
다. 또한 코타는, 발부스가 설명한 것을 공격하면서(3권 18장) 세계
와 천체의 신성이 설파된 것(2권 29~44장)이 '그저께'(nudius tertius)
라 하고 있다. 사실 다른 작품들(《국가론》, 《아카데미카》)에서도 키
케로가 애초의 계획을 변경한 적이 있기 때문에, 이것이 아주 별난
사례는 아니다. (《국가론》의 대화는 애초에, 어떤 9일간의 축제(feriae
novendiales) 때 있는 것으로, 그래서 9일간의 대화가 9개의 권에 나뉘어
들어가는 것으로 계획되었다가, 현재는 그 대화가 라틴축제(feriae Latinae)
때 이루어졌고, 그것이 6개의 권으로 나뉘어 들어간 형식으로 전해진다.
이 축제 때는 하루는 제사를 지내고 이틀은 휴식을 취하기 때문에, 각 날
에 두 권씩을 배당한 것이다.) 《신들의 본성에 관하여》도 라틴축제를
배경으로 삼고 있기 때문에 사흘을 모두 사용하는 것도 가능했으며,
사실 키케로의 성격상 그 기회를 꽉 채워서 이용하는 것이 좀더 자연
스럽다. 그래서 애당초 작품이 어떻게 구성되어 있었는지에 대해 여
러 제안이 있지만, 이미 19세기 말에 히르첼(R. Hirzel)이 제안하고
근래에는 슈미트(E. A. Schmidt)가 되살린 제안이 우리가 가진 증거
에 가장 잘 들어맞는 것으로 보인다. 이들이 추정하는 원래의 구성은
이렇다.

애초의 1권(첫날) = 현재 판본 1권 1장~2권 72장(벨레이우스가 에피

쿠로스학파의 이론을 소개하고, 코타가 아카데메이아학파의 입장에서
그것을 비판함 + 발부스가 스토아학파 이론 중 1, 2부를 소개함)
애초의 2권(둘째 날) = 현재 판본 2권 73장~168장(발부스가 스토아
학파 이론 3, 4부를 소개함)
애초의 3권(셋째 날) = 현재 판본 3권(코타가 스토아학파 이론을 아
카데메이아학파의 입장에서 비판함)

이러한 틀은 발부스가 자신의 발언을 1~2부와 3~4부로 나누려
한 이유를 설명해 줄 수 있다. 그는 아마도 좀 휴식을 취하고 나서
좀더 큰 주제들로 향하려 했던 것 같다. 이것은 2권 73장에서, 벨레
이우스가 스토아학파의 '섭리'에 대해 공격한 것이 '어제'라고 한 것도
설명해준다. 권도 달라지고 날짜도 달라졌기 때문이다. 또한 이 틀
은, 3권 18장에서 코타가, 발부스가 세계와 천체의 신성에 대해 설파
한 것이 '그저께'라고 한 것도 설명해준다. 첫 권(첫날)에 나온 발언
을 셋째 권(셋째 날)에 지적한 것이기 때문이다. 한편 벨레이우스는
3권 2장에서 코타를 향해, "당신이 잘 준비된 채로 오셨기를 기대합
니다"라고 하는데, 이 말은 다른 날 새로이 토론을 시작하면서 나오
는 게 적당하다. 그러니 애초에 코타는 발부스를 공박하기 위해 하루
저녁 사이에 준비를 더 했던 것이다.
키케로가 애초의 계획을 변경한 이유가 무엇인지는 전해지지 않으
니, 우리로서는 그저 추정이나 해볼 수 있을 따름이다. 아마 그에게
는 각 학파별 분량이 고르지 않은 것이 마음에 걸렸을 것이다. 애초
의 계획에 따르자면 첫 권은 196장이나 되는데, 둘째 권은 95장밖에
되지 않기 때문이다. 게다가 스토아의 이론을 둘로 나누어 다른 권에
넣는 것도 별로 내키지 않았을 듯하다. 물론 애당초는 전체를 좀더

길고 자세하게 꾸미려 했기 때문에 1권이 그렇게 늘어났던 것이겠지만, 아마도 키케로는 대화의 길이를 줄여서 전체 얘기가 하루 안에 끝나는 것으로 바꾸고, 배경을 자세히 그리려던 것을 생략하고 논의되는 내용에 집중하기로 했던 것 같다.

4. 키케로가 사용한 자료

1권에서 벨레이우스가 소개하는 이론들 대부분은 필로데모스의 《경건에 관하여》(*De Pietate*)에 의지하는 것으로 추정된다. 하지만 1권 첫머리에, 키케로가 예비적으로 플라톤과 스토아학파를 공격한 부분(18~24장)의 원천은 필로데모스의 글이 아닌 듯하다. 그 저작은 신화적인 내용에서 곧장 여러 철학자들의 이론으로 진행하기 때문이다. 이 예비적인 공격에 이어지는 여러 철학자들의 이론부분(25장~43장 초반)은 이미 오래전부터, 조각글 상태로 전해지는 필로데모스의 《경건에 관하여》와 깊은 연관이 있는 것으로 알려졌다. 키케로는 이 이론들을 에피쿠로스학파의 대표인 벨레이우스를 통해 전하고 있으므로, 다른 경우처럼 학설들을 중립적 태도로 다루지 않고, 그가 파악한 에피쿠로스학파의 특성에 맞춰 좀 논쟁적으로 소개되도록 했다. 혹시 이런 어조까지도 다른 학자(필로데모스와 키케로를 모두 지도했던 시돈의 제논)에게서 빌려온 것이 아닌가 하는 의혹도 있지만, 대개의 학자들은 좀더 단순한 설명을 선호한다. 필로데모스의 저작과 여기 소개된 키케로의 정리를 비교해보면, 둘이 많이 다른 경우에 필로데모스 쪽이 좀더 학설사 전통에 가까웠다. 키케로가 극적인 효과를 위해 자기 색깔을 상당히 많이 넣었다는 뜻이다.

이렇게 이전 철학자들의 이론을 길게 소개하기 때문에 정작 에피쿠로스학파 자체에 대한 소개(43장 후반~56장)는 아주 간략한데, 압축이 지나쳐서 무슨 말인지 이해하기 어렵게 된 대목도 없지 않다. 그중 일부(46~48장)는 에피쿠로스학파와 스토아학파 사이의 논쟁을 반영하는 듯한데, 이 부분은 아마도 크뤼십포스의 글을 바탕으로 쓰인 것이 아닌가 추정된다. 하지만 벨레이우스가 펼치는 이론이 코타의 반박보다 더 나중에 나온 이론을 반영하고 있다고까지는 볼 필요가 없다. 키케로는 틀림없이 에피쿠로스학파의 최신 이론을 알고 있었지만 그것을 모두 여기 반영하지는 않았던 것이다.

에피쿠로스학파를 향해 코타가 펼치는 반박은 아카데메이아학파의 저작을 저본으로 삼고 있다. 이는 섹스투스 엠피리쿠스의 글에 비슷한 논증들이 나오는 것을 보면 분명하다. 엠피리쿠스는 클레이토마코스의 저작을 이용하였는데, 이는 교조적인 이론들에 대해 카르네아데스가 비판한 내용을 정리한 것이다(카르네아데스 자신은 저서를 남기지 않았다). 이 내용은 필로데모스가, 자신이 속한 에피쿠로스학파에게 가해지는 비판을 인용해 놓은 것과도 일치하며, 3권에서 코타가 스토아학파를 비판할 때 사용하는 논변들과 일치한다. 이것은 필로데모스 이전의 옛 자료를 바탕으로 하기 때문에, 필로데모스가 자기들에게 가해진 비판에 대응하여 펼치는 논변은 반영되어 있지 않다. 한편 코타의 비판은, 이전 여러 학파의 이론들에 대해서나 에피쿠로스학파의 이론에 대해서나, 벨레이우스가 언급하지 않은 세부까지 들어가는 경향이 있다. 예를 들어 레우킵포스(66장)나 프로디코스(118장)에 대해서 벨레이우스는 언급하지 않았는데 코타는 언급한다. 또 신들의 영상(*eidola*, *imagines*)이 있기 때문에 신들이 인간과 유사한 윤곽선(*liniamenta*)을 띠고 있다는 걸 우리가 알게 된다는 사실도 앞에서는 나오지 않았는데 코타가 지적한다(75장, 98장).

코타가 이따금 스토아학파의 이론을 끌어다가 사용하기 때문에, 키케로가 이런 부분에서는 스토아학파의 글을 자료로 이용하는 게 아닌가 하는 의구심도 있었는데, 이것은 회의주의학파의 논쟁방법을 잘 이해하지 못해서 생긴 것이란 지적이 있다. 예를 들면, 코타는 스토아학파식의 목적론을 끌어들이기도 하고(92장), 신성함에 대한 스토아학파의 정의를 사용하며(116장), 현자에 대한 스토아학파의 묘사가 에피쿠로스학파가 신들의 모습을 그린 것보다 오히려 더 그럴싸하다고 주장하고(121장 후반), 에피쿠로스학파가 사실은 본심을 숨긴 무신론자들이라고 비판하기도 하는데(123장), 이런 것들이 모두 그런 의심을 불러일으킨다. 그래서 이런 부분이 다른 전거에 근거한 것이라 보고, 그 원천으로 스토아학파인 포세이도니오스나, 아카데메이아학파이긴 하지만 스토아학파에 많이 기울어 있던 안티오코스 등을 꼽은 학자도 있었다. 하지만 아카데메이아학파는 상대를 논파하기 위해 그 어떤 교설에도 얽매일 필요가 없기 때문에 그들에게 일관성을 요구하는 것은 무리이다(예를 들면, 코타는 덕을 정의할 때, 스토아학파의 입장이 아니라 아리스토텔레스의 것을 내세우기도 하고[110장 후반], 심지어 처음에는 신의 존재를 전혀 믿지 않는 듯이 시작해놓고는[61장], 나중에는 상대를 무신론자라고 비난하기[123장]까지 한다).

요약하자면 제1권에서 벨레이우스가 학설사를 정리하는 부분은 필로데모스의 《경건에 관하여》를 바탕으로 쓴 것이며, 에피쿠로스학파의 이론을 설명한 부분은 크뤼십포스나 그것의 영향을 받은 글에, 코타의 비판부분은 필로데모스의 《신들에 관하여》보다는 먼저 나온 스토아학파의 어떤 자료, 아마도 클레이토마코스의 글에 근거를 두고 있다는 게 가장 많이 받아들여지는 이론이다.

2권의 내용이 어디서 왔는지 살피려면, 우선 몇몇 부분을 따로 떼어 놓는 것이 좋겠다. 키케로 자신이 만들어 넣은 듯한 부분들, 그러니까 권의 시작과 끝부분, 그리고 일반적 진술에 대해 로마의 사례를 넣은 곳, 또 출전이 확실한 인용문들 등이다. 이 부분들은 전체 168장 중 30장을 차지한다. 나머지 부분에 대해서는 두 갈래의 입장이 있다.

일부 학자들은, 키케로가 글을 써나간 속도로 보아, 여러 작가의 글을 이용했다기보다는 소수의 전거들에만 의지해서 이 부분을 저술했으리라고 본다. 이 부분에 암시되는 저자들에는 플라톤, 아리스토텔레스, 제논, 클레안테스, 크뤼십포스 등인데, 많은 학자들이 이들 모두를 포함하는 어떤 하나의 저술이 이용되었으리라 보고, 포세이도니오스의 《신들에 관하여》(*Peri Theon*)를 그 후보로 생각하고 있다. 모두 5권으로 구성된 이 작품에서 앞의 네 권이 《신들의 본성에 관하여》2권의 네 부분과 일치한다는 것이다. 특히 포세이도니오스는 플라톤과 아리스토텔레스를 좋아했던 것으로 알려진 만큼, 이 부분에 그들의 이론이 암시되는 것은 직접 영향이라기보다는 이 포세이도니오스를 통해서라고 보는 것이다. 포세이도니오스는 이 부분에서 직접 언급되며(88장), 2권에 나오는 많은 구절들이, 다른 저자들에 의해 포세이도니오스의 견해라고 전해지는 것들과 일치를 보인다.

2권의 원천으로 꼽히는 다른 후보는, 판아이티오스와 포세이도니오스에서 비롯된 자료들을 포함하고 있었던 스토아학파의 어떤 요약집이다. 이런 입장을 가진 학자들은, 이 부분이 섹스투스 엠피리쿠스, 디오게네스 라에르티오스, 아이티오스, 테온, 아리오스 디뒤모스 등의 저작내용과 유사하다는 점을 근거로 든다. 한편 키케로가 이런 요약집을 이용하면서, 그와 함께 판아이티오스의 저술에서도 일부 내용을 보충해 넣었다고 보는 학자도 있다.

다른 쪽에는 2권의 내용이 여러 원천에서 비롯된 것이라는 입장을 지닌 학자들이 있는데, 이들은 2권의 각 부분이 서로 다른 데서 왔다고 본다. 그 부분들은 발부스의 구분에 따라 나눈 것이다. 첫 부분(3~44장)은 '신은 존재한다'는 것을 입증한다. 둘째 부분(45~72장)은 신들이 어떠한가를 다루며, 셋째 부분(73~153장)은 신들이 세계를 관장한다는 것, 넷째 부분(153~167장)은 신들은 인간들을 배려한다는 것을 다룬다.

이 부분들에 대해 학자마다 다른 전거를 내세우는데, 예를 들면 히르첼(R. Hirzel)은 첫째, 넷째 부분은 포세이도니오스의 《신들에 관하여》에서, 둘째 부분은 아폴로도로스의 《신들에 관하여》, 셋째 부분은 판아이티오스의 《섭리에 관하여》(*Peri Pronoias*)에서 주로 온 것으로 본다. 라인하르트(L. Reinhardt)는 첫째, 둘째 부분은 크뤼십포스에게서, 셋째 부분은 판아이티오스에게서, 넷째 부분은 포세이도니오스에게서 왔다고 본다. 셋째 부분은 대체로 판아이티오스에게서 온 것으로 보는 학자가 많은데, 일부 학자들은 그 부분을 더 자세히 나눠서 그 중 일부(115~153장)만 판아이티오스에게서 왔다고 보기도 한다.

전체적으로 보아 셋째 부분은 판아이티오스에게서, 넷째 부분은 포세이도니오스에게서 왔다는 것은 대체적 합의가 이루어졌으나, 첫째, 둘째 부분에 대해서는 의견이 엇갈린다고 할 수 있겠다.

3권에 대해서도 앞뒤의 틀(1~15, 94~95장)은 키케로 자신이 만든 것이라고 할 수 있으며, 이 부분에도 역시 로마의 사례들과 출처가 꽤 분명한 인용들이 있다. 한편 2권에 전개된 스토아학파의 이론에 대한 비판 중 일부는 키케로 자신이 만든 것일 수도 있다. 이런 부분은 2권에 나온 내용보다 나중에 나온 이론들을 반영하기도 한다. 하지만 3권의 비판 대부분은 카르네아데스의 가르침을 바탕에 깔고 있는 것으로 추정된다. 특히 29~34장, 44~50장은 섹스투스 엠피리쿠스의 《자연학자들에 대한 논박》 1권과 매우 유사한 것으로 알려져 있다. 물론 이 경우, 카르네아데스는 자신이 직접 책을 쓰지 않았기 때문에, 1권 후반의 경우와 마찬가지로 3권도 클레이토마코스의 책에서 빌려왔을 것이다. 한편 클레이토마코스는 교조적인 이론들 일반을 공격했지, 특정 학파만 공격하지는 않았다는 점 때문에, 3권 내용이 클레이토마코스 자신에게서가 아니라, 그의 제자이자 키케로의 스승인 필론에게서 왔다고 보는 학자도 있다.

하지만 3권 내용 중 섹스투스 엠피리쿠스의 저작에 나오지 않고, 카르네아데스의 가르침이 아닌 듯 보이는 부분도 있는데(42, 53~60장), 이 부분이 어디서 왔는지는 학자에 따라 의견이 엇갈린다. 알렉산드리아에서 온 어떤 선집에서 비롯되었다는 설, 기원전 2세기 로도스의 소요학파에서 왔다는 설, 로마 사람 바르로(Varro)가 원천이라는 설 등이 그것이다.

5. 《신들의 본성에 관하여》를 이해하기 위한 철학적 배경지식

1) 소크라테스 이전 철학

최초의 철학적 학파들은 크게 이오니아학파와 이탈리아학파로 나누어 볼 수 있다. 이 양자의 공통관심사는, 눈에 보이는 이 세계의 본성과 기원, 그리고 그것을 지배하는 법칙과, 세계가 결국 어떻게 될 것인지였다. 하지만 이오니아학파가 이 세계를 이루는 원재료가 되는 물질 자체와 그것이 변화 속에 어떻게 모습을 드러내는지에 주목하였다면, 이탈리아학파는 이 세계를 지배하는 법칙이나 변화하는 현상들 밑에 놓여 있는, 변치 않는 실체들에 더 집중하였다.

이오니아 자연철학자들 가운데 최초의 인물은 밀레토스의 탈레스였다. 그는 솔론(기원전 640~550)과 동시대인으로, 흔히 이 사람에게서 신화적 사고에서 과학적 사고로의 전환이 일어났다고 평가된다. 이전에는, 누가 비를 내리고 천둥과 지진을 일으키는지가 문제였다면, 이제 비와 천둥, 지진이 일어나는 조건이 무엇인지에 주목하였다는 말이다. 탈레스는 만물의 기본적 재료가 물이라고 했는데, 이것은 호메로스(《일리아스》 14권 201행)에서 모든 신의 아버지가 오케아노스라고 한 것에서 신화적 색깔을 벗겨낸 것으로 볼 수 있다. 한편 아리스토텔레스(《형이상학》 1권 3장 983b6)는 모든 생명체 속에 물이 들어 있는 것에서 이런 발상이 생겼으리라고 추정한다. 또한 물이 쉽게 기체, 액체, 고체상태를 오간다는 점도 이런 생각에 기여했을 것이다. 탈레스는 우주가 생명체라고 보았으며, 이것을 '만물은 신으로 가득 차 있다'라고 표현했다. 이런 점은《신들의 본성에 관하여》 1권

25장에서 비난받고 있다.

이오니아의 두 번째 철학자는 아낙시만드로스(기원전 610~540)이다. 그 역시 밀레토스 사람으로 탈레스처럼 세계의 근원적 재료를 찾고, 그것을 원질(原質, *arche*)[4]이라고 불렀다. 그러나 그가 원질로 본 것은, 탈레스가 주창했던 물이 아니라 '한정되지 않은 것'(무한자, *apeiron*)이다. 형태나 범위에 있어 어떤 제한도 가해지지 않은 것이란 말이다. 탈레스의 물이 호메로스의 오케아노스(바다)에서 나온 것이라면, 이것은 헤시오도스의 카오스에 해당되는 것이다. 이 첫 재료는 영원한 운동 속에 있는데, 그 과정에서 뜨거움, 차가움, 축축한 성질, 마른 성질 등 네 가지 기본적인 성질이 나오고, 이것들의 작용으로 이 세계가 이루어졌다. 그는 땅이 원통 모양이고 우주의 중심에 있으며, 이것을 둘러싸고 공기가 있고, 그 바깥에는 불이 둥글게 에워싸고 있다고, 그리고 이 불의 공에서 떨어져 나온 것이 천체라고 보았다. 이 모든 것들은 결국 다시 '한정되지 않은 것'으로 돌아가는데, 그는 이것이 개별 사물이 개별적인 존재로 떨어져 나왔던 것에 대해 '정의를 갚는 것'이라고 했다. '한정되지 않은 것'은 신적인 존재이며, 그 안에 모든 것을 포괄하고, 또 모든 것을 다스린다. 아낙시만드로스는, 계속 생겨나고 '한정되지 않은 것'으로 돌아가는 세계들도 신적인 것으로 보았다(1장 25절).[5]

---

4) 그냥 '근본재료'라고 하고 싶지만, 이 말은 이탈리아학파 퓌타고라스의 학설에는 잘 맞지 않으므로, 흔히 학계에서 부르는 대로 '원질'이라고 하겠다. 일상에서 쓰는 말이 아니어서 약간 추상적인 뜻으로도 쓸 수 있을 듯해서다.

5) 《신들의 본성에 관하여》에 나오는 내용은 책 제목을 생략하고 권수와 몇 장인지만 밝히겠다. 번역 원문에는 전통적인 두 가지 장(章) 구분(각주 1 참고)을 다 표시했지만, 여기서는 자세히 나눈 것으로 표기한다.

    그 다음 철학자는 역시 밀레토스 출신인 아낙시메네스(전성기는 기원전 520년경)였다. 그의 이론은 아낙시만드로스의 이론과 비슷했으나, 그는 탈레스와 유사하게 세계의 기본재료가 구체적인 물질이라고 보았다. 그가 보기에, 원질은 공기이다. 공기는 그것이 차지한 범위에 있어 무한정하고, 영원히 지속되는 것이다. 그것은 계속적인 운동 속에 있으며, 희박하게 되면 불이 되고, 압축되면 바람, 구름, 물, 흙, 돌로도 변화할 수 있다. 인간이 숨을 쉼으로써 살듯이, 우주도 그것을 둘러싸고 있는 공기에 의해 유지된다. 그는 이 공기에 신이라는 이름을 부여하였으며, 별들도 신이라 불렀던 듯하다(1권 26장).

    그 다음 사람은, 이따금 소크라테스 이전 사람 가운데 가장 위대한 철학자라고 평가되기도 하는 헤라클레이토스이다. 그는 아낙시메네스보다 약간 아랫세대 사람이었으며, 아낙시메네스처럼 압축되고 희박하게 됨으로써 이 세계의 모든 것을 만들어내는 원질을 찾았다. 그는 그 원질을 불이라고 불렀는데, 변화의 중간단계에 있는 공기보다는 최고 형태인 불을 선호했던 것이다. 하지만 그의 주된 관심사는 원질이 무엇인가가 아니라, 계속 오르내리는 영원한 운동이었다. 불(과 공기)에서 물로, 흙으로, 그리고 다시 흙에서 물로, 불로 변화하는 과정이다. 그래서 모든 죽음은 새로운 형태로 사는 것이고, 모든 태어남은 이전 것의 죽음이다. 고정된 상태('~임')는 있을 수 없고 오직 '되어감'만 있을 뿐이다. 모든 사물은 늘 한 상태에서 다른 상태로 변해가고 있다. 매 순간은 '~임'과 '~이 아님'의 결합일 뿐이다. 물질의 입자들은 늘 움직임 속에 있다. 단 한 가지 영원한 것은 이 영원한 움직임 속에 드러나는 법칙뿐이다. 그는 그것이 제우스이며, 온 세상에 퍼져 있는 지성이라고 했다. 영속적인 실체가 있다고 생각

하는 것은 환각이다. 그러한 끝없는 움직임을 가장 잘 보여주는 것이
바로 불이다. 이것이 육체 속에 갇힌 것이 영혼이고, 우주 전체에서
그것은 신이다. (그의 이론에서는 실체와 과정이 같은 것으로 여겨지고
있다. 불은 실체이면서 변화과정 자체이다.)

　헤라클레이토스는 다른 학자들의 견해에 대해 언급한 첫 번째 철학
자이다. 그는 7현인을 높이 평가했지만, 퓌타고라스와 크세노파네
스, 그리고 호메로스, 헤시오도스, 아르킬로코스 등의 시인은 심하
게 공격했다고 한다. 그의 학설은 이탈리아학파와의 경쟁관계에서
발전한 것이다.

　헤라클레이토스는 《신들의 본성에 관하여》에서 모호한 사람이라고
두 번(1권 74장, 3권 35장) 언급되지만, 1권에서 벨레이우스가 학설
사를 정리하는 데는 들어 있지 않다. 아마도 그의 학설이 스토아학파
의 이론으로 흘러들어갔기 때문에 따로 다룰 필요가 없기 때문이었던
듯하다(3권 35장 참고).

　이탈리아학파의 첫 인물은 퓌타고라스다. 그는 사모스에서 태어나
(582년), 529년에 이탈리아의 크로톤으로 이주하고 거기에 자신의
학교를 세웠다. 그는 자신의 이론을 비의 종교와 오르페우스의 찬가
에서 빌려온 듯하며, 이집트 여행에서 얻은 지식의 영향도 있었던 것
으로 보인다. 그는 종교적인 단체를 만들었는데, 그 규율이 매우 엄
격했으며 가입절차도 상당히 혹독했던 것으로 보인다. 그 단체의 구
성원들은 늘 수학과 음악, 체육을 훈련해야 했으며, 육식은 금지되어
있었다. 그는 직접 아무 책도 쓰지 않았으며, 아르퀴타스와, 소크라
테스시대 사람인 필롤라오스가 그의 가르침을 기록하였다.

　퓌타고라스학파가 이오니아학파와 달랐던 점은 원질을 우리가 아

는 물질에서 찾지 않고, 수(數)와 비율에서 찾았다는 점이다. 수는
음악의 화음을 결정하고, 조각과 건축의 비율, 천체의 움직임을 규제
한다. 우주를 질서 있는 것(kosmos)으로 만드는 것도, 삶을 덕 있고
질서 있는 것으로 만들어 주는 것도 수이다. 헤라클레이토스에서 불
이 실체이자 동시에 법칙이었던 것처럼, 퓌타고라스학파의 수도 실체
로 여겨졌다. 1은 자신으로부터 둘, 즉 한정된 것(질서)과 한정되지
않은 것(자유)을 발생시킨다. 이 반대들의 조화로운 혼합에서 모든
사물이 생겨난다. 한편 1은 점이고, 2는 선이며, 3은 평면, 4는 입체
이다. 또한 1은 중심에 있는 불로서 우주의 화덕이고, 제우스의 보좌
이다. 하늘의 천체들은 물론 땅도 이것을 중심으로 돌고 있다. 10은
질서 잡힌 우주로서, 불의 성질을 띤 껍질로 둘러싸여 있다.

 퓌타고라스학파의 영혼이론은 여러 형태로 전해지는데, 키케로가
전하는 것(1권 27장, 3권 27, 88장)은 (플라톤과 아리스토텔레스가 전하
는 바와 다른 것으로 보아) 퓌타고라스 자신이 아니라 그 이후 세대의
이론으로 보인다. 가장 오래된 전거들을 좇자면, 퓌타고라스의 철학
적 입장과 종교적 입장은 큰 연관이 없었던 것 같다. 그는 영원하고
불변하며 모든 것을 다스리고 유지하는 유일신을 믿었다. 또 인간의
영혼은 일종의 '조화'(調和, harmonia)라고 생각했고, 육체는 영혼의
감옥이며, 죽은 후에는 과거의 죄에 대해 징벌을 받고, 신적인 삶을
살기 위해 훈련을 받는데, 이 과정을 통해 개선되지 못하는 자는 저
급한 수준의 생명체로 태어나거나 하데스에서 가혹한 벌을 받는다고
보았다.

 이탈리아에서 발생한 학파 중 두 번째 것은 엘레아학파이다. 이 학
파의 창시자는 크세노파네스(기원전 569년 출생)로 소아시아의 콜로

폰 출신이다. 그는 540년경에 이탈리아의 엘레아로 이주했다. 크세노파네스는 그 철학적 도정을 대중적인 신화에 대한 반박으로 시작한다. 그는 신이 인간과 같은 모습을 하고 있다는 믿음(anthropomorphism)과 신이 여럿이라는 믿음을 배척했으며, 호메로스와 헤시오도스가 인간이 행해도 부끄러울 짓을 신들에게 부여했다고 공격했다. 그가 보기에, 신은 하나이며 모든 것을 듣고 보고 이해한다. 이 신은 움직이지 않고 변화하지 않으며 만물을 둘러싸고 있는 공〔球〕이다(이 말을 문자 그대로 받아들여서 우주 자체가 신이라는 뜻으로 볼 것인지, 아니면 일종의 은유로, 즉 신이 완전하고 모든 곳에 있다는 뜻으로 볼 것인지는 학자들 사이에 의견이 엇갈리고 있다).

엘레아학파의 대표적인 인물은 파르메니데스(기원전 515년 출생)이다. 그는 크세노파네스의 이론에서 신학적인 색깔을 제거하고, 크세노파네스가 신의 속성이라 했던 것을 존재('있음', '~임')에 부여하였다. 그의 철학은 헤라클레이토스의 이론과는 정반대의 것이었다. 헤라클레이토스가 모든 것이 변화와 운동 속에 있으며, 변치 않는 듯 보이는 것은 환각이라고 한 데 반해, 그는 존재하는 것은 영원히 동일하게 존재하며, 변화하는 듯 보이는 것, 여럿인 듯 보이는 것은 환각이라고 주장했다. 그에 따르면, 우리는 오로지 사고작용을 통해서만, 참으로 존재하는 것을 의식할 수 있다. 존재는 사고와 같은 것이고, 감각은 불확실한 의견만 생기게 할 뿐이다. 이것은 이오니아학파가 강조했던 '변화'('~이 됨')라는 말의 모호성에 대한 공격이다. 어떤 것이 어떤 특정의 무엇이라면, 그것은 바로 그 무엇이지 다른 것이 될 수 없다는 말이다. 이것은 또한 질료는 파괴될 수 없다는 생각이며, 한편 앞으로 발전하게 될 본질적 성질과 우연적 성질의 구별을 예고하는 것이다. 또한 공간은 부분으로 쪼개질 수 없다는 것도 그의 생각이었다.

진리가 참된 존재의 세계에만 속하는 것이긴 하지만, 파르메니데스는 현상세계를 넘어설 수 없는 자들을 위해서 자연에 대한 설명을 펼치기도 했다. 그는 빛과 어두움이라는 두 원리로 시작하는데, 이들은 불과 흙, 남성과 여성으로 불리기도 한다. 이것들의 혼합에 의해 모든 것이 생겨났다. 신들 중에 처음 있었던 것은 사랑이다. 이것에 의해 반대되는 것들이 결합하게 된다(이런 생각은 아마도 헤시오도스의 에로스 개념의 영향을 받은 것인 듯 보인다).

엘레아학파의 제논(기원전 490년 출생)은, 현상계에 대한 일반적인 믿음을 따르자면 불합리한 결과가 나올 수밖에 없다는 걸 보인 사람으로 유명하다. 따라서 운동과 다수성을 부인한 파르메니데스의 주장이 옳다는 것이다. 특히 '거북이를 따라잡지 못하는 아킬레우스' 논변은 논리학에서 상당한 명성을 누렸다.

이오니아학파와 엘레아학파의 대립은 그 이후 철학의 발전에 많은 영향을 끼쳤다. 엠페도클레스, 아낙사고라스, 그리고 원자론자들은 모두 엘레아학파의 이론을 좇아 실체가 변화하지 않는다는 것을 받아들였으나, 그 실체의 단일성은 부인하였다. 그들은 이오니아학파의 '변화'를, '변화하지 않는 실체들의 섞임'으로 설명하였다.

시칠리아 아그리겐툼(희랍식 이름은 아크라가스) 출신인 엠페도클레스(기원전 500년 출생)는 4원소설을 주창하였다. 흙, 물, 공기, 불이 네 가지 불변하는 요소들이며, 이들은 사물의 '뿌리들'이라고 지칭되었다. 이것들을 계속적으로 결합시키고 분리시키는 것은 사랑(*philotes*)과 다툼(*neikos*)이다. 때로는 사랑이 우세하고, 때로는 다툼이 우세한

데, 사랑이 전적으로 강할 때는 모든 원소들이 모든 것을 포괄하는 하나의 공(*sphairos*) 안에 담겨 조용히 있게 된다. 다툼이 우월하면 모든 원소들이 완전히 분리된다. 영혼은 다른 모든 것처럼 원소들이 섞여서 만들어졌으며, 그래서 감각을 가질 수 있다. 같은 성질을 가진 것끼리만 서로를 지각할 수 있기 때문이다. 신과 자연에 대한 엠페도클레스의 이론은 주로 퓌타고라스의 영향을 받은 것이다. 그는, 신들과 인간의 중간단계 존재인 신령(*daimon*)들이 있으며, 이들은 죄를 지으면 인간으로 태어나고, 오랜 고행 끝에 원래 상태로 돌아간다고 생각했다. 그는 때로는 온 세상에 퍼져있는 영혼이 신이라고 했으며, 때로는 신들이 인간처럼 원소들이 섞여서 만들어졌지만 훨씬 오래 산다고도 했고, 때로는 4원소와 두 가지 힘, 그리고 사랑이 우월할 때 만들어지는 구체(*sphairos*)가 신이라고도 했다(1권 29장).

엘레아학파의 영향을 받은 다른 철학자는 이오니아 클라조메나이 출신의 아낙사고라스(기원전 500년 출생)이다. 아리스토텔레스는, 옛 철학자들이 모두 술 취한 사람 같았던 데 반해 이 사람만 유일하게 제정신이었다고 평한 적이 있다. 그는 엠페도클레스의 4원소 역시 복합물이라고 주장하고, 대신에 여러 종류의 물질로 된 무한한 수의 '씨앗들'(*spermata*)을 상정했다. 후대의 철학자들은 이것들을 '같은 부분으로 된 것'(*homoiomeria*)이라고 불렀는데, 그 이유는 전체를 구성하는 요소들이 전체와 같은 성격을 지녔기 때문이다. 이는, 데모크리토스의 원자론에서, 자체적으로는 특별한 성격이 없는 원자들이 모여서 여러 다른 성질들을 만들어내는 것과 대조된다. 태초에 이 씨앗들이 무질서하게 뒤섞여 있었는데, 거기에 정신(*Nous*)이 생겨난다. 이것은 스스로 움직이는, 전능하고 현명한 순수 지성으로서, 엠페도클레스에서 사랑과 다툼이 지녔던 것과 유사한 지위를 갖는다. 이 정신은 그때까지 움직이지 않고 있던 질료들에 충격을 가하여 원운동을 일으키고 그렇게 해서 점차 같은 종류의 입자들끼리 모이고 질서가 이루어진다. 이 '정신'은 세계의 영혼으로, 식물까지 포함해서 모든 생명체 안에 머물러 생명의 원리 역할을 한다. 아낙사고라스가 이 '정신'을 신이라고 불렀는지는 확실치 않다. 플라톤과 아리스토텔레스는, 아낙사고라스가 시작은 제대로 했지만 이 '정신'이라는 원리를 충분히 이용하지 않고, 그냥 기계적인 진행방식에 의지하다가, 그 방식이 잘 통하지 않을 때만 '정신'을 일종의 '기계장치에 의한 신'(*deus ex machina*)으로 이용했다고 비판했다(1권 26장).

크레테의 아폴로니아 출신인 디오게네스는 아낙사고라스보다 나이가 아래인 동시대인으로, 아낙사고라스에 대항하여 옛 이오니아의 학설을 옹호하였고, 공기가 모든 것을 만들어낸 원질이라고 주장했다. 그러면서도 그는 그 공기에, 아낙사고라스의 정신이 가진 모든 성질을 부여하였다. 그와 아낙사고라스는 모두 아테나이에서 사람들을 가르치다가 둘 다 불경죄로 추방되었다(1권 29장).

이들보다 훨씬 중요한 인물은 데모크리토스(460년 출생)였다. 그는, 트라케에 이오니아인들이 개척한 식민도시 압데라 출신으로서 원자론을 주창한 사람이다. 사실 이 학설은, 데모크리토스보다 약간 손위인 동시대 사람, 엘레아 출신 레우킵포스에게서 비롯된 것이었다(1권 66장). 이 학설은 어찌 보자면 아낙사고라스의 학설에서 '정신'을 빼버리고, 각 '씨앗'들의 질적 차이를 없앤 것이라고도 할 수 있다. 한편 이들은 엘레아학파의 학설에서 '존재'의 영원한 동일성을 취하여, 이것을 각각의 변치 않는 원자에 적용하였다. 하지만 그들은 그 원자가 파르메니데스의 '존재'처럼 연속되고 움직이지 않는 단일체라고 보지는 않았다. 이들은 '비존재'(빈 공간)가 '존재'만큼이나 존재하며, 이것도 원자만큼이나 중요하다고 생각했다. 이것이 없으면 운동이 불가능하기 때문이다. 원자들은 극히 단단해서 그것을 눌러서 더 작게 만들 수 없으며, 아무런 2차적인 성질을 지니지 않고, 단지 크기와 무게, 형태, 위치, 배열만 서로 다르다. 이것들은 너무 작아서 우리 눈에 보이지도 않고 개별적으로 지각되지도 않지만, 서로 결합되어 모든 것을 만들어낸다. 원자들의 결합체는 그것을 구성하는 원자들의 차이와 결합방식, 그리고 그 안에 포함된 빈 공간의 정도에 따라 다양한 성질을 나타내게 된다. 영혼은 온 세계에 퍼져있는 신적 요소로서, 일종의 불이며, 빈 공간이 많이 섞여 있는, 연속적으로 움직이는 작고 둥글고 매끄러운 원자들로 이루어져 있다. 데모크리토스가 세계의 시작을 설명하는 방식은 이렇다. 원자들은 처음에 모두 자체 무게 때문에 아래쪽으로 움직이고 있었는데, 그 크기에 따라 무게가 다르고, 원자들의 추락속도는 무게에 비례하기 때문에 결국 뒤따라오던 무거운 원자들이 앞에 가던 가벼운 것들을 따라잡아 원자들이 서로 충돌하게 된다. 그래서 결과적으로 온 방향으로 움직임이 생기고 거기서 모든 것을 빨아들이는 원운동, 즉 소용돌이가 생긴다. 이러한 운동 중에 원자는 각기 자기에게 맞는 자리를 찾아들어가고, 서로 얽혀 복합체를 구성한다. 이 과정에서 흙과 물의 성질을 지닌 입자들은 중심으로 끌려가고, 공기와 불의 성질을 지닌 것들은 외곽으로 밀려나 떠오른다. 이것들 바깥에는 아직 복합체를 이루지 않은 무수한 원자들이 있다. 이 우주에는 여러 수준의 발전단계를 보이는 무수히 많은 세계들이 있다. 각 세계는 다른 세계와 충돌하여 소멸된다.

영혼을 구성하는 입자들은 온몸에 퍼져 있는데, 워낙 미세한 입자들이어서 계속 밖으로 빠져나간다. 그것을 보충해 주는 것이 호흡이며, 호흡이 그치면 생명체가 죽게 된다. 우리의 감각은 일종의 접촉으로, 후각이나 청각은 원자들이 직접 와 닿아서 생기는 것이고, 시각은 외부 사물에서 날아온 영상(*eidola*)이 눈이라는 구멍을 통해 들어와 생기는 것이다.

이 영상들은 일종의 얇은 막으로, 사물의 바깥 표면을 구성하는 원자들이 원래 질서를 유지한 채로 계속적으로 흘러나오는 것이다. 데모크리토스는 보통 사람들이 믿고 있는 신들도 공기 중에 있는 영상이라고 보았다(1권 29장, 120장). 이것은 영혼을 이루는 미세한 원자들이 인간 모습으로 결합된 것으로서, 불멸의 존재는 아니며 인간들보다는 오래 산다. 이들은 선할 수도 있고 악할 수도 있다.

데모크리토스는 자연을 연구하여 진리에 도달할 수 있다고 믿었던 소크라테스 이전 철학자들 가운데 마지막 사람이었다. 이들과 소크라테스 사이에는 회의주의자인 소피스트들이 있다. 이전까지는 사람들이 현자는 시인처럼 영감을 받은 존재라고 여겨 그의 말을 경청했지만, 점차 상황이 달라져갔다. 저마다 다른 학파가 대등한 권리를 가지고서 상반되는 주장을 들고 나타난 데다, 희랍세계 내의 상호교류가 활발해지면서 이렇게 상호 모순적인 주장들이 존재한다는 사실이 널리 알려졌다. 에우리피데스 같은 비극 시인들은 철학적인 문제를 대중화했고, 페리클레스와 아스파시아 주변에 그랬듯이 철학적 담화를 나누는 모임들이 생겨났으며, 특정 학파의 내부인이나 알던 내용이 제논의 논변 같은 것에 의해 일반대중에게도 알려졌다. 특히 제논의 논변은 전통적인 믿음뿐 아니라, 감각적 증거가 철학적 추론을 이길 수 없다는 것을 확실하게 보여주었다. 이런 모든 상황의 결과로 회의주의가 확산되었는데, 그 중에는 (프로타고라스처럼) 객관적 진리의 존재를 전적으로 부정하는 경우도 있었고, (소크라테스처럼) 인간이 자연학적 진리를 찾아낼 가능성에 회의하는 경우도 있었다. 어쨌든 기원전 5세기 아테나이에서는 모든 것이 놀랍도록 빨리 변하고 있었고, 사람들은 옛 시대의 믿음이 새로 닥친 문제들을 해결할 수 없다는 것을 강하게 느낄 수밖에 없었다.

다른 한편, 아테나이 같은 도시에서는 연설능력이 점점 중요해지고, 사람들이 정치적 야심을 품을 만한 상황이 전개되었다. 이런 사정은 최신 사상가들의 의견을 들어보려는, 그리고 강력한 논증능력을 갖추려는 욕구를 자극했다. 이러한 요구를 채워주겠다고 나선 사람들은 자신들이 '현명함을 가르치는 사람'(소피스트)이라고 자처했다. 이들은 최초의 고등교육 전수자였으며, 그들 중 일부는, 정치와 사회생활에 대한 지침들을 포함한 연설법을 가르쳐서 큰돈을 벌었다. 이들의 관심사는 매우 현실적인 것으로, 스스로 부와 명성을 얻는 것과, 그 목적에 닿기 위해 모든 주제에 대해 잘 아는 듯 가장하고 화려한 언변으로 부유한 계층의 야심적인 청년들을 끌어모으는 것이었다. 그리고 그들은 이 '사업'을 계속하기 위해 정치권력을 얻는 방법에 대해 계속 연구, 계발하였다.

소피스트 중 최초로 알려진 인물은 압데라 출신의 프로타고라스(기원전 490~415년)와 시칠리아의 레온티니 출신 고르기아스(기원전 480~375년)였다. 프로타고라스는 아테나이에서 가르치다가 나중에 신에 대한 글이 문제가 되어 불경죄로 추방되었다(1권 29장, 63장). 진리에 대한 그의 글은 유명한 문장으로 시작된다. 즉, '인간은 만물의 척도'라는 것이다. 이 말의 뜻은, 진리는 절대적인 것이 아니라 상대적인 것이며, 각 사람이 진리라고 믿는 것은 그 사람에게는 진리라는 것이다. 행동에서도 한 종류의 행동이 옳고 다른 것은 틀렸다는 것은 있을 수 없다. 옳고 그름은 사람들의 의견에 달려 있다. 일반적으로 옳다고 여겨지는 것은 일반적으로 옳은 것이고, 각 사람이 옳다고 여기는 것은 그 사람에게 옳은 것이다. 이것은 마치 어떤 사람이 느낀 감각이, 모든 사람에게는 아니지만 그 사람에게는 참된 것과 마찬가지이다. 따라서 하나의 주장이 그것과 반대되는 주장보다 더 옳을 이유가 없다. 이런 입장은 여러 학파 사이의 상반되는 주장들을 화해시키는 의미가 있다. 각 학파의 주장이 상대적으로는 모두 옳은 것이고, 절대적으로는 모두 잘못된 것이란 말이다.

고르기아스는 기원전 427년에 처음 아테나이에 왔고, 그후 여러 도시를 순회하며 강연했다. 그의 주된 관심사는 수사학이었지만, 《자연에 관하여》라는 글도 썼으며 거기서 유명한 주장을 했다. 세 단계로 되어 있는 이 유명한 문장은, 우선 '아무것도 존재하지 않는다'(이 말은 보통 엘레아학파의 '존재' 개념을 충족시킬 수 있는 것은 없다는 뜻으로 해석된다), '혹시 무엇인가 존재한다 하더라도 그것을 알 수 없다', 그리고 '혹시 누가 그걸 알 수 있다 하더라도 타인에게 전할 수 없다'는 것이었다.

프로타고라스보다 젊은 세대의 소피스트로, 엘리스 출신의 힙피아스와 케오스 출신의 프로디코스가 있다. 힙피아스는 '법은 인간들에게 본성에 반하는 많은 일을 하도록 강제한다'라는, 당시 분위기를 반영하는 발언을 했던 것으로 알려져 있다. 프로디코스는 '헤라클레스의 선택'이라는 도덕적 교설로 유명하다. 키케로에 따르면, 그는 대중적인 종교의 신들은 생활에 유용한 것들이 신격화된 것이라고 주장했다고 한다(1권 118장).

하지만 기존의 믿음을 해체한 것이 어떤 극단적인 결과를 낳는지는 이들의 제자인 젊은 귀족들에게서 드러난다. 이들은 대중의 의견에 별로 신경 쓰지 않았으며, 민주정치를 혐오하고, 사회가 해체되어 가는 것을 이용하려 권력을 차지하려 했다. 고르기아스의 제자인 칼리클레스, 소크라테스의 제자인 크리티아스와 알키비아데스 등이 그런 사람이었다.

2) 소크라테스와 그의 제자들

소크라테스는 기원전 470년경 아테나이에서 태어났다. 당시의 일반적 분위기는, 이전 세대가 관심을 집중했던 자연철학에 대해, 그것이 확실한 진리에 도달할 가능성이 있는지 의심하는 것이었다. 소크라테스는 이런 회의적 태도를 다른 이들과 공유하는 한편, 당시 인기 있던 대부분의 선생들과는 달리 도덕적 탁월성을 강조했고, 또 논증의 오류를 찾아내고 객관적 진리를 확정할 방법론을 제시했다. 그의 철학이 어떠한 것이었는지를 잘 지적한 몇 가지 논평을 소개하자면 이렇다. 키케로는 그가 철학을 하늘에서 땅으로 끌어내렸다고 했다. 소크라테스 자신은, 산파였던 자기 어머니가 인간의 몸에 적용했던 기술을 자기는 인간의 영혼에 적용했다고 말했다. 즉, 무의식적으로 갖고 있던 진리를 의식의 수준으로 끌어내어, '출산'시켰다는 것이다. 한편 아리스토텔레스는, 소크라테스가 처음으로 귀납적 추론과 일반적 정의(定義)를 도입했다고 평했다.

　하지만 방법론적 혁신보다 더 중요한 것은 그가 끼친 강력한 인격적 영향이었다. 그는 강한 의지와 진지함, 유머와 아이러니, 그리고 특별한 대화능력을 갖춘, 그러면서도 일반인들의 관행에 전혀 무관심한 특이한 인물이었다. 그는 이전 철학자들처럼 혼자서 사색한 결과를 소수의 제자들에게 나눠주거나, 소피스트들처럼 보수를 받고 정해진 주제에 대해 강연하는 게 아니라, 도처에서 온갖 종류의 사람들을 만나서, 그들이 믿고 있는 것의 근거를 따져봄으로써, 그들이 사실은 무지하다는 것을 깨닫게 하고 참된 지식에 대한 갈망을 갖게 하려 애썼다. 그는 이런 일을 하게 된 계기를 이렇게 설명한다. 그의 제자 하나가 델포이에서, '소크라테스가 인간들 중 가장 현명하다'는 신탁을 얻어왔다. 한데 그가 아는 것이라고는 자신이 무지하다는 것뿐이었다. 그래서 그는 신탁에 의문을 품고, 다른 현자들을 찾아 나섰다. 현명하기로 소문난 여러 사람들을 찾아가 그들을 시험해 보았던 것이다. 그 결과 그는, 그들이 사실은 무지한데 그 사실을 모르고 있다는 것을 발견했다. 결국 그는, 자신의 무지만큼은 아는 자기가 그나마 가장 현명한 사람이란 것을 확인하였다. 그러니까 델포이 신탁의 의미는, 앎을 향한 출발점은 무지의 자각이라는 것이었던 셈이다. 거기에 더해, 신이 보낸 다른 경고들도 있었기 때문에 그는 결국, 사람들이 무지를 깨닫도록 이끄는 것을 자신의 사명으로 삼았다.

　무지의 자각 다음의 단계는, 일반적 개념들을 명확하게 만드는 것이다. 이 작업은, 같은 어휘가 적용되는 여러 특수사례들을 서로 비교함으로써 이루어진다. 이 일은, 고대의 표현법을 쓰자면, 여럿(현상들, 개별자들) 속에서 하나(일반적 원리, 법칙, 종〔種〕)를 보는 것이고, 다(多)에서 일자(一者)로 상승하는 것이다. 이러한 과정을 그는 변증술(*dialektike*)이라고 불렀다. 이는 달리 '대화법'이라고도 할 수 있는데, 어떤 개념의 정의라고 제시된 것이 제대로 된 것인지 시험해 보고, 개별적인 것들 안에 숨어 있는 일반적 개념을 끌어내는 가장 좋은 방법은 서로 묻고 답하는 것이기 때문이다. 정의와 진리는 모든 사람에게 같다. 이것들이 각 사람에게 달리 보이는 것은 무지나 오류, 혼란 때문이다. 사람이 악한 행동을 하는 것도 무지 때문이다. 누구도 일부러 잘못된 행동을 하지는 않는다. 정의롭게 행동하는 것만이 행복에 닿을 수 있는 길인데, 인간은 누구나 행복을 갈망하기 때문이다. 따라서 덕이 있다는 것은 행복에 다다르는 방법을 아는 것이고, 정의로운 행동은 이성적 행동이다. 달리 말하자면 덕은 곧 지혜인 것이다. 특정한 덕은 특정 상황과 특정 대상에 맞춰진 지혜이다. 자기를 절제하고 외적 조건을 이기는 것은 행복을 위한 필수요건이다.

소크라테스의 종교관에 대해 말하자면, 일반적인 다신교의 용어를 사용하고는 있지만 그는, 최고의 신이 있어서, 이 신이 우주에 대해, 마치 우리 몸속에서 영혼이 하는 것과 같은 역할을 한다고 믿었다. 세계는 이 신에 의해 조정되고 질서 지어져 있으며, 인간은 이 신의 특별한 섭리의 대상이다. 영혼은 불멸하며, 그 속에는 신적 요소가 깃들어 있다. 소크라테스는 또, 자신이 남들보다 신의 호의를 더 많이 받고 있어서, 그가 잘못된 길로 나아갈 때면 어떤 신적 경고가 그것을 막아준다고 믿었다.

하지만 소크라테스는 사람들에게 따져 묻는 과정에서 개인적 원한을 샀고, 그가 사용한 방법 자체가 종교적 믿음의 기초를 흔들고 사회적 권위를 허물고 있다는 비난을 불러일으켰다. 이런 일반적 반감은 아리스토파네스의 《구름》(기원전 423년)에도 드러났었지만, 펠로폰네소스 전쟁 직후 30인 전제정이 지나간 다음, 민주정주의자들의 반격 시기에 결국 소크라테스의 처형(기원전 399년)으로 귀결되었다. 그에게 씌워진 혐의는, 그가 전통적 종교의 신들을 부정하고 새로운 신을 도입하였으며, 젊은이들을 타락시켰다는 것이다. 후자는 아마도, 그가 아테나이 정치체제의 잘못된 점들을 거리낌 없이 지적한데다가, 그의 제자들 중 다수가 민주정에 반대하는 쪽에 가담했기 때문일 것이다.

소크라테스가 어떤 인물인지 우리에게 전해주는 가장 중요한 두 사람은, 그의 제자였던 크세노폰(기원전 440~355년)과 플라톤이다. 크세노폰은 생애의 대부분을 이런저런 전쟁에 참여하면서 보낸 사람이다. 그는 자기 스승 소크라테스에게 씌워진 불경과 부도덕의 오명을 씻어내려 노력했는데, 그가 쓴 《소크라테스 회상》(*Memorabilia*, 또는 *Apomnemoneumata Sokratous*)은 소크라테스의 발언과 대화들을 모은 것이다. 한편 플라톤은 자기 스승이 가졌던 다양한 측면을 가장 잘 전해주는 사람으로, 소크라테스에게 부족했던 점을 보충하고 발전시킨, 그리고 이전 세대 철학자들의 이론 중 가치 있는 것들을 잘 흡수한 철학자로 평가된다.

플라톤에 대해서는 잠시 후에 자세히 다루기로 하고, 소크라테스의 특성 중 어느 하나만 강조했던 다른 제자들을 보자.

메가라 출신의 에우클레이데스는 메가라학파의 창시자이고, 결과적으로 회의주의학파의 창시자이기도 하다. 그는 소크라테스의 가르침 중 주로 다른 이론을 부정하는 측면을 강조하였고, 그의 제자들은 적대진영의 주장을 공격하는 다양한 논변을 고안해냈다. 이들이 했던 적극적인 주장 중 하나는, 소크라테스가 앎의 최고목표로 놓았던 '좋음'이 파르메니데스의 절대적 일자(一者)와 동일하다는 것, 그리고 악은 존재하지 않는다는 것이다.

안티스테네스(1권 32장)는 견유(犬儒)학파의 창시자이자, 간접적으로는 스토아학파의 창시자라고 할 수도 있다. 그는 소크라테스의 금욕적이고 관행 파괴적인 측면을 이어받았다. 그가 보기에 덕보다 좋은 것은 없고, 악덕보다 더 나쁜 것은 없다. 덕은 지혜이고, 현명한 사람은 늘 행복하다. 그런 사람은 자족적이어서 아무 결핍이 없으며, 아무런 구속도 아무 약점도 없기 때문이다. 사람들 다수는 어리석고, 노예 같은 삶을 살고 있다. 현자는 그들의 인도자이고 의사이다. 이러한 원칙에 의거하여 견유학파는 일종의 탁발 수도자들이 되었다. 결혼을 부정하고 시민적 의무를 거부하였으며, 자신들은 세계 시민이라고 선언하였다. 종교적인 문제와 관련해서 안티스테네스는, 소크라테스의 가르침 속에 담겨있긴 했지만 잘 드러나지 않았던 것을 명확히 드러내어, 신은 하나뿐이며 보이지 않는 존재이고, 덕에 따른 삶을 사는 것이 그를 제대로 섬기는 것이라고 주장하였다.

퀴레네 출신의 아리스팁포스는 퀴레네학파의 창시자로서, 자기 스승의 실천적인 측면만 따랐다는 점에서 안티스테네스와 비슷했다. 그는 행복에 대해 소크라테스가 다소 불분명하게 언급했던 것을 받아, 인생의 목적은 행복이라 해석하고, 삶의 유일한 규준은 현재를 즐기는 것이라고 해석했다. 이를 위해서는 현명함이 꼭 있어야 한다. 현명함이 정신을 편견과 격정으로부터 해방시키기 때문이다. 이 학파에서 두드러졌던 사람 중에는, 기원전 4세기 말에 살았고 '무신론자'라고 칭해졌던 테오도로스(1권 2장, 63장)가 있다. 그는 아리스팁

포스가 현명함의 유용성을 너무 적게 인정했다고 비판했다. 쾌락과
고통은 외부여건에 매우 크게 의존하기 때문이다. 그는 본질적 선이
란 일시적 쾌락을 즐기는 게 아니라, 즐겁고 평온한 마음 상태를 유
지하는 것이라고 주장했다. 그의 제자로는, 신이란 큰 공을 세운 인
간이 높여진 것이라고 주장했던 에우헤메로스(1권 119장)가 있다. 그
리고 그의 동시대인인 헤게시아스는, 인생에는 쾌락보다 고통이 많
으며, 현자의 목표는 쾌락을 얻는 것이 아니라, 고통에 대항할 수 있
도록 자신을 단련하는 것이라고 주장하여, '죽음을 권하는 자'
(*peisithanatos*)라는 별명을 얻었다. 그래서 결국 퀴레네학파의 입장은
견유학파의 입장과 비슷하였다.

3) 플라톤과 아리스토텔레스

키케로가 '철학자들의 신'(2권 32장)이라고 불렀던 플라톤은 기원전
428년 아테나이에서 태어났으며, 기원전 408년부터 소크라테스에게
배웠다. 그의 스승이 죽은 후 아테나이를 떠나서 메가라에서 에우클
레이데스와 함께 지냈고, 그후 퀴레네, 이집트, 이탈리아 남부와 시
칠리아를 여행했다. 여행으로 거의 10년을 보낸 후, 아테나이로 돌
아와 아카데메이아의 체육관에서 강의를 시작했고, 80세에 죽었다.

그는 소크라테스의 가르침에 기초하여, 스승 못지않게 변증술의
공격적 특성을 강조하였고, 그것으로써 보통사람들이 갖고 있던 의
견들을 검토해나갔다. 그래서 그의 대화편 대부분은 어떤 적극적인
결론에 도달하지 않고 단지, 논의되는 주제가 어떤 어려운 대목을 갖
고 있으며, 이제까지 제안된 해결책들이 얼마나 불충분한지 보여주

는 데 주력하고 있다. 그의 대화편 대부분의 중심적 인물은 소크라테스로 되어 있지만, 어디까지가 소크라테스의 생각이고, 어디서부터가 플라톤 자신의 이론인지 분명하게 나누기는 어렵다. 하지만 그 둘 사이의 관계가 어떠한지는 대략 다음과 같이 말할 수 있다.

인식론(앎에 대한 이론)에서 플라톤은 소크라테스의 정의(定義)에 헤라클레이토스의 '됨'(변화)과 엘레아학파의 '있음'('~임', 존재)을 결합시켰다. 그는 헤라클레이토스처럼, 모든 감각대상들이 유동적이고 자체로는 실제가 아니라고 보았지만, 그것들이 어떤 일반적인 것을 본 뜬 이름을 지녔고 그 일반적인 것을 우리에게 드러내주는 한에서, 그것들은 존재에 참여하고 있다고 주장했다. 따라서 우리는, 예를 들어, 이런저런 구체적 삼각형에 대해서는 일반적인 주장을 할 수가 없다. 그것들은 그저 일시적이고 유동적인 감각일 뿐이기 때문이다. 하지만 우리는 추상화 과정을 통해 구체적인 삼각형으로부터 이상적 삼각형에 대해 생각하는 데까지 상승할 수 있다. 이 이상적 삼각형이야말로 학문적 탐구의 대상이며, 이것에 대해서만 우리는 보편적이고 절대적으로 참된 발언을 할 수 있다. 우리가 밑에서부터, 그러니까 구체적인 개별자들로부터 이 이상적 대상으로 다가갈 때, 그것은 종(種)이나 일반명사, 정의, 개념 등의 형태를 취한다. 하지만 이 정도로는 아직 그 대상에 대해 완전하게 인식한 게 아니다. 그 이상적인 것(이데아)은 모든 구체적인 것들에 앞서, 그것들과는 별도로 존재한다. 그것은 영원한 원형이며, 우리가 지각할 수 있는 구체적인 대상들은 그것의 모사물이다. 그렇지만 우리 영혼은, 감각세계를 구성하는 현상적 존재들 속에서 그 이상적인 것의 그림자를 보고서, 그 이상적인 것을 떠올릴 수 있다. 그 이유는, 영혼이 우리 속에 들어오기 전에 벌써 그것과 친숙한 상태였기 때문이다. 따라서 모든 앎은 상기 (想起)이다. 이렇게 영혼 자체 안에 들어있는 직관적 의식까지 거슬러 올라갈 수 없는 것은 지식이 아니라, 단순한 의견일 뿐이다. 변증술은, 영혼이 저 이상적인 것에 대한 의식을 가졌다가 잃어버린 것을 복원시키는 수단이다. 저 이상적인 것들 중에 모든 존재와 모든 지식의 기반인 최고의 존재는 '이상적인 좋음'(좋음의 이데아)이다. 그것이 신의 모습으로 형상화된 것이 '세계조성자'(Demiourgos)로서, 그는 형태 없고 무질서한 질료(質料) 위에 질서를 부여함으로써 우주를 형성했다. 이 '창조'의 과정은 《티마이오스》에 신화의 형태로 소개되어 있는데, 자연학적 진리를 전할 때는 이렇게 상징적으로 대충 윤곽을 그리는 정도나 가능하지 그 이상은 불가능하기 때문이다. 신이 세계를 창조한 것은 그의 선의 때문이다. 그는 자신의 좋은 상태를 가능한 데까지 널리 확장하려 했던 것이다. 그는 자기 앞에 있는 2개의 요소, 즉 불변적이고 조화로운 이데아들과, 가변적이고 다른 것과 불화하는 질료를 가지고서 세계영혼을 만드는 것으로 작업을 시작했다. 그는 이 영혼을 질료들의 덩어리에 불어넣는다. 그러자 그것은 4원소 (흙, 물, 공기, 불)의 기하학적 형태들(정육면체, 정이십면체, 정팔면체, 정사면체)로 정리되고, 세계 전체는 축 위에서 돌아가는 완벽한 구(球)의 형태를 취한다. 이렇게 생겨난 세계(Kosmos)는 신적이고 불멸하며 무한히 아름답다. 또한 각 원소는 그것에 속하는 생명체들을 가지는데, 불에 속한 것은 신들이다. 여기에는 전통적인 신들뿐 아니라, 천체들도 속한다. 이들까지는 세계조성자 자신이 만든 것이다. 반면에 다른 원소에 속한 생명체들은 창조된 신들의 작품이다. 인간에게는 소멸하는 부분과 불멸하는 부분이 있는데, 소멸하는 부분은 창조된 신들이 만든 것이고, 불멸하는 부분, 즉 이성은 세계영혼과 비슷한 실체로 이루어진 것이다. 이 이성은, 세계 조성자가 배정해준 대로 별들 사이에 머물러서, 창조된 신들이 육체를 만들어내고 각 구성요소들이 그 육체에 들어갈 시기가 될 때까지 기다린다. 그리고 육체에 들어갈 때에는 두 가지 다른 요소인, 욕구(to epithymetikon) 와 정서(감정, 기백, to thymoeides) 와 결합하는데, 이성은 이들을 굴복시켜야만 한다. 그 일에 성공하면 이성은 육체가 죽을 때 별로 돌아가고, 실패하면 성공할 때까지 여러 번 윤회하게 된다. 플라톤의 이러한 이론에서는 퓌타고라스의 영향이 강하게 느껴진다.

플라톤의 윤리학은 위에 언급한 영혼론에 기초하고 있다. 영혼은, 국가가 큰 규모로 보여주는 상태를 작은 규모로 지닌 것이다. 그것은 복합체로서, 그 구성부분들이 조화롭게 작동할 때 올바른 상태에 있는 것이다. 이런 상태는 이성이 전체를 지배하고, 정서가 그것을 호의적으로 보필하며, 욕구가 즉각적이고 충실하게 복종할 때 이루어진다. 따라서 완벽한 덕은 이 세 부분 각각의 덕인 지혜, 용기, 절제가 정의에 의해 묶일 때 달성된다. 최고의 선은 신과 같아진 존재이다. 이것은 이데아에 대한 갈망에 의해 이루어지는데, 이 갈망을 우리는 에로스라고 부른다(1권 18~24장, 30장).

아리스텔레스는 기원전 385년경, 트라케의 희랍 식민도시인 스타게이라에서 태어났다. 그는 17세에 아테나이로 가서 플라톤 밑에서 20여 년간 공부했고, 기원전 343년 마케도니아의 왕 필립포스의 부름을 받아, 당시 13세였던 알렉산드로스의 교육을 감독하였다. 알렉산드로스가 동방원정을 떠나자 그는 아테나이로 돌아가 뤼케이온에서 가르쳤다. 그는 산책을 하면서 가르쳤으므로, 그의 제자들은 소요학파(*Peripatetikoi*)라고 불렸다. 알렉산드로스가 죽은 후에는 불경죄를 피하기 위해 에우보이아의 칼키스로 이주하였고, 거기서 322년에 죽었다.

아리스토텔레스의 철학은 이따금 플라톤의 철학을 산문으로 만들고 세부를 정리한 것이란 평가를 받기도 한다. 플라톤이 보여주던 신비주의적 모호함과 시적 상상력은 이 학자에게서는 사라진다. 하지만 두 철학자의 체계를 큰 틀에서 보면 핵심은 거의 같다. 플라톤의 변증술은 아리스토텔레스에 와서 논리학이라는 엄격한 기술적 분과로 발전하였다. 플라톤의 이데아들은 이 세계 너머에 있는 독자적 존재이기를 그치고, 저 유명한 4원인(原因) 중의 첫 번째 것이 되었다. 4원인이란 보통 형상(形相), 질료(質料), 작용(作用), 목적이라고 부르는 것으로, 각 사물이 존재하기 위해 필요한 네 종류의 전제조건이다. 어떤 조각가가 신상을 만드는 것을 예를 들어보자. 그 조각상이 생겨나려면, 우선 조각가의 마음속에 앞으로 새겨질 형태(형상)가 있어야 한다. 다음으로 그것을 새길 돌(질료)과 새기는 과정(작용)이 필요하며, 또한 조각가가 그 신상을 만드는 목적, 예를 들어 어떤 신을 높이고 싶다든지 하는 이유가 필요하다. 한편 형상과 질료의 대립은 이런 정도에 한정되는 것이 아니라, 존재 전체를 포괄하는 것으로, 한쪽 끝에는 제1질료(단순한 존재의 가능성)가 있고, 다른 끝에는 신적 존재인 제1형상(비물질적인 순수한 활동성)이 있다. 그 사이에는 중간적인 질료와 형상들이 있는데, 이들은 위에서 보느냐 아래쪽에서 보느냐에 따라 달리 부를 수 있다. 예를 들어 대리석은 암석일반과 비교하면 형상이고, 석상과 비교하면 질료이다. 활동성은 생명체와 비교하면 형상이고, 이성과 비교하면 질료이다. 신은 제1형상이자, 운동을 일으키는 첫 존재로서, 전 우주가 상승운동을 하도록, 즉 각각의 사물이 가능성(가능태)에서부터 현실화된 것(현실태)으로 발전해가도록 자극한다. 이런 변화는 창조행위에 의해 이뤄지는 것이 아니다. 신은 자신의 영원성 속에 조금도 움직이지 않는 채 머물러 있기 때문이다. 모든 사물은 절대선인 그를 향하여 나아가는 본래적인 성향을 갖고 있다. 그는 모든 욕망과 노력이 목표 삼는 것이다. 우주 자체는 영원하고 완벽한 구체이며, 그것을 가장 순수한 원소인 아이테르가 에워싼 채 회전한다. 그 안에는 고정된 별(항성)들이 배치되어 있는데, 이것들은 신적 존재이다. 그 밑에는 행성들이 속한 구가 있는데, 이것은 덜 완벽한 운동을 하며 지위가 낮은 신들의 지도를 받고 있다. 움직임을 일으키는 첫 존재(원동자)로부터 가장 멀리 떨어진 것은 땅이며 이것은 우주의 중심에 붙박여 있다. 이것은 네 가지 하위원소로 이루어져 있다. 하지만 그것은 지속적인 발전적 운동을 보이는데, 유기체가 아닌 것에서 유기체로, 식물에서 동물로, 단지 성장하고 감각만을 지닌 생명체에서, 운동하는 것으로, 그리고 마침내는 사람에게서 발견되는 것 같은 이성적인 생명으로 향하는 것이다.

인간의 영혼은 소우주여서, 그 안에 생명체의 하위질서와, 이성의 신적이고 불멸하는 능력까지 모두 포괄하고 있다. 사물들이 자연이 부여한 임무를 수행함으로써 자신의 목적을 이루듯, 사람도 그에게 특별하게 주어진 것, 즉 이성적이고 도덕적인 활동성을 남김없이 발휘함으로써 행복에 이른다. 쾌락은 그러한 활동에 자연스럽게 따라 나오는 것이다. 덕이란 잠재적으로 인간의 본성에 속해 있는 것이지만, 우리가 이성에 맞는 행동을 반복할 때 현실화된다. 덕은 지적인

것과 도덕적인 것으로 나눌 수 있는데, 전자는 영혼의 순수하게 이성
적인 부분의 습관이고, 후자는 이성의 영향을 받을 수 있는 감성적
부분의 습관이다. 모든 자연적 충동은 특정한 덕의 잠재적 기반인데,
그런 덕은 이성의 규준에 맞춰 과잉도 결핍도 없게끔 행동하는 것이
반복될 때 계발된다. 인간은 본성적으로 모여 살게 되어 있으므로,
인간의 완성은 사회 속에서만 가능하고, 따라서 윤리학은 정치학 밑
에 들어간다.

후대의 소요학파는 크게 중요한 학파로 여겨지지 않았다. 키케로
는 《신들의 본성에 관하여》에서 아리스토텔레스의 직접 후계자인 테
오프라스토스에 대해 언급한 바 있고(1권 35장), 우정에 관한 그의
글을 《라일리우스》를 저술하는 데 이용하였다. 테오프라스토스의 후
계자는 스트라톤(1권 35장)으로, 기원전 288년 뤼케이온의 교장이 되
었다. 그 다음 세대에 유명한 사람으로 크리톨라오스가 있는데, 그는
기원전 155년에 아테나이인들에 의해 로마로 파견된 3명의 철학자
중 하나였으며, 이들이 도착함으로써 로마인들이 철학의 새로운 경
지로 나아갔다. 키케로시대에 뤼케이온을 이끈 사람은 크라팁포스
로, 키케로는 자기 아들 마르쿠스를 아테나이로 보내어 그의 수업을
듣게 했다.

4) 플라톤, 아리스토텔레스 이후의 철학

플라톤의 학교를 직접 이어받은 아카데메이아학파는 세 시기로 나
누어 볼 수 있다.6) '구(舊)아카데메이아학파'(제1아카데메이아)에 속

---

6) 이것은 섹스투스 엠피리쿠스가 《퓌론주의 개요》(1. 220, 232)에서 전하는

하는 사람으로 스페우십포스(1권 32장), 크세노크라테스(1권 34장), 폴레몬 등이 있는데, 이들은 기원전 347년부터 270년 사이에 차례로 학교를 이어받았다. 그 밖에도 폰토스의 헤라클레이데스(1권 34장), 크란토르, 크라테스 등이 여기 속한다. 이들은 플라톤의 가르침에 주로 퓌타고라스학파의 이론을 혼합하였던 것으로 보인다. 크란토르의 글은 키케로가 《위로에 관하여》와 《투스쿨룸의 논변》을 저술하는 데 이용했다.

'중기 아카데메이아학파'(제2, 3아카데메이아)의 창시자는 아르케실라오스(기원전 315~241년)이며(1권 11장, 70장), 기원전 155년 로마에 파견된 사람 중 하나인 퀴레네 출신 카르네아데스(기원전 214~129년), 그리고 그의 후계자인 카르타고 출신 클레이토마코스도 여기에 속한다. 이들은 플라톤의 이론을 지키기보다는 주로 스토아학파의 교설을 논파하는 데 주력하였다. 이들은 소크라테스를 모범으로 내세웠지만, 그가 자신의 무지를 '안다'고 한 것도 너무 심한 말이었다고 보았다. 이들이 보기에, 지식을 향한 도정에서 인간이 도달할 수 있는 가장 먼 지점은 '그럴 법한 의견'이었다. 《신들이 본성에 관하여》 3권에서 코타가 대변하는 아카데메이아학파의 입장은 주로, 카

방식이고, 디오게네스 라에르티오스(4. 28)도 이를 따르고 있다. 엠피리쿠스는 좀더 세분화된 구별법도 전하고 있는데(《퓌론주의 개요》 1. 220, 235), 플라톤 당시와 그 직후를 첫 단계(제1아카데메이아)로 잡고, 주요 변화가 있을 때마다 시기를 구분하여 5단계로 나누는 것이다. 제2기에는 아르케실라오스가, 제3기에는 카르네아데스와 클레이토마코스가, 제4기에는 필론과 카르미다스가, 제5기에는 안티오코스가 속한다. 한편 키케로는 《아카데미카》 1. 46에서 제2~4기를 '신아카데메이아'로 놓고, 제5기는 다시 첫 시기로 돌아갔다고 해서 '구아카데메이아'로 지칭한다. 여기서는 일단 세 단계로 나누는 방식을 좇으면서, 다섯 단계 구분을 병기하겠다.

르네아데스의 말을 클레이토마코스가 기록한 데서 나온 것이다. 카르네아데스 자신은 아무 글도 직접 쓰지 않았다고 한다.

'신(新)아카데메이아학파'(제4, 5아카데메이아)는 클레이토마코스의 제자이자 키케로의 스승인 필론(1권 59장, 113장)에게서 시작된다. 이 학파는 다시 적극적 주장을 내세우는 쪽으로 돌아갔는데, 필론의 제자인 안티오코스(1권 6장, 16장)에서는 절충적인 경향이 두드러진다. 안티오코스는 원래의 플라톤의 이론에 스토아학파와 소요학파의 이론을 결합시킴으로써 아카데메이아학파를 개혁하려 노력했다. 키케로는 안티오코스 밑에서도 공부했고, 그의 글들을 《최고선악론》을 저술하는 데 이용하였다. 《신들의 본성에 관하여》를 헌정받은 브루투스는 이렇게 스토아적으로 변화한 아카데메이아학파를 지지한 사람 가운데 가장 유명한 사람이었다.

아리스토텔레스 이후 가장 중요한 철학적 흐름 두 가지는 스토아학파와 에피쿠로스학파이다. 이 두 학파가 번성하게 된 데는 알렉산드로스 대왕의 정복사업으로 변화된 환경의 영향이 크다. 희랍어와 희랍문화는 전 세계로 퍼져나갔으며, 반대로 희랍인들은 동방적 사고방식과 그 종교에 익숙해졌다. 그 결과 이전까지 일상을 지탱해주던 두 가지 전통적 권위, 즉 도시국가의 법과 전통종교가 흔들렸다. 이 시대 사람들이 가장 절실하게 원한 것은 이 권위들을 대신해 줄 어떤 행동원칙이었다. 그들은 또 그 원칙이, 강대하고 무자비한 국가권력 앞에서 한 인간으로 자존감을 지킬 수 있도록 해주기를 원했다. 그것은 사람을 홀로 서게 하고, 압제자에 저항하게 하고, 그가 처한 환경보다 우월한 존재로 일어설 수 있게 해주는 것이어야 했다. 스토아학파는 자신들이 그런 원칙을 발견했다고 자부했다. 이 학파의 창시자인 제논(1권 36장 등)은 퀴프로스의 키티온 출신이다. 그는 기원전 320년경에 아테나이로 가서 견유학파인 크라테스의 강의를 들었고, 이어 메가라학파에 속하는 스틸폰과, 아카데메이아학파 사람 몇몇의 강의를 들은 후, 아고라에 있는 '벽화로 장식된 주랑(柱廊, stoa poikile)'에서 기원전 308년경부터 가르치기 시작했다. 그리고 기원전 260년경에 소아시아 앗소스 출신의 클레안테스가 그의 뒤를 이었다. 그의 다른 제자들로는 키오스 출신의 아리스톤(1권 37장), 카르타고 출신의 헤릴로스, 키티온 출신의 페르사이오스(1권 38장), 킬리키아 솔로이 출신의 아라토스 등이 있다. 아라토스는 천문학에 대한 시들을 지었는데, 그 중 두 가지를 키케로가 번역한 바 있다(2권 104~115장). 클레안테스는 솔로이 출신의 크뤼십포스(기원전 280~206년)에 의해 계승되었는데, 이 사람은 스토아철학을 체계화한 것으로 평가받는다. 그 다음엔 타르소스 출신 제논과 바빌로니아 출신 디오게네스가 있는데, 디오게네스는 155년에 로마로 파견된 사절 중 하나였다. 이 시기부터 스토아철학은 온화하고 절충적인 성향을 보이는데, 스키피오와 라일리우스의 친구였던 로도스 출신 판아이티오스(기원전 180~111년)에게서 그런 특성이 두드러진다. 그는 《의무에 관하여》는 키케로의 《의무론》의 저본으로 쓰였다. 키케로의 스승 중 하나인 쉬리아 지역 아파메이아 출신 포세이도니오스(1권 7장, 123장, 2권 88장)도 마찬가지 성향인데, 《신들의 본성에 관하여》에 나오는 많은 스토아학파의 논변들이 그에게서 온 것으로 보인다.

스토아학파에게 있어 철학의 목표는 순전히 현실적인 것이다. 철학은 덕과 동일시된다. 하지만 덕이란 인간의 행동을 세계의 일반 질서에 조화되게 맞추는 것이므로, 그 질서가 어떤 것이지 아는 게 필요하다. 그렇게 해서 저 유명한 철학의 세 분과가 나뉜다. 우선 자연학, 이것은 세계의 본성과 법칙을 설명하는 것으로 여기에는 우주론과 신학이 포함된다. 논리학, 이것은 우리로 하여금 속임수에 맞서 싸울 수 있게 해주고, 우리에게 참된 지식에 도달할 방법을 제공한다. 윤리학, 이것은 현실에서 실천할 수 있는 결론을 도출해준다.

스토아학파는 영혼이 백지 같은 것이어서, 그 위에 감각을 통해서 인상(phantasia)이 형성된다고 보았다. 개념(ennoia)은 인상들로부터 일반화를 거쳐 생겨난 것이다. 이런 일반화가 자발적이고 무의식적으로 일어나서 일반개념이나 자연적 선개념(koinai ennoiai, emphytoi prolepseis)을 이룰 수도 있고, 의식적이고 방법론적으로 이루어져서 추상개념을 형성할 수도 있다. 이들은 플라톤과는 반대로 개별적인 대상만이 참된 실재라고 주장했다. 주관적이고 일반적인 것은 마음속에 주관적 사고로만 존재한다는 것이다. 이 인상과 개념이 참인지 거짓인지는, 그것이 '확신을 주는 힘(to kataleptikon)'을 가졌는지 여부에 의해 결정된다. 어떤 인상이, 우리가 그냥 동의할 수 있는 정도가 아니라, 도무지 저항할 수 없을 정도로 우리 마음속으로 밀고 들어올 때, 그것은 '실재를 잡는 지각(파악인상, kataleptike phantasia)'이다. 마찬가지로 선개념(prolepsis)에도, 저항할 수 없는 확실함이 실려 있다. 반면에 인위적인 개념은 이 둘 중 하나와 연결되어야만 참된 걸로 판정된다.

스토아학파의 자연학 이론은 범신론적 유물론이라고 할 만한 것이다. 우선 그들은 물체적인 것만 존재한다고 보았기 때문에, 유물론자이다. 참으로 존재하는 것이라면 스스로 어떤 행위를 하거나, 그것에게 어떤 행위가 가해질 수 있는 것이어야 하는데, 그런 것은 물체들뿐이다. 같은 성질을 가진 것끼리만 작용을 가할 수 있기 때문이다. 그런데 이런 물체들은 데모크리토스가 생각했던 것처럼, 단순히 기계적 법칙에 따라서만 움직이는 것이 아니다. 우주 전체는 몸을 가진 어떤 정신적 힘이다. 이 중 일부는 수동적이고, 일부는 능동적이지만, 어쨌든 전체가 질료적이다. 거기서 능동적인 부분은 영혼인데, 그것은 불의 성질을 지닌 아이테르로서 전체에 퍼져있지만, 그것이 차지하는 가장 주요한 위치는 하늘이다. 이 하늘은 사방에서 우주를 에워싸고 있다. 수동적인 부분은 대체로 하위원소들, 즉 물과 흙으로 이루어져 있다. 이것들은 불에서부터 나온 것이고, 세계의 대화재 때 다시 불로 흡수된다. 우주는 완전한 생명체로서 신이라는 호칭을 받는 게 마땅하다. 하지만 일반적으로는 범위를 좁혀서 우주의 영혼에 이 호칭이 주어진다. 그것을 묘사하는 다른 여러 호칭이 있는데, 이성적인 불(*pyr noeron*), 기술을 가진 불(*pyr technikon*), 모든 것을 관통하는 공기, 기운, 이성, 자연, 섭리, 운명, 법칙, 필연, 지도원리(*to hegemonikon*), 생산적 이성(*logos spermatikos*) 등이 그것이다. 대중적인 종교의 신들은 이 참된 유일신의 여러 활동을 보여주는 것들이다. 인간의 영혼도 이 신으로부터 떨어져 나온 것이다. 영혼은 육체보다 오래 유지되긴 하지만, 대화재가 오기 전까지만 개별성을 유지하며, 그것도 현자의 경우에만 해당된다. 별들은 순수한 불로 이루어진, 신적인 존재이다.

우리는 이 이론에서 헤라클레이토스의 강력한 영향을 느낄 수 있다. 아닌 게 아니라 스토아학파 사람들은 이 철학자를 자주 인용한다. 하지만 우주의 능동적인 부분과 수동적인 부분의 구별은 아리스토텔레스의 형상과 질료 구분에서 비롯된 것일 수도 있다. 스토아학파는 아리스토텔레스와 유사하게 세계가 하나이고, 한정되어 있으며 공 모양으로 생겼다고 생각했다. 하지만 세계 너머에 무한한 공간이 펼쳐져 있다고 한 것은 아리스토텔레스와 구별되는 점이다. 스토아 학파에게 고유한 것은 그들이 이 유물적인 체계에 부여한 강력한 도 덕적인 색깔이다. 모든 곳에 퍼져있는 불은 동시에 모든 것을 보는 섭리이다. 그는 모든 것을 창조하고, 최선의 결과가 나오도록 다스린 다. 그는 개별적인 존재들, 개별적인 사태들이 모두 전체의 선을 위 해 협력하게끔 조정한다. 하지만 인간만이 이성적인 전체의 이성적 인 부분으로서, 비이성적이고 이기적인 충동에 굴복하지 않고 의식 적, 자발적으로 행동하는 특권을 부여받았다. 그는 무슨 일을 하든 신이 부여한 목적을 달성하여야 한다.

여기에서, 최고의 선은 자연에 따라 사는 것이라는 결론이 따라 나 온다. 그리고 그것은 덕(지혜)을 통해 가능하게 된다. 이렇게 사는 사람은 자족적인(*autarkes*) 존재로서 아무 부족함이 없다. 외적인 선 이나 악에는 크게 신경 쓸 것 없다. 그것들은 덕이 펼쳐질 배경을 제 공할 뿐이다. 쾌락은 행동에 자연스럽게 부수되는 것이지만, 본래적 인 목표는 아니다. 우리가 쾌락이란 것을 '덕 있는 행위에 속하는 고 차적인 즐거움'이라고 규정한다 해도 마찬가지다. 왜냐하면 쾌락은 그 자체로 사람을 참된 목적으로부터 벗어나게 하는, 그래서 전체를 위해서가 아니라 자신을 위해 행동하게 만드는 성향이 있기 때문이 다. 인간의 이성은 우주 이성의 일부로서, 인간에게 신적인 법이 무 엇인지 드러내준다. 한데 감정은 이성을 혼란시키고 그것에 불복종 하는 경향이 있으므로, 현자, 즉 덕 있는 사람이라면 감정을 제거해 야 한다. 지혜란 단지, 무엇이 자연과 신적인 법에 맞는지 판단하는 관조적인 것일 뿐 아니라, 옳다고 판정된 것을 반드시 행하려 하는 실천적인 것이기도 하다. 우리가 이론적으로 여러 덕을 구별할 수는 있지만, 사실상 어떤 특정한 덕도 고립되어 존재할 수가 없다. 올바른 판단과 의도를 지닌 사람은 완전히 도덕적이며, 그것을 갖지 못한 사람은 완전히 부도덕하다. 그 중간이란 있을 수 없다. 지혜로운 자는 완전히 행복하고, 어리석은 자는 완전히 불행하다. 지혜로운 자의 행동은 현명하고 선하며, 어리석은 자의 행동은 아둔하고 악하다. 지혜를 향해 나아가는 게 불가능한 건 아니지만, 결정적인 전환의 시간이 올 때까지는 진보하는 자(*hoi prokoptontes*) 역시 어리석은 자로 분류된다. 그러니 이 이론은 유물주의와 극도의 이상적 윤리학의 결합이라 하겠다.

하지만 현실에서 이런 비타협적인 이상적 윤리학은 버텨낼 수 없었으므로, 후기 스토아학파는 덕과 악덕, 절대선과 절대악과는 별도로, 도덕과 무관한 것들 가운데도 어떤 우선순위가 있다는 것을 인정하였다. 그래서 완벽하게 도덕적인 행동(*katorthomata*) 외에도 적절한 행동(*kathekonta*)이라는 부차적인 유형도 있다는 게 인정되었다. 또한 완벽하게 현명한 인간은 존재한 적이 없으므로, 지혜를 향한 진보(*prokope*)에 적극적 가치를 부여하였고, 절대적인 무감정과는 대비되는 자기 통제의 가치도 인정하였다.

스토아학파 이론의 한 특징은 세계시민주의이다. 이 학파에 속한 주요 인사 대부분이 원래 희랍 출신이 아니라 마케도니아의 정복사업에 의해 희랍과 연결된 이들이었다. 그래서인지 이들은, 세계는 신들과 인간의 공동국가이고, 모든 인간은 신이라는 같은 아버지를 가진 형제라는 이론을 갖게 되었다.

　　에피쿠로스학파의 이론은 대체로 데모크리토스의 자연학과 아리스 팁포스(퀴레네학파)의 윤리학을 결합한 것이라 할 수 있다. 에피쿠로 스(기원전 341~270년)는 사모스 출신으로 아테나이에서 활동하였으며, 플라톤과 데모크리토스의 철학적 입장을 받아들였다. 306년에 아테나이에 자신의 학교를 세웠으며, 자신의 '정원'(kepos)에서 가르쳤다. 그의 제자 중 가장 뛰어난 이는 메트로도로스(기원전 331~278 년, 1권 86장, 113장)였으며, 그 밖에 《신들의 본성에 관하여》 1권 93장에 소개되는 다른 이들이 있다. 키케로 당시에 뛰어난 에피쿠로 스학파 학자는 파이드로스, 시돈 출신의 제논(1권 59장, 93장), 그리고 가다라 출신의 필로데모스 등이었다. 에피쿠로스학파에 대한 키 케로의 설명은 대체로 이들에게서, 특히 필로데모스에게서 빌려온 것으로 보인다. 이 학파는 로마인들 사이에서 큰 인기를 모았지만, 루크레티우스를 제외하고는 라틴어로 이 체계를 설명한 사람 가운데 크게 중요한 이는 없다.

　　에피쿠로스 철학의 목표는 스토아학파보다도 더 철저히 실용적이 어서, 그들의 논리학(에피쿠로스는 이것을 진리를 시험해보는 잣대라고 해서, kanon라고 불렀다)과 자연학은, 행복을 얻는 기술인 윤리학에 종속되어 있었다. 지식은 그 자체로는 아무 가치가 없다. 심지어 지 식은 우리의 자연스러운 판단과 감정을 망치고 왜곡하는 경향까지 갖 고 있다. 그래서 에피쿠로스는 자신이 누구에게 배우지 않고 독학했 다는 것을 자랑스럽게 생각했다(1권 72장). 진리는 감각에 기초를 두 고 있다. 우리의 감각은 언제나 믿을 수 있는 것이다. 오류는 우리가 감각을 해석할 때 끼어든다. 감각이 반복되면 영속적인 인상, 또는 일반개념(선개념, 선이해, prolepsis)이 생긴다. 이런 개념들은 자연적, 자발적으로 성장한 것으로, 언제나 받아들일 수 있는 것이다. 반면에 의견들(hypolepseis)은 참될 수도 있고, 거짓될 수도 있다. 한 의견이 감각에 의해 검증되거나, 감각에 의해 반박되지 않으면 참된 것이고, 그렇지 않으면 거짓된 것이다. 에피쿠로스 자신은 이런 정도 이상으로는 논리적 이론을 발전시키지 않았던 듯 보인다.

이들이 자연학을 연구하는 이유는 영혼을 미신적인 공포로부터 해방시키기 위해서이다. 그러기 위해서는 우주의 현상들이 기계적인 원인들로 설명될 수 있음을 보여야 한다. 에피쿠로스는 두 가지 중심 원리에서 다른 것들을 끌어낸다. 우선 무에서는 아무것도 나올 수 없다는 것, 그리고 존재하는 것은 비존재가 될 수 없다는 것이다. 그의 원자론은, 원자들이 어떻게 해서 함께 모이게 되었는지에 대한 설명에서 데모크리토스와 차이를 보인다. 데모크리토스는, 원래 원자들은 모두 아래로 평행하게 움직이고 있었는데, 무거운 것이 가벼운 것보다 빨리 떨어지기 때문에 뒤에 따라오던 무거운 것이 앞에 가던 가벼운 것과 충돌하고, 그래서 아랫방향이 아닌 다른 방향의 운동이 일어나서 결국 원자들이 서로 부딪치고 마침내 소용돌이 운동을 낳았다고 했다. 반면에 에피쿠로스는 (그 역시 공간의 위-아래라는 개념을 수용하긴 했지만) 원자들이 서로 부딪치게 된 것은, 원자에게는 타고난 자기 운동이 있어서, 이것이 수직운동이 아닌 작은 비껴남을 만들어냈기 때문이라고 주장했다. 이것은 결정론을 벗어난 운동인데, 에피쿠로스는 인간에게 자유의지가 있다는 사실이 바로 이런 운동이 존재한다는 증거라고 보았다.

그 밖에는 데모크리토스와 에피쿠로스의 자연학 이론이 별로 다를 게 없다. 그 둘은 모두, 세계의 숫자가 무한하며, 무한한 공간 속에서 계속 생겨나고 소멸된다고 보았다. 구체적인 현상들을 설명하는 데서는, 에피쿠로스는 한 가지 이론만 옳다고 볼 필요도 없고, 또 그 러는 게 불가능하다고 생각했다. 도저히 용인할 수 없는 이론만 아니 라면, 그리고 초자연적인 이유를 끌어들이지 않게 해주는 것이면 충 분하다. 같은 현상이 늘 같은 이유에서 발생하지 않아도 된다. 현재 존재하는 생물 종에 대해서는, 엠페도클레스가 그랬던 것처럼, 좀 단 순한 적자생존 이론으로 설명한다. 과거의 무한한 세월 동안 무수한 원자들의 결합이 있었는데, 그 중 환경에 적합한 것만 살아남았다는 것이다. 신체의 부분에 대해서도 비슷한 설명을 한다. 예를 들어 눈 은 보기 위해서 만들어진 것이 아니라, 원자들이 우연히 그렇게 결합 되었는데 보는 능력을 가진 것으로 밝혀진 것이다.

하지만 세계를 창조하고 다스리는 이성의 존재를 강하게 부정하면 서도 에피쿠로스는, 신들이 (세계나 인간에게 간섭하지는 않으면서) 존 재한다는 것까지 부인하지는 않았다. 오히려 그는, 신의 존재에 대한 믿음이 보편적으로 퍼져있다는 사실을, 그런 믿음이 기본적인 개념, 참된 선이해(prolepsis)에 기초를 둔 것이라는 증거로 삼는다. 물론 그 런 개념은 근거 없는 상상들(hypolepseis)과 섞여서 훼손되어 있긴 하 다. 그는 신들에게서 참된 철학적 삶의 모범을 찾을 수 있다는 것에 만족한다. 신에 대한 개념의 핵심은 완전한 행복, 불멸성, 인간의 형 상이다. 그래서 그는 신들이 아주 섬세한 원자들로 이루어졌으며, 세 계들 사이의 빈 공간에서 영원한 휴식을 누리고 있다고 생각했다. 그 들에게는, 대중적 종교에서나 다른 학파들에서 생각하는 식으로 세 계를 유지하고 감독하는 노역은 전혀 없다. 이런 신들은 철학자들이 경배하고 본받을 가치가 있다. 에피쿠로스는, 영혼의 본성과, 그것이 밖에서 오는 영상들을 받아들이는 방식에 대해서는 데모크리토스를 따랐다.

　에피쿠로스의 윤리학은 기본적으로는 아리스팁포스와 같지만, 차이가 있다면 그가 좀더 가치를 둔 것은 일시적인 만족이 아니라 영속적인 평온함이었다는 점이다. 그래서 그는 육체적인 쾌락보다는 정신적인 것을 더 앞세웠는데, 이것이 더 강하고 더 오래 지속되기 때문이다. 덕이 바람직한 것은 그것이 쾌락을 얻는 수단이기 때문이다. 현자(즉, 덕 있는 사람)가 행복한 이유는, 그가 신들에 대한 두려움과 죽음에 대한 두려움을 벗어났기 때문이다. 또 자기 감정과 욕망을 조절할 수 있기 때문이며, 쾌락과 고통을 비교, 평가하여 고통을 최소화하고 쾌락을 극대화할 수 있기 때문이다. 옳은 것과 그른 것의 차이는 효용에서 나타나며, 거기에 무슨 신비로운 게 있는 것은 아니다. 쾌락을 얻는 방법 중 아주 중요한 것이 우정인데, 이 우정을 즐기기 위해 우리는 친절과 호의를 길러야 한다.

5) 키케로시대 직전과 키케로시대 로마의 철학적 상황

　로마인들은 희랍의 지적 영향력이 아주 이른 시기부터 로마에까지 미쳤다고 주장하곤 했다. 대표적인 사례가, 로마의 두 번째 왕 누마 폼필리우스가 퓌타고라스의 제자였다는 주장이다. 하지만 퓌타고라스는 6세기 사람이고 누마는 8세기 사람이니, 시간적인 면만 보아도 이 주장은 유지되기 어렵다.

　하지만 남이탈리아에 희랍의 철학자들이 거주하고 활동했었으므로, 그들이 당시의 이탈리아인들, 혹은 로마인들과 교유했다는 믿음이 생겨날 여지는 충분히 있었다. 그래서 키케로는 《대카토》에서, 기원전 4세기 중반 타렌툼의 아르퀴타스와 플라톤, 그리고 삼니움의 가이우스 폰티우스가 함께 만났다는 이야기를 전한다.[7] 그는 같은 책에서 로마인들이 에피쿠로스가 아직 살아있던 시기인, 퓌르로스 전쟁 때 벌써 에피쿠로스주의에 대해 들었다는 이야기도 전하지만,[8] 별로 신빙성 있는 것으로 여겨지지 않는다.

엔니우스의 경우에는 희랍철학의 영향이 좀더 확실하게 느껴지는데, 그는 남부이탈리아에서 성장했고, 여러 다양한 희랍문화에 익숙했다. 그가, 자신이 전생에 호메로스였다고 주장한 데는 퓌타고라스파의 윤회설이 바탕에 깔려 있었다.

로마에 희랍철학이 본격적으로 알려진 것은 기원전 155년, 3명의 철학자가 아테나이 사절로 로마에 온 때부터였다. 그들은 당대의 가장 중요한 세 학파의 대표들로서, 아카데메이아학파의 카르네아데스 (퀴레네 출신), 소요학파의 크리톨라오스, 스토아학파의 디오게네스 (바뷜로니아 출신) 였다. 이들은, 아테나이가 오로푸스라는 도시를 약탈한 것에 대해 벌금을 무는 문제를 조정하기 위해 파견된 것인데, 이 세 사람이 선택된 이유는 그들이 특히 논증에 뛰어났기 때문이었던 것으로 보인다. 이들은 로마에서 공적 업무 외에도, 대중적 철학 강연에서 그 논증능력을 펼쳐보였는데, 특히 카르네아데스는 공적 영역에서 정의의 문제를 논의하여 깊은 인상을 남겼다. 그는 하루는 정부에 정의가 필수불가결인 것으로 논증하고, 다음날은 자신이 전날 이용했던 모든 논증을 논박하였다.[9] 젊은 세대는 이런 논증에 경

---

7) 《대카토》 41장.

8) 43장.

탄하고 그것을 배우고자 했으나, 노 카토는 이런 일을 탐탁지 않게 생각하여, 원로원에게 얼른 현안을 마무리 짓고 사절들을 돌려보내라고 요구했다고 한다. 이와 같이 희랍철학의 논증기술이 처음 소개되던 무렵에는, 그것이 권위(auctoritas)와 위계라는 로마의 전통개념에 위협이 되는 것으로 여겨졌으나, 점차 접촉이 빈번해지면서 로마인들도 희랍철학에 단순한 논증술 이상의 무엇이 있음을 의식하였다. 특히 희랍의 윤리학들이 로마인의 행동지침과 양립가능할 뿐 아니라, 그것을 지지한다는 것을 알았다.

그 다음 세대는 당대의 유력자들이 철학자들을 후원하는 것을 보게 된다. 대표적인 사례가 스키피오 아이밀리아누스였다. 그는 다른 문인들과 더불어, 스토아학파에 속하는 로도스 출신 판아이티오스를 후원했던 것이다. 유사한 사례로 티베리우스 그락쿠스가 스토아 철학자 쿠마이의 블로시우스(Blossius)와 교유했던 것을 들 수 있는데, 이런 후원관계가 곧 특정 철학의 학파에 대한 지지라고 해석하는 것은 옳지 않아 보인다. 키케로와 디오도토스의 관계가 좋은 예가 된다. 키케로 자신은 대체로 회의주의 입장을 취하면서도 이 스토아 철학자를 자기 집에 장기간 영접하였기 때문이다.

이와 같이 로마에서 이론적 지지 여부와 상관없이 후원이 이루어졌던 것은, 로마인이 대체로 철학을 심각한 일(negotium)로 보기보다는 일종의 여가(otium)에 속하는 것으로 보았기 때문이다. 그렇다고 해서 로마인들이 철학을 가볍게 여겼던 것은 아니다. 오히려 그들이 철학을 대하는 태도에는 다소간 종교적인 면이 있었다. 에피쿠로스학

---

9) 이 논증들은 키케로가 《국가론》 3권에서 재현했으나 지금은 단편들만 전한다.

파 사람들은 자신들의 교의를 확신하고 학파의 창시자를 지극히 숭배
하였으며, 스토아학파는 이성적이고 초탈한 태도를 이상으로 삼아
우티카의 카토 같은 '순교자'를 낳았다. 크란토르 같은 철학자들은 위
로(慰勞) 문학의 전통을 만들어냈으며, 특히 스토아 철학은 심리적인
치료제로 간주되었다. 죽은 뒤에 상벌이 기다리고 있다는 플라톤식
사후(死後) 관이 키케로 같은 이들의 지지를 받고, 모든 살아 있는 것
들은 친족관계라는 스토아적 사고방식이 공감을 얻었던 것도 이 같은
분위기에서였다.

기원전 1세기 초, 로마는 점차 희랍 지식인들을 수용할 조건을 갖
춰가고 있었던 반면, 아테나이는 혼란을 겪고 있었다. 이 도시는 폰
토스 왕 미트리다테스(희랍식 이름은 미트라다테스)에게 가담하여 로
마에 대항하였고, 결국 기원전 88년 술라에 의해 포위, 86년 함락되
었다. 이 사건을 계기로 수많은 철학자들이 아테나이를 떠나 로마로
이주하였고, 철학에 대한 로마인들의 관심은 더욱 확대되었다. 키케
로의 대화편들 중 다수가 이 시기를 배경으로 삼는 것도 이러한 사정
때문이다.

키케로 자신의 기록에 따르면,[10] 그가 어렸을 때 벌써 에피쿠로스
학파인 파이드로스와 시돈 출신 제논이 로마에 와 있어서 그 자신이
그들을 알았고, 이 무렵에 디오도토스도 알았다고 한다. 기원전 88
년에 라릿사 출신 필론이 로마로 왔고, 키케로는 그를 통해 회의주의
적 아카데메이아학파에 접하였으며 그것을 자신의 신조로 삼았다.
필론의 제자인 아스칼론 출신 안티오코스도 그와 함께 로마로 왔는

---

10) 《법률론》 1. 53, 《아카데미카》 1. 46, 《최고선악론》 1. 16 등.

데, 그는 로마인들 사이에 가장 강력한 철학적 영향을 끼치게 된다.
그의 지지자 중 가장 유명한 두 사람이 바르로와 브루투스이며, 그의
영향은 키케로에게도 뚜렷이 드러나고 있다. 이 시기에 소요학파는
별로 두드러지지 않았지만, 크랏수스가 소요학파를 지지하고 후원했
다는 플루타르코스의 전언이 있다. 11)

아카데메이아학파와 소요학파의 역할 중 가장 중요한 것이 플라톤
과 아리스토텔레스 저작의 전파와 해석이었다. 하지만 이 저작들도
지식인들 사이에서는 이미 이전부터 상당히 읽히고 있었던 것으로 보
인다. 키케로의 저술들을 보면, 그가 플라톤과 아리스토텔레스의 공
개된 저서들에 대한 상당한 지식을 갖고 있었다는 것은 확실하다. 아
리스토텔레스의 '내부용'(esoteric) 저술들, 그러니까 현재 우리가 갖고
있는 작품들은 기원전 84년, 술라에 의해 로마에 전해진 것으로 알려
져 있는데, 키케로가 그것들에 대해 어느 정도까지 알고 있었는지는
논란이 되고 있다. 일반적으로 키케로는, 소요학파와 아카데메이아
학파가 거의 같은 입장을 갖는 것으로 간주하고 있다.

그 무렵 로마인들 사이에서 가장 두드러진 지위를 차지했던 것은
스토아학파였다. 판도가 그렇게 형성된 것은 판아이티오스가 로마에
온 때부터인 것은 확실하며, 어쩌면 그 이전부터 그랬을 수도 있다.
초기의 스토아학파는 말에서나 태도에서나, 상당히 엄격하고 완고하
였다. 카토가 바로 그런 인물의 대표인데, 《최고선악론》에서 키케로
는 그에게 판아이티오스의 온화함과 인간적인 면을 본받으라고 권하
고 있다.

---

11) 《크랏수스》 3장.

　한편 키케로가 젊었을 때 스토아학파를 대표했던 인물은 포세이도니오스였다. 그는 기원전 87년, 로도스인들을 위한 사절로 로마를 잠깐 방문했을 뿐이지만, 나중에 키케로와 폼페이우스가 로도스로 그를 찾아가 강의를 들었다. 그는 성격이 온화하고, 매우 폭넓은 관심을 가진 사람이었으며, 이 시기 로마인들의 사고에 큰 영향을 끼친 것으로 보인다.

　판아이티오스와 포세이도니오스는, 현명하고 덕 있는 인간이라는 거의 실현불가능한 이상을 강조하기보다는 현실에서 최대한 거기 접근할 것을 가르쳤다. 물론 이들이 제논이나 크뤼십포스와 근본교의에서 차이를 보인 것은 아니고, 단지 태도와 강조점이 달랐을 뿐이다. 이런 현실적인 접근법은 판아이티오스가 쓴 《의무에 관하여》 (*Peri Kathekonton*)에서도 보이는데, 이 책은 완벽하게 도덕적인 삶이 아니라, 일상에서의 올바른 행위를 주제로 삼고 있다.

　키케로가 전해주는 스토아학파의 이론에서는, 자연이 가진 신성(神性), 놀라운 신적 섭리, 모든 살아있는 것들의 친족성 등이 강조되고 있는데, 이런 것들은 키케로 자신도 별 저항 없이 받아들일 수 있는 것이었다. 《신들의 본성에 관하여》 2권에서 발부스에 의해 펼쳐진 스토아의 신관이 3권에서 아카데메이아학파를 대표하는 코타에 의해 논박되지만, 그럼에도 키케로가 마지막에 스토아의 이론이 진리에 가장 가깝다고 느꼈던 것도 이런 이유 때문인 것이다. 그 밖에도 《법률론》에서 제시된 자연법 이론이나 《투스쿨룸의 논변》에 나온 도덕적 논증들은 스토아학파만의 입장이 아니라 소요학파나 아카데메이아학파 역시 공유했던 것이다. 사실 이런 부분에서 학파들 사이의 혼합과 차용이 빈번했고, 안티오코스는 이 세 학파가 근본적인 동질성을 갖고 있다고 주장하기에 이른다.

키케로 직전 세대와 그 이후 세대에서 스토아학파가 대단한 지지를 모았던 것에 비해, 다소 기이하게도 키케로 당대에는 스토아학파 지지자가 많지 않았다. 《점술에 관하여》에서 키케로의 동생 퀸투스가 스토아학파의 대변자로 설정된 것도 아마 다른 적당한 인물이 없어서일 것이다. 하지만 스토아학파를 지지한 로마인 중 가장 유명한 인물이 이 세대에 있었으니, 바로 소 카토였다. 키케로는 《스토아학파의 역설들》 첫머리에서 그를 칭찬하고, 《최고선악론》에서는 그를 스토아학파의 대변자로 기용한다.

한편 에피쿠로스학파에 대해서 키케로는, 자신이 어렸을 때 혹은 그 이전부터 전 이탈리아에 에피쿠로스주의가 유행했었다고 보고한다.[12] 그 이유 중 하나는 희랍어가 아니라 라틴어로 된 (아마피니우스 등의) 책자들이 있었기 때문이다.[13] 키케로 자신도 처음에는 에피쿠로스주의를 공부했으나, 곧 그것을 버렸다. 기원전 1세기의 에피쿠로스주의를 가장 잘 보여주는 것은 루크레티우스의 《사물의 본성에 관하여》이다. 이 작품과 동시대 에피쿠로스파 저자들의 다른 시들이 다룬 것은 기본적으로 자연학이었다. 에피쿠로스파 사람들은 불합리한 공포로부터 자유를 얻기 위해서는 세계에 대한 올바른 믿음을 갖춰야만 한다고 생각했기 때문이다. 따라서 루크레티우스의 저작에도 윤리적 교의는 거의 포함되어 있지 않으며, 에피쿠로스파의 윤리적 입장들을 알려면 희랍어 단편들에, 혹은 키케로의 설명에 의지하는 수밖에 없다. 키케로가 루크레티우스의 저작을 출간했다는

12) 《투스쿨룸의 논변》 4.6.
13) 《아카데미카》 1.5, 《투스쿨룸의 논변》 1.6, 2.7, 4.6.

얘기도 있지만, 키케로가 그에 대해 직접 언급한 것은 한 번뿐[14]이 며, 그것도 철학적인 내용을 언급한 게 아니라 문학적으로 긍정적 평 가를 한 것뿐이다. 일반적으로 키케로는 에피쿠로스학파를 조롱하는 습관이 있었는데, 이 경우에는 그러지 않은 점이 다소간 놀라운 점이다.

에피쿠로스파의 이론도 기원전 1세기 로마인들의 사고방식에 상당 한 영향을 끼쳤다. 나폴리 지역에서는 필로데모스와, 베르길리우스 의 스승 시론(Siron)이 에피쿠로스주의를 강의하고 있었고, 키케로의 친구 앗티쿠스도 에피쿠로스 이론을 상당히 공부했던 것으로 알려져 있다. 유명인 중에서는 카이사르가 에피쿠로스주의를 체계적으로 공 부했는지도 쟁점이 되고 있으며, 적어도 죽음의 문제에 대해서만큼 은 그가 에피쿠로스파의 이론을 잘 알고 있었다는 증거가 있다.

하지만 에피쿠로스파의 교의에는 로마 전통과 상충하는 점이 적어 도 두 가지 있었다. 하나는 쾌락이 최고의 좋음이라는 것이고, 다른 하나는 현자라면 정치를 멀리해야 한다는 것이다. 물론 에피쿠로스 학파 사람들은, 앞의 교의가 무분별한 쾌락추구를 권하는 게 아니고, 참된 쾌락이란 덕의 실천에서 비롯되는 것이라고 설명했지만, 언제 나 오해의 여지는 있었다. 그리고 자신을 에피쿠로스파라고 규정하 는 사람들도 정치활동은 그만두지 못했고, 다소의 비일관성을 인정 할 수밖에 없었다. 에피쿠로스주의는 공화정 말기의 혼란상황에서 도피적이고 자기 몰입적인 태도로 보이기 쉬웠다. 루크레티우스가 작품 첫머리에 평화를 기원하는 구절을 넣은 것도 이런 비판에 대한 방어책이었을 것이다. 한편 키케로는 《국가론》 서두에서 에피쿠로스

---

14) 《동생 퀸투스에게 보낸 편지》 2.9.3.

파의 불개입주의를 공격한다. 그가 늘 에피쿠로스파를 공격하기를 그치지 않은 것으로 보아, 그들을 자신의 주적(主敵)으로 간주했음이 분명하다. 하지만 그래도 그들을 조직적으로 반박하는 것만큼은 삼 갔고, 그들의 입장을 소개할 때도 상당한 공정성을 보인다는 게 일반 적 평가이다. 우리는 에피쿠로스학파의 이론을 알기 위해 키케로의 기록에 의지해야 하는 실정이다.

6. 키케로의 철학적 입장과 기여

1) 키케로의 철학수업, 기질, 그의 입장

키케로는 당시 각 학파를 대표하는 뛰어난 인물들과 개인적 친분이 있었다. 기원전 88년, 그의 나이 19세 때 그는 로마에서, 에피쿠로 스학파인 파이드로스와, 아카데메이아학파인 필론에게 배웠다. 그가 28세였던 기원전 79년, 그는 아테나이에서 파이드로스와, 에피쿠로 스학파의 제논, 그리고 절충주의 아카데메이아학파인 안티오코스의 수업을 들었다. 그 다음 해에는 로도스로 가서, 절충주의 스토아학파 인 포세이도니오스의 수업을 들었다. 스토아학파에 속하는 디오도토 스는 그의 집에서 여러 해 동안 대접받으며 머물렀다. 그는 또한 소 요학파에 속하는 크라팁포스를 높이 평가하여, 아테나이에 있는 그 의 학교에 자기 아들을 보냈다. 그는 그저 강의만 들은 것이 아니라, 대단한 양의 철학책들을 읽었는데, 그런 사정은 그의 편지들에 잘 나 타나 있다. 그는 여러 철학자들의 대화와 글을 번역하거나 자기 식으 로 정리해서 남겼다. 플라톤, 아리스토텔레스, 테오프라스토스, 크란토르, 카르네아데스, 판아이티오스, 안티오코스, 포세이도니오스 등이 그 대상이다.

그는 볼스키 지역의 소읍 아르피눔 출신인 신입(新入)자(*novus homo*)로서, 로마의 원로원 계급이 일반적으로 갖고 있던 성격, 즉 자부심 강하고, 자기중심적이며, 거칠고 강건한 성격과는 다른 특성을 보였다. 그는 예술가나 연설가에 적합한 민감하고 이상주의적인 기질을 타고 났으며, 그 기질은 그가 받은 최고의 교육에 의해 더욱 강화되었다. 그래서 그는 여러 사상에 개방적 태도를 지닌, 다면적이고 동정적이며 양심적인 인간이 되었다. 이런 기질이 아니었다면 그는 좀더 강력하고 일관된 정치가가 되어, 당시 강경파가 득세하는 분위기 속에서 좀더 존경을 받았겠지만, 다른 한편 이런 기질이 없었다면 그는 이후의 서구문명에 그토록 강력한 영향을 끼치지 못했을 것이다. 그는 옛 로마의 영광에 애착을 갖고 있었고, 로마가 할 일을 떠맡으려는 야심에 불탔다. 카틸리나 반역사건을 처리하는 데서도, 카이사르를 대하는 태도에서도 그런 점이 드러난다. 그는 전체적으로 원로원이 옛 로마의 위대함을 대표하는 것으로 보고 그 대의에 충실했으나, 자신의 그런 결정에 대해 확신하지도 못했고, 스스로 택한 동맹자들에 대해서도 충분히 만족하지 못했다.

그의 정치적 입장에서 엿보이는 우유부단함은 그의 철학에서도 드러난다. 그는 우선 에피쿠로스학파를 매우 싫어했다. 그 학파가 이상도 없이, 너무나 사실만 중시하고 더 높은 것을 보지 못하는데다가, 공적인 활동을 혐오하고, 문학을 경멸했기 때문이다. 한편 스토아학파도 그의 취향에 맞는 것은 아니었다. 그것의 도덕적, 종교적 이론이 보여주는 고상함에는 끌렸지만, 그 학파가 갖는 교조주의와 지나

치게 과장되고 기술적인 성격 때문에 완전히 지지할 수는 없었던 것
이다. 남은 두 학파 중, 소요학파는 그 창시자인 아리스토텔레스의
특징적인 이론들을 망각하고 있었고, 이런 상황은 로도스 출신의 안
드로니코스가 아리스토텔레스의 저작들을 재편집할 때까지 계속되었
다. (안드로니코스는 키케로가 집정관이었을 무렵 로마에서 강의하고 있
었으므로 키케로도 그를 알고 있었을 텐데, 기이하게도 키케로의 저서에는
그에 대한 언급이 전혀 없다.) 그 결과 이 학파의 이론은 무색무취한
상식적인 것으로 퇴색해버렸고, 키케로는 그 학파를 존경심을 갖고
대하고는 있으나 큰 관심을 기울이지 않았다. 아카데메이아학파만큼
은 플라톤의 직계로서, 키케로가 매우 좋아했다. 그는 플라톤의 고상
한 이상주의와 아름다운 문체에 늘 경탄하여 그를 거의 숭배했는데,
그의 체계가 교조적이지 않고, 더구나 늘 상대를 논파해야 하는 연설
가에게 변증술이 큰 도움이 된다는 이유도 있었다. 키케로는, 형이상
학적 문제들과 관련하여 아카데메이아학파의 불가지론적 태도를 지
지하고, 영혼불멸이나 신의 존재는 입증할 수 없다는 입장을 따랐다.
하지만 그는 정서적인 이유에서도 정치적인 이유에서도, 회의주의를
더욱 확대하여 현실적인 도덕과 종교문제에까지 끌고 가려고는 하지
않았다. 그는 스토아학파 사람들처럼, 인간의 보편적 본능이 보편적
진리를 확증해준다고 보았다. 그리고 스카이볼라 같은 구시대 정치
가들처럼, 국가 종교의 교의를 받아들이는 것(물론 그 교의가 명백한
도덕법칙과 상충할 경우는 제외하고)이 제대로 된 시민의 의무라고 믿
었다.
　키케로가 중심적인 철학작품들을 저술할 무렵, 그는 자신이 라릿
사의 필론의 입장을 따른다고 밝혔다. 하지만 최근의 키케로 연구에

서 큰 쟁점 중 하나는, 그가 항상 필론의 추종자인 회의주의자로 처신했는지, 아니면 그의 경력 중간에 안티오코스에게 경도된 적이 있었는지 하는 것이다. 논쟁은 여전히 진행 중이지만, 그가 적어도 후기 저작에서는 기본적으로 필론의 입장을 견지하는 것으로 보인다.

키케로가 전하는 것 이외에는 필론의 흔적이 거의 남아 있지 않기 때문에, 필론 자신의 사상이 어떤 것이었는지 밝히는 데는 어려움이 있다. 어쨌든 키케로가 전하는 바에 따르면, 확실한 지식이란 결코 얻을 수 없거나, 아니면 도달하기 극히 어려운 것이다. 우리가 목표 삼을 수 있는 것은 기껏해야 개연적이고 그럼직한 것, 또는 설득력 있거나, 진리와 비슷해 보이는 것이다. 이런 것에 도달하려면 우리는 모든 문제들을 아무 편견 없이 새로운 눈으로 살펴보아야 한다. 어떤 교의에 매달려서는 안 되고, 가장 그럴 법해 보이는 것을 임시적으로 받아들일 태세가 되어 있어야 한다. 그러면서도 늘 가능한 반론들을 찾아내려 애써야 한다.

이러한 입장은 두 가지 결과를 낳는다. 하나는 키케로가 《신들의 본성에 관하여》 마지막 부분에 취한 것과 같은 태도이다. 쟁점들을 잘 검토한 다음에, 경합하는 여러 학파 중 가장 그럴 법한 견해를 보이는 쪽을 택하는 것이다. 그는 여전히 자신을 회의주의자로 여기면서도, 스토아학파의 생각이 진실에 가장 가까워 보인다고 판단한다. 하지만 그는, 나중에 다른 논증이 발견되면 판단을 바꿀 수도 있다.

다른 결과는, 이러한 회의주의는 소크라테스 전통에 충실하여, 논박의 기술을 강조하게 된다는 점이다. 이런 논박술을 부정적으로 적용하여, 현존하는 그 어떤 제안도 문제를 해결하지 못한다는 걸 보일 수도 있고, 좀더 긍정적으로 적용하여 제안들 중 가장 그럴 법한 것을 찾아낼 수도 있다. 아카데메이아학파는 서로 맞서는 두 입장을 모두 논박하는 관행을 세워왔는데, 키케로는 이런 관행이 아리스토텔레스까지 거슬러 올라가는 것으로 보고, 이것이 아케데메이아학파와 소요학파에게 공통되는 특징인 것으로 전한다.15) 이렇게 부정적인 논박술의 대표적인 사례가, 155년 카르네아데스가 로마에서 했던 강의이다. 한편 좀더 긍정적인 논박술은 필론에서 비롯된 것이거나, 키케로 자신이 개발한 것으로 여겨진다.

키케로는 도덕적으로 지극한 이상주의자였다. 이 입장에 따르면, 도덕적 탁월함(덕, *virtus*)을 성취하는 것은 인간행위의 주된 목표이고, 인간의 행복을 보장하는 것은 바로 이 덕이다. 그래서 그는 이따금 스토아학파의 교의를 따르는 것으로 보이기도 한다. 하지만 그가 스토아학파의 입장을 대변하는 것처럼 보일 때(예를 들면《스토아학파의 역설들》에서처럼), 사실은 그것이 수사학 연습일 수 있으므로 문맥을 잘 확인하여야 한다. 그리고 스토아학파의 주장 중에 키케로가 논박하는 것들이 상당히 있다는 점(예를 들면《최고선악론》4권)도 주목하여야 한다. 그가 스토아학파의 어떤 특성에 공감한다는 건 사실일지 몰라도, 그들의 체계 전체를 받아들이진 않았다는 것이다. 그가 윤리적 이상주의자였던 것은 아카데메이아학파의 일원으로서가 아니라, 개인적 성향 때문이었던 것이다. 사실 이렇게 어떤 신념을 갖고 있는 것도, 그것이 진리라고 주장하지만 않으면, 용인된다는 점이 바로 회의주의의 장점이다. 그래서《신들의 본성에 관하여》에서 코타가 전통종교의 대제관 역할을 하고 있으면서도 아카데메이아학파를

---

15)《투스쿨룸의 논변》2.9.

대표할 수 있었던 것이다.

2) 키케로의 기여

키케로는 철학의 목표가 참과 거짓, 좋은 것과 나쁜 것, 옳은 것과
그른 것을 분간하는 데 있다고 규정하였다.[16] 사실 이것은 어느 시
대 인간에게나 관심의 대상이고, 철학적 탐구의 출발점이다. 바로 이
것이 키케로가 여전히 주목받는 이유이다. 그는 사상가로서 독창적
인 면모를 보이진 않았지만, 기원전 1세기 로마의 지식인 사회를 제
대로 보여주는 대표적 인물이었으며, 또한 높은 이상을 지닌 명석한
해설자였다. 그는 많은 희랍의 문헌들을 이용한 것으로 보이는데, 오
늘날 그 전거들이 모두 남아있는 게 아니라서, 헬레니즘시대의 사고
가 어떤 식으로 발전했는지 알기 위해서는 그가 전해주는 정보들을
무시할 수가 없다. 그의 저작들은 헬레니즘기 주요 철학 학파들의 여
러 논변과 설명들을 제대로 꼴을 갖춘 모습으로 전해준다. 만일 그
작품들이 없었다면, 우리는 여기저기 흩어진 조각글들이나 후대의
요약본에 의지하는 수밖에 없었을 것이다. 특히 기원전 1~2세기 아
카데메이아학파의 사정과 관련해서는, 가장 중요한 정보 원천이 바
로 키케로의 저작들이다.

사실 그는 아카데메이아학파의 이론을 처음 라틴어로 소개한 사람
이다. 이전에 라틴어로 된 에피쿠로스학파에 대한 책자가 있었던 것
은 확실하고, 스토아학파에 대해서도 그랬으리라는 추측이 있지만,
아카데메이아학파의 경우는 거의 틀림없이 키케로가 최초이다.

16) 《아카데미카》 2. 29.

그 이전까지 로마에서 가장 번성하던 학파는 에피쿠로스파였다. 키케로는 그 영향력에 맞서기 위해 논리를 갖춘 대안을 제시하려 애썼다. 그는 철학적으로는 회의주의자였지만, 실생활에서는 로마의 국체와 덕목들을 믿었다. 그리고 로마의 지도적 인사들이 에피쿠로스주의보다는 회의주의를 따를 때, 그 덕목들이 제대로 유지, 보존되리라고 보았다. 하지만 이런 정치적 의도가 핵심은 아니다. 다른 학자들에게서와 마찬가지로, 그의 가장 큰 관심사는 자신이 다다를 수 있었던 놀라운 계몽의 세계로 다른 사람들을 안내하는 것이었다.

그는 자기 작품들을 대화형식으로 썼는데, 이는 그가 법정 연설가로서 뛰어난 재능을 지녔던 데 더하여, 플라톤이 대화형식을 취했던 것과 경쟁하려는 의도, 그리고 아카데메이아학파의 일원으로 회의주의적 방법론을 채택했기 때문이기도 하다. 그가 회의적 방법론과 대화형식을 택함으로써, 경쟁하는 학파들의 이론을 나란히 놓고 비교할 길이 열렸다. 이것은 철학을 미리 주어진 이론체계로서가 아니라, 생생한 인간의 활동으로 제시한 것이고, 독자들을 현장으로 초대하여 가장 그럼직한 것이 무엇인지 스스로 생각하게 만드는 효과가 있다. 그가 플라톤식 대화를 모방한 것도 라틴문학에서는 새로운 시도였다. 그 방법이 일단 《국가론》에서 성공을 거두자 그는 이 방식을 계속 이어나갔는데, 후에는 플라톤을 넘어 아리스토텔레스와 폰토스 출신 헤라클레이데스의 방식까지 접목시켰다. 저자 자신을 중심인물(《최고선악론》), 또는 보조적 인물(《신들의 본성에 관하여》)로 등장시킨 것이 그런 시도의 일부이다.

이 대화편들에서 그는 여러 학파의 입장들을 펼치면서, 그들 모두가 대등한 정도의 확신을 주는 걸로 보이게끔 만들었다. 이것은 그가 일관성이 없어서거나 그의 태도가 이리저리 흔들려서가 아니다. 사실 이것은 보통 사람들이 철학적 문제를 대하는 태도를 반영한 것이다. 가능한 대로 여러 가지 접근법을 검토하고 논증들을 따라가 본 다음에, 어떤 것이 가장 개연성 있는 결론을 보여주는지 살피는 식이다. 그렇게 해서 어느 한 학설이 다른 것들을 모두 이기지 못한다면, 어느 하나를 맹종할 것이 아니라 판단을 유보한다.

그는 전문적인 철학자는 아니었지만 자기 나름의 주관이 있었고, 철학적 문제들을 다루는 데에 정치와 법률분야에서 얻은 경험들을 이용하였다. 그의 회의주의와 이른바 절충주의는 아카데메이아학파의 방법과 태도를 취한 것이다. 이 학파는 그 당시에 별로 큰 인기를 누리지 못했지만, 그의 개인적 성향과 잘 맞았다. 그가 이런 방법을 택한 것이, 그냥 여러 학설들을 설명하는 데 편해서만은 아니란 말이다. 당시 여러 철학 학파들은 개별적인 파당으로 나뉘어 있었고, 일반적으로 매우 교조적인 태도를 갖고 있었으며, 그들이 다루는 내용도 매우 전문적인 것이었다. 하지만 키케로는 어느 한 학설에 가담하지 않고, 그러면서도 모든 쟁점들을 자세히 검토하였다.

그는 글을 매우 빨리 썼기 때문에 그가 혹시 희랍의 요약본들을 거의 번역한 것이 아닌가 하는 의혹도 있었다. 17) 하지만 그 자신이 여러 저작의 서문에서 밝혀 놓았듯이, 내용은 희랍의 철학자들에게서 가져온 것이지만, 그것을 설명하고 표현한 방식, 그리고 함께 개진된 의견들은 자신의 것이었다. 그의 기여로 중요한 것 중 하나는, 그가

---

17) 이런 의혹의 근거는 《앗티쿠스에게 보낸 편지》 12. 52에, 자신의 글이 그저 옮겨 적은 것(*apographa*)이라고 말한 데 있다. 하지만 근래의 학자들은 대체로 이것을 겸양의 표현으로 본다.

로마인들을 위해 철학을 대중화했다는 점이다. 그는 작품 속에 로마인들을 등장시켜 로마를 배경으로 대화하게 했고, 로마 역사에서 예들을 끌어다 썼으며, 희랍 철학을 잘 모르는 일반인들을 위해 내용을 로마식으로 전달하려 많은 노력을 기울였다. 키케로의 문장은 우아하기로 정평 있고, 그의 문체와 글의 짜임은 매우 명징하다. 그의 연설 중에는 상당히 공격적인 것도 있지만, 적어도 그의 철학적 저작들은 매우 온화하고 교양 있는 대화들로 이루어져 있다.

키케로는 같은 내용을 반복적으로 길게 되풀이하는 성향이 있는데, 이것이 전에는 그가 너무 급히 글을 쓴 탓이라고 해석되기도 했었다. 하지만 반복은 다소간 키케로의 버릇이기도 하고, 본인 자신도 그것을 의식하고 있었던 것으로 보인다. 키케로가 이런 방식을 취한 이유는, 고대의 독서법은 기본적으로 소리 내어 읽는 것이었다는 사실에서 찾아야 할 것이다. 특히 내용이 어렵고 익숙하지 않은 주제를 다룰 때라면, 내용을 확실하게 전달하기 위해 반복해서 설명하는 것이 효과적일 것이다.

그의 글에는, 법정연설에서 익힌 기법들을 동원하는 것으로 보이는 대목들도 있어서, 철학적 논증에 수사학적 방법을 끌어들였다는 비판을 받기도 한다. 하지만 그가 사용하는 대인(對人) 논증들은 항상 공손하고 예의바른 것들이다. 또 그가 이런 논증들을 이용한 것은, 자기 작품 속에서 펼쳐지는 철학적 논쟁들을 좀더 현실적으로 보이게 하려는 의도에서일 수도 있다. 그렇게 함으로써 철학을 잘 모르는 독자들에게 흥미를 불러일으키고, 결국 그들이 철학을 가까이하게 만들려 했다는 것이다. 요컨대 키케로는 그의 지식과 문장력, 연설기법 등을 최대한 활용하여 희랍철학을 로마화했던 것이다.

▪ 참고문헌

Algra, K. et al. , ed. , *The Cambridge History of Hellenistic Philosophy*, Cambridge, 1999.

Asmis, E. , *Epicurus' Scientific Method*, Ithaca and London, 1984.

Auvray-Assayas, Clara, *Cicéron, La Nature de Dieux*, Paris, 2004².

Ax, W. , *M. Tullius Cicero De Natura Deorum*, Stuttgart, 1961.

Bailey, C. , *The Greek Atomists: a Study*, Oxford, 1928.

Beard, M. et al. , *Religions of Rome*, 2 vols. , Cambridge, 1998.

Bobzien, S. , *Determinism and Freedom in Stoic Philosophy*, Oxford, 1998.

Bollack, J. , and A. Laks, ed. , *Etude sur l'Epicurisme antique*, Cahiers de philologie 1, Lille, 1976.

Brittain, C. , *On Academic Scepticism*, Indianapolis, 2006.

Brittain, C. , *Philo of Larissa: the Last of the Academic Sceptics*, Oxford, 2001.

Brunschwig, J. , and M. C. Nussbaum, ed. , *Passions and Perceptions: Studies in Hellenistic Philosophy of Mind*, Cambridge, 1993.

Bruwaene, M. van den, *La théologie de Cicéron*, Louvain, 1937.

Burnet, J. , *Greek Philosophy*, New York, 1964.

Burnyeat, M. , ed. , *The Skeptical Tradition*, Berkeley, 1983.

Cherniss, H. F. , *Aristotle's Criticism of Plato and the Academy*, Baltimore, 1944.

Chevallier, R. , ed. , *Présence de Cicéron*, Paris, 1984.

Drachmann, A. B. , *Atheism in Pagan Antiquity*, London, 1922.

Erler, M. , ed. , *Epikureismus in der späten Republik und der Kaiserzeit*, Stuttgart, 2000.

Fahr, W. , *theous nomizein: Zum Problem der Anfänge des Atheismus bei den Griechen*, Hildesheim, 1969.

Flashar, H. , ed. , *Die Hellenistische Philosophie*, 2 vols. , Basle, 1994.

Frede, D., and A. Laks, ed., *Tradition of Theology: Studies in Hellenistic Theology, its Background and Aftermath*, Leiden, 2002.

Furley, D., *The Greek Cosmologists*, Cambridge, 1987.

Gerlach, W., und Bayer K., *M. Tullius Cicero Vom Wesen der Götter*, München und Zürich, 1990.

Glucker, J., *Antiochus and the Late Academy*, Göttingen, 1978.

Griffin, M., and J. Barnes, ed., *Philosophia Togata: Essays on Philosophy and Roman Society*, Oxford, 1989.

Harris, B. F., *Cicero as an Academic: a Study of De Natura Deorum*, Auckland, 1961.

Inwood, B., *Ethics and Human Action in Early Stoicism*, Oxford, 1985.

Kleve, K., "On the beauty of god. A discussion between Epicureans, Stoics and Sceptics," *Symbolae Osloensis* 53 (1978), 69~83.

Kleve, K., "The Epicurean isonomia and its sceptical refutation," *Symbolae Osloensis* 54 (1979), 27~35.

Leonhardt, J., *Ciceros Kritik der Philsophenschulen*, Munich, 1999.

Levin, P., "The original design and the publication of the De Natura Deorum," *Harvard Studies in Classical Philology* 62 (1957), 7~36.

Long, A. A., ed., *The Cambridge Companion to Early Greek Philosophy*, Cambridge, 1999.

Long, A. A., *Stoic Studies*, Cambridge, 1978.

Mayor, J. B., *M. Tulli Ciceronis De Natura Deorum Libri Tres with Introduction and Commentary*, Vol. 1, Cambridge, 1880.

Mitsis, P., *Epicurus' Ethical Theory*, Ithaca, 1988.

Pease, A. S., *M. Tulli Ciceronis De Natura Deorum*, Cambridge MA, 1955~1958.

Pohlenz, M., *Die Stoa*, 2 vols, Göttingen, 1978~1980.

Powell, J. G. F., ed., *Cicero the Philosopher*, Oxford, 1995.

Rackham, H., *Cicero De Natura Deorum*, Cambridge MA and London, 1933.

Schmidt, E. A., "Die ursprüngliche Gliederung von Ciceros Dialog 'De Natura Deorum'," *Philologus* 122 (1978), 59~67.

Schofield, M., M. Burnyeat and J. Barnes, ed., *Doubt and Dogmatism: Studies in Hellenistic Epistemology*, Oxford, 1980.

Striker, G., "Cicero and Greek philosophy," *Harvard Studies in Classical Philology* 97 (1995), 53~61.

Striker, G., *Essays on Hellenistic Epistemology and Ethics*, Cambridge, 1996.

Taran, L., "Cicero's attitude toward Stoicism and Scepticism in the 'De Natura Deorum'," in: K. -L. Selig and R. Somerville, ed., *Florilegium Columbianum: Essays in Honer of P. O. Kristeller*, New York, 1987, 1~22.

Walsh, P. G., tr., Cicero, *The Nature of the Gods*, Oxford, 1998.

찾아보기

(용 어)

ㄱ ~ ㄴ

감각기관 …………………………… 62
거미 ………………………………… 171
거인족 ……………………………… 142
게 (Cancer) ………………………… 162
견고한 것 …………………………… 48
고양이 ……………………………… 71
곰 지킴이 …………………………… 161
구원자 여신 ………………………… 71
구체 ………………………………… 127
그럼직함 …………………………… 21
글자 ………………………………… 139
노디누스 …………………………… 231
늑대 ………………………………… 83
닐루스 ……………………………… 176

ㄷ ~ ㄹ

다시 읽다 …………………………… 142
대년 ………………………………… 129
델포이 ……………………………… 236
동그라미 …………………………… 127
동물 ………………………………… 71
디기티 ……………………………… 222
디아나 ……………………………… 140
따오기 ……………………………… 71
땅 어머니 …………………………… 139
레길루스 호수 ……………………… 104
렘노스 ……………………………… 97
로크리스 …………………………… 104
루키페르 …………………………… 131
뤼케이온 …………………………… 64

리뷔아 ······················· 86

ㅁ ~ ㅂ

마기 ·························· 44
만티케 ······················ 53
명예 ·························· 16
목동 ························· 161
무사 여신 ·················· 226
무신론자 ···················· 57
물고기 ····················· 164
미신 ·························· 46
뱀 주인 ···················· 161
베누스 ······················ 66
보이오티아 ················· 229
부 ·························· 135
브리탄니아 ················· 151
비껴남 ······················ 65
빛을 가져오는 것 ·········· 131

ㅅ ~ ㅇ

사그라 강 ·················· 104
사랑 ·························· 99
사마귀 ······················ 69
사모트라케 ·················· 97
사바지아 ··················· 236
살라리아 가도 ·············· 203
새끼 염소 ·················· 162
새점 ·························· 99
선이해 ······················ 46

세계들 사이 ················· 25
세리포스 ···················· 76
소요학파 ···················· 24
소용돌이 ··················· 152
쉬리아 ······················ 71
스테파네 ···················· 33
스토아학파 ·················· 23
스파르타 ··················· 193
승리 ························· 135
승리의 여신상 ·············· 258
시뷜라 ····················· 108
식물 ························· 174
아네모 ····················· 231
아레이오파고스 ············· 143
아르고호 ··················· 151
아르고스 ···················· 71
아르데아 ··················· 227
아스튀팔라이아 ············· 226
아시아 ····················· 193
아이트나 ··················· 155
아카데메이아학파 ············ 20
《아카데미카》 ··············· 20
악어 ························· 71
알라반다 ··················· 219
앗티카 ······················ 79
앞잡이 개 ·················· 166
에트루리아 ················· 108
에피다우로스 ··············· 258
엥고나신 ··················· 161
영상 ·························· 34
영원성 ····················· 136

예언술 ················· 53
예지 ··················· 16
오리온 ················ 165
옥타비우스 전쟁 ···· 110
요정 ·················· 222
우정 ··················· 17
운명적인 몫 ·········· 42
이소노미아 ··········· 50
이집트 ················ 44
인두스 ··············· 176
인디아 ················ 83

ㅈ ~ ㅊ

자연학 ················ 26
자유 ············· 53, 135
쟁기 끄는 소 ········ 159
저녁별 ··············· 131
조류 ················· 211
조점관 ················ 99
족제비 ··············· 112
주도권 ················ 38
중요한 가르침들 ····· 74
천구 모형 ············ 151
철학 ·················· 14
추상화 ··············· 238
충동 ·················· 18

ㅋ ~ ㅌ

카르타고 ············· 106

케레스 ··············· 134
코끼리 ················ 76
코린토스 ········· 242, 264
크로톤 ··············· 104
키마이라 ·············· 90
트란수멘 호수 ······· 106
《티마이오스》 ········ 25

ㅍ ~ ㅎ

파르카이 ············· 225
판 신 ················ 223
페네오스 ············· 235
포르미아이 ··········· 260
포에니 전쟁 ·········· 106
표범 ·················· 76
푸리나 ··············· 226
프로세르피나 ········· 139
필연성 ················ 43
행성 ·················· 38
행운 ·················· 78
헤스페리데스 ········· 225
헬리오폴리스 ········· 233
화합 ················· 135
환경 ················· 318
황도대 ··············· 131
황도십이궁 ··········· 130
회전하는 신 ··········· 26
휘아데스 ············· 162
힙포켄타우로스 ······· 88

찾아보기

(인 명)

ㄱ ~ ㄴ

겔론 ······································· 257
그락쿠스, 티베리우스 ········· 88, 108
글라우케 ································ 236
나비우스, 앗투스 ···················· 107
나우시파네스 ·························· 65
넵투누스 ······························· 43
노미온 ································· 236
누마 ···································· 89
뉘소스 ································· 236

ㄷ ~ ㄹ

데모크리토스 ·························· 34
데이아네이라 ························· 245

데키우스 ······························· 205
두 스키피오 ··························· 253
두엘리우스 ···························· 194
드루수스 ······························· 254
디스 ···································· 139
디아고라스 ···························· 15
디오게네스 ···················· 35, 43, 257
디오뉘소스 ···························· 233
디오도토스 ···························· 17
디오스쿠로이 ························· 232
라일리우스 ···························· 194
라토나 ································· 222
레굴루스 ······························· 253
레다 ···································· 233
레소스 ································· 226
레온티온 ······························· 79

레우킵포스 ·················· 59
로물루스 ·················· 89
로스키우스 ·················· 69
루키나 ·················· 140
루킬리우스 ·················· 27
루타티우스 ·················· 194
루틸리우스, 푸블리우스 ·········· 254
뤼시토에 ·················· 221
뤼쿠르고스 ·················· 263
리베라 ·················· 136
리베르 ·················· 134

ㅁ ~ ㅂ

마르스 ·················· 237
마르켈루스 ·················· 135
마리우스 ·················· 254
마보르스 ·················· 139
마소 ·················· 231
메데이아 ·················· 246
메르쿠리우스 ·················· 130
메텔루스 ·················· 194
메트로도로스 ·················· 74
멜레테 ·················· 233
모네타 ·················· 227
몹소스 ·················· 105
무사이오스 ·················· 43
므네모쉬네 ·················· 233
미네르바 ·················· 70
바리우스 ·················· 255
발렌스 ·················· 234

베누스, 루벤티나 ·················· 135
베스타 ·················· 40
베요비스 ·················· 239
벨루스 ·················· 222
불카누스 ·················· 70

ㅅ ~ ㅇ

사투르누스 ·················· 130
샘 ·················· 231
세라피스 ·················· 227
소시우스 ·················· 248
소크라테스 ·················· 20
스카우루스 ·················· 134
스카이볼라 ·················· 94
스키피오, 푸블리우스 ·········· 108
스트라토니코스 ·················· 230
스트라톤 ·················· 38
스페우십포스 ·················· 36
스피노 ·················· 231
시모니데스 ·················· 55
실바누스 ·················· 152
아낙사고라스 ·················· 31
아낙사르코스 ·················· 256
아낙시만드로스 ·················· 30
아낙시메네스 ·················· 31
아낙테스 ·················· 232
아도니스 ·················· 237
아라토스 ·················· 159
아르시노에 ·················· 235
아르십포스 ·················· 235

아르케 …………………… 233
아르케실라오스 …………… 20
아르키메데스 ……………… 151
아르킬로코스 ……………… 89
아륵투루스 ………………… 161
아리스타이오스 …………… 225
아리스토텔레스 ……… 36, 124
아리스톤 …………………… 40
아리스팁포스 ……………… 251
아스타르테 ………………… 237
아스테리아 ………………… 222
아오이데 …………………… 233
아이기알레우스 …………… 228
아이스쿨라피우스 ………… 135
아이테르 …………………… 39
아케론 ……………………… 224
아퀼리우스 ………………… 111
아킬레우스 ………………… 195
아트레우스 ………………… 233
아폴로 ……………………… 70
아폴로도로스 ……………… 81
아프리카누스 ……………… 111
아피스 ……………………… 71
악키우스 …………………… 151
안테로스 …………………… 238
안티스테네스 ……………… 36
안티오페 …………………… 233
알라반도스 ………………… 219
알부키우스 ………………… 80
알카메네스 ………………… 72
알카이오스 ………………… 69

알코 ………………………… 233
알크마이온 ………………… 32
암피아라오스 ……………… 105
야누스 ……………………… 140
에레보스 …………………… 225
에렉테우스 ………………… 229
에우로페 …………………… 68
에우리피데스 ……………… 138
에우메니데스 ……………… 226
에우불레우스 ……………… 233
에우헤메로스 ……………… 96
에피쿠로스 ………………… 25
엔니우스 …………………… 83
엘레우시스 ………………… 97
엠페도클레스 ……………… 34
오르보나 …………………… 240
오르페우스 ………………… 43
옥타비우스 ………………… 88
올림피아스 ………………… 141
우라노스 …………………… 38
우피스 ……………………… 236
울릭세스 …………………… 195
유노 ………………………… 40
유벤타스 …………………… 92
읍피테르 …………………… 40
이노 ………………………… 219
이뒤이아 …………………… 228
이리스 ……………………… 230
이시스 ……………………… 227
이아손 ……………………… 245
이알뤼소스 ………………… 234

ㅈ ~ ㅌ

제논 ···································· 39
카드모스 ························ 228
카론 ································ 224
카르네아데스 ···················· 16
카르보 ······························ 58
카르타고 ·························· 222
카미로스 ·························· 234
카베이로스 ······················ 236
카일루스 ·························· 224
카토 ································ 194
카툴루스, 퀸투스 ················ 69
칸나이 ···························· 253
칼라티누스 ······················ 134
칼카스 ···························· 105
케르콥스 ·························· 90
켄타우로스 ······················ 166
코드로스 ·························· 229
코룬카니우스 ···················· 94
코일리우스 ······················ 106
코퀴토스 ·························· 224
코타 ································ 23
쿠리우스 ·························· 193
쿠피도 ···························· 236
크로노스 ·························· 137
크뤼십포스 ······················ 42
크리톨라오스 ···················· 264
크세노크라테스 ·················· 37
크세노파네스 ···················· 33
크세노폰 ·························· 35

크세륵세스 ······················ 95
클레안테스 ······················ 40
키르케 ···························· 228
키케로 ···························· 267
킨나 ································ 254
타우마스 ·························· 230
탄탈로스 ·························· 262
테렌티우스 ······················ 134
테세우스 ·························· 225
테오도로스 ······················ 15
테오프라스토스 ·················· 38
테위트 ···························· 235
테이레시아스 ···················· 105
텔루스 ···························· 231
텔크시노에 ······················ 233
투불루스 ·························· 58
튀에스테스 ······················ 244
튀오네 ···························· 237
튄다레오스 ······················ 104
트로포니오스 ···················· 229
트리톤 ···························· 68
티모크라테스 ···················· 80

ㅍ ~ ㅎ

파르메니데스 ···················· 33
파리스 ···························· 263
파브리키우스 ···················· 193
파비우스 ·························· 135
파시파에 ·························· 228
파에톤 ···························· 251

파우누스 ······················· 105
파울루스 ······················· 104
파이돈 ···························· 80
파이드로스 ······················· 80
파쿠비우스 ····················· 153
판아이티오스 ··················· 168
팔라리스 ························· 256
팔라스 ··························· 238
팔라이몬 ························· 219
팜필로스 ·························· 64
페나테스 ························· 140
페넬로페 ························· 235
페두카이우스 ··················· 249
페르사이오스 ···················· 41
페르세스 ························· 104
페르세이스 ······················ 228
페르세포네 ······················ 139
펠롭스 ··························· 233
포르투누스 ······················ 139
포세이도니오스 ·················· 17
포스투미우스, 아울루스 ········· 104
폴룩스 ··························· 104
푸리아이 ························· 226
퓌르로스 ························· 193
퓌타고라스 ······················· 20
프로디코스 ······················· 96

프로타고라스 ····················· 14
프타스 ··························· 234
플라미니우스, 가이우스 ········· 106
플라톤 ···························· 25
플루톤 ··························· 139
피소 ····························· 24
피에로스 ························· 233
피에리데스 ······················ 233
피에리아이 ······················ 233
필론 ····························· 17
하르팔로스 ······················ 257
하스드루발 ······················ 264
한니발 ··························· 253
헤라클레이데스 ·················· 38
헤라클레이토스 ·················· 65
헤르마르코스 ···················· 79
헤르쿨레스 ······················ 68
헤스티아 ························· 140
헤시오도스 ······················ 40
헬레노스 ························· 105
호메로스 ························· 43
휘페리온 ························· 233
히에론 ···························· 55
힙포낙스 ························· 263
힙포크라테스 ···················· 263
힙폴뤼토스 ······················ 251

키케로 (M. Tullius Cicero, 기원전 106~43)

아르피눔 출신으로, 로마공화정 말기의 연설가, 정치가, 학자, 문필가이다. 재무관(*quaestor*), 조영관(*aedilis*), 법무관(*praetor*)을 거쳐, 기원전 63년 집정관(*consul*)을 역임하였다. 폼페이우스와 카이사르의 내전에서는 폼페이우스 편에 가담했으며, 카이사르 사후에는 공화정을 지키고자 애쓰다가 안토니우스에게 피살되었다.

《국가론》(*De Re Publica*), 《법률론》(*De Legibus*), 《연설가에 관하여》(*De Oratore*), 《연설가의 분류법》(*Partitiones Oratoriae*), 《브루투스》(*Brutus*), 《연설가》(*Orator*), 《토피카》(*Topica*), 《아카데미카》(*Academica*), 《최고선악론》(*De Finibus Bonorum et Malorum*), 《투스쿨룸의 논변》(*Tusculanae Disputationes*), 《신들의 본성에 관하여》, 《노년에 관하여》(*De Senectute*), 《우정에 관하여》(*De Amicitia*), 《의무론》(*De Officiis*) 등의 저작을 남겼다.

지은이 약력

강대진

서울대 철학과 졸업, 동 대학원 서양고전학 협동과정에서 플라톤의 《향연》연구로 석사학위를, 호메로스의 《일리아스》연구로 박사학위를 취득하였다. 현재 정암학당 연구원(서양고전학 전공)으로 있다.

지은 책으로 《잔혹한 책읽기》, 《신화와 영화》, 《신화의 세계》(공저), 《고전은 서사시다》, 《세계와 인간을 탐구한 서사시 오뒷세이아》, 《일리아스, 영웅들의 전장에서 싹튼 운명의 서사시》, 옮긴 책으로 《아폴로도로스 신화집》, 《아르고호 이야기》, 《오이디푸스 왕》, 《사물의 본성에 관하여》가 있다.

옮긴이 약력

변증법적 이성비판 ①②③

장 폴 사르트르 지음

박정자(前 상명대) · 변광배(시지프 대표) · 윤정임 · 장근상(중앙대) 역

2010년
대한민국학술원
우수학술도서

"실존주의 사상가 사르트르가 확립한 역사적 인간학!"

역사형성의 주체인 인간과 집단. 이들 주체들에 의해 형성된 역사의 의미. 사르트르는 이처럼 하나의 구조를 갖는 입체를 구축하고, 이 입체를 역사적 운동 속으로 밀어넣어 그 동적 관계를 탐구한다.

720면 내외 | 각권 38,000원

기억의 장소 ①②③④⑤

피에르 노라 외 · 김인중 · 유희수 역

2011년
대한민국학술원
우수학술도서

"역사학의 혁명"

특별한 장소를 통해 보는 프랑스 민족사

세계 역사학계를 주도한 프랑스가 다시 한 번 역사학계를 강타하게 한 저작. 프랑스 역사학자 120여명이 10년 동안 만들어낸 '역사학의 혁명'.

424~568면 내외 | 각권 25,000원

형식논리학과 선험논리학
논리적 이성비판 시론

2011년
대한민국학술원
우수학술도서

에드문트 후설 지음 | 이종훈(춘천교대) · 하병학(가톨릭대) 역

"참된 세계에 관한 논리학"

이론과 실천의 단절, 학문의 위기를 어떻게 극복할 것인가

저자는 논리학이 개별학문으로 전락하고, 형식논리학은 인식행위가 실천행위 및 가치설정행위와 관련됨을 문제 삼지 않아 학문의 위기가 발생했다고 비판한다. 형식논리학을 선험논리학으로 정초함으로써 이를 해결하고자 한다. 536면 | 32,000원

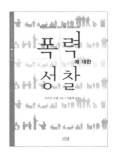

폭력에 대한 성찰

조르주 소렐 지음 | 이용재(전북대) 역

"모든 억압들을 전복하라!"

20세기 혁명적 생디칼리즘의 성서

이 책에서 조르주 소렐은 제도화된 개량 사회주의에 반기를 들고 프랑스 특유의 노동운동노선인 혁명적 생디칼리즘을 제시한다.

446면 | 18,000원

도덕과 입법의 원리서설

제러미 벤담 지음 | 고정식(연세대) 역

"벤담 공리주의 사상의 원천"

최대 다수의 최대 행복은 삶의 궁극적 목적이다

저자는 다양한 사례와 사상의 논거를 통해 공리주의의 개념과 합당성을 제시한다. 인류의 철학사, 사상사 속 공리주의의 의미를 돌아보게 하는 역작. 528면 | 30,000원

리바이어던 ①②
교회국가 및 시민국가의 재료와 형태 및 권력

토머스 홉스 지음 | 진석용(대전대) 역

"만인의 만인에 대한 투쟁에서 어떻게 벗어날 것인가"

현 세계질서에서도 시의성을 잃지 않는 불멸의 고전

이 책은 어떻게 정치질서와 평화를 구축할 것인가를 체계적으로 이론화한 고전 중의 고전이다. 또한 근대 정치 '과학'의 출발점이기도 하다.

480~520면 내외 | 각권 28,000원

충족이유율의 네 겹의 뿌리에 관하여

2011년 대한민국학술원 우수학술도서

아르투어 쇼펜하우어 지음 | 김미영(홍익대) 역

"쇼펜하우어 철학의 핵심!"

인식 주체의 선천적 능력에 대한 쇼펜하우어 철학의 핵심작품

저자는 '원인'과 '인식 이유'를 구별하지 않아 생긴 철학적 혼란을 비판하고, 칸트를 비판적으로 계승하여 생성, 인식, 존재, 행위라는 충족이유율의 네 겹의 뿌리를 치밀하게 논증한다. 224면 | 15,000원

향연

단테 지음 | 김운찬(대구가톨릭대) 역

"단테 저술의 시작!"

단테를 이해하기 위한 첫번째 작품

단테 불후의 명작인 《신곡》, 《속어론》, 《제정론》의 원전.
단테의 저술에서 이론적 논의를 띤 최초의 작품이자, 정치활동과 철학연구에 대한 성찰을 고스란히 담고 있다. 432면 | 25,000원

형이상학①②

아리스토텔레스 지음 | 조대호(연세대) 역

"존재에 관한 여러 각도의 사색"

"왜"라는 물음에서 인간과 전체 세계가 보인다.

전문화되고 파편화된 연구와 정보취득에 몰두하는 우리에게 인간, 자연, 세계를 아우르는 통합적 사유의 길을 제시하는 아리스토텔레스의 역작. 각권 464면 | 각권 28,000원

라오콘 – 미술과 문학의 경계에 관하여

고트홀드 에프라임 레싱 지음 | 윤도중(숭실대) 역

2009년
대한민국학술원
우수학술도서

"미술과 문학은 저마다의 길이 있다"
근대 미학 담론을 연 기념비적 예술론

라오콘과 그 아들들을 소재로 하는 고대 조각상을 놓고 '미술과 문학의
경계'를 논한 저서. 근대 미학 담론의 시작으로 간주되며 또한 문학이
미술보다 가능성이 더 많은 예술임을 밝힌 근대 문학비평의 고전.

280면 | 14,000원

추의 미학

카를 로젠크란츠 지음 | 조경식(한남대 강사) 역

2009년
대한민국학술원
우수학술도서

"추는 미를, 미는 추를 필요로 한다"
추를 미학의 영역에 포함시킨 획기적 미학서

낭만적 헤겔주의자인 저자는 미학에 추를 포함시켜 "미학의 완성"을 추
구한다. 이 책은 추의 개념을 미로부터 끌어내고, 그것이 어떻게 코믹으
로 전이되어 다시 미로 회귀하는지를 실제의 사례를 통해 보여준다.

464면 | 28,000원

에로스와 문명
프로이트 이론의 철학적 연구

헤르베르트 마르쿠제 지음 | 김인환(前 고려대) 역

이 책은 '억압 없는 문명'의 가능성을 제시하면서 헤겔, 맑스, 프로이트
사유의 연속선상에서 심리학, 철학, 인류학, 신화해석학, 문화해석학을
아우르는 광범위한 성찰을 시도한다.   379면 | 15,000원

레프 톨스토이 ①②

빅토르 쉬클롭스키 지음 | 이강은(경북대) 역

"사실전달과 시적 운율이 결합된 '매력적인 사상 소설'"

톨스토이의 내면과 문학세계를 복원한 전기 문학의 걸작!

이 책은 톨스토이의 전기이면서 동시에 그의 내적 발전과 창작에 대한
이야기이고, 세계와 연관된 그의 문학에 대한 이야기이며 그리고 전반
적으로 예술이론에 대한 이야기이다.

480~680면 내외 | 1권 25,000원, 2권 30,000원

서양과학의 기원들

**철학 · 종교 · 제도적 맥락에서 본 유럽의 과학전통
BC 600~AD 1450**

데이비드 C. 린드버그 지음 | 이종흡(경남대) 역

"대중용 과학사의 모범"

쉽고 명쾌하게 읽는 서양 전통 과학사!

서양 전통 과학사에서 교과서로 자리 잡은 스테디셀러. 고대 및 중세
과학사를 쉽고 명쾌하게 정리하여 과학의 대중화를 이끈 과학사 책의
모범이다 704면 | 38,000원

일상의 악덕

쥬디스 슈클라 지음 | 사공일(부경대) 역

"악은 우리의 일상이자 부분이다"

우리의 삶과 성격을 반추하기 위한 악덕의 일상성 고찰

우리 일상의 악덕인 잔혹성 · 위선 · 속물근성 · 배신 · 인간혐오에 대해
논의하는 책. 저자는 일상의 악덕과 더불어 살아가는 방법 대신, 우리
의 삶과 성격을 반추할 수 있는 기회를 제공할 수 있기를 바랄 뿐이다.
416면 | 25,000원

Tel:031)955-4601
www.nanam.net 나남